高等学校"十二五"教师教育专业规划教材

学校心理辅导新论

主　编　崔景贵
副主编　王晓萍　陆　芳
参编人员　（以拼音为序）
　　　　　戴玉英　邓亚琴　方翰青　黄　亮
　　　　　厉飞飞　施兰芳　杨　琛　曾永青
　　　　　张冬梅　赵晓川

南京大学出版社

图书在版编目(CIP)数据

学校心理辅导新论 / 崔景贵主编. —— 南京：南京大学出版社，2014.7(2022.12重印)
高等学校"十二五"教师教育专业规划教材
ISBN 978-7-305-10296-7

Ⅰ.①学… Ⅱ.①崔… Ⅲ.①教育心理辅导－高等学校－教材 Ⅳ.①G448

中国版本图书馆 CIP 数据核字(2014)第 035761 号

出版发行	南京大学出版社		
社　　址	南京市汉口路 22 号	邮　编	210093
网　　址	http://www.NjupCo.com		
出版人	左　健		
丛书名	高等学校"十二五"教师教育专业规划教材		
书　　名	学校心理辅导新论		
主　　编	崔景贵		
责任编辑	陆　燕　王抗战	编辑热线	025-83596997
照　　排	南京南琳图文制作有限公司		
印　　刷	常州市武进第三印刷有限公司		
开　　本	787×960　1/16　印张 22.75　字数 452 千		
版　　次	2014 年 7 月第 1 版　2022 年 12 月第 7 次印刷		
ISBN 978-7-305-10296-7			
定　　价	48.00 元		
发行热线	025-83594756　83686452		
电子邮箱	Press@NjupCo.com		
	Sales@NjupCo.com(市场部)		

＊版权所有，侵权必究
＊凡购买南大版图书，如有印装质量问题，请与所购图书销售部门联系调换

前　言

学校心理辅导是素质教育的重要组成部分。在中小学开展心理辅导，是青少年学生身心健康成长的需要，是全面推进素质教育的必然要求。教育部在《中小学心理健康教育指导纲要（2012年修订）》中指出，"心理辅导是一项科学性、专业性很强的工作，心理健康教育教师应遵循心理发展和教育规律，向学生提供发展性心理辅导和帮助"；"心理健康教育是一项专业性很强的工作，必须大力加强专业教师队伍建设"。根据《中小学心理健康教育指导纲要（2012年修订）》的统一要求，加强心理健康教育的科学研究，为心理健康教育实践提供理论基础和科学依据，切实提高专兼职心理健康教育教师的基本理论、专业知识和操作技能水平，编写出版适用、实用的学校心理辅导教材，就成为贯彻落实《纲要》的当务之急。

本书是高等学校"十二五"教师教育专业规划教材丛书之一。本书以教育部《中小学心理健康教育指导纲要（2012年修订）》和《教师教育课程标准（试行）》为指导，坚持实践取向、发展取向和积极取向，将科学性与实用性相结合，主要涵盖学校心理辅导的基本原理、操作实务、组织管理等三大方面，对学校心理辅导所需要的专业理论和实践技能，包括学校心理辅导的基本概念、发展历程、核心目标、理论基础、一般途径、常用技术，学校心理辅导的重点专题、操作要领，以及学校心理辅导的课程建设、机构管理、应用策略、心理教师专业发展等，进行了系统深入的理论分析与实践总结，阐释在充满挑战的社会环境与教育背景下，如何对90后、00后青少年开展专业心理辅导工作。

本书力求更充分、准确地体现教育部《中小学心理健康教育指导

纲要（2012年修订）》的时代精神与实践要求，以新时期教师必备的专业素养为核心，对教师教育课程模块进行有机的整合，构建开放型、实践化的教师教育心理辅导课程资源体系。本书的编写特色和主要特点：一是坚持立德树人、育人为本，即秉承积极的人性观与辅导观，以人为本、与人为善、助人自助、引人发展，注重青少年学生心理和谐健康，加强人文关怀和心理疏导，运用心理健康教育的知识理论和方法技能，培养中小学生良好的心理素质，促进其身心全面和谐发展；二是坚持服务实践、以实为本，即坚持与时俱进与求真务实，注重心理辅导的实践性与实效性，联系实际、阐释实务、注重实用、追求实效，密切联系中小学校心理健康教育工作实际，贴近中小学生心理发展需求，根据中小学生生理、心理发展特点和规律，把握不同年龄阶段学生的心理发展任务。

  本书编写组通过研读教育部《中小学心理健康教育指导纲要（2012年修订）》和《教师教育课程标准（试行）》等相关文件，进一步凝聚共识，把握"积极、发展、自助、实用"的编写理念，始终坚持质量第一，注重教材内涵建设，汲取现代心理科学与教育科学新成果，着力学术思想创新，高标准认真完成编写任务，精心打造高校"精品"教材；在写作风格上突出学校心理辅导的实践策略，避免"教育心理学化"、"学校心理学化"，避免深奥的理论阐述和知识介绍，彰显教材内容的时代性、针对性和可操作性，使得学校心理辅导工作做得更加专业科学、开展得更加富有成效。

  本书是江苏省普通高等学校精品课程"心理教育学"的建设成果，是江苏省高校应用心理学专业团队精诚合作、分工协作的研究成果。参加本书编写的各章作者如下：崔景贵（第一、二、四、九章，第十七章），厉飞飞（第三章），张冬梅（第五章），方翰青（第六章），陆芳（第七章），杨琛（第八章），王晓萍（第十章），施兰芳（第十一章），戴玉英（第十二章），黄亮（第十三章），邓亚琴（第十四章），赵晓川（第十五章），曾永青（第十六章）。

  江苏理工学院副校长、心理教育研究所所长崔景贵教授担任本书主编,南京晓庄学院王晓萍博士、盐城师范学院陆芳博士担任本书副主编。崔景贵教授负责拟订本书写作提纲,提出本书编写要求和各章具体编写内容。在各章初稿完成后,负责向各位作者反馈初步修改意见。2013年8月19日,本书编写组在江苏理工学院召开统稿工作会议,南京大学出版社高校教材中心蔡文彬主任、王抗战编辑到会指导,与会的编写人员进行充分讨论、积极交流,统一写作思路和风格,并对个别章节内容进行调整。在作者修改完善的基础上,副主编陆芳负责对第三、五、六、八、十、十一章的书稿提出修改意见,副主编王晓萍负责对第七、十二、十三、十四、十五、十六章的书稿内容提出修改意见,最后由主编崔景贵教授负责全书的统稿和定稿。研究生黄亮协助主编完成本书初稿编排、文字校对、参考文献整理等具体工作。

  本书编写得到南京大学出版社高校教材中心蔡文彬、王抗战的悉心指导,得到江苏理工学院应用心理学学科、心理教育研究所和常州市青少年心理研究与指导中心的大力支持,在此表示诚挚的谢意。

编 者

2013年12月18日

目 录

第一章 学校心理辅导概述 ………………………………………………… 1
　第一节 学校心理辅导的教育特征 ……………………………………… 1
　第二节 学校心理辅导的教育定位 ……………………………………… 7
　第三节 学校心理辅导的教育使命 ……………………………………… 18
第二章 学校心理辅导的发展 ……………………………………………… 26
　第一节 国外学校心理辅导的发展 ……………………………………… 26
　第二节 我国学校心理辅导的发展 ……………………………………… 33
　第三节 学校心理辅导的模式与走向 …………………………………… 40
第三章 学校心理辅导的理论基础(一) …………………………………… 46
　第一节 精神分析的理论与方法 ………………………………………… 46
　第二节 行为主义的理论与方法 ………………………………………… 51
　第三节 人本主义的理论与方法 ………………………………………… 57
　第四节 认知主义的理论与方法 ………………………………………… 62
第四章 学校心理辅导的理论基础(二) …………………………………… 68
　第一节 建构主义的理论与方法 ………………………………………… 68
　第二节 积极心理治疗的理论与方法 …………………………………… 77
　第二节 积极心理学的理论与方法 ……………………………………… 90
第五章 学校心理辅导的一般形式 ………………………………………… 106
　第一节 课堂心理辅导 …………………………………………………… 106
　第二节 个别心理辅导 …………………………………………………… 110
　第三节 团体心理辅导 …………………………………………………… 113
　第四节 朋辈心理辅导 …………………………………………………… 117
　第五节 网络心理辅导 …………………………………………………… 120
第六章 学校心理辅导的常用技术 ………………………………………… 125

第一节　建立辅导关系的技术 …… 125
第二节　心理测验的应用技术 …… 130
第三节　心理咨询的会谈技术 …… 134
第四节　心理危机的干预技术 …… 142

第七章　青少年心理发展与心理健康 …… 147
第一节　青少年心理发展的一般特点 …… 147
第二节　青少年心理健康标准及其常见问题 …… 154
第三节　青少年心理健康的维护与促进 …… 160

第八章　学会自尊——青春期心理辅导 …… 168
第一节　青春期的性心理辅导 …… 168
第二节　青春期的认知心理辅导 …… 173
第三节　青春期的情感心理辅导 …… 176
第四节　青春期的人格心理辅导 …… 179
第五节　青春期的自我心理辅导 …… 182

第九章　学会学习——学习心理辅导 …… 186
第一节　学习心理辅导的时代主题 …… 186
第二节　学习心态的心理辅导策略 …… 193
第三节　学习习惯的心理辅导策略 …… 196
第四节　升学考试的心理辅导策略 …… 201

第十章　学会交往——人际交往心理辅导 …… 205
第一节　社会交往心理辅导 …… 205
第二节　亲子交往心理辅导 …… 212
第三节　异性交往心理辅导 …… 218
第四节　师生交往心理辅导 …… 222

第十一章　学会适应——生活心理辅导 …… 227
第一节　班集体生活心理辅导 …… 227
第二节　休闲生活心理辅导 …… 232
第三节　网络生活心理辅导 …… 235

第十二章　学会发展——职业心理辅导 …… 241
第一节　职业认知辅导 …… 241

第二节 职业兴趣心理辅导…………………………………… 248
  第三节 职业综合实践辅导…………………………………… 251
  第四节 职业生涯规划辅导…………………………………… 255

第十三章 学会实践——技能心理辅导……………………………… 258
  第一节 技能形成的心理特征………………………………… 258
  第二节 技能练习的心理技术………………………………… 261
  第三节 矫正错误技能的心理技术…………………………… 265
  第四节 技能竞赛的心理辅导………………………………… 268

第十四章 学校心理辅导的课程建设………………………………… 277
  第一节 学校心理辅导课程的教材编写……………………… 277
  第二节 学校心理辅导课程的教学设计……………………… 282
  第三节 学校心理辅导课程的教学过程……………………… 286
  第四节 学校心理辅导课程的教学评价……………………… 290

第十五章 学校心理辅导的机构建设………………………………… 293
  第一节 学校心理辅导机构的专业设置……………………… 293
  第二节 学校心理辅导机构的条件保障……………………… 297
  第三节 学校心理辅导转介的组织实施……………………… 299
  第四节 学校心理辅导档案的规范管理……………………… 304

第十六章 学校心理辅导的应用策略………………………………… 310
  第一节 学校心理辅导与学科教学…………………………… 310
  第二节 学校心理辅导与班主任工作………………………… 314
  第三节 学校心理辅导与校园文化建设……………………… 317
  第四节 学校心理辅导与家校教育合作……………………… 321

第十七章 学校心理教师的专业成长………………………………… 326
  第一节 学校心理教师的专业心理障碍……………………… 326
  第二节 学校心理教师的专业实践理念……………………… 332
  第三节 学校心理教师的专业发展策略……………………… 337

附　录……………………………………………………………………… 345
主要参考文献……………………………………………………………… 351

第一章　学校心理辅导概述

学习目标

1. 了解学校心理辅导的概念、分类、目标任务和教育特征；
2. 理解学校心理辅导与素质教育、道德教育及新课程改革的关系；
3. 理解并掌握人格现代化与学校心理辅导的关系。

心理辅导是关注人类心灵世界的复杂系统，是关心人类心理生活的现代理念，是关照人类现代人性的新型教育，是关怀人类精神生命的崇高事业。心理辅导能够使人的生活更加充实，使人的生命变得更有意义，使人的精神境界更为高尚。作为培育青少年现代人格的科学，学校心理辅导具有广阔的发展前景。21世纪是一个需要心理辅导和呼唤心理辅导的时代，也是学校心理辅导全面兴起和大有作为的时代。

第一节　学校心理辅导的教育特征

学校心理辅导是提高青少年学生心理素质、促进其身心健康和谐发展的教育，是进一步加强和改进学校德育工作、全面推进素质教育的重要组成部分。学校心理辅导已经成为我国学校教育改革创新和学生自身成长的内在要求。

一、学校心理辅导的界定与分类

（一）学校心理辅导的概念

学校心理辅导有广义和狭义之分。广义的学校心理辅导，是指教育者运用心理学、教育学、社会学、行为科学乃至精神医学等多学科的理论与技术，通过集

体辅导、个别辅导、教育教学中的辅导及家庭辅导等多种形式,帮助学生自我认识、自我接纳、自我调节,从而充分开发自身潜能,促进其心理健康与人格和谐发展的一种教育活动。狭义的学校心理辅导,专指面对学生的心理辅导,是指学校心理辅导人员对于前来求助的学生从心理上进行指导和帮助的活动。这一界定包含以下三层涵义:

(1) 学校心理辅导的直接目标是提高全体学生的心理素质。其最终目标是促进学生素质结构的健全发展。而人的素质结构应该包括个体独特具备的生理素质、作为中介层面的心理素质和包括道德素养与文化素养两层意义的社会文化素质。

(2) 学校心理辅导是帮助学生开发自身潜能、促进其成长发展的自我教育活动。其基本特征包括:以积极的人性观为理念,以学生的成长、发展为中心,以他助—互助—自助为机制。

(3) 学校心理辅导是以咨询心理学为主的、多学科综合的教育方法与技术。这里强调的是心理辅导在方法上与传统的思想政治教育存在区别,即它不是一种带有指示性的说教,而是耐心细致的聆听和引导;它不是一种替代,而是一种协助与服务。

学校心理辅导的对象主要有三类:一是在生活、学习、交往及升学择业过程中产生心理困扰的正常学生;二是患有学习障碍、交往障碍、情绪障碍、人格障碍、性心理障碍及各种特殊障碍的心理偏常学生;三是在教育学生过程中产生困扰的家长和教师,其中尤以中小学生家长为多。在上述三类人中,第一种和第三种是学校心理辅导工作的主要服务对象,即以开发智能、健全人格为宗旨的发展性辅导是学校心理辅导的重点。而对患有严重心理障碍或心理疾病学生的诊断治疗,因人数不多,也超出了学校心理辅导人员的能力范围,一般不属于学校心理辅导的工作对象。

2012年,教育部在《中小学心理健康教育指导纲要(2012年修订)》(简称《纲要(2012年修订)》)文件中指出,"学校心理辅导的主要内容包括:普及心理健康知识,树立心理健康意识,了解心理调节方法,认识心理异常现象,掌握心理保健常识和技能。其重点是认识自我、学会学习、人际交往、情绪调适、升学择业以及生活和社会适应等方面的内容";"心理辅导应从不同地区的实际和不同年龄阶段学生的身心发展特点出发,做到循序渐进,设置分阶段的具体教育内容"。

具体说来,学校心理辅导承担三方面任务:第一,贯彻预防为主的方针,通过心理健康活动课、讲座、团体辅导、改善校园心理氛围等途径,努力推行学校心理健康教育计划,对学生实施有效的学习辅导、生活辅导、交往辅导及升学就业辅导,促进全体学生心理素质的提高。第二,向教师和家长宣传普及心理学知识,帮助他们掌握儿童、青少年的心理发展规律及教育心理学的基本原理,转变教育观念,改善教育方法,建立民主、平等的师生关系和亲子关系,为学生健康成长创造良好的心理社会环境。第三,通过晤谈、观察及心理测验等方法,对心理偏常学生进行鉴别,对有轻微心理障碍的学生给予个别或小组辅导矫治,对少数有严重心理障碍即患有心理疾病的学生加以转介,由专业机构给予治疗。总的看来,我国的学校心理辅导相当于欧美国家学校心理学者的工作。

(二) 学校心理辅导的分类

从内容上,学校心理辅导主要分为四大类:一是学习心理辅导,如学习动机辅导、学习策略辅导、考试心理辅导;二是人格心理辅导,如自我意识辅导、青春期心理辅导、情绪情感辅导;三是生活心理辅导,如人际交往辅导、休闲消费辅导;四是职业心理辅导,即升学和择业问题辅导,帮助学生学会选择职业、准备职业、适应职业,可以从测验和鉴定、信息服务、咨询三方面着手。

从目标上,学校心理辅导可分为适应性心理辅导和发展性心理辅导。

1. 适应性心理辅导

适应性心理辅导主要是针对学生在各个年龄阶段以及相应阶段的生活和学习中遇到的各种问题,结合他们的认知特点和行为特征,提供一些必要的指导,帮助他们提高学习效率,处理好人际关系,学会自我心理调适,更好地处理环境变化带来的各类问题,增强环境和自我的适应能力,从而能够解决面临的现实生活问题,很好地完成各个时期的学习任务。

适应性心理:辅导的对象是身心发展正常,但带有一定的心理、行为问题的学生;辅导着重处理或解决的问题,是学生的正常需要与其真实状况之间的矛盾冲突;强调教育的原则,重视辅导对象理性的作用。工作侧重于学习指导、交往指导、生活指导、升学就业指导等方面。辅导伴随学生学校生涯的整个过程,关注他们的身心状况,支持和帮助他们适应各阶段的学校生活,指导他们完成各年龄段的自我发展任务。

2. 发展性心理辅导

发展性心理辅导的目标主要在于帮助学生提高心理素质,健全人格,增强学生承受挫折、适应环境的能力。

发展性心理:辅导的对象是心理健康、身心发展正常的学生,但在发展方面仍有潜力可挖,心理素质尚待完善;辅导所着重解决的问题,是引导学生在一个更新的层面上认识自我,开发自我潜能;强调发展的原则,即促进心理素质的发展;发展性辅导是现代学校教育的一个重要组成部分,应纳入学校教育的总体目标和实施过程中。

二、学校心理辅导的目标与任务

正确认识学校心理辅导的目标,是有效实施这项工作的前提条件。心理辅导作为学校教育的一部分,其目标应与教育目的相一致,但其性质又不同于学校其他工作,它直接指向提高全体学生的心理素质,包括解决问题与发展潜能两个方面。这一性质体现在教育目标上,就要侧重于学生心理品质的提高,改善学生的心理与行为,促进学生人格的健全发展,主要包括培养学生良好的心理品质,维护增进学生的心理健康,充分开发学生的心理潜能。

(一) 学校心理辅导的目标

学校心理辅导的总目标是:提高全体学生的心理素质,培养他们积极乐观、健康向上的心理品质,充分开发他们的心理潜能,促进学生身心和谐可持续发展,为他们健康成长和幸福生活奠定基础。

学校心理辅导的具体目标是:使学生学会学习和生活,正确认识自我,提高自主自助和自我教育能力,增强调控情绪、承受挫折、适应环境的能力,培养学生健全的人格和良好的个性心理品质;对有心理困扰或心理问题的学生,进行科学有效的心理辅导,及时给予必要的危机干预,提高其心理健康水平。

学校心理辅导的重点目标是:培养正确的人生态度与合理的价值观念;建立积极的自我形象并学会接纳自己;培养自主精神,学会自主抉择,承担起个人的责任;学会沟通,发展良好的人际关系;学会管理自己的情绪;掌握学习策略;掌握应对压力的技能,增强心理自助的能力。

学校心理辅导在不同教育阶段的工作目标各有侧重。学前阶段的目标是亲子关系。小学阶段的目标是认识自我,控制和调节自我,养成良好的学习习惯,合群、乐学、自立,培养对学校的适应能力。初中阶段的目标是培养自尊、自立、自爱、自信的独立人格,建立良好的师生关系和同伴关系。高中阶段的目标是增强意志的自觉性、果断性、坚韧性,增强社会责任感、面对升学或就业的调适能力。大学阶段的目标是处理好恋爱、人际关系、环境适应,增强耐受挫折的能力。

心理学不同流派对心理辅导目标的把握也各有侧重,如精神分析法的目标是帮助来访者克服潜意识冲突;行为主义疗法的目标是消除不良行为,代之以更有效的行为;认知疗法的目标是帮助来访者找出不合理的、扭曲的观念,并建立较为现实的认识问题的思维方式;而来访者中心疗法的目标则是提供一个安全和信任的辅导气氛,使来访者进行自我探索。

(二) 学校心理辅导的任务

学校心理辅导的主要任务是:全面推进素质教育,增强学校德育工作的针对性、实效性和吸引力,开发学生的心理潜能,提高学生的心理健康水平,促进学生形成健康的心理素质,减少和避免各种不利因素对学生心理健康的影响,培养具有社会责任感、创新精神和实践能力的德智体美全面发展的社会主义建设者和接班人。

学校心理辅导应该以学生的心理需求为出发点,为学生提供有针对性、及时性和灵活多样性的心理服务。学校心理辅导要面向全体学生,开展预防性和发展性的心理健康教育;面向少数有困扰和心理障碍的学生,开展补救性和矫治性的心理咨询与辅导,使学生不断认识自我、悦纳自我、增强调控自我、承受挫折、适应环境的能力;培养学生健全的人格和良好的个性心理品质;对少数有心理行为问题和心理障碍的学生,给予科学有效的心理咨询和辅导,使他们尽快摆脱障碍、调节自我,形成健康的心理素质,提高心理健康水平。

从内容来看,学校心理辅导包括心理素质培养与心理健康维护两项任务。前者主要是教育与培养个体形成各种良好的心理素质,以助其学业、事业成功;后者主要是使个体形成并维持正常的心理状态,从而能适应社会,正常地成长、发展。学生健康心理发展的目标包括:身体、心理、精神的整体和谐,自我认同、自我更新与成长,关怀、尊重与合群、国际理解、地球公民意识,创造性人格,应对挑战与困难。

从性质来看,学校心理辅导则包括发展性辅导与补救性辅导两项任务,应以发展性目标为主、补救性目标为辅。

发展性辅导主要是有目的、有计划地对学生心理素质与心理健康的培养促进,使学生的心理品质不断优化。发展性目标即一般性目标,指通过提高全体学生学习、生活、人际交往和社会适应性等方面的心理素质,充分开发他们的潜能,促进心理健康。发展性心理辅导主要面对正常发展的学生,是提高性的,包括自我意识的发展与培养、人际交往技巧训练、学习认知策略开发、情绪情感认知与调节能力训练、性意识发展与完善、个性品质的培养与训练、休闲与消费意识开发、决策能力训练和升学就业指导。

补救性心理辅导的目标主要是通过对学生心理问题的预防、矫治,促进学生心理健康。心理问题包括情绪情感问题、人际交往问题、学习认知问题、性认知与发展问题、个性发展问题等。补救性辅导是矫正性的,主要针对心理处于不良状态或心理出现问题的学生进行专门的帮助,使之恢复正常状态。

三、学校心理辅导的特征与形式

学校心理辅导是整个学校教育的重要一环,它不仅要针对"问题儿童"或有心理障碍的学生进行心理健康教育,更重要的意义和作用在于要促进儿童、青少年的身心发展与成长,为实施良好的素质教育打下基础。

(一) 学校心理辅导的教育特征

学校心理辅导的主要教育特征如下：

第一，学校心理辅导通过开设专门课程或选修课，通过心理健康知识与技能的训练和教学来帮助学生解决成长过程中的心理问题，健全学生的心理素质和人格水平，这是整个学校教育计划的一部分。

第二，学校心理辅导特别重视开拓的、发展的心理健康教育活动，即对学校不适应、问题行为等进行积极的预防，防患于未然，尽量消除其发生的根源；对广大精神健康、人格健全的学生进行建设性的、开拓性的、教育性的心理辅导。

第三，学校心理辅导的主体是全体教师。心理健康教育是在学校内开展的，在学校中兼职的心理辅导人员和专职的心理辅导教师毕竟是少数，而大部分则是语、数、外等学科的专任教师。学校心理辅导必须发挥全体教师的协作优势，在日常的教育、教学活动中全面渗透心理健康教育。

第四，学校心理辅导需要全员参与。学校心理辅导教师要与校长、教导主任、年级学科组长、班主任、团队辅导员和家长紧密协作，促进儿童、青少年的德智体美全面发展。校长、教务人员、班主任、心理辅导教师等协同努力、配合教育，才能发挥更大的作用。

第五，学校心理辅导的重点是学生的学习问题和适应问题。对于学生的学习困难、厌学和考试焦虑等问题，如何进行教育教学方法的改革，学习心理辅导至关重要。其中学习计划与步骤的制订、课堂笔记方法、知识记忆的方法、辞典与参考书籍的利用方式、预习复习的方法、考试和答题的心理技巧等，在学校心理辅导中占了很大的比重。此外，学习问题常常会引起不适应问题，或者不适应又造成学习问题，因此对学生的性格、情绪、行为、生活习惯、学习态度等适应问题，也应加强心理辅导的力度。

第六，学校对家庭的心理辅导与教育也必须时常进行。因为儿童、青少年的许多神经症问题，性格、情绪、行为等适应问题都与家庭生活关系密切。对家庭教育辅导成功，常常意味着对问题学生的心理辅导接近成功。

(二) 学校心理辅导的教育形式

学校心理辅导是一个教育的历程。在辅导过程中，受过专业训练的辅导人员，运用其专业知识和技能，协助被辅导者了解自己、认识世界，根据其自身条件（如能力、兴趣、经验、需求等），建立有益于个人和社会的生活目标，并使之在教育、职业及人际关系等各方面的发展上，能充分展现其能力，从而获得最佳的生活适应。

学校心理辅导可以采用多种教育形式，主要有开设心理辅导讲座、开设心理辅导活动课、结合班级团队活动开展心理辅导、学科教学渗透心理辅导、小组辅导、个别辅导、家庭辅导、朋辈辅导、电话心理辅导、网络心理辅导。最常见的三种形式是个别辅导、团体辅导及开设心理健康教育课程。

学校心理辅导要善于运用教育策略,常用的策略有:积极关注,对任何学生都无条件地关注;反馈引导,引导学生自我探索、认识自我;指导阅读,引导学生通过阅读有关书刊,从而自己解决自己的问题;改变认知,通过暗示、说服等方法,促使行为的改变;行为训练,通过布置一定的作业,增强学生的自信心和勇气;角色扮演,在自然、自发的气氛下,演出希望的、害怕的角色行为,促进个人的心理成长;示范作用,教师在每一个活动之前首先做示范;同伴互助,学生带学生,弥补教师力量的不足;家庭会议,教师、学生、家长三方面共同制订计划,帮助解决问题;自我管理,让学生学习自我控制、自我指导,以达到自立自助的目的。

学校在过去或是将来,都是因为有学生的存在而真正意义上"成为学校"。学校面临的挑战包括:社会转型期的人格特征,积极教育价值取向的确立,适应网络技术变化发展的需要,终身教育与学习理念的培养,多元思想文化对校园的冲击,等等。积极应对这样的挑战,学校需要家长的参与、教师的合作、社区的支持与同伴的关心。心理辅导将会面临更大的机遇和挑战,而学校心理辅导正在为应对明日的挑战做着准备:学校心理辅导将提供对家庭教育的指导,对班主任工作和学科教学的积极渗透,对教师自我发展与管理工作的专业支持,引入社区专业心理资源,开展同伴心理互助与社团活动,等等。可以相信,随着对心理辅导认识的深入以及人类社会经济的进一步发展,学校心理辅导必定有着光明美好的未来。

第二节 学校心理辅导的教育定位

学校心理辅导是全面贯彻党的教育方针、实施素质教育的重要举措,是加强和改进德育工作的重要途径和手段,是学校教育工作的重要组成部分。与日常教育、教学工作相比,学校心理辅导更加人性化、个性化;与心理治疗相比,学校心理辅导则是一种更具教育性、发展性的专业工作。

一、学校心理辅导与素质教育

在认识和对待心理辅导与素质教育或全面发展教育关系问题上,我国学者的观点基本趋于一致,即心理辅导是素质教育或全面发展教育不可缺少的重要内容或组成部分,重视心理辅导"是我们在教育领域、教育理念、教育思想方面的

一种整体性超越,是在更清醒的理智水平和更深沉的情感层次上对学生健康成长的有效关照"[1]。心理辅导是促进人心理素质发展的教育。心理辅导对人的素质发展的作用是由心理素质在人的整体素质中的地位和作用决定的。"要想构建场域,就必须辨别出在场域中运作的各种特有的资本形式;而要构建特有资本的形式,就必须知晓场域的特定逻辑。"[2]

(一) 心理素质与整体素质结构

关于素质和心理素质两个概念的认识,理论界多有歧义。但基本的共识是:心理素质是人的整体素质的重要方面和组成部分。人的素质按其发展水平或发展层次可以分为生理素质、心理素质和社会文化素质三类。这样的划分与辩证唯物主义把人看作"生理—心理—社会"统一体的观点是一致的。人的发展是这三类素质统一的发展过程,每一类素质都是整体人发展的不同方面,但这三类素质并非平行的并列关系,而是按照从生理到心理再到社会性的顺序发展,这种顺序反映了发展的水平和层次。

心理素质在人的整体素质结构中占有特殊的地位,发挥着特殊的作用。"心理素质是核心素质,心理素质是基础素质,心理素质是第一素质。"[3]心理素质居于素质结构的中间层次,是先天生物因素和后天社会因素的结合。心理素质为生理素质、社会文化素质的发展提供了必需的心理基础。它影响着生理素质的发展,中介着社会文化素质的积淀。人的整体素质特别是社会文化素质的发展水平取决于心理素质的发展水平。

素质是人性的基本特质,它是十分复杂的身心现象,从而显示出以下八种基本的特征:系统性与整体性,静止性与稳固性,可塑性与可变性,差异性与共同性,实践性与活动性,自然性与社会性,局限性与难全性,难估性与难测性。[4] 心理素质有着与一般素质共同的特点,这就是心理素质的整体性、稳定性、变异性和差异性,同时也有自己的特殊性,如隐蔽性、潜在性等。认识这些特性有助于认识心理辅导产生的"场效应"。

(二) 学校心理辅导的场域"观照"

与素质分类相对应,素质教育也可以分为身体素质教育、心理素质教育、社会文化素质教育,三类教育相互联系、相互渗透,共同构成素质教育的整体。但

---

[1] 张佩珍.转化与泛化:心理健康教育与价值观教育的关联性[J].教育发展研究,2001,(3):59-61.

[2] [法]皮埃尔·布迪厄,[美]华康德.实践与反思——反思社会学导引[M].李猛,等译.北京:中央编译出版社,1998:147.

[3] 王希永,瑞博.心理教育概论[M].北京:开明出版社,1999:8.

[4] 周冠生.素质心理学[M].上海:上海人民出版社,1998:77.

三类素质教育与三类素质培养的关系,不能被看作孤立的一一对应的关系。心理辅导在素质教育场域中同样有着特殊的地位和作用。素质教育系统与心理辅导之间存在着错综复杂的、潜在深层的关系。理解心理辅导,不能只看到社会、文化以及人与心理辅导的关系,而不对素质教育系统与心理辅导的关系作深入的剖析;否则,就可能对许多心理辅导现象迷惑不解,对许多心理辅导问题思考不周全,对心理辅导的未来缺乏科学的预见,从而对心理辅导所面临的挑战缺乏理性的对策。因此,从场域的视点来研究素质教育与心理辅导之间的关系就很有必要。

心理辅导是一个复杂的教育系统。所谓系统,是指由若干个相互依存、相互影响的单元组成的,具有一定结构和功能的整体。要搞清一个事物的本质,不仅要考察组成该事物的各个单元之间的相互联系和相互影响,而且要探讨该事物与同一大系统内的其他各单元间的关系以及同位于该事物之上和之下的诸单元之间的复杂关系。这种思考的技术实质上就是一种"场域观"。"根据场域概念进行思考就是从关系的角度进行思考";"而且,概念的真正意涵来自于各种关系。只有在关系系统中,这些概念才获得了它们的意涵";"从分析的角度来看,一个场域可以被定义为在各种位置之间存在的客观关系的一个网络(network),或一个构型(configuration)"。① 用场域的观念来理解和建构心理辅导,似乎能够更准确地把握心理辅导的实质,形成本真的心理辅导。

对心理辅导的研究,越来越多的学者主张在整体存在中统观对象,在相互关系中理清对象,在自身逻辑与变动不居中把握对象。因而,关于心理辅导场域的研究正在成为日渐凸现的重要课题。"所有的事物都既是结果又是原因,既是受到作用者又是施加作用者,既是通过中介而存在的又是直接存在的。我认为不认识整体就不可能认识部分,同样地不特别地认识各个部分也不可能认识整体。"② 那么我们该如何认识"在场"的心理辅导呢?

1. 心理素质教育与生理素质教育

从人生发展的层面分析,人的健康是身心健康的统一,人的发展是身心和谐统一的发展。从这个意义上讲,心理素质教育与生理素质教育是平行的,从而构成身心统一的教育系统。从两者的关系分析,心理素质教育与生理素质教育互相包容、互为基础,一方面,生理素质教育为接受心理素质教育准备必要的生理基础;另一方面,心理素质教育也为开展生理素质教育提供必需的心理基础。从

---

① [法]皮埃尔·布迪厄,[美]华康德.实践与反思——反思社会学导引[M].李猛,等译.北京:中央编译出版社,1998:133-134.

② [法]埃德加·莫兰.迷失的范式:人性研究[M].陈一壮,译.北京:北京大学出版社,1999:3.

两者的作用来看,心理素质教育与生理素质教育是相互作用、相互促进的关系,科学的生理素质教育能促进人的人格健全和个性的和谐发展,科学的心理素质教育同样也能够增强人的身体机能。当然,相对于人的"生理—心理—社会"三大层阶的素质关系而言,生理素质教育属于第一层阶,其主要任务是健体;心理素质教育属于第二层阶,其主要任务是育心。两者分别遵循人的生理发展机制和心理发展机制,这是它们之间存在的本质区别。

2. 心理素质教育与社会文化素质教育

苏联教育家苏霍姆林斯基说:"没有心理上的修养,体力的、道德的、审美的修养就不可能想象。"[①]不难理解,通过实施心理辅导,使个体保持健康的心理状态,形成良好的心理素质,就能为其顺利地接受德育、智育、体育、美育等其他素质教育提供良好的心理条件。心理素质教育中具有德育、智育、美育、劳育的成分,但又具有不同于社会文化素质教育的内容;社会文化素质教育中的各育都含有心理素质教育的内容,但又有不同于心理素质教育的部分。就横向关系而言,心理素质教育与社会文化素质教育是相互交叉重叠的;就纵向关系而言,心理素质教育是社会文化素质教育的基础。

在整个素质教育体系中,心理辅导有其自身的内涵,也应该有其自身的位置。心理素质教育与生理素质教育、社会文化素质教育一起,构成了一个相互制约、相互渗透的辩证统一的完整体系。其中,心理素质教育是其他两类素质教育的中介和基础。它为学生形成思想品德、获得知识、掌握技能、培养能力、发展智力、塑造美感以及锻炼身体、增强体质等提供了必备的心理条件。开展心理素质教育,如同牵住了素质教育的"牛鼻子",对于推进素质教育的实施,促进其他教育的开展和学生素质的发展,可以达到"纲举目张"和"牵一发而动全身"之效。这就是心理辅导在素质教育结构体系中的地位和作用之所在,也是心理辅导对素质教育场域的意义之所在。

在素质教育场域中,心理辅导具有乘数效应,它对素质教育起着"酵母"式的促进和放大作用,直接影响其整体水平。概括起来,心理辅导有三方面的作用,即基础与中介作用、操作与动力作用、激励与增效作用。[②] 如果说心理素质处于素质结构的中间层次,为生理素质、社会文化素质发展提供必要的心理基础,那么心理辅导就是以形成这种必要的、良好的心理基础为直接目标的。

(三) 学校心理辅导场域的建构

"首先应当声明一句,我们并没有什么简单、明了的公式,而主要是想提出一

---

① [苏]瓦·阿·苏霍姆林斯基. 教育的艺术[M]. 肖勇,译. 长沙:湖南教育出版社,1983:265.
② 石国兴. 心理健康教育在全面发展教育中的地位和作用[J]. 中国教育学刊,2000,(2):21-23.

些在我们看来趋于正确方向的试探性建议。"[①]"我们并不想用这些建议来束缚人的手脚,相反,我们是想通过这些建议鼓励人们朝着正确的方向迈进。"[②]建构学校心理辅导场域,虽然是一个全新的研究课题,但是至少在以下几方面可以有所作为。

1. **注重心理辅导氛围的营造**

心理辅导的开展,需要有广泛的群众基础,得到师生员工的一致认同,形成"心理育人、人人有责"的氛围,也就是说,心理辅导要有适宜的"气候"和"土壤"。学校要重视优化富有个性和办学特色的校园精神,完善推陈出新、民主开放的管理体制,形成理解宽容、平等活泼的师生关系,建设优良的校风、工作作风和教风、学风,创造有益于心理发展与建构的校园心理环境。

2. **健全心理辅导的运行机制**

建立与健全心理辅导运行机制是心理辅导活动能够正常开展与实施的基本保证。一套完整的心理辅导运行机制应当包括目标导向系统、反馈调节系统和激励强化系统。当前,要尽快制订和落实心理辅导的目标体系,全方位、立体式地开辟心理辅导的实施途径,在理论研究与实践探索两方面去构建和创新心理辅导的评价体系。

3. **心理辅导向生活世界回归**

回归生活世界是时代精神的发展趋向。心理辅导应当立足于社会生活,反映社会生活,建构社会生活,融入社会生活,引导青少年学会过有意义的社会生活。也就是说,心理辅导应当重返生活世界,而不仅仅停留在科学世界,仅仅局限在书本上、课堂内,以免让学生感觉到"好听不好用"。因此,在教材编写、课程建设和活动组织等方面,要凸现心理辅导的生活意义。

4. **心理辅导向多学科的开放**

在论及当代教育革新的策略时,开放系统已经成为一条重要原则。学校心理辅导应当保持开阔的学术视野,与多学科进行开放式对话交流,广泛接纳多学科的参与和协作。"自我封闭、关门辅导"只会把心理辅导推向绝境。学校心理辅导系统只有以开放作为手段,吸纳并整合多学科的学术能量,才能适应面向现代化、面向世界、面向未来的需要。

显然,学校心理辅导场域的建构,并不是从狭隘的视野就心理辅导论心理辅导,应当有宽广开放的学科视野和博大宽宏的学术胸怀。如果学校要在更大范围内去促进人的心理发展,那么就应当通过素质教育体系给予这方面更多的保

---

① [美]华勒斯坦.开放社会科学[M].刘锋,译.北京:生活·读书·新知三联书店,1997:103.
② [美]华勒斯坦.开放社会科学[M].刘锋,译.北京:生活·读书·新知三联书店,1997:113.

证,要树立全新的心理辅导理念,把心理素质教育与生理素质教育、社会文化素质教育等有机结合、科学整合,重视心理辅导场域的整体构建、全面拓展与不断提升。

二、学校心理辅导与道德教育

近年来,心理辅导与道德教育的关系成为我国教育理论界关注和探讨的一个富有特色的重要课题。对心理辅导与道德教育两者关系的理性认识是顺利进行心理辅导和进一步加强、改进道德教育的前提与必要条件;而心理辅导与道德教育有机结合的实践探索,更需要在教育理论上进一步深入探讨、澄清这一问题。

(一) 对心理辅导与道德教育的认知误区

由于对新形势下开展心理辅导与进一步加强道德教育的必要性和科学性缺乏理智清晰的认识,导致了对心理辅导与道德教育两者关系的种种错误的或片面的看法,概括起来主要有以下五种。

1. 冲击论

有人认为,心理辅导是西方社会的产物,并不适合我国国情,担忧心理辅导会冲击道德教育,会同道德教育工作唱对台戏。

2. 等同论

有的人对心理辅导很不了解,认为心理辅导工作就是"谈心",就是做人的思想政治工作,我们国家学校早就有了,因而没有必要专门开展心理辅导。

3. 无关论

有人认为,在学校、班级开展心理辅导与道德教育无关,强调它们两者在理论基础、目标任务、基本内容、方法形式等方面存在显著的区别,认为心理辅导与道德教育分属于两个互不相干的学科体系。

4. 取代论

也有的人过分夸大心理辅导在学校素质教育工作中的作用,认为传统的道德教育已经过时,提出心理辅导是新时期"道德教育科学化的一种新形式",因而认为心理辅导可以取代道德教育。

5. 补充论

还有的人认为心理辅导只是道德教育的一个组成部分,是新时期道德教育的一种途径,因而是道德教育的一种必要补充。

纵观目前道德教育与心理辅导的现状,无论是把道德教育与心理辅导等同起来,还是对立起来或孤立开来;无论是"冲击论",还是"取代论"、"补充论",都既不利于心理辅导的健康发展,也不利于新形势下加强和改进道德教育。

（二）心理辅导与道德教育的区别与整合

道德教育与心理辅导虽然都是做人的工作，但两者存在显而易见的区别，绝不能混为一谈或相互取代。从所要达到的目标看，道德教育旨在塑造个人完善的道德品行，本质上是一个道德内化的过程，而心理辅导则旨在培养学生完美、健康的人格；道德教育的核心问题是人生观问题，心理辅导的核心问题是成长问题；从方法与手段上看，道德教育是一个教导的过程，示范与社会学习是最主要的手段，心理辅导则是一个讨论沟通的过程。综合国内学者现有的研究成果，概括地说，这种区别主要表现在四个方面，即理论基础、目的定向、基本内容、方法形式等。正是这些方面的不同，决定了两者在教育系统中有独立存在的必要和可能，但这并不意味着它们有优劣、主次之分。作为素质教育系统的重要组成部分，心理辅导与道德教育在学生素质的全面发展中各自有特殊的功能和作用。因此，不能无限制地扩大心理辅导的工作范围，用心理辅导代替道德教育，也不可以主观随意地缩小心理辅导的内涵，使之仅局限于道德教育范畴，失去自身存在的独特教育价值。总之，在现代教育系统中，心理辅导和道德教育有着明显的区别，教育工作者必须明确他们之间的界限，才能使心理辅导从传统意义上的道德教育中分化与超越出来。

对道德教育与心理辅导之间的分化关系，不能作绝对化的理解，它们在不少方面存在相似、相联或共同之处，如两者在目标层次上具有统一性、在功能作用上具有互补性、在手段方法上具有借鉴性、在内容原则上具有交叉性。在实际教育工作中，心理辅导与道德教育两者常常结合在一起，互相渗透、交织融合。因此，不应该也不可能把道德教育与心理辅导两者完全割裂开来或对立起来。尤其是在社会转型时期，青少年学生的品德问题、心理障碍日益增多，更要求广大教育工作者用科学规范、可操作、富有实效的教育方法形式去引导感化学生。而心理辅导与道德教育的密切联系、相互渗透，有利于充分发挥它们在青少年学生成长中的教育合力功能。当然，也不能把道德教育和心理辅导之间的关系简单地理解归结为整体与部分的关系，"心理健康教育与德育工作有密切的联系，但不能用德育工作来代替，也不能取代德育工作"[①]。

道德教育与心理辅导的整合是素质教育对学校教育的时代要求，是学校教育迈向素质教育的必然选择，也是把心理辅导引入素质教育的桥梁；只有使道德教育与心理辅导有机结合，才是真正完整的心灵教育，才能有效地提高人的精神境界，才能形成真善美和谐统一的健全人格。既然心理辅导与道德教育是既有区别又有联系的素质教育子系统，两者既相对独立又密切联系，那么，我们就要

---

① 教育部文件《关于加强中小学心理健康教育的若干意见（教基〔1999〕3号）》。

正确处理、科学对待两者之间的关系,要善于从多侧面、多角度寻找心理辅导与道德教育的有机联系,加强道德教育与心理辅导间的互动与对话,积极开展双向协作的教育研究与实践,促进两者形成"一体化"的工作格局。

所谓"一体化",就是要促使心理辅导和道德教育有机整合在一起,真正解决"两张皮"、"各人自扫门前雪"的问题,促使学校党政领导像重视道德教育一样重视心理辅导,强化"两手抓,两手都要硬"的意识,克服"一手硬、一手软"和忽视心理辅导的倾向,做到两者规划决策同步、研究布置同步、检查评比同步,坚持不懈地"两手抓"、"同时抓"。当然,所谓心理辅导与道德教育的"一体化",并不是简单的"合二为一",也不是两者的简单相加,而是说两者关系密切,如同一个整体。从两者的区别和联系可以看出,它们在学校素质教育工作和教育系统中都有独立存在的必要:既不能因为有了心理辅导便可以取消、替代道德教育,也不能因为有了道德教育便排斥、否定心理辅导。正确的态度是肯定两者的共通性,保持两者的差异性,注意两者的开放性。

心理辅导与道德教育并非分庭抗礼、唱对台戏,而是异曲同工、殊途同归,它们是相辅相成的两种教育,好比鸟之两翼、缺一不可,只有两翼同时扇动才能飞得既高又远、既快又稳。而心理辅导与道德教育"一体化"的整合构建,不仅是十分必要的,也是完全可能和可行的。两者的"一体化"整合,既体现了心理辅导的中国特色和本土化,更反映了新形势下加强和改进道德教育的必然趋势和要求。只有真正建立了"一体化"的工作格局,心理辅导与道德教育才能相得益彰、共同发展、共同繁荣。

三、学校心理辅导与新课程改革

2001年6月,教育部基础教育司正式颁布了新一轮课程改革的总纲——《基础教育课程改革纲要(试行)》,这标志着我国基础教育进入一个崭新的时代——课程改革的时代。新课程改革必将从根本上加强和推进素质教育,改写我国基础教育的历史和发展路径。新课程改革对于心理辅导的发展和深化无疑是一次难得的历史契机。

(一) 心理辅导与新课程改革的相互促进

新课程改革和心理辅导都是当前我国教育领域的热门话题,正在全面推进的新课程改革与积极开展的心理辅导有着内在的必然联系。这主要表现在两方面:第一,心理辅导与新课程改革的理念是一脉相承的。新课程改革的价值取向是"以人的发展为本",促进人的全面发展与个性和谐发展,这同样也是现代心理辅导的基本理念。心理辅导强调以人为本,尊重人、信任人、理解人,把实现人的心理和谐发展作为中心目标。第二,新课程改革与心理辅导都是素质教育的重要举措和组成部分。它们的根本目标是一致的,都是为了实施和推进素质教育,培养学生良好的综合素质,促进学生身心和谐和素质全面提高的教育运动。而要深刻理解新课程改革与心理辅导两者之间的关系,可以从相互作用、相互促进的视野上去把握。

1. 新课程改革是心理辅导的"助推器"

一是新课程改革为心理辅导的进一步深化提供了现实基础,为心理辅导广泛深入地开展提供了良好的氛围和条件。新课程改革着眼于时代要求,以促进学生的发展为本,强调以人为中心的发展性课程,重视发展人的主体性,改变过去那种过于注重书本知识传授、过于强调接受性学习、死记硬背、机械训练的现状,倡导学生主动参与、积极探索、勤于动手、勇于创新,发展学生各方面能力和形成正确的价值观,这就为心理辅导的顺利实施创造了良好的心理氛围和教育条件,为心理辅导的进一步深化提供了可能性。二是新课程改革有助于心理辅导目标的实现。《纲要》作为本次新课程改革的"蓝图",充分体现了心理辅导的目标和功能。比如,《纲要》提出"关注学生的学习兴趣和经验,精选终身学习必备的基础知识和技能","倡导学生主动参与、乐于探究、勤于动手,培养学生搜索和处理信息的能力、获取新知识的能力、分析和解决问题能力以及交流与合作能力","强调形成积极主动的学习态度,使获得基础知识与基本技能的过程同时成为学会学习和形成正确价值观的过程"。《纲要》反复强调:"在教学过程中应与学生积极互动、共同发展;要注重培养学生的独立性和自主性;应尊重学生的人格,关注个体差异,满足不同学生的学习需要;要发现和发展学生多方面的潜能,了解学生发展中的需求,帮助学生认识自我,建立自信。"这些无疑是自觉主动地承担心理辅导的历史使命,使得心理辅导的思想更加深入人心。

2. 心理辅导同样有利于基础教育课程改革的推进,能够为新课程改革"助跑"

第一,心理辅导的基本理念有助于教师积极参与新课程改革,发展性心理辅导、积极型心理辅导则为教师适应和参与新课程改革做好了思想观念的准备。不难理解,教师陈旧的教育教学观念、认知方式的定势与偏差、消极负面的课程改革心态、职业倦怠心理等,严重阻碍着基础教育课程改革的积极推进。心理辅导有助于扫清教师专业成长过程中和课程改革前进道路上的心理障碍,使得教师能够以积极的心态参与新课程改革。第二,心理辅导是新课程改革思想最典型的体现,开展心理辅导符合我国新课程改革的要求和方向,有助于新课程改革整体目标的实现。在中小学校广泛、深入地开展心理辅导,可以更好地体现出新课程改革的特色,帮助教师转变教育观念,以主动、积极的态度直面改革、参与新课程改革,以理智和宽容的态度看待改革进程中暂时出现的矛盾和困难,推动新

课程改革的不断深化,促进新课程改革目标的实现。新课程改革也期待着心理辅导从多学科、多视角,并以多样化的方式去培养人、引导人、发展人,不断发掘学生的主体价值,发挥学生的心理潜能,发展学生的现代人格。

心理辅导与新课程改革应该共生互动,需要互动同行。当今世界教育改革的人本化浪潮,使得新课程改革和心理辅导自觉地走到一起,使得两者能够相互支持、合作共赢。心理辅导不应当也不可能游离于新课程改革之外另起炉灶、另搞一套。主动投身新课程改革潮流的心理辅导会如鱼得水,而有了心理辅导积极参与的新课程改革更会如虎添翼。现在的问题是,有的学校只看到了心理辅导与新课程改革在时间、教师和教学安排上的矛盾,其实,只要深入把握两者教育目标的同一性和功能作用上的互补性,正确理解两者之间的互动关系,那么新课程改革和心理辅导就能够相得益彰,实现共同繁荣。我们要自觉促进心理辅导与新课程改革两者真正融为一体,互相补充、互相促进,从而增强新课程改革的主体性、针对性和实效性,增强心理辅导的互动性、实践性和科学性。

(二) 新课程改革思想指导下的心理辅导

新课程改革本身蕴涵着心理辅导发展的契机,新课程改革为心理辅导的进一步深化提供了现实基础,为心理辅导的科学发展提供了难得的历史契机,为心理辅导发挥作用提供了高层次的平台。新课程改革的全面推进,有助于心理辅导自觉走出困境,找准前进的大方向,增强其生命力、凝聚力和影响力。这也是学校心理辅导健康发展最为急迫的需要。

1. 心理辅导是一门性质特殊的新课程

应当认识到,作为一门课程,心理辅导不是一门普通的课程,毕竟在性质、内容、形式和方法上与其他学科课程有着明显的不同。[1] 心理辅导是一门活动性的课程,也是一门综合性的课程;是一门显性课程,又是一门隐性课程。心理辅导的实施不能也不宜简单地课程化或课堂化,进课堂、课表或成为一门独立的课程并不是心理辅导发展的终极追求。新课程改革为心理辅导的全面实施和深入推进做好了思想观念准备,奠定了良好的课程理念、技术和文化基础。在新课程整合化的理念指导下,虽然《纲要》中没有将心理辅导单独列为一门课程,但在思想品德、体育与健康、综合实践活动等课程中安排了心理健康教育的相关要求和课程评价标准。从某种意义上说,结合各学科教学进行心理辅导,比单独实施心理辅导效果会更好。当然,这也并不意味着就不能或不应该有专门的心理辅导课程。

---

[1] 沈贵鹏. 心理教育课程论[M]. 徐州:中国矿业大学出版社,2001:40-41.

2. 心理辅导是一种基本的新课程理念

心理辅导不只是一门特殊的课程,而且是一种现代化的教育新理念,理所应当成为新课程改革的基本理念。目前,人们对心理辅导功能和本质的认识存在不小的偏差,还有人把心理辅导简单地等同于心理咨询、心理知识的传授或者智力开发。这些片面的认识如果不加以澄清,心理辅导就难以在素质教育和新课程改革中真正发挥作用。作为一种先进的教育新理念和基本的新课程理念,心理辅导应当真正融合到新课程学科教学的各个环节,体现在学校教育教学和管理文化的各个方面,就是在课堂教学、班主任工作、教育管理服务和校园文化活动等方面有机融合心理辅导,自觉开展和加强改进心理辅导,而不应当是牵强附会、生搬硬套地与心理辅导挂钩,或者简单地增加心理辅导的一些内容。因此,心理辅导能力是新课程改革背景下教师专业化提升的核心素质和基本修养。

3. 心理辅导是一种自觉的教育责任

心理辅导不只是一种教育理念,更是现代学校教师必备的一种教学技能,应当自觉承担的教育义务和教育责任。美国教育心理学家林格伦(H. C. Lindgren)曾指出,"一个教师所要了解的第一件事就是了解他自己和他周围环境的心理因素与力量"[①];"当一名心理卫生工作者不一定是教师的主要角色,除非我们考虑到儿童教育在本质上是改善他们心理卫生的过程。但多数教师并不把这个看做是他们的主要任务。而如果一名教师对他的工作中的诊疗方面无知,那么他所做的比他应当做的,其成效要小得很多。在关键时刻,对关键问题他完全不能帮助他的学生,而且他也对教育的某些最基本的目标和目的毫无所知。如果教育从它那方面为健康的社会培养健康的公民,教师应当清楚他们的心理卫生工作者的角色的重大责任"[②]。在新课程改革背景下,广大教师要树立"心理育人、人人有责","心理育人、各科有责"的教育责任意识,自觉树立教育教学积极促进学生心理发展的理念。

4. 心理辅导是一种有效的新课程改革"催化剂"

心理辅导必须树立"服务"意识和"大局"意识,坚持为新课程改革服务,主动创设和谐的校园教育心理氛围,主动研究新课程改革进程中出现的难题和问题,积极探寻新课程改革的科学方向,为新课程改革向纵深推进鸣锣开道、保驾护航,为推进新课程改革提供切合实际、有针对性的科学服务。只有心理辅导真正深入人心、发挥作用、取得实效,才能使得新课程改革在一个比较高的层次、水平和平台上向纵深顺利推进,才能避免新课程改革步入"穿新鞋、走老路"的尴尬

---

① [美]林格伦.课堂教育心理学[M].章志光,等译.昆明:云南人民出版社,1983:659-660.
② [美]林格伦.课堂教育心理学[M].章志光,等译.昆明:云南人民出版社,1983:670-671.

境地。

新课程改革为心理辅导的创新发展创造了前所未有的机遇。心理辅导与新课程改革在价值、目标、内容和评价等多方面的融合创新,使得心理辅导和新课程改革能够互惠互利,在深化新课程改革中走进心理辅导的佳境,在建构心理辅导范式中推动新课程改革的深入,是我们共同期待和努力追求的理想境界。

综上,新课程改革与心理辅导存在着相互作用、相互促进的关系,应当互动同行。新课程改革的核心理念是"以人为本","每个学生都能得到充分的发展",为心理辅导的发展提供了新机遇、新平台和新思维。新课程改革呼唤着学校心理辅导的理性反思,推动着学校心理辅导的变革,走融合创新之路是学校心理辅导范式建构的必然选择。

第三节 学校心理辅导的教育使命

人类教育现代化的历史进程呼唤教育理念的创新,而教育理念的反思与建构是21世纪教育改革、实践和发展的思想先导。塑造当代青少年的现代化人格,正是我国学校心理辅导的本质特征和教育使命。

一、人格现代化的心理辅导意蕴

人格是人的素质的重要组成部分,是人的心理面貌的集中反映。人格又是一个极其复杂的概念,不同的学科、研究者对人格所下的定义往往不同。"人格的定义随人格心理学家的理论观念而异,有多少种理论就可能有多少种定义。"[1]人格的使用范围相当广泛,迄今人们对人格这一概念理解的分歧依然存在,一般认为心理人格是一个复杂的、多侧面的、多层次的统一体,要涉及四个方面,即全面整体的人、持续统一的自我、有特色的个人和社会化的个体。通俗地说,人格是人所有的"看法"和"做法"的统一体,决定了人"做什么"、"怎么做"以及"为什么这样做"。人格是在长期的社会生活实践中形成的,影响人的身心健康、活动效率、潜能开发以及社会适应状况。

现代化是指人类从传统社会向现代社会的转变,进而向未来社会发展。人格现代化是指人由传统性人格转化为现代性人格的过程,具有现代化人格的人

---

[1] 陈仲庚、张雨新. 人格心理学[M]. 沈阳:辽宁人民出版社,1986:28.

才是真正意义上的现代人。因此,人格现代化既是一个发展目标,又是一个发展过程。人格现代化是适应社会的现代化发展而提出的,是培养现代人的基本标准和基本要求,是学校教育现代化追求的重要目标之一。社会现代化、教育现代化和人格现代化是相互联系、不可分割的统一整体,人格现代化是在社会现代化和教育现代化发展过程中得出的结论。

社会现代化的关键是人的现代化,人的现代化的核心是国民人格的现代转型。因此,从某种意义上讲,人格现代化是社会现代化过程中的关键因素,是社会现代化的基石。美国著名社会学家、哈佛大学教授英格尔斯指出:"一个国家,只有当它的人民是现代人,它的国民从心理和行为上都转变为现代的人格,它的现代政治、经济和文化管理机构中的工作人员都获得了某种现代化发展相适应的现代性,这样的国家才可真正称之为现代化的国家。"[1]他还告诫世界各国:身处现代化进程中的人如果没有经历人格从传统到现代的转变,即人自身还没有从心理、思想、态度和行为方式上都经历一个向现代化的转变,失败和畸形发展的悲剧结局就是不可避免的。可见,社会现代化的首要条件是人格的现代化,人格的现代化是社会现代化的基本依托。同时,人格现代化又是社会现代化发展的必然要求。社会的现代化要求要能为社会成员所接纳,关键要使这种要求转化为社会成员的内在心理结构,即形成特定的现代人格结构。美国未来学家阿尔文·托夫勒曾指出:"第三次浪潮正在做的,并不是去创造某个理想的'超人',某些高视阔步出入于人们之间新的英雄人物,而是使分布于社会的普遍人格发生显著变化,不是产生一个新人,而是产生一个新的社会人格。"[2]

人格现代化是学校教育培养目标现代化的集中表现。教育的根本任务是培养人,教育是通过育人而实现其社会价值的。现代学校教育的根本任务就是要培养现代人,这也是由教育的基本职能决定的。学校教育的现代化首先表现在培养目标的现代化上,根本上体现在人才人格的现代化。因为"人格作为人成为人的最高'价值物',它体现的是人对自身完善的憧憬与向往,并且人格境界和理想将永远是指示人的生命生生不息地超越自身现有本质的'航标'"。[3]值得注意的是,当前学校教育现代化的一大误区就是片面注重物质技术层面的"硬件"现代化,忽视了教育思想、观念层面的"软件"现代化。事实上,没有学校培养目标的现代化,对人格现代化这一根本任务不明确,也就谈不上学校教育的现代化,更不可能实现真正意义上的社会现代化。

---

[1] [美]英格尔斯. 人的现代化[M]. 殷陆君,编译. 成都:四川人民出版社,1985:7-8.
[2] [美]阿尔文·托夫勒. 第三次浪潮[M]. 朱志焱,等译. 北京:新华出版社,1986:425.
[3] 余潇枫. 哲学人格[M]. 长春:吉林教育出版社,1998:219.

人格现代化的高素质人才,是未来社会发展的可靠保证。21世纪是知识经济发展的国际化、信息化时代,"地球村"的概念将不再是一句空话与幻想,知识、信息、技术和人才将在全球范围内流动。正是这种全球开放环境要求现代人不断开拓进取,勇于创新超越,自觉完善自我。知识经济是比市场经济更加高度规范的经济,因而要求现代人具备严守法规、信守契约、恪守原则的社会性格和良好的人格素养。可以预见,真正能适应知识经济社会挑战的一代新人应该具有开放的头脑、宽广的视野、博大的胸襟、平衡的身心和超前的意识,具有全新的思想观念、更新的知识结构、创新的思维方式和崭新的综合能力。一句话,着眼于应对知识经济时代的心理挑战,当代青少年必须具有健康性人格、自主性人格、创造性人格、和谐性人格等现代化的人格特征与素养。[①]

学者们预测,21世纪将真正属于能承受社会变化和经济改革所带来冲击的人格健全者。毫无疑问,当代青少年的现实人格的主流是健康向上、务实积极的,但与社会发展需要的现代化人格相比还存在较大反差。一些青少年存在着令人焦虑的"人格危机",其主要症状是传统人格"失效"、现实人格"失范"、理想人格"失落",存在诸如"不成熟人格"、"多重人格"、"边缘人格"、"物化人格"等问题,甚至出现人格扭曲、分裂等障碍。因此,培养青少年学生健康、健全的理想人格,促进青少年学生的人格现代化,则成为我国学校教育工作的迫切任务和当务之急。

二、人格现代化与学校教育改革

实现教育现代化,培养人格现代化的人才,是时代的需要、历史的必然,也是全球教育改革的大势所趋。"现在,教育在历史上第一次为一个尚未存在的社会培养新人"[②];"今后需要的是一些'未来化思想深入骨髓'的人"[③]。国际社会已经接受柯林·博尔提出的未来社会的合格人才应持有三张证书的主张,即学术证书、职业证书、事业心和开拓精神(包括思维、规划、合作、交流、组织、解决问题、跟踪和评估的能力)。1989年,联合国教科文组织在北京召开的"面向21世纪的教育"国际研讨会,将人的道德、伦理、价值观列为21世纪人类面临的第一个挑战,明确指出:理想、责任感、自立精神、坚强意志和良好的环境适应能力、心理承受能力,是21世纪人才的主要特征。"总而言之,21世纪最成功的劳动者,

---

① 崔景贵. 知识经济挑战与大学生人格教育[J]. 迈向21世纪的高校心理健康教育[C]. 南京:江苏人民出版社,1999:140-149.

② 联合国教科文组织国际教育发展委员会. 学会生存——教育世界的今天和明天[M]. 华东师范大学比较教育研究所,译. 北京:教育科学出版社,1996:33.

③ [美]阿尔温·托夫勒. 未来的冲击[M]. 孟广均,等译. 北京:新华出版社,1996:338.

将是最全面发展的人,是对新思想和新的机遇最开放的人。"①

20世纪90年代以来,国外许多教育组织机构、人格理论家和教育家都更关注青少年现代化人格的塑造问题,并提出了一系列新观点。美国国立人格实验室(TNCL)认为健康人格应包含7种心理和行为特征,即道德稳定性、自我力量、超我力量、生活目的、自觉性、友谊以及无敌视与欺诈等。而美国人格教育学会在《人格教育课程》一书中提出的所谓基本反映全世界主要的宗教信仰与文化的人格特质分别是勇敢、信心、慷慨、仁慈、助人、诚实、自尊心、公正、宽容、时间与才能的利用、自主选择、自由言论、公民意识、人权以及享有经济保障平等机会的权利15种。在美国,个人的独立平等、自由意识、乐观进取精神、良好的人际关系和心理品质被认为是健康人格的重要表现,学校教育的重要责任就是促进青少年个性自由、人格发展、自我完善。

美国著名发展心理学家和教育家托马斯·里考纳(T. Likona)在1991年出版了《完善人格教育》一书,提出了承担完善人格教育的10条理由,以及完善人格教育的12种学校内外道德教育实践途径,形成了系统的完善人格教育理论,产生了广泛的教育影响。② 日本著名教育家小原国芳的"完人"教育理论核心就在于倡导人格的健全:"所谓完人教育,是指塑造健全的人格,亦即塑造和谐的人格。"③德育教育家鲍勒夫(Bollnow)提出"朴素道德观",主张重视人格教育,提倡负责任、坦诚、正直、同情他人、乐于助人、尊重他人、举止端正等个人品格方面的教育。④ 德国另一位教育思想家布贝尔认为,"名副其实的教育在本质上就是品格教育",塑造人格比传授知识和技能重要。

在教育领域,人格教育是随西方各国学校教育目标的改变而提出的,现代化人格已经成为世界各国学校教育改革的重要目标之一。全美教育协会早在1977年就提出,学校不限于培养学生"成为生存于社会中的人,它要培养出全面发展的、获得了自我实现的、具备着能够缔造美好社会的能动作用的人——一个真正的、具有自我革新精神的、自律的人"。为了实现建成"信息化、国际化社会"的目标,日本政府也提出:"要为21世纪造就更富有创造性、更富有个性、更具有竞争力和广阔国际视野的日本国民。"日本第三次教育改革的宗旨这样表述:"人格的完善是教育的最终目标。为了实现这一目标,施行德、智、体相互协调的教

---

① 原国家教委教育发展研究中心中国教科文组织全委会秘书处.未来教育面临的困惑与挑战[M].北京:人民教育出版社,1991:45.
② 参考袁桂林.当代西方道德教育理论[M].福州:福建教育出版社,1995:233-261.
③ [日]小原国芳.完人教育论.瞿葆奎主编,丁证霖等选编.教育学文集·教育目的[C].北京:人民教育出版社,1989:302.
④ 冯增俊.当代西方学校道德教育[M].广州:广东教育出版社,1993:169.

育是极为重要的。"[①]韩国政府则确定了"全人教育"的目标,以培养未来社会需要的健康的人、爱美的人、有能力的人、有道德的人、自主的人。

上述国家在调整人才培养目标中,都要求培养全面发展的现代人,都强调全面提高受教育者的人格素质。在培养目标上,世界各国教育都突出以培养健全人格为核心的心理素质。美国在1988年9月发表的《美国的潜能》的报告中指出:"面向21世纪去开发人的才能,意味着培养人们具有明确的生活目标和社会责任感,具有在变化的环境中应用所学知识和技能的高度适应能力,具有创造意识,并能不断获得新知,而且有能力克服自身的局限。"[②]尽管各国学者对人格概念的理解存在这样或那样的差异,但这些认识和趋向对于正在从应试教育向素质教育转轨的我国来说很有借鉴价值,对于我国学校心理辅导的推进和改革同样具有指导意义。

三、人格现代化与学校心理辅导

要促进当代青少年的人格现代化,我国心理辅导更需要现代教育理念的指导。需要指出的是,这样的心理辅导理念与其说是科学,不如说是教育信仰或教育信念,但这并不妨碍我们开展心理辅导,而且获得一种科学先进的现代心理辅导理念往往比掌握某些局部的工作技能更重要。学校心理辅导对提高学生的心理素质,健全学生的人格有着积极的现实意义。

(一) 人格现代化是学校心理辅导的最高目标

在任何历史阶段、任何形态的社会,教育的本质特征和基本功能都是培养人、塑造人。现代社会的学校教育也不例外。视人格现代化完善为学校心理辅导的最高目的或终极目的,是当代教育研究中人文主义倾向的重要表现。与其他任何形态教育所不同的是,心理辅导的目标主要指向是培养人格现代化的现代人,塑造人的现代心理素质。现代心理素质这一概念包含三个方面的内涵:一是人的现代心理素质必须适应现代社会的心理要求,满足现代社会的心理需要;二是人的现代心理素质必须具有鲜明的时代特征;三是人的现代心理素质与以往人的心理素质相比应达到较高的心理发展层次,具有较高的心理发展水平。社会心理学家弗洛姆说过:"人生的主要使命,是自我成长,成为与他潜能相符的人。人生奋斗最重要的成果,就是自己的人格。"从心理科学角度讲,人格是个体的各种心理面貌的总和,心理的发展成熟与完善主要体现在人格上,人格健康是

---

① [日]临时教育审议会.关于教育改革的第四次咨询报告[R].瞿葆奎主编,钟启泉选编.教育学文集·日本教育改革[C].北京:人民教育出版社,1989:622.
② 朱永新.我的教育理想[M].南京:南京师范大学出版社,2000:274.

心理健康的核心,离开人格健康就很难有心理健康。人格的健全是提高生活质量的重要保证,现代化人格是现代人心理素质现代化的集中体现。此外,人格现代化不仅是心理健康和心理素质的重要指标之一,也是维护心理健康、提高心理素质和促进心理发展的重要资源。因此,可以说,心理辅导的根本任务就是促进人的心理现代化,为现代社会培养高智商、高情商的高素质人才,培养人格现代化的现代人。

(二) 现代化人格教育是学校心理辅导的主线和核心内容

当前,我国学校心理辅导虽然内容很广,但缺乏一以贯之的主线,似乎给人一种杂乱无章的感觉。心理辅导的很多方面实际上都可以归结到人格教育,只有人格教育才能够将学校心理辅导的各个方面、各个阶段和谐统一起来,形成学校心理辅导所特有的领域。一旦以现代化人格教育作为我国心理辅导的主线,有关我国大中小学校心理辅导的沟通与衔接问题也就可以迎刃而解,心理辅导和道德教育的有机整合就能在较高层次上得以实现。可以说,人格教育是心理辅导在横向和纵向上的结合点,也是当前我国心理辅导的薄弱环节,亟须加强。人格的教养和完善是一个曾经被当代西方教育遗忘的角落,其直接的后果是培养出许多"单面人"、"技术动物"和"精神侏儒",这是很值得深而思之的。

(三) 现代化人格教育是学校心理辅导的有效切入点

以现代化人格教育作为切入点去实施和推进心理辅导,这是切实可行、行之有效的学校教育举措。目前,国内外学者很少有从人格教育入手促进青少年学生的心理健康与发展,而更多地从普及心理健康知识入手进行教育、训练。了解和掌握心理健康知识固然重要,但更重要的是人对心理健康的自觉向往和自主追求。以现代化人格教育为切入点,不仅可以从一个更积极、更富有建设性的角度去实施学校心理辅导,而且可以为青少年心理健康与发展打下较为坚固的基石。因为现代化人格教育是富有教育潜力的,它更具有持效性和高度的可迁移性。因此,学校可以也有必要从现代化人格教育入手来推动心理辅导的变革。

(四) 学校心理辅导在青少年人格现代化进程中发挥着主导作用

当代青少年的人格现代化不是自发产生的,也根本不可能自发产生,它是在教育和环境影响下人的素质结构实现质的飞跃的过程。科学系统的学校心理辅导正是人格现代化的必要条件和主导力量。学校心理辅导是以培养现代人心理素质为主要任务的,它至少可以在三方面发挥主导作用:第一,克服传

统心理的影响;第二,培养现代心理品质;第三,克服心理冲突造成的心理障碍。① 英格尔斯等人的研究表明:"在决定个人现代性之中,教育本身是一个非常强有力的直接和独立的因素";"在我们看来,学校不仅是一个教学之所在;而且,不可避免地,学校是比较普遍的儿童社会化的一个场所。学校乃是通过学习课程的正式教育以外的很多活动过程使人现代化的"②。这些活动过程主要是奖励与处罚、教师的榜样影响、学校组织的示范作用和概括化。这项研究的重要启示是:学校应重视校园文化和"隐性课程"的心理建设,因为正是这些东西对青少年学生的现代化人格的形成产生了潜移默化的而且至关重要的教育影响。

(五) 心理辅导现代化是实现青少年人格现代化的必由之路

人格的现代化,必然涉及教育现代化的问题。心理辅导为立人之本,现代人的培养离不开现代化的学校心理辅导。许多研究表明,心理辅导是决定一个人现代性的重要因素,接受心理辅导的程度直接决定了个人现代化的水平和现代化个性品质的转变。英格尔斯曾在六个发展中国家调查研究学校教育现代性与人的现代性的相关性问题,其结论是:"教育等级每升高一层,在现代人比例上就有相当规律和实质性的增加";"在决定个人现代性水平方面,教育是一个首要的因素"。③ 心理辅导现代化是传统心理辅导在现代社会的现实转化,包括心理辅导思想、心理辅导制度、心理辅导内容、心理辅导方法与技术在内的整体转换运动。如何在心理辅导现代化进程中建构本土化的现代心理辅导理念体系,创造中国特色的现代心理辅导模式,是 21 世纪我国学校心理辅导发展的一个重大战略抉择。

本章小结

心理辅导是关注人类心灵世界的复杂系统,是关心人类心理生活的现代理念,是关照人类现代人性的新型教育,是关怀人类精神生命的崇高事业。学校心理辅导是提高青少年学生心理素质、促进其身心健康和谐发展的教育,是进一步加强和改进学校德育工作、全面推进素质教育的重要组成部分,已经成为我国学校教育改革创新和学生自身成长的内在要求。本章主要介绍学校心理辅导的内涵、分类、目标、任务、特征以及形式,分析学校心理辅导与素质教育、道德教育以

---

① 班华. 心育论[M]. 合肥:安徽教育出版社,1994:60.
② [美]英格尔斯. 从传统人到现代人[M]. 顾昕,译. 北京:中国人民大学出版社,1992:198-201.
③ [美]英格尔斯. 从传统人到现代人[M]. 顾昕,译. 北京:中国人民大学出版社,1992:205.

及新课程改革的关系；心理辅导是素质教育不可缺少的重要内容或组成部分；心理辅导与道德教育既有区别又存在密切的联系，通过两者的有机整合、建立"一体化"的工作格局，将有利于两者工作的顺利开展；心理辅导与新课程改革存在着相互作用、相互促进的关系，应当互动同行。塑造当代青少年的现代化人格是我国学校心理辅导的本质特征和时代使命，学校心理辅导要将推动青少年的人格现代化作为最高目标、工作重点和核心内容，充分发挥其主导作用。

关键词：学校心理辅导；素质教育；道德教育；新课程改革；人格现代化

第二章　学校心理辅导的发展

学习目标

1. 了解国外学校心理辅导的发展历程与趋向；
2. 了解我国大陆学校心理辅导发展的概况；
3. 理解并掌握学校心理辅导的模式建构与教育走向。

学校心理辅导作为现代心理学的分支之一，产生于 19 世纪末，历经一百多年的沧桑与嬗变，如今已成为心理学领域最活跃、最有生机的学科之一。分析学校心理辅导现实状况，把握其未来发展趋向，更加理智、更加科学地促进学校心理辅导的健康发展，是当前我国教育改革创新的一项重要课题。本章主要追溯学校心理辅导的发展历史，把握国内外学校心理辅导发展的动态，廓清学校心理辅导进一步发展的理念与方向。

第一节　国外学校心理辅导的发展

当今时代，重视加强和改进学校心理辅导已经成为世界各国教育改革发展的共识和特征。[①] 本节从回顾国外学校心理辅导的发展历程入手，介绍与分析国外学校心理辅导的发展现状、发展趋向。

[①] 主要涉及美国、英国、法国、德国、澳大利亚、加拿大等国，这些国家关于心理方面的教育工作的提法不尽一致，如学校心理辅导、学校心理学、学校心理咨询、学校心理服务、学校教育咨询等，但实质基本上是一致的，一般统称心理辅导。

一、国外学校心理辅导的发展历程

学校心理辅导是心理学、教育学等为学校教育服务、解决学校实践问题的产物。西方学校心理辅导的诞生,功不可没的有三位重要人物。早在1894年,法国比纳(A. Binet)创立了"儿童心理研究社",制订了专门用于鉴别儿童智力发展水平的"比纳—西蒙智力量表",首开心理学应用于学校教育的先河,因而比纳被尊称为"世界学校心理辅导之父"。1896年,威特默(Lightner Witmer)在美国宾西法尼亚大学开设了第一家心理诊所,向有学习困难的儿童提供直接心理服务,开创了美国心理学为教育服务的先河,因此,威特默被尊称为"美国学校心理辅导之父"。1915年,格塞尔(A. Gesell)被康涅狄克州聘为学校心理学家,在全州对儿童进行智力测验,以对有特殊需要的儿童进行分班,因此,他被看作第一个获得"学校心理辅导家"或"学校心理学家"头衔的人。

在描述国外学校心理辅导的发展道路时,存在着两种基本取向:人格主义的和自然主义的(Personalistic and naturalistic)[①]。根据人格主义者的理论,学校心理辅导是由于这一领域的一些组织者、领导者的灵感、勇气和活动而得以发展的;相反,自然主义认为学校心理辅导之所以发展是由于社会、法律、政治、经济和文化条件促成的。这两方面作用都不容否认,不能有失偏颇而过分夸大某一方面的作用。学校心理辅导不是纯粹地从心理学、教育学按照严格逻辑发展出来的,而是为满足学校教育实践和学生发展的客观需要被创造出来的。从总体上来看,心理辅导是心理学、教育学等与教育实践有机结合的产物,是理论满足客观需要的结果,教育实践的客观要求是学校心理辅导发展的首要条件。

根据国外心理辅导的职能、活动与作用,可以从历史的角度将国外学校心理辅导的发展过程概括为三个阶段[②]:第一阶段,从19世纪末至20世纪40年代,这是国外心理辅导发展的初期或孕育期,处于心理测量和心理诊断的水平,主要针对有弱智或发展障碍的儿童进行心理测量,进行智力诊断、分类,然后根据心理测量与诊断的结果进行解释,对学校教师、学生家长提出建设性教育参考建议。第二阶段,从20世纪50年代至60年代末,是学校心理辅导发展的童年期,处于心理咨询和心理辅导的水平。20世纪50年代,学校心理辅导工作者对教师、家长、社区组织等介绍过来的"问题儿童"进行心理咨询,做出分析并提供辅导对策。进入60年代,学校心理辅导工作者还深入到学校、教室等教育现场去观察学生,理解"问题学生",开展直接心理咨询和团体心理辅导,制订并实施面

[①] 孙健敏.美国学校心理学的发展、现状和未来[J].心理学动态(京),1994,(2):55-60.
[②] 徐光兴.学校心理学——心理辅导与咨询[M].上海:华东师范大学出版社,2000:6-7.

向学生家长的心理援助教育计划,甚至参与到班级、年级,乃至学校教育改革进程中去。第三阶段,从20世纪70年代至今,这一阶段是学校心理辅导的繁荣期,处于综合的学校心理辅导活动水平。近三十年来,国外学校心理辅导不仅仅针对学生,而且面向全体教师和家长,同时兼顾学校行政领导、社会教育工作者、社区服务工作者。从某种意义上说,西方发达国家的学校心理辅导已经发展成为一种网络化系统工程,已经形成一种全社会关心学校心理辅导的环境氛围。

在国外学校心理辅导产生过程中,一般认为有四种运动发挥了有力的推进作用,即心理测验运动、特殊教育运动、心理健康和心理卫生运动、职业指导运动。这四种运动虽然在中小学校之外有其独立发展,但被广大从事心理咨询和心理辅导的人员所了解,并将其所积累的知识与技术直接应用于学校各类问题,指导学校心理辅导的研究和实践。尽管各国学校心理辅导的工作职能和服务领域有所区别、各有侧重,但在以下六个方面是相似的:一是心理预防和心理卫生,即预防学生在校学习期间可能出现的问题,促进他们心理健康的发展;二是心理咨询,即以学生为主要对象,帮助他们解决心理发展中的疑难问题和障碍;三是诊断性评价,即分析学生有关心理症状,筛选学生心理方面的问题,并提出相应对策;四是行为矫正,对学生的心理问题进行心理学、教育学干预,相当具体地引导和帮助学生获得正常发展;五是学习指导,通过各种活动与技术使学生学会学习,完善学习素养;六是职业指导,即对学生理智选择适当职业进行指导。

二、国外学校心理辅导的发展现状

学校心理辅导在西方发达国家已有一百多年的历史,从诞生至今一直在发生着巨大的变化,至今还不能给它确切严格的界定,但这并不影响它的科学性和严肃性。近三十年来,作为一门应用学科,学校心理辅导是最有生机、极为活跃、发展最快的领域之一。学校心理辅导工作者深入学校第一线,直接参与教育教学过程,进行一系列具有实际意义的指导咨询工作。学校教育实践越来越需要心理辅导工作者的指导和帮助,学校心理辅导进入了一个全新的发展阶段,出现了令人可喜的发展景象。

(一)价值取向——发展性与积极性

国外学校心理辅导传统的价值取向仅着眼于矫治的层面,只为少数有问题和适应困难的学生提供服务,注重补救性工作而忽视对绝大多数正常学生的帮助。矫治性工作是心理辅导不可缺少的一部分,强调提高学生心理素质水平、发掘学生心理潜能的发展性工作日益受到重视。如美国学校辅导主任协会在所制订的"中学辅导主任的工作"中就明确提出:"发展性的指导是指导工作的组成部分,这个指导是对学生成长有计划的、积极的干预,从而推动学生各方面——个人的、社会的、情感的、生计的、道德的、认识的、审美的——都得到发展,并促进这些方面综合统一到个人生活方式之中。"[①]当今国外学校心理辅导工作取向正向发展性倾斜,心理辅导的对象、内容、目标也相应发生积极变化,呈现出涵盖面宽、适应范围大、针对性强的特点。

(二) 服务范围——差异性与综合性

纵观世界各国,学校心理辅导的服务形式、内容和范围存在很大差异。通常在南美洲、非洲和亚洲等发展中国家服务内容比较单一,主要通过测量或评价手段,为学生学业或行为问题提供指导。相比之下,欧美等许多发达国家学校心理辅导的服务范围,越来越显现出多样性和综合性的特点,不仅包括职业和学业选择指导,学习咨询,学生的社会问题和情绪问题咨询,对学校的课程设置等进行干预,对家长、教师提供咨询服务,对问题学生进行行为治疗和具体的学业指导,还包括开展服务机构自身的发展工作,如组织发展、测量量表研究和专业研究等。托马斯·奥克兰(Thomas Okland)将美国的学校心理辅导服务内容概括为六大类,即个别评估、直接干预、间接干预、研究评估、监督与管理、预防。[②] 与美国相比,法国除了多样性外,更趋于综合化,并把实践的重心放在三个方面:定向、预防、综合。德国除了特殊教育、行为矫治和学业指导外,特别重视学生的职业指导和定向工作,因而更富有特色。这些国家的学校心理辅导工作者能够广泛地参与学校内外的诸方面工作,能详尽地了解学生心理问题的状况和根源,从而保证了心理服务的针对性和有效性。

(三) 队伍建设——规范化与标准化

联合国教科文组织早期的一份报告曾指出,对学校心理辅导专业人员(也有称"学校心理学家"[③])为获取资格而接受的专业教育与训练至少有三个起码的要求:① 必须已获得教师证书,或其他作为一名教师的职业资格证书;② 至少有五年的教学经验;③ 提供课程教育的大学必须能够提供高质量的专业教育。[④] 尽管各国在具体的学术要求和职业培训方面存在某些差异,但有一个引人注目的共同点,即几乎所有的国家都要求专业人员具有教学和其他教育方面的经验,且在大多数国家都来源于教师,其中很多因为是优秀教师才被选拔深造。近年

---

① 孙少平.国外学校心理辅导发展的新特点[J].教育科学.1996,(3):158-160.
② 朱永祥.国外学校心理学发展的现状与趋势[J].比较教育研究.1993,(3):12-17.
③ 1996年,国际学校心理学协会(The International School Psychology Association,简称 ISPA)在其年会上通过了由两位美国学者提出的对学校心理学家的定义:"学校心理学家一词指的是受到心理学与教育专业训练,在学校、家庭以及其他可能发生影响的环境下为儿童和青少年提供心理学服务的专业人员。"
④ 于鲁文.学校心理学在某些国家的发展与现状[J].心理学动态.1995,(3):46-51.

来,国际学校心理学协会对学校心理学工作者的工作准备提出了明确的要求,包括以下几项:掌握心理学的核心知识,发展专业决策能力,加强人际交往能力,掌握设计和研究技能,了解伦理知识和建立职业价值观,重在发展从事跨文化、跨国界的研究工作所需的分析能力,重在寻求专业性实践所需的问题解决能力。[1] 一些国家通过证书制为心理辅导职业的规范化和标准化提供依据,如美国规定凡取得从事学校心理学工作的正式任职资格,必须先获得所在州的任职资格证书,或者获得美国学校心理学家证书委员会颁发的证书。在德国,学校心理辅导专业人员除了要获得教师资格证书,还必须通过三次国家级考试。

(四) 角色职能——专业化与扩大化

国外许多国家把学校心理辅导视作一种职业、一个行业、一个专业,强调专业人员在诸多方面发挥其专业作用:他们是儿童心理学、教育心理学和社会心理学等分支的专家,心理诊断、辅导和咨询等方面的专家,学科教学法专家,因材施教、灵活处理问题的教育专家,进行心理干预矫治的专家,等等。一些学校心理辅导发展比较好的国家,如美国、加拿大、英国、法国、奥地利、瑞典、以色列、南非、巴西等,学校心理辅导已经成为一种非常专业化的职业,已经具有了专业的全部特征:完整的知识体系,独立的文献积累,已获得认证的、可提供专业培养的大学院系,从业执照,认证和颁发执照的专业组织与机构,工作机会,道德准则,继续教育体系,等等。[2] 目前,国外学校心理辅导专业工作者在学校教育教学中主要扮演六种角色:心理健康的保健者、学习生活的辅导者、职业选择的指导者、思想品德的引导者、心理潜能的发掘者和心理发展的促进者。21世纪学校心理辅导人员的工作领域将会进一步扩大,这表现在三个方面:为整个学校的学生服务,为更大年龄的人群服务,关心整个社会的福利。[3] 可以肯定,学校心理辅导专业人员的角色内涵已经扩大了,并将继续扩大,在学校教育目标达成过程中会发挥越来越重要的作用。

(五) 组织管理——多元化与个性化

从各国目前情况来看,绝大部分学校心理辅导机构是由国家和地方政府统一管理,但其隶属不一,有的属于教育部,有的属于卫生部。教育管理分权制国家,如美国主张加强专业学会的领导、管理和监督职能;教育管理集中制国家则倾向于实行地区或全国性的系统领导。此外,还有一些国家实行群体组织服务

---

[1] 史秀峰编译.国际学校心理学协会对学校心理学工作者工作准备的指导[J].中小学心理健康教育.2001,(5):25-26.

[2] 王宏方.国际学校心理学家的现状与专业发展趋势[J].中小学心理健康教育.2002,(11):30-31.

[3] 林崇德,魏运华.试论学校心理学的未来趋势[J].教育研究.2001,(7):30-34.

形式,如法国由学校心理学家、教育心理学家和心理动力发展专家各一名组成"心理—教育援助小组"(G. A. A. P)巡回在几所学校进行上门服务。学校心理辅导机构的设置地点也因国而异、各具特色。例如,新西兰、爱尔兰、以色列、丹麦、英格兰和威尔士等国家、地区的学校心理辅导服务机构设置在社区内,而不是在学校里,其目的是为了满足学校和社区两方面的需要;而美国、加拿大、澳大利亚、德国等只要求学校心理辅导专业人员为教育部门提供服务,这些国家的学校心理辅导服务机构常常设置在学校内。

(六)教育方式——团体化与现代化

近年来,随着社会需求的变化和心理学、教育学理论的发展,学校心理辅导工作也有了相应的变化,出现了一些新的特点,如重视利用团体方式进行心理辅导。团体心理辅导方式逐步兴起,与个别辅导方式相比使用得更为普遍;在学校心理辅导中计算机服务异军突起,随着计算机的普及、互联网的迅速发展与网民的骤增,许多学校重视利用计算机网络扩大服务范围,计算机网络开辟了心理辅导的新途径,网络心理辅导备受关注;建立和完善校内外心理辅导一体化网络,充分利用家庭和社区心理辅导资源,共同为学生的发展提供心理服务,形成"心理育人,人人有责"的良好局面。

尽管目前许多国家对学校心理辅导的价值及其实施越来越重视,但由于种种原因,还存在着许多问题,概括起来有五方面:一是心理辅导主干理论研究的乏力与弱化,自其诞生之日起便存在着"理论主干脆弱、学科枝叶茂盛"的发展危机,心理辅导的主体理论被许多强盛的相关学科所淹没和吞蚀,基础概念模糊不清,严重妨碍学术研究和学科建设发展的进一步深化;二是不同研究取向、学科取向的不良分化与偏差,在自然科学与人文社会科学主义发展路向、心理学学科与教育学学科研究取向之间或左或右,大多偏向于纯粹的自然科学、心理学的研究发展策略,有意无意地回避与淡化人文社会科学、教育学研究取向,甚至存在着各执一端、相互指责的问题;三是学校心理辅导的实践还不够普及,存在着严重不平衡和地域差异,尤其是发达国家与发展中国家的心理辅导工作差距十分明显;四是学校心理辅导工作者队伍建设不容乐观,数量严重不足与工作质量不高的问题同时存在,矛盾十分突出,由于社会地位和经济收入问题,这支队伍的显性与隐性流失问题比较严重;五是学校心理辅导过程中服务技术缺乏、落后,服务信息不足,极大地制约着心理辅导的普及与推广,严重损害了心理辅导的质量与声誉。

三、国外学校心理辅导的发展趋向

当前,国外学校心理辅导发展出现的新趋向,既表明了学校心理辅导的实践

动向，又提出了现代学校心理辅导值得重视的研究课题。究其要者，主要表现在如下三个方面：

（一）人本服务理念

随着人本主义思潮对学校心理辅导的影响日益深刻，学校心理辅导工作者认识到，自己的工作对象不仅仅是一个信息的加工者和学习者，更重要的是一个富有思想感情和个性、充满需要且富于潜能、具有社会性品质的整体的人。作为一种特殊的社会服务，学校心理辅导要真正尊重人的心理需要，关怀人的精神价值，树立以人为本的教育理念。这已经成为许多学校心理辅导工作者的共同信仰和思想先导。可以预见，随着人们在21世纪对内心世界和心灵体验的更加关注，心理辅导将会越来越人性化、个性化和理性化[1]，以人为本的心理辅导服务理念也必定会更加凸现，并获得广泛认可和长足发展，为人类社会理想精神家园的建构做出应有的贡献。

（二）多元整合视野

科学由综合走向分化又上升到一种新的综合，这是科学发展的总趋势。开展多学科整合研究是现代科学研究的一个共同趋势，学校心理辅导也不例外。国外学校心理辅导中流派对立、取向纷争的现象基本消除，相互吸取、融合发展已占主导地位。20世纪90年代以来，越来越多的心理辅导专家倾向于主张从多学科（如教育学、心理学、社会学、文化学）整合的角度来探索和研究心理辅导这一复杂现象，努力用科学主义与人文精神统整的方法论来综合建构自己的理论范式。[2] 尽管其发展前景尚难预料，但这种多元整合的视野无疑左右着国外学校心理辅导的发展方向，将是整个心理辅导综合化发展趋势的推动力和催化剂。

（三）本土研究运动

本土研究取向是20世纪80年代在国外学校心理辅导界出现的一场声势浩大的研究潮流。一些学者提出要建构本土化的心理辅导概念和理论模式，这标志着学校心理辅导工作者开始有了本土化研究的自觉意识。霍涌泉将心理辅导的本土化研究概括为四个层次与方面：重新验证西方的重要研究与发现，研究本国人特有的与社会文化因素有关的行为特征，修正或创立新的概念与理论，修正与设计出适合本国人使用的测量工具。[3] 当前国际学校心理辅导研究已在主流范式与非主流范式之间呈现出一种相互吸收、相互交融、相互沟通的发展趋势，

---

[1] 崔景贵.现代人性观与心理教育人性化[J].教育研究.2004,(7):43-48.
[2] 崔景贵.多学科视野中的心理教育[J].现代教育论丛.2004,(2):7-13.
[3] 霍涌泉.当前西方心理学研究的重点取向[J].国外社会科学.2001,(3):19-24.

其前途自然不可限量。随着第三世界文化本位心理学的崛起,本土化研究取向为心理辅导的发展开辟了广阔的前景,也为解决学校心理辅导面临的理论危机提供了新的途径。

国外学校心理辅导经过一个多世纪的发展,已经形成相对完整的理论体系和比较完善的操作体系,在各国教育体系中占据着十分重要的位置,发挥了积极的作用。国外学校心理辅导的发展历程、现状及趋向,对于进一步加强和改进我国学校心理辅导工作、促进我国学校心理辅导的健康发展具有重要的借鉴意义。

第二节 我国学校心理辅导的发展

学校心理辅导是我国素质教育的重要组成部分,是学校教育本身固有的基本理念之一。近年来,心理辅导的发展势头迅猛无比,各级各类学校及广大教师开展心理辅导的热情空前高涨。由于我国学校心理辅导起步较晚,随着这项工作日渐深入的发展,理论与实践方面出现的问题、失误较多,所面临的困难、困惑也比较突出。这更需要理性分析心理辅导的现状与存在问题,科学把握心理辅导的发展道路,积极建构适应21世纪需要的我国学校心理辅导的新体系。

一、我国学校心理辅导的发展历程

心理辅导在我国虽然有着悠久的历史,但现代意义上的心理辅导在我国从20世纪80年代左右,才逐渐被认识和受到重视。从学科建设的发展和国家教育政策的演变来分析,其基本情况如下:

(一) 学科建设的发展

自1978年起,伴随着改革开放,我国教育界受到国际教育改革潮流的影响,开始由片面强调知识传授转向注重发展学生的智力,国内出版的心理学教材大都列出专门问题来讨论心理品质培养,如1983年,北京师范大学林崇德教授在《中学生心理学》一书中提出了培养学生良好心理品质的问题;在重视发展智力的基础上,上海师范大学燕国材教授提出了培养学生非智力因素的问题;1987年,南京师范大学班华教授正式提出了心育问题,在《德育原理》(胡守棻主编)一书中提出"把德育和心育结合起来"、"以形成优良思想品德和心理品质,促进心

理健康和个性的和谐发展",并指导研究生探索这一课题;[①]1988年,林崇德教授在《品德发展心理学》一书中,主张把心理健康教育与品德培养结合起来研究;1988年,燕国材教授在《重视非智力因素,改革学校教育工作》一文中,进一步提出了加强心理辅导、培养心理品质的问题,并主张把心理辅导与政治教育、思想教育结合在一起,构成完整的学校教育工作系统。这些思想和探索对于我国心理辅导的开展产生了积极的推动作用,尤其是学科建构意义上的理论贡献值得肯定。

20世纪90年代,我国心理辅导进入了较快发展、自觉建构的时期。1991年,班华教授在《教育研究》(1991年第5期)发表《心育刍议》,系统地阐述了与心理辅导有关的问题,对心育概念及其与其他各育的关系、心育任务和内容、心育途径和方法、更好地实施心育的建议等作了探讨,在心理辅导领域产生了极其深远的影响,被视作"心理教育的独立宣言书";1992年,班华教授在其主编的《中学教育学》一书中对心育目标和心育原则又作了进一步探讨;1993年,燕国材教授在《江西教育科研》(1993年第2期)发表《关于心理辅导的几个问题》,对心理辅导发展简史、心理辅导的基本内涵、心理辅导在教育体系中的地位、心理辅导的原则和方法等作了探讨,进一步深化和拓展了对心理辅导的认识;1994年,班华教授又积极倡导心理辅导相关的理论研究,主编出版了心理教育专著——《心育论》,构建了较为完备的心理教育学科体系,对我国心理辅导的开展具有重要的指导价值。

此后,国内许多高校尤其是师范院校开设了心理辅导课程或其他相似课程,有关学科制度建设的研究生培养、编发学术交流资料、成立学术团体等工作都相继完成,各种形式的心理辅导论著、教材都相继公开出版[②]尽管理论水平、编写取向、结构体系不一,但对我国心理辅导走向科学化、规范化、本土化是大有益处的。值得一提的是,由开明出版社主办的《中小学心理健康教育》杂志2001年7月正式公开出版发行。这标志着我国终于有了心理辅导的专门学术刊物,必将有助于心理辅导的深入开展和理性建构。

---

① 连思源.心育与德育[D].南京师范大学教育系硕士研究生学位论文.1990.
② 主要有班华主编的心育论(1994),陈家麟著的学校心理教育(1995),申荷永、高岚著的心理教育(1995),肖汉仕著的学校心理教育研究(1996),刘华山主编的学校心理辅导(1998),林崇德等著的学校心理学(2000),郑和钧著的学校心育系统协同构建的理论与实践(2000),张履祥、李学红等著的学校心理素质教育(2000),王希永、瑞博主编的心理教育概论(2000),陈家麟著的学校心理健康教育——原理与操作(2002),姚本先、方双虎著的学校心理健康教育导论(2002),丛立新主编的学校心理健康教育(2001),王建平著的学校心理健康教育理论与实践(2001),沈贵鹏著的心理教育课程论(2001)等。

（二）教育政策的演变

在一系列重要文件和法规中，我国心理辅导的有关提法不断发生变化，其重要性日渐彰显，越来越受到重视。1988年8月，教育部颁发了《中学德育大纲》（试行稿），提出中学德育目标包括个性心理素质和能力方面的基本要求，青春期心理卫生教育、良好意志品格教育和加强心理保健指导是中学阶段的德育基本内容，这是迄今所见的国家正式文件中较早的关于心理辅导的一种提法和明确要求；1988年12月，《中共中央关于改革和加强中小学德育工作的通知》中提出"对学生道德情操、心理品质要进行综合培养与训练"，这里实质上强调了心理辅导与道德教育的有机结合。《中国教育改革和发展纲要》（1993年2月13日印发）指出："中小学要由'应试教育'转向全面提高国民素质的轨道，面向全体学生，全面提高学生的思想道德、文化科学、劳动技能和身体、心理素质。"这是第一次在中共中央、国务院下发的正式文件中提到心理素质，并且把心理素质与其他各项素质相提并论。这标志着心理素质培养从过去基层学校的教育行为，逐渐转换成为一种政府行为。

在此后下发的《关于进一步加强和改进学校德育工作的若干意见》（1994年8月31日中共中央印发）、《面向21世纪教育振兴行动计划》（1999年1月31日国务院批转教育部文件）、《关于深化教育改革全面推进素质教育的决定》（1999年6月17日中共中央国务院印发）、《关于适应新形势进一步加强和改进中小学德育工作的意见》（2000年12月14日中共中央办公厅、国务院办公厅印发）、《关于基础教育改革与发展的决定》（2001年6月14日国务院颁发）等一系列重要文件，都提出要进行和加强青少年学生的心理健康教育，对于推动我国心理辅导的发展产生了积极作用。值得注意的是，2001年3月15日，全国九届人大四次会议通过的《中华人民共和国国民经济和社会发展第十个五年计划纲要》中明确提出："大力倡导社会公德、家庭美德和职业道德，特别是加强青少年的思想政治、道德品质、心理健康和法制教育。"这是我国第一次把青少年的心理健康教育列入国民经济和社会发展的五年计划。

特别需要指出的是，为了全面贯彻落实中共中央、国务院召开的第三次全教会精神，推动心理辅导工作在大中小学校的蓬勃开展，1999年8月和2002年8月教育部分别颁发了《关于加强中小学心理健康教育的若干意见》和《中小学心理健康教育指导纲要》，2001年3月和2002年4月教育部又分别颁发了《关于加强普通高等学校大学生心理健康教育工作的意见》和《普通高等学校大学生心理健康教育工作实施纲要（试行）》。这四个文件对我国大中小学校心理健康教育的重要性、必要性进行了论述；对大中小学校心理健康教育的目标、任务、途径、方法及基本原则作了规定；对大中小学校心理健康教育的组织领导、师资队

伍、条件保障及需要注意的问题提出了要求,对于科学规范、全面推动和进一步加强我国学校心理辅导发挥了极其重要的作用。

纵观改革开放以来我国学校心理辅导的发展历程,大致可以划分为五个阶段:20世纪80年代初期的调查呼吁阶段,20世纪80年代中后期的尝试探索阶段,20世纪90年代初期的自觉建构阶段,20世纪90年代中后期的重视推进阶段和21世纪以来的实践提升阶段。近三十年来,从整体上看,我国学校心理辅导从"无"到有,相对独立,迅速发展,无论在广度还是深度上都取得了明显的进步,并呈现出积极意义的发展态势,促进了我国心理辅导事业的初步繁荣。可以预见,未来我国心理辅导将会步入一个全面深化、整体提高的大发展阶段。

二、我国学校心理辅导的发展现状

学校心理辅导在我国现阶段是一项开创性的新兴事业。当前,开展心理辅导的各级各类学校大幅度增加,心理辅导在学校素质教育中的重要地位得到进一步确认,心理辅导的功能与价值开始得到全社会的普遍重视。关注大中小学生的心理健康、提高当代青少年的心理素质正日益突显为现代教育的主导理念,心理辅导正在成为我国各级各类学校素质教育新的生长点。我国学校心理辅导的现状可归纳为以下几个方面:

1. 组织开展形式多样的心理辅导活动

20世纪80年代初以来,许多大中小学校都开展了一系列内容丰富、形式多样、各具特色的心理辅导工作和活动,如开设心理健康课程,运用多种媒介如广播、电视、板报、信箱、电话、网络等宣传普及心理健康知识,成立心理健康教育(辅导或咨询)中心等工作机构,进行心理测验、心理辅导与心理咨询服务,建立学生心理档案,成立学生心理健康协会等组织,举办学生心理健康活动月或活动周(日),组织开展心理知识征文或演讲比赛、校园心理剧或心理小品表演等生动活泼、深受学生欢迎的心理辅导活动。

2. 建立健全心理辅导学术团体和组织网络

近十年来,全国性的心理辅导学术组织纷纷成立,其中中国心理学会、中国心理卫生协会、中国社会心理学会、中国教育学会等都有相关的分支组织或专业委员会。不少省市如北京、上海、江苏、湖南、河北都相继成立了地区性的心理辅导学术团体或组织。1994年4月,由全国23个单位发起,在湖南岳阳市召开了全国中小学生心理辅导与教育学术研讨会,成立了一个全国性的心理辅导联络组织——全国学校心理辅导与教育研究会,首次实现了国内各地区心理辅导组织的联合。这一组织目前已演变为中国教育学会教育实验研究会学校心理辅导专业委员会,至 2001 年 7 月已召开过五次全国性学术交流大会。

3. 比较重视心理辅导的理论研究

国家对心理辅导的科学研究给予了更多的关注。仅在"九五"期间,向全国教育科学规划领导小组申报的有关心理辅导方面的课题就多达 70 余项,属于原国家教委重点课题的心理辅导类项目多达 10 个以上,堪称前所未有。① 这些研究课题涉及面广、参与研究人员多、持续时间长,各级各类学校和教师参与心理辅导课题研究的热情高涨。仅湖南师大主持的一项小学心理辅导课程教学实验,参加者就有 13 个省市 1 500 多所小学的近 40 万名学生;而由南京师范大学主持的一项心理教育课题研究,参加的大中小学校就有 100 多所。② 国内不少教育报刊开辟了心理辅导专栏或发表了心理辅导方面的研究成果,经常组织心理辅导的专题讨论。学术团体定期或经常性举办心理辅导学术研讨会,基本上形成了全国性的学术交流和研讨气氛。目前,这一领域研究的"热潮"此起彼伏,持续不断。

4. 关注心理辅导师资队伍建设及培训工作

心理辅导要全面推进、提升水平,师资是关键。许多省市、地区在这方面做了大量的开创性工作:举办心理辅导专兼职骨干教师培训班或研究生课程班,编撰教师培训用书,制定中小学专兼职教师资格认定办法和条例等。例如,上海市从 1999 年起开始了为期一年的学校心理辅导专职教师上岗培训工作,经考核后由市教委颁发资格证书,并确定心理辅导教师专项职称评聘系列;天津市规定一般中学每校要有 1~3 名、小学 1~2 名专职心理辅导教师,凡从事心理辅导与咨询的专职教师要持证上岗;河北省石家庄市则采取了三级培训责任制,即市教委培训心理辅导专业教师和骨干教师,各区县培训班主任队伍,而各学校则组织全体教师学习心理辅导知识,从而大大改善了心理辅导师资队伍的状况。③

5. 加强对心理辅导工作的组织领导和指导

为了推动心理辅导工作的深入开展,教育部专门成立了全国中小学心理健康教育咨询委员会,加强了对全国心理辅导工作的宏观指导。目前,全国大部分

---

① 其中影响大、成果显著的主要有:北京师范大学郑日昌教授主持的《学生心理健康教育研究问题》,上海市教科院吴增强研究员主持的《中小学心理健康运行系统的研究》,北京师范大学沃建中博士主持的《中小学心理素质建构与培养研究》,南京师范大学郭亨杰教授主持的《大中小学生心理教育的理论与实践》,湖北省武汉市教科所徐学俊研究员主持的《中小学心理健康教育与心理辅导体系研究》,湖南师范大学郑和钧教授主持的《中小学协同教学与心理发展研究》,安徽师范大学张履祥教授主持的《优化学生心理素质结构,全面提高基础教育质量》,等等。

② 郭亨杰等.学校心理教育[C].南京师大学报(社会科学版).2000,2.

③ 俞国良.我国中小学心理健康教育的现状与发展[J].教育科学研究,2001,(7):62-65.

省、市、地区都成立了由领导、专家和富有实践经验的一线教师组成的大中小学心理(健康)教育领导小组或指导委员会,制定了相应的心理辅导规划和指导纲要,负责本地区心理辅导工作的规划、指导、协调和研究等工作。

当然,现阶段我国心理辅导在蓬勃发展的同时,也存在一些亟待解决的问题和不足,如观念陈旧落后,形式主义严重;地区间差异大,整体水平偏低;师资队伍薄弱,专业人才匮乏;理论水平较低,指导实践不力;操作缺乏规范,消极倾向显现。[①] 最为突出的、不容忽视的问题主要表现在如下三方面:

(1) 基础工作比较薄弱。心理辅导的师资队伍不稳定,素质参差不齐,待遇、职称等问题难以解决,心理辅导的经费没有保障,心理辅导的教材建设无序,心理辅导的评价机制尚未真正建立。

(2) 理论建设相对滞后。心理辅导的理论研究与实践探索相脱节,研究资料短缺,理论体系建设苍白,诸如心理辅导的目标、内容、方法与途径等问题,目前在学术界还没有比较统一的看法,分歧较大。

(3) 发展显得不够平衡。从全国范围来看,心理辅导的发展表现出地区、类别和质量不平衡。从地区来看:南方好于北方,东部好于西部,城市好于乡村;从类别来看:大学好于中小学,普通学校好于职业学校,重点学校好于一般学校;从质量来看:各级各类学校心理辅导的成效差异比较大,有的富有特色、成效显著,有的徒有虚名、流于形式。

应该说,我国心理辅导走过了 30 多年的发展历程,已经积累了不少成功经验,但还有不少理论和实践方面的课题有待深入研究。比如在理论层面上,心理辅导的定名问题(是心理辅导还是心理健康教育)、定位问题(是相对独立的教育还是从属于德育或广义的道德教育)、定性问题(是以积极性、发展性为主还是消极性、矫治性为主)、定向问题(是教育学化取向还是心理学化取向或其他取向)等;在实践层面,心理辅导操作系统的构建问题、大中小学心理辅导的分工和衔接问题、心理辅导的法规化问题、心理辅导的师资队伍建设问题等,都要进一步探索解决。如果这些问题不能得到及时解决,就会阻碍我国学校心理辅导工作的正常开展,甚至可能把心理辅导引入歧途。

三、我国学校心理辅导的发展前瞻

我国学校心理辅导相对独立地探索实践、正式开展只有 30 多年的历程,但发展快、成效大、势头好是有目共睹的。应当立足于现代教育科学、心理科学等融合发展的大视野,把握我国心理辅导建设的基本思路和未来走向,积极寻求心

---

① 姚本先,方双虎.学校心理健康教育导论[M].合肥:中国科学技术大学出版社,2002:75-78.

理辅导发展的变革策略,努力建构与我国现代化建设实践需求相适应的学校心理辅导体系。就其实质而言,就是要以我国源远流长的心理辅导思想流变和现代转化为依托,以社会主义现代化建设提出的现实要求和 30 年来我国心理辅导现实为基础,以世界心理辅导发展、演变的规律和趋势为参照,建构既具有现代民族精神又反映世界文明发展要求,既融摄传统教育精华又体现现代教育思想的心理辅导的价值理念、实践范式和研究取向。

（一）价值理念——人本服务与全人发展

心理辅导理念是心理辅导发展中的前提性、根本性问题,是心理辅导实践和变革的思想先导。心理辅导的根本问题是人的问题,其功能理所当然直指人的成长、发展与自我实现。作为一种特殊的社会服务,心理辅导要真正尊重学生的心理需要,关怀学生的精神生活,就要确立以人为本的教育理念。所谓"以人为本",就是把人视为自身心理发展与建设的主人,把人的主体性发展作为"目的"而不是"手段",一切从人出发,一切为了人,一切服务于人,一切着眼于人的全面发展,重视人的生命和生活,关怀人的价值和使命,关照人的精神和信仰,真正确立起人在我国学校心理辅导中的中心地位。

同时,应当承认,这个"人"是有思想感情与个性、活生生的整体的人,不是局部的人或由局部凑成的人。以"全人"作为现代心理辅导建设与发展的切入点,审视心理辅导的主要问题及成因,这是我国心理辅导不可忽视的新的生长点。我国心理辅导只有定位在"人本心育"、"全人心育"的基本点上,实践和建构"以人为本"、全面发展的心理辅导价值理念,其长远教育效益和发展前景才会是非常美好、灿烂的,这样的心理辅导才是最受欢迎、最富有生命力的。

（二）实践范式——自主建构与多元整合

在现代教育视野中,我国心理辅导应当具有体现自身特质和规律的基本范式。借鉴建构主义的基本主张,对我国心理辅导范式的基本内涵作这样的概括,即以有意识、有目的地促进人的心理发展为核心旨趣,以实现心理人格的现代化为最高目标,以维护心理健康为基础目标,以全体学生为对象,以学生心理的积极性发展和自主性成长为中心,以四个"学会"（"学会认知"、"学会做事"、"学会共同生活"和"学会生存"）为主题[①],以现实生活和现代教育为根基,以实践、活动和语言为中介,以互助、他助和自助为机制。这一范式既是现代心理辅导基本理念和精神实质的体现,也是我国心理辅导健康发展的基本要求。

心理辅导是一项多内容、多途径、多方法、多层次、多模式的系统工程,因而

---

① 国际 21 世纪教育委员会向联合国教科文组织提交的报告. 教育——财富蕴藏其中[M]. 联合国教科文组织总部中文科译. 北京:教育科学出版社,1996:2-3.

要树立"大心理辅导观",把心理辅导贯通于学校工作的各个方面、各个环节、各个阶段,坚持全员心理育人、全程心理育人和全方位的心理育人,构建立体式的学校心理辅导体系。

(三) 研究取向——本土特色与文化转向

在学校心理辅导研究方面,本土化取向正成为一场势不可挡的时代潮流。正是出于对当前学校心理辅导中过度"西化"倾向的不满,国内一些专家学者发出了心理辅导本土化研究的呼声,日益注重探索中国自己的心理教育之道①。本土化研究的目的,并非要建立故步自封的心理辅导,而是要创建面向世界的各具特色的心理辅导,为世界心理辅导提供新的视野、理念和方法技术,在全球心理辅导中做出不可替代的独特贡献,因而其前途自然不可限量。

同时,伴随着当今社会科学、心理科学领域出现的一股"文化热",针对我国心理辅导领域存在忽视文化差异的"文化迟钝"、"文化色盲"现象,我国学校心理辅导工作者正在展现出对社会文化影响日渐增加的关注,呼吁重视社会文化因素对人的心理发展与行为方式、对学校心理辅导理论与实践研究的影响。这种社会文化转向被称之为"一场范式的转变",是"平行于认知革命的一场'文化革命'"。② 在这个意义上讲,重视文化转向的研究对于我国学校心理辅导的可持续健康发展有着积极作用和意义。

第三节 学校心理辅导的模式与走向

重视心理素质培养的心理教育,已经成为全球基础教育改革的重要特点。国际心理科学联合会编辑的《心理学百科全书》肯定了心理辅导的两种定义模式,即教育模式和发展模式。从一定意义上说,心理辅导就是学校心理辅导,教育和发展是学校心理辅导的核心内容。

一、学校心理辅导发展的模式建构

心理辅导模式是心理辅导理论与实践相结合的产物,是心理辅导理论应用于心理辅导实践的中介环节和桥梁。

---

① 班华.探索中国自己的心理教育之道[J].中小学心理健康教育.2001,(创刊号):7-9.
② 叶浩生.试析现代西方心理学的文化转向[J].心理学报.2001,(3):70-75.

(一) 学校心理辅导模式的意涵

英文"模式"(model)的概念,可以分别选取两个英文词汇与之相对应。一是 Model,"模型、原型、样式、假设模型",其通俗意义指可以模仿学习的"典范"、"范例",它是一个完整的"组织",包含许多"部分",却不是"部分"的零数聚合,而是一个有机的整体。二是 Paradigm,译为"派典",又称"范例、样式、范式",它主要不是理论本身的内容,而是理论所揭示的思考方式(ways of thinking)或研究的形态、研究框架(patters for research)。无论选取哪一个英文词汇,所用的中文"模式"一词,都不是原型本身,而是一个概念性的整体结构,是一种概念框架,是一组观念、价值和规则,由他们指导着有特定信念和价值取向的行动。因此,模式的概念本意为"共同显现",即创造某种模式的一群人有相同的信念,有相同的探索目标,有相同的研究方式,是一个"科学共同体"。它的主要特征是:撇开事物次要的、非本质的部分,抽出事物主要的、有特色的部分进行研究。

心理辅导模式是在一定的心理辅导理念指导下,对心理辅导过程及其组织形式做出特征鲜明的简要表述。所谓构建学校心理辅导模式,就是在现代教育理论指导下,为实现学校素质教育的总目标而建立一种心理辅导的合理的结构和程序,或总结实施心理辅导的经验,创造新的心理辅导模式。它上承教育理论,下推操作程序,体现为理论与实践的沟通,从某种意义上说是现实与未来的沟通。一个行之有效的心理辅导模式具有较大的推广价值,比心理辅导理论更具可操作性,且比心理辅导实践经验更具外推性。从这个意义上说,学校实施心理辅导的过程,也就是构建学校心理辅导模式的过程。[①] 只有关注心理辅导模式的研究,心理辅导的发展才可能有理论提升的希望和实践进步的辉煌。

(二) 学校心理辅导模式的建构

系统科学的整体性原理表明,心理辅导模式是一个有机的整体,模式的性质、特点和功能都是由这个整体决定、体现的。系统的要素具有自己独立存在的特点、功能,又同时具有互相联系、连接,共同构成新的整体所产生的新的特点和功能。各要素之和要尽可能接近于整体的关键,就是各要素之间经过优化选择,并匹配、组合得当。建构心理辅导模式,要具备三个最基本的条件:第一,内在的基本要素是明确的;第二,具有范型意义的教育活动及其具体类型;第三,探索、形成并筛选出一批具体可感的操作样式。[②]

心理辅导模式的建构过程正是对各种有关价值观、教育观等进行审视、选择、认同、整合并不断体系化的过程。这一过程是把心理辅导实施过程当作一个

[①] 张履祥,李学红等.学校心理素质教育[J].合肥:安徽大学出版社,2000:87.
[②] 朱小蔓.小学素质教育实践:模式建构与理论反思[M].南京:南京师范大学出版社,1999:27.

系统的整体性建构,它强调心理辅导的操作策略和全部教育因素的有效组合。一般而言,主要从四对常用范畴(维度)来阐释和把握心理辅导模式建构的方法论思想,即整体性与单项性的建构、结构性与功能性的建构、事实性与价值性的建构、科学性与人文性的建构。①

心理辅导模式的建构一般有三种思路:一是从心理辅导实践开始,通过大量的观察,从多种教育实践中进行比较,在这个过程中就会产生心理辅导模式的想象与创生;二是从心理辅导理论出发,从心理辅导理论语言开始,借鉴相关理论概念后产生;三是从心理辅导理论与实践的结合中产生,这种思路尤其适合具有较高理论素养的心理辅导实践者和具有丰富实践经验的心理辅导研究者。②

心理辅导模式的建构大致可以概括为两类方式:一类是从实践中概括形成,这种模式大多来自心理辅导第一线教师的探索实践,其模式建构的实践基础较好,但随机性较大,理论基础较弱,属于自发形成的心理辅导模式;另一类是以理论模型作为起点,结合心理辅导实践所形成的模式,这种模式大多由心理辅导理论工作者和实践工作者共同完成,其理论指导性较强。从心理辅导理论建设的高度来看,更应强调第二类心理辅导模式的建构方式,因为只有在科学的心理辅导理论指导下,在扎实的心理辅导实践基础上形成的心理辅导模式才能更好地适应我国学校心理辅导实践和发展的要求。

心理辅导模式的建构要具有本土特色、较高的理论起点和便于实际操作。有学者认为建构教育模式存在三级水平:"第一级是低水平,其特点是缺乏理论、照搬模式、盲目实践;第二级是中水平,其特点是了解理论、学习模式、重视经验;第三级是高水平,其特点是研究理论、探索模式、指导实践。"③无疑,学校心理辅导模式的建构应当着眼于第三级的水平。

心理辅导模式的建构,是一个广阔的、综合的理论与实践域,存在着不同的学科视野、价值取向和表现形式。从我国学校心理辅导的实际和实践出发,可以从不同的维度去把握心理辅导的模式,如内容维度、形式维度、对象维度、年龄维度、目标维度、策略维度。按照大心理辅导观,可以从宏观、中观、微观三个层次上研究心理辅导模式:宏观上研究心理辅导的发展战略模式,中观上研究心理辅导系统的管理模式,微观上研究各级各类学校心理辅导教学的过程模式。目前,我国学校心理辅导模式从补救性为主转变为发展性为主的模式,从个别辅导为

---

① 朱小蔓.小学素质教育实践:模式建构与理论反思[M].南京:南京师范大学出版社,1999:38-41.

② 薛晓阳,班华.模式研究与教育的实践哲学[J].清华大学教育研究.2002,(3):24-31.

③ 查有梁.教育模式[M].北京:教育科学出版社,1996:2.

主转变为团体辅导训练为主的模式。

二、学校心理辅导发展的教育走向

未来,学校心理辅导的体系化、现代化、科技化程度必将迅速提升。体系化是指全方位、全过程、方法与形式多样化地进行全人心理辅导的工作思路与体系,健全组织机构、制度和专业队伍,理顺工作机制和公共关系,营造良好的校园心理育人氛围。因为教育的根本问题是"成人",学校心理辅导乃是育人为本的成"人"之学。育人为本,一个基本的认识前提就是要体现"以人为本"的要求,尊重人的人格和做人的尊严,在此基础上引导人的心理发展。

顺应当代教育的发展潮流,学校心理辅导将高扬"育人为本"的大旗,其未来走向表现在以下几个方面:

1. 更加关注人的全面发展

以学生全面发展为本的教育理念,经历了一个由萌芽、发展到内涵更加丰富的历史进程。实现人的全面发展是现代教育日益加强的重要目标。联合国教科文组织《学会生存》一书发出呼吁:要为一个新世界培养完人,要把一个人在体力、智力、情绪、伦理各方面的因素综合起来,使他成为一个完善的人。加强全面发展的人的培养正在成为世界各国教育改革的共同趋向,其中创造性和个性素质的培养又得到特别的强调。心理辅导应当推动整个教育体系向着越来越有利于人的全面发展的方向前进,在培养"更富创造性、更加成熟化、更有适应性、更具个性化"[①]的现代人方面充分发挥作用,使人的全面发展的理想逐步走向现实。

2. 关注人的个性的发展与完善

人类所长期追求的教育目标或共同理想,就是发展与完善人的个性,尽管这一理想还远未实现。个性是教育的灵魂,教育的真谛就是充分挖掘每个学生的潜能,促进学生个性的形成与完善。教育者的任务在于"培养一个人的个性并为他进入现实世界开辟道路"。适应世界形势的变化,适应现代社会、经济、科技发展的需要,实施个性化教育,发展青少年的个性,已受到各国教育界的高度重视。有的国家甚至把个性发展作为教育改革的基本原则。人们认识到,教育就是要发展和完善学生的理想个性,真正富有个性和特色的教育就是最好的教育。

---

① 黄济,王策三.现代教育论[M].北京:人民教育出版社,1996:587.

3. 心理辅导过程的终身化

终身教育思想①的主要观点是要求把教育扩展到人的一生,将社会各部分都变成教育场所。"我们所说的终身教育是一系列很具体的思想、实验和成就,换言之,是完全意义上的教育。它包括了教育的各个方面、各项内容,从一个人出生的那一刻起一直到生命终结为止的不间断的发展,包括了教育各发展阶段各个关头之间的有机联系。"②终身教育理论的提出,给整个教育带来了一场革命性的变革。甚至有人说:"终身教育概念的提出可以与哥白尼式的革命相比,它是教育史上最引人注目的事件……终身教育孕育着真正的教育复兴。"③心理辅导同样应当是贯穿于人一生连续不断的学习过程,这也预示着现有的学校心理辅导体系必须重新组织和建构。

4. 心理辅导模式的多元化

社会的发展、文化的交流和人的主体性的高扬,使得当今世界越来越显示出多元化的格局。在社会结构多元化、生活方式多元化、价值观念多元化的今天,心理健康教育也同样呈现出日益多元化的发展格局。由于研究心理教育的视角增多,人们对心理教育的需求日益多样化,加上心理学自身学派林立,这势必导致从一元化的心理辅导向多元化的心理辅导发展。多元化的思想方法是:这个世界上没有最好的,只有相对较好的。在这样的教育框架中,学校心理辅导的价值取向、实践方式和发展路径将会呈现"百花齐放"的教育生境。只要认同心理辅导是教育的范畴,多元化的意识和路径就是对学校心理辅导发展的基本结论和必然选择。

5. 多学科整合的研究方法论

20世纪教育学理论之所以能够取得一系列的突破,根本上归功于研究方法论的创新。人类教育学的发展已经走到一个重要关头:实现方法论的更新与突破,从中获得新生。当代教育研究方法论出现科学主义与人文主义合流的势头④,在当代教育研究中,吸收现代科学成就,整合教育研究方法论体系,寻求教育理论新的突破,成为人们关注的一个新的热点。关心心理辅导问题的人们将不再只是就心理辅导论心理辅导,而是将各学科、各专门领域的学者组织起来,对心理辅导进行跨学科研究,试图全方位、多视角透视心理辅导现象,这是当代心理辅导研究的又一新特点。

---

① 这一思想是由法国教育理论家保罗·朗格朗提出,他于1965年发表了《论终身教育》的总结发言,于1970年出版了《终身教育引论》的著作。该书先后被译成18种文字,在各国广为流传。
② [法]保罗·朗格朗.终身教育引论[M].北京:中国对外翻译出版公司,1985:15.
③ [伊朗]S.拉塞克,[罗马尼亚]G.维迪努著.从现在到2000年教育内容发展的全球展望[M].马胜利等译.北京:教育科学出版社,1992:144.
④ 王坤庆.20世纪西方教育学科的发展与反思[M].上海:上海教育出版社,2000:308.

本章小结

分析学校心理辅导现实状况,把握其未来发展趋向,更加理智、科学地促进学校心理辅导的健康发展,是当前我国教育改革创新的重要课题。本章介绍国外学校心理辅导发展的历史、当前的特点及其未来的发展趋向,在此基础上分析我国学校心理辅导经过30年的发展,在学科建设、教育政策等方面的进展,以及在基础工作、理论建设、发展的均衡性等方面存在明显的不足,指出人本服务与全人发展、自主建构与多元整合、本土特色与文化转向将是我国学校心理辅导发展的新方向。学校心理辅导的理论研究和实践探索要取得更好的发展,心理辅导模式的建构是重中之重。未来学校心理辅导的教育走向将更加关注人的全面发展、个性发展、终身发展等,而这需要在心理辅导的认识、实施、管理等方面探索可行的策略。

关键词:学校心理辅导;发展历程;发展趋向

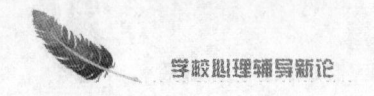

第三章 学校心理辅导的理论基础（一）

学习目标

1. 了解精神分析、行为主义、人本主义及认知主义的基本概念、重要理论；
2. 理解并掌握精神分析、行为主义、人本主义及认知主义的心理辅导方法与策略；
3. 运用理性—情绪疗法、认知转变疗法等基本理论，开展青少年心理问题辅导。

学校心理辅导需要现代科学理论的支撑，尤其是心理科学理论的指导。心理学在历史发展过程中形成了众多的理论流派，但对心理咨询和治疗影响较大的是精神分析、行为主义、人本主义和认知心理学。21世纪以来，心理学发展陆续出现了新思潮，心理辅导也出现了一些新理论、新技术，但无论如何，经典心理学流派是最基本的理论基础。本章简要介绍精神分析、行为主义、人本主义、认知主义四大心理科学理论及其在学校心理辅导工作中的实际应用。

第一节　精神分析的理论与方法

精神分析又称为心理分析，是奥地利精神科医师西格蒙德·弗洛伊德（S. Freud,1856—1939）在19世纪末创立的。后期经历过两次大的发展：第一次是荣格（C. G. Jung,1875—1961）和阿德勒（A. Adler,1870—1937）先后创立分析心理学和个体心理学；第二次发展是以霍妮（K. Horney,1885—1952）等人为代表的强调社会文化、人际关系等因素对个体影响的新精神分析学派。

精神分析体系的共同点在于关注人格的深层结构和处于无意识状态的动机

作用。弗洛伊德认为心理问题均源于儿童早期,通过深层分析的方法来提高人的自知能力,使个体压抑的心理活动清晰化,"将无意识意识化",从而达到心理辅导的效果。

一、精神分析的基本理论

就对心理辅导与咨询的影响来说,弗洛伊德古典精神分析理论中的无意识理论、人格结构理论、心理病理学理论(包括对焦虑和心理防御机制的论述)的影响最大。

(一)无意识理论

弗洛伊德的精神分析理论认为,人的精神世界可以分为意识、无意识和前意识三个不同的意识层面。意识是指个体能够直接认识到的心理活动。无意识,也称潜意识,包括个人的原始冲动和各种本能,一些潜伏的、无法被个体觉察的观念、欲望等。当这些冲动或欲望出现时,就会在意识层面唤起人们的焦虑、羞耻感、罪恶感,从而使得这些冲动被压抑。无意识的一部分内容可以进入意识领域被个体觉察到,这部分内容又被称为前意识。前意识位于意识与无意识之间,起着"检查者"的作用。

无意识中被压抑的本能欲望是人的活动的内驱力,具有强大的能量,决定着人的意识活动。当它出现时,会唤起人的羞耻感,因而意识会抵抗、压制这种冲动,这就是所谓的压抑。弗洛伊德认为,被压抑的东西并没有消失,一直在潜伏、活动着,它们会以梦、各种错误(笔误、口误)的形式表现出来,病态的压抑则可能导致各种心理疾病的产生。

(二)人格结构理论

弗洛伊德把人格结构分成本我、自我、超我三部分。本我代表着人的一切本能冲动与欲望,受快乐原则支配,具有生物性特征;自我在现实原则的指导下,代表着理性,具有现实性特征;而超我按道德原则行事,监督着自我的行为,具有社会性特征。

本我、自我、超我之间不是静止的,而是不断地交互作用着。在健康人格中,这三者的作用应是均衡、协调的。自我是人格内部结构中维护统一的关键因素,如果自我力量不够强大,则难以协调各种力量使人格结构保持平衡。同时,自我又是人格与外界相接触的部分,是人格结构的执行者,它还要负责协调本能和周围环境的关系,在超我的指导下,按外部现实的条件,去驾驭本我的要求。由于自我要受本我、超我与现实的三重压力,促使自我发展了一种技能——心理防御机制,来对付难以调和的冲突以及可能出现的焦虑反应。过分或错误地应用心理防御机制则可能导致心理疾病。

(三) 人格发展阶段论

1. 本能论

弗洛伊德提出的本能指的是人的生命和生活中的基本要求、原始动力和内驱力。弗洛伊德把本能分为生本能与死本能。生本能指向于生命的生长和增进，指的是人类生命中的一种进取性的、建设性和创造性的力量，包括自我本能与性本能。其中，自我本能有助于个体自我保护不受伤害，而性本能是指与性欲、种族繁衍相关的冲动，指向于生命与种族的延续。死本能代表着潜伏在人类生命中的一种破坏性、攻击性、自毁性的力量，最重要的衍生物是攻击。这种力量对外表现为打架甚至战争，对内则表现为自责甚至自残。

需要注意的是，本能理论带有浓重的生物决定论色彩，虽然人有理由有欲望，可是也有责任有能力去合理控制，不应该把本能当作逃避责任的借口。

2. 人格发展阶段

弗洛伊德认为性有广义和狭义之分，狭义是指生殖活动，广义的性是指一切获得快感的潜力。他称之为力比多，也泛指心理活动的能量。由于个体在不同年龄阶段获得快感的区域不同，即动欲区在身体上的不同定位，弗洛伊德将性心理发展分为以下五个阶段：口腔期（0～1岁），肛门期（1～3岁），性器期（3～6岁），潜伏期（6～12岁），青春期（12～18岁）。

个体在每个阶段都有需要解决的矛盾和冲突，若个体性心理发展无法顺利进行，就会出现停滞或者倒退，影响个体以后的人格发展，导致心理异常。一个成人的人格特征往往是他早期阶段发展的反映。

(四) 焦虑与心理防御机制

1. 焦虑

根据人格结构理论，自我能够调节人格内部各种力量以及与环境之间的各种矛盾和冲突，以达到平衡状态，实现人格的统一。但这种平衡是相对的，人格内部冲突不可避免，随着矛盾冲突的加剧，就会产生焦虑。如果焦虑过于激烈，个体无法应对，就会产生人格分裂或精神障碍。

弗洛伊德提出的焦虑类型对学校心理辅导工作也很有启发，他认为焦虑类型有现实性焦虑、神经症焦虑和道德性焦虑三种。现实性焦虑是指生活中确实有引起焦虑的事实，如考试焦虑。现实性焦虑的基础是自我对外界现实的知觉，它有助于保护个体免受外部伤害。一旦现实中引起焦虑的事件消失了，现实焦虑也就不存在了。神经症焦虑有两个基础，一个是自我知觉到的来自本我的威胁（即担心内心不被现实所接受的想法会被别人觉察），另一个是现实焦虑。只有当个体意识到本我需求的满足可能会以遭遇现实危险为代价时，个体才会对自己的本我感到恐惧。道德性焦虑主要是担心自己的行为不被社会道德所允许,以自我对来自超我、特别是良心的谴责的知觉为基础。

2. 心理防御机制

心理防御机制是指当个体遇到威胁、挫折或冲突时,内部心理活动为减轻不安,恢复心理平衡所采取的自我调节方式。心理防御机制的特点有[1]:是无意识的;是可以改变的;既是适应性的,也可是病理性的。需要说明的是自我防御机制不是病态行为,而是人的正常反应[2]。心理防御机制可以在短期内减少个体的心理压力,但有些防御机制带有一定的欺骗性,不可能使个体成功地应对环境,如果长期采用应对不良的防御机制,会出现病理性反应,不利于个体的成长。

常见的心理防御机制主要有以下几种:一是压抑,是最基本的一种心理防御机制,主要表现为对本我中的先天本能冲动和欲望及对个体后天生活中的痛苦经验和不良欲望的压抑;二是否认,和压抑有点类似,但它不是有目的地忘记,而是面对事实不承认,有意识或无意识地拒绝承认那些使当事人感到焦虑和痛苦的事情或者与自己事与愿违的事情;三是退行,在遭遇挫折时,退回到心理发展的早期阶段,使用原始、幼稚的方法来应对当前的情景;四是固着,指心理未完全成熟,停滞在过去的某一心理发展水平;五是投射,拿别人做替罪羊的做法,把自己的愿望与动机归于他人,断言他人有此动机、愿望,通常所说的"以小人之心,度君子之腹"就是常见的一种投射方式;六是升华,把不为社会现实和超我所能容许的冲动能量投放在社会可以接受的活动上,使之具有建设性。

二、精神分析常用的方法

(一) 精神宣泄

精神宣泄是精神分析治疗常用的一种方法,是指治疗者运用各种诱导手段,如催眠、暗示,让来访者讲出曾经被压抑的经验,将积于心头已久的痛苦和烦恼倾诉出来。来访者宣泄了相应的情感,可以得到极大的解脱,症状也会因此而减轻或消失。

(二) 自由联想

让来访者以舒适的姿势半躺在沙发或躺椅上,把自己头脑随时出现的各种想法报告出来,不论想法多么荒诞不经、有伤大雅,甚至有违道德、法律。治疗者则坐在来访者的侧后方,以免直接对视给来访者造成干扰,使来访者觉得紧张或不自在。治疗者边听边记录,接纳来访者所说的一切,在来访者讲述的同时暂时

---

[1] 崔新佳. 心理防御机制的研究与应用[J]. 上海精神医学,1990,2(4):209-211.

[2] Bellak L. Current status of classical Freudian psychoanalysis in Flach F. (ed)Psychotherapy. New York:W. W Norton &Company ,1989:57-92.

不做任何评论和插话,以免联想中断。当来访者感到联想困难时,给予鼓励,让其继续联想下去。

治疗者的主要任务是对来访者所报告的材料进行分析和解释,从中找到来访者无意识中的矛盾冲突,即心理疾病的起因。这种解释不求合理,但要合情,能够使来访者茅塞顿开。这其中关键就是要从一大堆看似凌乱、没有任何联系的材料中选出重要的信息和细节,因此这种方法要求治疗者必须经过专门的技术训练,还要有丰富的实践经验和敏锐的洞察、思考、分析、判断的能力。

(三)阻抗、移情

1. 阻抗

阻抗是指在谈到某些关键问题时,来访者有意或无意地回避话题,表现为在谈话过程中突然保持沉默或者转移话题。精神分析中的阻抗分析主要是对病人在自由联想过程中谈到某些问题表现出的联想困难进行分析。不论来访者表现出的阻抗是有意识的还是无意识的,精神分析认为,这往往是问题症结所在,因此要对来访者的阻抗进行分析,帮助其克服各种形式的阻抗,将潜意识压抑的情感发泄出来,这一过程往往需要一定的时间。

2. 移情

移情也是精神分析治疗的基本技术之一,是指在辅导或咨询过程中,来访者有时会把对自己重要的人物,如父母、亲人等的情感转移到心理辅导人员身上。[①] 这种移情有的是正性的,来访者将积极的情感转移到工作人员身上;有的则是负性的,将消极情感转移到工作人员身上。移情是来访者无意识阻抗的一种形式,它会阻碍咨询或治疗的顺利进行,但工作人员可以通过移情分析来访者对其亲人或他人的情绪反应,并和来访者讲清移情的意义,引导其说出痛苦的经历,让其对自己的症状有所领悟。

(四)梦的解析

弗洛伊德认为,通过梦可以分析、了解个体的无意识。梦可以使人的欲望得以象征性的满足。在睡眠时,意识的监督作用有所下降,平时被压抑在无意识中的各种冲动与欲望会借梦境中的活动得以满足。但在意识监督作用有所下降时,人的精神还有一定的防御,因此梦会以一种特殊的形式或者通过伪装呈现出来,以逃避自我和超我的监督。因而梦是一种有意义的心理现象,通过释梦能分析和发现一个人无意识的动机。

弗洛伊德将梦的内容分成两部分:显梦与隐梦。显梦属于意识层次,是当事

---

① Lester Luborsky, Marna S. Barrett. 精神分析主要概念的经验实证状况[J]. 医学与哲学(人文社会医学版),2008,29(7):73-75.

人醒来后能回忆起的部分;而隐梦才是梦境的真实面貌,代表着无意识层次的真正含义与象征意义,其情节是当事人无法陈述清楚的。释梦的目的在于根据当事人所陈述的显梦为起点,进一步探究梦中隐含的真正意义。

尽管学术界对精神分析理论的评价褒贬不一,存在不小的争议,但学校心理辅导可以在多方面积极运用精神分析的理论与方法。

第二节 行为主义的理论与方法

行为主义学派于1913年产生在美国,其创始人是华生(J. B. Watson,1878—1958)。行为主义的发展分三个阶段:一是以华生为代表的早期行为主义;二是以斯金纳(B. F. Skinner,1904—1990)等为代表的新行为主义;三是以班杜拉(A. Bandura,1925—　)等为代表的新行为主义。他们都强调行为是后天习得的,同样也能通过一定的途径消除或者改变。行为主义认为,人的特性是后天学习的结果,人虽然有一定的自主性,但仍然是环境的产物。行为治疗的目标就是创造新的学习条件或者环境,让来访者改变其问题行为。

一、行为主义的基本理论

行为主义最初由华生创建,但对辅导和咨询具有较大影响的是巴甫洛夫(вич I. P. Pavlov,1849—1936)的经典条件反射、斯金纳的操作性条件反射以及班杜拉的社会学习理论。

(一) 经典条件反射

这一原理是巴甫洛夫在实验中总结出的,主要是通过外在物质条件的改变,控制个体的行为反应。在他的实验中,狗看到食物会分泌唾液,在给狗喂食的同时,给狗提供一个节拍器的声音刺激(中性刺激,也称无关刺激),即喂食和节拍器同时出现,这样结合多次以后,狗只要听到节拍器的声音(但没有食物),就会有唾液流出(反射行为)。巴甫洛夫把这种后天习得的、对一个中性刺激的反射行为称为条件反射,这个中性刺激就称为条件刺激。如果条件刺激(节拍器声音)出现多次而没有无条件刺激(食物)的强化,这时条件反射就会削弱或消退。

(二) 操作条件反射

这一原理就是通过外在物质条件的改变,使个体的行为发生变化。操作条件反射最初是由激进行为主义者斯金纳在对动物的实验中提出的。他将鸽子关

在笼子里,笼子外面有食物,鸽子可以通过操作笼子中的某一机关吃到笼子外面的食物,如果操作成功会增加它做出这一反应的次数。如果一个操作发生后,接着给予一个强化刺激,那么其强度就会增加。塑造行为就是一个学习的过程。

这一实验有力说明:行为的后果直接影响该行为的增多或减少。但这一实验的前提是鸽子必须是空腹,不然可能得不到预期的效果,同时还要注意,假如鸽子在长时间的尝试中,仍不能打开笼子吃到外面的食物,可能会产生习得性无助行为,这又不利于行为习惯的形成。因此,在运用此原理时,一定要注意避免此类问题的产生。

(三) 社会学习理论

班杜拉通过实验研究发现,个体在习得行为的过程中即使没有得到直接强化,学习依然会发生,即学习可以通过模仿过程而习得。个体仅仅通过观察他人的行为反应就可以达到模仿学习的目的,但是要让个体出现这些行为,还必须运用强化手段。在这个过程中,有决定性影响的仍然是客观环境。模仿有助于人们学会许多重要的技能,能有效地对一些不良行为加以矫正,并向社会期望的方向塑造个体的行为。

观察模仿过程分为注意、保持、动作再现、动机等四个过程。有时青少年看似无意观察或者没有用心注意到某些东西,但其实他已经学习到了,只是没有显现出来,而要让他表现出他已经学会的行为,就要看外界是否有相应的要求。

二、行为主义常用的方法

行为主义认为个体之所以出现问题,是因为习得了不恰当的行为。不恰当的行为即适应不良行为,既不是身体疾病的产物,也不是本我、自我、超我之间冲突的结果。不适宜的反应与适宜的反应都是以同样的方式而习得的。人类的所有行为都是经过学习而习得,并经由强化而加以巩固保留下来,这就是行为治疗的基本假设。其着眼点是现在,找到现有的行为模式,建立新的行为模式,从而达到治疗目的。

行为主义的治疗方法具有系统性、可操作性强等特点。在治疗过程中需要确认来访者的不良行为,然后选择恰当的技术对不良行为进行矫正,帮助来访者建立新的行为模式。如果存在多个亟待矫正的不良行为,则需要确定治疗的先后顺序与最佳方案,然后与来访者一起确定具体实施方案。同时在实施过程中,记录来访者的行为变化过程,以便对治疗过程进行评价。

(一) 系统脱敏

系统脱敏是整个行为疗法中最早被系统应用的方法之一,是主要通过循序渐进的过程逐步消除焦虑、恐怖状态及其他恐惧反应的一种行为疗法。这种疗法根据条件反射学说中关于刺激的类化、增强与消退等原理,设计一种可以同时使个体产生两种对抗反应的情境,并使其中一种逐步增强、另一种逐步消退,以达到治疗的目的。

系统脱敏法具体实施分三步进行:第一步先让来访者学会评定自己不适的严重程度或等级,并收集引起不适的相关刺激因素,根据引起不适的程度设计整理系统脱敏层次表格。例如,对于考试焦虑等级安排,可以根据时间,让来访者想象距离考试还有一个月、一周、一天、考试前一天晚上、考试的当天早上、走在考场的路上、到达考场、进入考场坐下等的情况,一般的规律是越接近焦虑源,等级越要密集,通常建立的事件等级以6到10个为宜。第二步是训练来访者松弛,使之熟练松弛技术,以对抗治疗中出现的焦虑反应。第三步是使来访者想象或实际接触焦虑层次中的第一个子情境,并同时做出松弛反应。越接近焦虑源的等级,来访者越可能出现紧张不安等反应,此时要伴随放松,以缓解来访者的情绪。当来访者觉得适应了,再进行下一个等级,并同时放松全身……直到最后一个子情境出现时来访者仍能放松为止,建立正常反应。

系统脱敏疗法尤其对害怕某种客体或情境的恐怖状态有明显效果。在临床应用时,治疗者多半让来访者采用"想象暴露法"(即令来访者通过想象而不是实际进入让他恐惧的情境之中)引发焦虑反应,同时让来访者利用事先学会的松弛反应对抗焦虑反应。其主要理由有二:其一,临床工作者不可能陪同每位来访者到真实的生活情境中去脱敏;其二,来访者所害怕的某些情境或事物无法被真实展示出来,如害怕亲人会死去等。

(二) 强化

强化主要是以操作条件反射为依据,具体方法有行为塑造法、代币奖励、厌恶疗法等。

1. 行为塑造法

这是根据斯金纳操作条件作用设计的,也是强化原则的有力应用。临床上运用行为塑造法时,要求辅导或咨询人员与来访者一起,首先确定最终目标,而后选好为实现此目标需要塑造的靶行为,并明确塑造的起点、逐渐逼近最终目标应采取的步骤以及每一步骤的子目标。此外,还需要确定达到每一个子目标的有效强化物或奖励。强化物可以是物质性的,也可以是社会性的奖励,只要它们对来访者有吸引力。

来访者的接近或朝着最终目标的变化需要得到及时而适当的强化,这不仅要求来访者的积极参与,也需要咨询或辅导人员和来访者家属的密切配合,只有强化及时才能让来访者的行为愈来愈逼近最终的目标。另外,还要注意避免强化原则的无意误用。有时,当来访者在某一步骤未达到规定的目标,咨询人员和

家属的过分注意或关切反而会产生强化效应,导致来访者的退步。这是因为,对于一些来访者来说,能引起别人对自己的注意也是他期望得到的最好奖励之一。

2. 代币奖励

代币奖励也是在强化原理基础上形成并完善起来的一种行为疗法。所谓"代币"是指一些特殊式样的金属或塑料片、卡片、记分、小红旗、金星或红花等象征性或替代性物品。代币奖励通过某种奖励办法,在来访者做出某种预期的良好行为时,马上获得奖励,这种行为会得到强化,促使其不良行为的消失。但采用代币奖励时,一定注意不能滥用,如果对于那些本来属于青少年自己必须承担的行为,也给予一定的奖励,那么反而会降低青少年形成良好行为的内部动机。

代币制管理过程中应注意:确定需要改变的靶行为,确定代币发放办法,确定以代币换取实物或活动奖励的办法,确定行为基线,矫治行为的评定,按时按约给予奖励。

3. 厌恶疗法

厌恶疗法是将来访者要戒除的行为(靶行为)与某种使人厌恶的刺激结合起来,即当某种适应不良行为即将出现或正在出现时,给予一定的痛苦体验,如轻微的电击、针刺或催吐剂,使其产生厌恶的主观体验。通过这样的条件联结,从而戒除或减少靶行为的出现。

厌恶疗法一般可分为:① 电击厌恶疗法,即将来访者习惯性的不良行为反应与电击连结在一起,一旦这一行为反应在想象中出现就予以电击。电击一次后休息几分钟,然后进行第二次。每次治疗时间为20~30分钟,反复电击多次。电击强度的选择应征得来访者的同意。② 药物厌恶疗法,即在来访者出现贪恋的刺激时,让其服用呕吐药,产生呕吐反应,从而使该行为反应逐渐消失,多用于矫治与吃有关的行为障碍,如酗酒、饮食过度等。③ 想象厌恶疗法,即将咨询人员口头描述的某些厌恶情境与来访者想象中的刺激联系在一起,从而产生厌恶反应,以达到治疗目的。

厌恶刺激还可以采取食物剥夺、社会交往剥夺措施等。例如,在孩子的行为矫正过程中,儿童如果表现出某种不良行为,就没收他喜欢的玩具,直到其行为恰当后,再将玩具归还,或者给其规定一个活动区域,不许离开这个区域等措施,也能达到纠正行为的目的。

厌恶疗法在实施过程中要注意以下几点:① 此法会涉及伦理方面的问题,因此事先需征得来访者或家属的同意;② 此法只能暂时压抑而不能从根本上消除不良行为,对于有强烈行为动机的个体实施惩罚,会引起严重的趋-避冲突,从而造成更加严重的不良行为,因此一定要考虑来访者的个性特点谨慎使用;③ 某些行为问题的矫正在单独运用厌恶疗法时,无法取得理想的效果,如网络成瘾的成因非常复杂，应考虑结合多种方法才能达到效果。

（三）放松训练

放松训练是通过自我调整训练，使身心达到理想的放松状态的一种行为治疗方法。来访者可以有意识地控制自身心理生理活动，由身体放松进而导致整个身心放松。进行放松训练一般需要安静的环境、舒适的姿势、平静的心情等。放松训练的种类较多，主要包括渐进肌肉放松训练、想象放松训练、深呼吸、静默术、生物反馈训练等，瑜伽、坐禅等也可以达到类似的效果。

1. 渐进肌肉放松训练

这是一种渐进、有序的使肌肉先紧张后放松的训练方法，如握紧拳头，然后松开。它强调放松要循序渐进，一般都采用自上而下（从头到脚）的顺序进行。

进行渐进肌肉放松训练要选一个安静、光线柔和的环境，不论是躺或坐，都需要练习者调整到舒适为止，然后闭上双眼。由辅导或咨询人员提供指导语，放松的身体部位是手臂、躯干、面部、下肢，当然这一顺序并非固定不变。先要求练习者收紧某一部位肌肉，直到有轻微的不适感，保持并体会这种紧张的感觉5～10秒钟，然后放松，提醒来访者体验放松后的感觉。

例如，手臂放松的指导语是："伸出你的右手，握紧拳头，使劲儿握，就好像握碎什么东西一样，注意手臂紧张的感觉……坚持一下……再保持一下……好，放松……体会手臂完全放松的感觉，很温暖，有些沉重，很舒适……"讲指导语时语调要低沉、轻柔、安详、愉快、吐字清晰。来访者既可以在辅导人员的实际指导下进行，也可以跟随录音磁带练习。每一部分肌肉的练习都包括上述这一过程。

2. 想象放松训练

在想象放松训练中，来访者要根据辅导者给出的指导语配合想象来放松身心。一般是用一些比较轻缓、让心情平静的语言，构造出能够带给来访者美好回忆的场景，可以是海边或者草原等。例如，我静静地俯卧在海滩上，周围没有其他人，只有蓝天白云、湛蓝的大海、岸边高大的椰树，身下是绵绵的细沙，阳光温柔地照在身上，我全身感到无比的舒适，微风带来一丝丝海腥味，海涛在有节奏地唱着自己的歌，我静静地聆听这永恒的波涛声……

3. 深呼吸放松训练

这也是一种应急的方法，在情绪或行为失控时，让自己先深呼吸一下。这种方法不需要任何条件，在各种特殊场合都可以自行练习。对于那些容易紧张、一时想不起该怎么办、当时又没有条件慢慢练习上述其他放松过程的来访者，学会此法更有用。具体做法是让来访者调整自己的姿势，直到舒服为止，双肩下垂，闭目，然后慢慢地做深呼吸，吸气时小腹鼓起，呼气时小腹收缩。辅导者配合呼吸节奏给予指导语："呼……吸……呼……吸……深深地吸进来，慢慢地呼出去；

深深地吸进来,慢慢地呼出去……"如此反复,直到紧张减轻为止。在做深呼吸放松时,同时配合默念"放松、放松"等自我暗示语,能起到更好的效果。这种方法也可以不需要辅导者的指导,自己根据"呼……吸……呼……吸……"的节奏进行练习。

4. 静默术

这种方法是通过闭目入静,进入一种自然的意识改变状态,从而利用人体的"内部资源"进行治疗的一种方法。传统的静默术有开放式与专注式两种:① 开放式的基本方法是,开始静坐时,不将任何问题带入头脑中,不求任何目的,只需完全放松自己的肉体与心灵,不加任何控制,使自己的意识像飞鸟掠过天空,像波浪涌起的海面一样自然,随遇而安,只需保持感觉,身心便可获得放松。② 专注式是静坐时将意识活动专注于眼前的一个目标物(以排除干扰),以此暂时排除环境中外在刺激,达到忘却自我、忘却一切烦恼的超脱境界。

5. 生物反馈训练

生物反馈训练是指利用电子仪器反馈(生物反馈仪)掌握机体内部的生理活动信息,如心跳、血压、肠胃蠕动、内分泌及腺体活动等,使人了解自身的生理变化,并依据这些生理变化,逐渐学会对其加以随意控制和调整,从而恢复身心健康的一种心理治疗方法。

除了上述几种放松训练方法外,类似肌肉放松法的按摩法,即通过按摩给肌肉放松,也能达到身体放松的感觉。放松训练常配合系统脱敏等技术一起使用,它是对压力或紧张、焦虑、恐惧等消极情绪的一种积极有效的应对技巧,对于伴有上述不良情绪症状的各种神经症,如焦虑症、恐惧症、强迫症以及身心疾病、神经衰弱、失眠等都有一定疗效。

(四) 冲击疗法

冲击疗法又称情绪冲击疗法或"满灌法",它和系统脱敏一样都是以经典条件反射为基础,但冲击疗法是让来访者一下子面对其感到恐惧的刺激,甚至过分地与其害怕的刺激相接触,以消除其心理障碍的一种行为治疗方法。相对于系统脱敏,此法程序比较简单,直接将来访者置于最痛苦的情境中,引起他的痛苦反应,不给予任何强化,顺其自然,任其发展,依据消退原理使来访者的行为反应最终自动消失或减少。

冲击疗法不宜随意使用,应注意来访者的承受力。在使用冲击疗法时,需要对来访者进行体检,排除心血管疾病、癫痫等重大躯体疾病,并向来访者认真介绍冲击疗法的原理与过程,如实告诉来访者在治疗中必须付出的痛苦代价,征得来访者和家属同意后签订协议。

（五）负性实践疗法

负性实践疗法是通过使来访者故意重复增加其问题表现、症状或不良习惯，并将注意力集中在这些方面，从而达到减少和消除不良思想与行为的目的。使用时，通常还会配合其他疗法。

来访者原有的病态行为或习惯有些是无意识的、自动的、非本人所情愿的，如果令其故意重复这种行为，变无意识为有意识，这种努力活动的结果就会造成疲劳、厌恶、疼痛等消极状态，从而消除原有的行为。用经典条件反射理论可以很好地解释这样的现象，通过将原有的不良行为与疲劳、疼痛等厌恶刺激相联结，使不良行为成为条件性刺激，从而产生抑制原有不良行为的作用。

使用负性实践疗法要求辅导者具有足够的敏感性与技巧，必须能清楚地预期到来访者不良行为习惯会导致的最坏结果，是否具有危险性、伤害性，以便在辅导过程中给来访者及时的监督、引导与纠正，防止意外事件的发生。如果来访者不良行为习惯的危害较为严重，如吸烟、酗酒、药物依赖以及一些自伤、自残、自我破坏性行为，或对社会、对他人构成一定危害的行为，则不宜采用此疗法。

（六）社交技巧训练

这是属于行为治疗的一种技术，通过让来访者学习社交中的一些必要的方法技巧，增强其社会适应能力与应对各种问题冲突的能力，克服其情绪与行为障碍。青少年的心理行为问题中有不少与人际关系有关，包括师生关系、同学关系、家庭关系等。人际交往处理不当，经常会导致人际冲突和矛盾，因此，社交技巧的训练，能够一定程度上减轻由人际关系处理不当所带来的心理问题。

训练内容包括观察技能、语言表达技巧、沟通技巧等；训练程序应本着由易到难、循序渐进的基本原则进行；训练过程中可以根据一定的原则实施奖励。

对于学生而言，很多问题是由于面对应激事件不知道如何进行正确反应，有时习得了错误的行为反应方式，并成为一种习惯，因此，学校心理辅导要合理选择强化物，采用代币奖励、行为塑造矫正其不良行为习惯，引导学生形成良好的行为习惯。

第三节 人本主义的理论与方法

人本主义兴起于20世纪中期的美国，继精神分析、行为主义之后被称为心理学的第三势力，主要代表人物有马斯洛（A. H. Maslow，1908—1970）、罗杰

斯(C. Rogers,1902—1987)等,其中对心理辅导影响最大的是罗杰斯的来访者中心疗法。在罗杰斯看来,个体有能力帮助自己实现个人成长,并为自己找到健康的生活目标和方向,个体之所以出现病态是因为受到不良社会环境的影响而偏离自我实现方向。因此罗杰斯倡导在咨询过程中充分尊重来访者,通过温暖和谐气氛的创造,使来访者感受到咨询师的关爱、理解与尊重,在放松的体验中吐露被压抑的情感,正视自己,达到自我成长。

一、人本主义的基本理论

(一) 人性观

和精神分析相比,人本主义对人性持积极的态度,强调人的主观能动性。罗杰斯相信人一出生就有"自我实现"的潜能,每个人都有一个积极向上的取向,而且这种取向是富有建设性的,是朝向自我实现的。因此在心理咨询中,只要给来访者提供适当的心理环境和气氛,他们就能产生自我理解,改变对自己和他人的看法,产生自我导向的行为,并最终达到心理健康的水平。

(二) 机体评价过程

罗杰斯提出的学说倾向于把人作为一个有机体来理解。人类个体对自己的体验或者经验,有一种天生、内在的机制或者手段,罗杰斯称之为"机体评估过程"。它作为一种反馈系统使个体能调节自己的经验,达到维持、增长、完善和发挥生命潜力的目的。个体在其成长过程中,不断地与现实发生着互动,个体不断地根据自身机体上产生的满足感来评价互动中的各种经验,并由此产生对这种经验及相联系的事件的趋近或回避的态度。罗杰斯认为,个体自身的满足感是与自我实现倾向相一致的。当符合别人价值标准的经验不符合自己的愿望时,个体为了保持自我对环境的适应,可能为了符合别人的期望而否认和改变自己的价值。一旦自我概念不是由个人有机体的评价过程来定义,而是把别人的价值当作自己的价值、自己真实的感受受到压抑时,自我概念和经验之间就发生了不和谐,个体就会感到烦恼、紧张、焦虑,进而出现各种心理和行为问题。

因此在人本主义的心理咨询中,咨询师要帮助来访者充分利用有机体的评价过程,使人能够接近他原来的真实经验和体验,而更多信任自己的评价标准,达到自我概念与经验的和谐。当一个人一旦达到了自我的和谐,他就能使自己的生命迈向成长,最终获得自我实现。

(三) 自我概念

自我概念乃是一个人对自我形象的知觉。这个自我形象是通过与环境,特别是与其他人对他的评价相互作用后逐步建立起来的。一个人对他人的反应方式取决于这一自我概念。

罗杰斯将自我概念[①]划分出"现实自我"和"理想自我"两部分。现实自我或真实的我是指此时此刻真实存在的自我，即我现在是什么样子、我的真实情况等。理想自我指个体最希望、最喜欢拥有的自我概念。个体的现实自我与理想自我的和谐统一就是自我实现。通常现实自我与理想自我的差距能够作为衡量一个人的心理是否健康的指标。

按照罗杰斯的观点，如果一个人认识到了真实的自我与理想的自我是什么样子，并且设法使两者趋于统一，那么他在成长的过程中会调节得越来越好，并使潜能最终得到充分发挥。

(四) 咨询目标

罗杰斯认为，真正长远的咨询或治疗目标是促进个体人格的成长，而不仅仅是症状的减轻。人本主义的心理咨询通过为来访者提供一个安全与信任的氛围并逐渐形成其咨询目标。在这个氛围中，来访者能够利用所建立的良好咨询关系进行自我探索，能以更开放、更自信与更积极的愿望进行咨询。具体目标是让来访者做到：袒露心扉，面对现实，正确对待自我；相信自己；能够形成自身内在的评价标准；自愿把自己看作一个发展的过程，咨询愿望能够贯穿于咨询过程之中；对做出选择的若干可能性更清楚，愿意做出选择并预见其后果。人本主义的治疗是以"人类不能逃脱自由，而且自由与责任是共存的"为前提，其本质是帮助个人正视人类存在的基本问题。

人本主义将咨询看成一个转变过程，是调整自我结构和功能的过程。个人有许多体验是自我所不敢正视和不能清楚感知的，因为面对或接受这些体验，与自我目前的结构不协调，并使其感受到威胁。咨询师如同一个伙伴，帮助来访者消除困惑，产生一种新的体验方式，而放弃旧的自我形象。通过以求助者为中心的咨询所建立起的新型人际关系，求助者体验到"自我"的价值，学会如何与他人交往，从而达到咨询的目标。

二、人本主义常用的方法

(一) 来访者中心疗法

来访者中心疗法以求助者为中心，强调动员求助者内部的自我实现潜力，使之有能力进行合理的选择和治疗自己。咨询师的责任是创造一种良好的气氛，使求助者感到温暖，不受压抑，受到充分的理解。这种真诚和接纳态度，会促使求助者重新评价自己和周围的事物，并按照新的认识来调整自己和适应生活。

[①] 刘化英. 罗杰斯对自我概念的研究及教育启示[J]. 辽宁师范大学学报(社会科学版), 2000, 23 (6): 37-39.

罗杰斯指出,良好的咨询氛围、咨询师本身的某些态度是求助者积极改变自己的必要条件。这可以理解为求助者中心疗法的主要技术,即促进心理成长的三个条件,是通过咨询师的努力建立起来的。

1. 设身处地地理解

设身处地地理解即同感,主要指咨询师从来访者的角度去感知他们的世界,这是咨询师的一个主要任务。要达到设身处地地理解,就需要咨询师关注来访者,设身处地、准确地理解求助者在咨询过程中流露出来的经验和感情。只有从内心深处理解求助者,才能越来越多地帮助他们意识那些含混不清的经验与情感。这对于促进来访者的自我探索、建立良好咨访关系都起着重要的作用。

2. 和谐与真诚

和谐与真诚是指心理辅导与咨询人员在咨询中是真实的、是表里一致、真诚统合的人,在求助者面前毫不掩饰地表达自己的内心世界和情感。这些情感和态度既可以是赞同,也可以是不赞同对方。由此,咨询师就促成了与求助者之间的诚实的交流。通过这种彼此之间的密切关系,咨询师不仅推动了求助者的成长,同时也促进了自己的自我实现。当然,这并不意味着咨询师可以随心所欲地交流所有的感情,它只是表明咨询师对自己所产生的各种感情是负责的,对于自己产生的各种感情能够与求助者共同探索,从而改造自己。

3. 无条件的积极关注

也有学者将无条件积极关注称为尊重,它是指咨询师对来访者的关心没有附加任何条件,不根据对求助者的评价来决定。它主要表现为心理咨询师对来访者的态度,即无论来访者的品质、情感和行为怎么样,咨询师对其都不做任何评价和要求,并对来访者表示无条件的温暖和关注,使来访者觉得他是一个有价值的人。罗杰斯有时用"接纳"来表述这一要求,将来访者看作一个独立自主的人,并无条件地接纳来访者的积极情感和消极情感。无条件积极关注包括身体的关注与心理的关注两方面,它不等于必须同意当事人的不良行为,也不等于咨询者要放弃自己的价值观。

要保证来访者中心疗法在学校心理辅导工作中的顺利开展,就必须坚持真诚、尊重、理解、共情等原则,建立一种平等互信、理解包容的咨询关系。学生的信任是心理辅导与咨询的基础,因此人本主义的理念在学校心理辅导与咨询中的重要性就不言而喻。来访者中心疗法不强调具体的、可操作的技术,与其说它是一种心理咨询的方法,不如说是一种咨询主张。罗杰斯认为,心理咨询的关键不是咨询技术,而是咨询师的态度以及气氛的创造与咨询关系的建立。良好的咨询关系本身就有治疗的作用,是所有心理治疗工作的基础。

(二) 聚焦疗法

聚焦疗法是人本主义疗法发展到当代最新的进展和趋势,由尤金·简德林结合东方禅学以及来访者中心疗法的工作经验总结而来,主要是通过对来访者问题在身心上的感受进行关注,引导来访者集中注意力,一步步体验身心,觉察自己的生理、内脏、心理的感觉变化等。

1. 聚焦疗法的特点

在心理咨询过程中,聚焦疗法体现出以下特点:① 心理咨询过程中的真正主体是来访者自己,通过来访者自己的体验、顿悟来达到咨询效果;② 心理咨询师的作用是更多地引导来访者发展自己的主体性;③ 来访者和咨询师并不仅仅是倾诉者和倾听者,而是构筑一种新的咨询关系,充分发挥来访者的主体性,帮助来访者完成对问题的体验、领悟等过程;④ 关注身体,理解身体中所孕育的感情、问题、思考等;⑤ 注意使来访者从身心感受的转变中解决存在的问题,问题转变必然伴随感觉的整体转变,只有想法的改变对于真正的改善问题和症状可能是不全面的;⑥ 聚焦技术需要在比较放松的状态下来实施,因此在进入治疗前需要进行一定程度的放松等;⑦ 在咨询过程中需要对于问题进行"聚焦",然后对于该问题进行体验、发展、等待领悟;⑧ 所有咨询过程中的东西最后被吸收到来访者今后的生活中去。[1]

2. 聚焦疗法的实践步骤

聚焦疗法在实施过程中,主要按以下程序:① 先通过一些放松技术让来访者身心达到一定程度的放松,询问"什么是来访者现在最关注的事情";② 从前面的几件事中,选一个问题,开始聚焦;③ 注意选择词汇描述自己的感觉,直到确信它是合适的;④ 思考聚焦中出现的内容,咨询师倾听,但不进行指导性咨询;⑤ 询问答案,倾听身体和心灵的声音;⑥ 接纳变化。

从发展的角度来看,青少年正处于自我同一性的发展和完善期,有时会遇到自己不能突破的"瓶颈",需要他人的关爱与支持,来访者中心疗法无疑为促成学生的良好发展提供了一个支持途径。它尤其适合生活中的各种心理问题,如人际关系问题、教育与发展问题以及学生在生活中面临的重大选择问题等,对轻度神经症也能起到一定的辅助治疗作用。

在学校心理辅导中,建立良好咨询关系的原则就是以人本主义为核心,关注学生乐观、向上、有责任心等积极品质,相信学生能够发现并改变自己心理上的冲突与问题,在此基础上建立的咨询关系才牢固稳定,咨询效果才能持久。当学生能够理性面对并妥善处理自己的心理问题时,心理问题的发生非但不会对学

---

[1] [英]Campbell Purton. 聚焦取向的心理治疗[M]. 罗希,译. 北京:中国轻工业出版社,2010:5-39.

生造成伤害、产生心理创伤，反而成为学生心理成熟成长的契机。

第四节 认知主义的理论与方法

认知是一个人对某一事件的认识和看法，包括对过去事件的态度、对当前事件的解释以及对未来事件的预期等。认知疗法主要的工作是改变来访者固定化了的错误信念和习惯化了的不良认知方式，最终达到治疗的目的。认知理论体系主要包括贝克（A. T. Beck，1921—　）的认知转变疗法，艾利斯（A. Ellis，1913—2007）的理性-情绪疗法等。他们都强调认知在心理咨询和治疗中的作用，但又各有不同。

一、贝克认知转变疗法

贝克认为，之所以存在不良的适应行为及消极情感，根源在于个体的不良认知。当个体处于某一刺激情境时，其认知结构决定了情绪以及接下来可能会采取的行为。个体的认知特征由其人格特点决定，同时早年经验也决定着其对事物的评价，贝克称之为"功能失调性认知假设"，时间久了就会成为一种习惯使个体产生大量的"负性自动化思维"，影响个体的情绪而产生抑郁、焦虑和行为障碍等。情绪和行为障碍反过来又会强化这种思维，形成恶性循环。因而，要克服情绪与行为障碍，就要识别这些负性自动思维，指导来访者学会对各种观念加以重新评价，以更现实、更具有适应性的认知代替那些僵化的、歪曲的、适应不良的认知和原则，从而达到消除情绪与行为障碍的目的。

（一）贝克认知转变疗法的基本理论

1. **基本观点**

贝克通过对抑郁症的多年临床观察和研究，提出认知疗法的基本观点：① 情绪方面的问题并不是外部事情直接导致的，它通常与个体的不良认知有关；② 情绪问题的产生通常伴有消极认知；③ 情绪障碍来访者的认知一般伴有重大的曲解。

2. **五种认知歪曲**

在贝克看来，个体主要有五种认知歪曲：① 主观推断，没有证据或证据不足而做出结论，对没有完成的事情总会想到最糟糕的结果；② 过度概括，以偏概全;③ 选择性概括,仅根据对一个事件某一细节的了解就形成结论[①],不考虑事件的前因后果与产生背景等;④ 夸大或缩小,指任意夸大自己的失误或缺点,缩小或贬低自己的优点;⑤ 走极端思维,要么全对,要么全错,非此即彼,非黑即白。

(二) 认知转变疗法的技术

认知转变疗法是一种以会谈为主,并辅助其他方法(如行为治疗技术)的心理咨询方法,以咨询者为主导,即咨询师在咨询过程中占主导性地位。其特点是着眼于此时此地的问题,就事论事,不去追究或探讨个体以往的经历。

采用认知转变疗法开展咨询活动时,所运用的具体技术主要有识别负性自动化思维、识别错误认知、真实性验证、去中心化、抑郁或焦虑水平的监控等。

1. 识别负性自动化思维

负性自动化思维处于思维表层,咨询师易于观察和了解,在一段时间的交谈后,便能总结出其特点,如有的来访者习惯表达"某某认为"等,从来没有"我认为"这样的语句。但多数来访者并不能清楚地认识到自己的这种思维,咨询师需要帮助他们辨认这种自动思维,让其对自己的不良情绪与行为有所理解。咨询师可以根据来访者的语言表达采用言语追问法,帮助其识别自己的负性自动思维。

2. 识别错误认知

个体自动化思维背后的错误认知通常是问题产生的根源。例如,有抑郁倾向的来访者自动化思维的背后,存在的信念可能是:人的一生是不该有挫折的,一旦遇到挫折那绝对是不幸的。对于缺乏挫折教育的青少年而言,这是经常会有的一些错误认知。咨询师可以根据上面提到的五种认知歪曲,在听取并记录来访者语言倾诉的过程中分析其自动思维及对事件的错误认知。咨询师也可以针对来访者的回答反复提出"假如那是真的,对你意味着什么"等问题进行层层追问,引起来访者的思考,从而找出自己思维过程中存在的错误认知。

3. 真实性验证

将来访者的自动思维和错误观念作为一种假设,由心理辅导或咨询人员和来访者共同设计一种情境,来检验这种假设的正确性,从而令来访者主动放弃错误的认知,产生认识上的转变。

4. 去中心化

在心理咨询过程中发现,有些来访者的言语中透漏出一种观点:别人经常会注意自己,即社会心理学中所说的"焦点效应",把自己看成别人注意的中心。别

---

① 郭念锋.国家职业资格培训教程心理咨询师(二级)[M].北京:民族出版社,2005:87.

人一注意来访者,来访者就觉得焦虑、抑郁,特别担心自己给人留下不好的印象。尤其是青春期的青少年,过分关注自我,认为所有人都在关注自己,由于身体所带来的变化,特别希望得到他人的认可,也就特别在意别人的眼光。为了消除这一错误信念,让来访者多观察、记录别人的反应,减少过分自我关注,让他们自己发现,事实并非像他们想象的那样,从而放弃错误的认识。

5. 抑郁或焦虑水平的监控[1]

许多有焦虑、抑郁倾向的学生认为,自己的消极情绪会持续且不容易改变。要转变这种错误信念,就要使他们认识到情绪具有波动性特点,相信自己是情绪的主导者和控制者。情绪的产生与发展有其高潮与低潮,消极情绪发展到一定水平完全可以通过自我控制来减小其有害影响,加强学生对自身情绪的自我监控,从而减轻症状。

二、艾利斯的理性情绪疗法

1955年,美国临床心理学家艾利斯提出理性情绪疗法(Rational-Emotive Therapy),简称RET。该方法认为,青少年之所以出现情绪或者行为问题,主要根源是其错误的思维方式或者不合理的认知。在辅导过程中,以问题为中心,注意了解青少年此时此刻的一些想法,针对来访者头脑中的非理性成分,步步紧逼,直至对方"投降",改变青少年头脑中特有的非理性信念,用理性的认知取代非理性信念。

(一) 理性情绪疗法的基本理论

ABC理论是理性情绪疗法的核心,强调认知在刺激事件与个体的行为反应之间的中介关系,即个体对其所遇到的刺激事件的评价和解释造成了个体的不良情绪或行为,而并非外部诱发事件本身所引起。让来访者知道自己应对自己的情绪和行为反应负责,并且只有改变了不合理信念,才能减轻或消除他们目前存在的各种症状。

1. **ABC理论**

A是指诱发性事件(Activating events),B是指人们对这一事件所持的观念或看法(Beliefs),C是指观念或看法所引起的情绪及行为结果(Consequences)。完整的理性情绪疗法由ABCDEF六个部分组成,D是指干预过程,E是指咨询效果,F指咨询结束后来访者的新感觉或体验。

ABC理论认为,C不是由A直接引起的,而是由B引起的。正因为这样,对于同一件事,不同的个体对它会产生不同的态度、评价与看法,也就会导致不同

---

[1] 郭念锋. 国家职业资格培训教程心理咨询师(二级)[M]. 北京:民族出版社,2005:88.

甚至截然相反的结果。因此,采用此法时,可以询问学生最初的事件是什么,以及他(她)是如何理解的,找到问题的根源。

2. 不合理信念的特征

理性情绪疗法强调,情绪困扰和行为的不适都来源于个体的不合理信念。不合理信念主要存在以下特征:

(1)绝对化要求。有完美主义倾向的个体通常持有这种观念。这种信念较常见,其特征是含有"应该""必须"一类词。持有这一观念的人,要求客观事物的发生要受他的主观意志支配,一旦事与愿违,个体就会被情绪所困扰,进而引发不良行为。

(2)过分概括化。这是以偏概全的一种思维方式。主要表现在对客观事物及自身的评价方面,即以一件事或某一方面的成败来评价整个人。如同学无意当中忘记了他的要求,就认为该同学故意和自己作对,认定此人不可信赖。持有这种信念的人经常为一些小事耿耿于怀。

(3)糟糕至极。认为不好的事情一旦发生将是非常可怕的,甚至是灾难。若事情发展非己所愿,将是一件非常可怕的事,会对自己造成巨大的困扰。例如,有的学生认为考不上重点高中或者大学一切都完了。

(二)理性情绪疗法的技术

运用理性情绪疗法时,辅导人员首先根据谈话内容指出来访者存在的不合理信念与思维方式,并讲清不合理信念与他们目前存在的情绪及行为困扰之间的关系,说明他们头脑中的不合理信念是困扰他们的真正原因;然后,通过各种技术,例如与不合理信念辩论、合理情绪想象技术等,帮助来访者认识到其信念的不合理性,并上升到某种认知层面,从而使来访者主动放弃这些不合理信念;最后,从改变来访者常见的不合理信念入手,帮助他们概括出这些信念共有的特征,以合理的思维方式取代不合理的思维方式,彻底解决来访者认识上存在问题的根源。在咨询过程中,让来访者学习运用辩证思维分析问题。

1. 与不合理信念辩论

它是指咨询者与来访者在交谈过程中,对他持有的不合理信念进行挑战与质疑,以动摇其不合理信念。虽然理性情绪疗法不太关注咨访关系,只是以问题为中心,但对于初学者,采用此方法时最好是建立在良好咨访关系的基础上,否则容易引起来访者的反感与不配合。

心理辅导人员的提问可以采用质疑式或夸张式。① 质疑式是指直接针对来访者的不合理信念提出质疑。例如,针对来访者的绝对化要求,可问"你对别人好,别人凭什么就必须要对你好"等问题;针对过分概括化的特点,可以借鉴前面的具体化技术,让来访者举例说明,可问"如何证明……毫无价值"等问题;针

对糟糕至极的想法,可提出"究竟糟糕到什么程度"等问题。② 夸张式。故意将来访者的不合理信念夸张、放大给他们自己看,让他们感到自己的这种想法荒谬可笑。如对社交恐惧症患者,咨询师可以问"是否别人都放下手中的事,什么也不做,围拢过来盯着你看呢"的问题。这样一问,来访者自己也感到这种想法的荒谬,从而认识到它的不合理性。

2. 合理情绪想象技术

合理情绪想象技术要求咨询师帮助来访者想象当时的情景,重新进入那种不良的情绪体验之中,进一步探求来访者当时的想法,并找出不合理信念,同时使其真切感受到信念与情绪反应之间的关系,从而认识到改变不合理信念的重要性。

该技术使用时的基本步骤:① 让来访者生动地想象引起其情绪困扰的情景,特别是让他焦虑、紧张、心烦意乱的情景,体验在这种情景下产生了哪些不适的情绪反应,并报告此时的感受;② 要求来访者保持想象这一情景,但帮助他把消极的情绪改变为适度的情绪;③ 停止想象,让来访者叙述他是怎样想才使情绪发生变化的,通常来访者都是通过形成合理信念才做到改变的,此时辅导教师需要注意帮助他进一步强化合理信念,纠正某些不合理信念。

3. 认知家庭作业

咨询结束后,心理辅导或咨询人员给来访者布置家庭作业,这需要来访者本人的配合,以期获得较好的咨询效果。

家庭作业即让来访者回去对自己日常生活中发生的事情进行记录,找出其中的A和C,然后分析其中存在的B,对其进行质疑与辩护;或者来访者完成合理的自我分析报告,如找出引起个体现在情绪的事件是什么、现在这种情绪反应是否合理,其过程与辩论大体相似,只是以书面形式记录下自我辩论过程。通过自己与自己辩论这一过程,让来访者理清自己的思维,逐渐说服自己,改变已有的不合理信念,从而形成正确、合理、客观的认知方式。

学校心理辅导多是针对在生活、学习、交往及升学择业过程中产生心理困扰的正常学生和患有学习障碍、交往障碍等心理偏常学生展开,这两类群体适合使用认知疗法进行咨询。这个年龄阶段的学生开始对事件有自己的思考,头脑灵活,能迅速理解和接受新事物,但是思维的片面性和极端性使他们容易出现这样或那样的心理行为问题,因此认知疗法能够帮助他们有效地解决由于认知偏差所产生的问题。对于学校心理辅导来说,理性情绪疗法的理念容易被接受,操作技术易于学习,是很多辅导教师的入门技术,在实际的辅导活动中也较为常见。认知疗法可以帮助青少年学会更加辩证地看待问题,提高他们自我分析、自我矫正、自我教育的能力,促进其全面发展。

本章小结

学校心理辅导需要科学心理学理论的指导。所有的心理辅导与咨询技术，都建立在各个心理学流派对人性的基本假设以及人格发展的理论基础之上。本章主要介绍精神分析、行为主义、人本主义和认知心理学的核心理念及其在心理咨询与治疗方面的基本技术与方法。精神分析强调童年早期经验对个体成长的影响；行为主义从行为形成和学习的角度分析个体出现不恰当行为的原因；人本主义相信如果给个体提供良好的成长氛围，他们完全有能力健康成长，朝向自己的目标努力；认知主义认为个体产生心理问题的主要原因是其存在的不良认知，即对事件的解释是引起问题的关键。各个流派的理论都有一定程度的有效性以及适用性，需要根据心理问题的不同性质、严重程度以及学生所处的不同年龄阶段等，应用不同的方法与技术。

关键词：精神分析；行为主义；人本主义；认知主义；心理学流派

第四章　学校心理辅导的理论基础(二)

学习目标

1. 了解建构主义、积极心理治疗、积极心理学的基本思想；
2. 理解建构主义、积极心理治疗、积极心理学的心理辅导观念；
3. 掌握建构主义、积极心理治疗、积极心理学在学校心理辅导中的应用策略。

21世纪以来，建构主义、积极心理治疗、积极心理学等对我国学校教育教学的影响与日俱增，越来越引人注目。受当今心理科学新思潮的影响，我国学校心理辅导正面临着或经历着一些挑战和革新，人们不仅希望从理论研究角度论述教育变革的意义，而且努力将这些心理学流派的新思想、新技术应用到学校心理辅导实践中，以这些理论为基础对学校心理辅导进行积极的变革。

第一节　建构主义的理论与方法

近年来，建构主义理论在西方教育界逐渐流行。建构主义是当代心理学理论中行为主义发展到认知主义(Cognitivism)以后的进一步发展，即向与客观主义(Objectivism)更为对立的另一方向发展，被喻为"当代教育心理学中的一场革命"[1]。在当今多元文化的社会背景中，建构主义历经碰撞与交融，得以脱颖而出，已经成为备受关注并且正在对当代教育教学的理论与实践产生广泛影响的理论思潮。

---

[1] 陈琦，刘儒德. 当代教育心理学[M]. 北京：北京师范大学出版社，1997：97.

一、建构主义的心理辅导观

建构主义是当代欧美国家兴起的一种庞杂的社会科学理论,其思想来源驳杂,流派纷呈。尽管建构主义不同学派研究问题的侧重点、提出问题的角度和使用的术语都有所不同,似乎"有多少建构主义者就有多少种建构主义",但它们的观点也存在一些共同的成分,如认为:世界是客观存在的,但是对于世界的理解和赋予意义却是由每个人自己决定的;世界的意义并非独立于主体而存在,而是源于主体的建构;人是以自己的经验为基础用自己的方式来建构世界的意义,建构现实,或者至少说是在解释现实;每个人的世界是用自己的头脑创建的,由于主体的经验以及对经验的信念不同,主体对外部世界的理解也是多元的。因此,建构主义者更关注如何以原有的经验、心理结构和信念为基础来建构精神世界,强调主体的主动性、社会性和情境性。

(一) 建构主义的教育观

作为人的一种认知方式或教育实践模式,建构主义的起源可以追溯到苏格拉底著名的"产婆术"。正如新西兰学者诺拉(Nola)所指出:"在反对用直接教学方式以形成知识基础的原因方面,苏格拉底和柏拉图是教育上最早的建构主义者。"可见,零散的、不系统的建构主义教育思想和实践自古以来就存在着。

建构主义理论的产生和发展,受到几位著名教育家和心理学家的影响,主要有杜威的经验性学习理论、维果茨基的文化历史发展理论以及皮亚杰的认知发展理论。此外,柯尔伯格在认知结构的性质与认知结构的发展条件等方面作了进一步的研究;斯腾伯格和卡茨等则强调了个体的主动性在建构认知结构过程中的关键作用,并对认知过程中如何发挥个体的主动性作了认真探索;维列鲁学派深入研究了"活动"和"社会交往"在人的高级心理机能发展中的重要作用。所有这些研究都进一步丰富和完善了建构主义教育理论,为其实际应用于教育过程创造了条件。

建构主义教育理论的内容很丰富,但其核心观念只用一句话就可以概括,即以学生为中心,强调学生对知识的主动探索、主动发现和对所学知识意义的主动建构。建构主义者认为,学生是信息加工的主体,是意义的主动建构者,而不是外部刺激的被动接受者和被灌输的对象。这是建构主义教育思想中不同于传统教育理论的学生观。

早在1983年,极端建构主义代表人物冯·格拉塞斯费尔德就指出:"我们应该把知识与能力看作个人建构自己经验的产物,教师的作用将不再是讲授'事

实',而是帮助和指导学生在特定领域中建构自己的经验。"①建构主义教育观对传统的教师角色提出了严峻的挑战,强调教师的职责不应该是"给予",教师不应该把自己视为"掌握知识和仲裁知识正确性的唯一权威"。建构主义主张,教师是意义建构的帮助者、促进者,而不是知识的传授者与灌输者,其角色就是学生学习的辅导者、"真实"学习环境的设计者、学生学习过程的理解者和学生学习的合作者。这是建构主义教育思想中有别于传统教育理论的教师观。

建构主义是一种重要的学习哲学。建构主义者认为,学习是心理的积极运作,而不是对教学的被动接受。他们对于学习的基本解释是:学习是学习者主动地建构内部的心理表征的过程,它不仅包括结构性的知识,而且包括大量的非结构性的经验背景;学习者以自己的方式建构对于事物的理解,从而不同人看到的是事物的不同方面,不存在唯一的标准的理解,但可以通过学习者的合作而使理解更加丰富和全面。这是建构主义教育思想中区别于传统教育理论的学习观。

建构主义者主张教学过程包含七个步骤或环节:一是分析教学目标,对整门课程及各教学单元进行教学目标分析,以确定当前教学的"主题";二是创设情境,即创设与主题相关的、尽可能真实的情境;三是设计信息资源,即确定本主题教学所需信息资源的种类和每种资源所起的作用;四是设计自主学习方式,即根据所选择的不同教学方法,如支架式教学、抛锚式教学、随机进入教学②,充分考虑发挥学生的首创精神、知识外化和实现自我反馈,对学生的自主学习作不同的设计;五是设计协作学习环境,如开展小组讨论、协商;六是评价学习效果,主要围绕自主学习能力、协作学习过程中的贡献、是否达到意义建构的要求进行;七是强化练习,以纠正原有的错误理解或片面认识,最终达到符合要求的意义建构。这是建构主义教育思想中不同于传统教育理论的教学过程观。

建构主义教育理论体系的建立是一项非常艰巨的任务,并非短期内能够完成,但其基本思想及主要原则已日渐明朗,并已开始应用于指导基于多媒体和Internet的建构主义学习环境的教学设计。建构主义教育家们的确提出了许多富有创见、令人耳目一新的教育教学思想,对传统教育教学观进行了极其猛烈的革命性抨击,无疑是应当肯定的。他们重视认识过程中主体的主观能动性,强调学习者主动建构意义;对学习作了初级学习和高级学习的区分,对以客观主义为指导的传统教学把初级学习的教学策略与规律不合理地推及到高级学习中作了批判;提出了一系列切实可行、行之有效的教学设计原则和教学模式。

---

① 徐斌艳.极端建构主义意义下的数学教育[J].外国教育资料,2000,(3):61-65.
② 关于这三种教学方法和教学模式的阐释,可参阅何克抗.建构主义——革新传统教学的理论基础(一)、(二)、(三)、(四)[J].学科教育(京),1998,(3-6).

面对扑面而来的建构主义教育思潮,我们需要多一份热情,多一份理智,正确对待建构主义教育观的利弊得失。[1] 由于受形而上学哲学方法论的影响,建构主义教育家的某些论述和主张也有失偏颇。例如,他们过于强调事物的意义源于个人的建构,没有对事物的唯一正确的理解,过分强调了真理的相对性;提倡情境性教学,力主具体和真实,一部分人甚至由此而反对或忽视概念抽象和概括;重视人的主观能动性以及社会性作用,却又要把所有的训练都放在社会背景下进行等,这些都说明建构主义教育家在具体与抽象之间,初级学习与高级学习之间,结构性、确定性与非结构性、非确定性之间,特殊性与一般性之间等诸多关系的认识和处理上还存在偏差,好走极端,甚至完全否认本质、规律和一般,带有一定的相对主义和主观唯心主义色彩。这也是在建构心理辅导过程中要切实避免的。

(二) 建构主义的心理发展观

心理辅导的核心旨趣是促进和实现人的心理发展。那么,建构主义如何看待人的心理发展?建构主义在人的心理发展方面有哪些基本主张呢?这里以皮亚杰和维果茨基这两位20世纪最有影响的心理学家、教育学家为代表,来管窥建构主义的心理发展观。

1. 认知建构主义——皮亚杰的心理发展观

瑞士著名心理学家皮亚杰是认知建构主义的主要代表人物。其认知建构理论的核心观点是:活动是认识建构的基础,是主客体双重建构的产物,同化与顺应的交替作用推动着主客体的连续建构和无限发展。皮亚杰认为,知识既非来自主体,也非客体,而是在主体与客体之间的相互作用过程中通过同化与顺应过程逐步建构起来的,并在"平衡—不平衡—新的平衡"的循环中得到不断地丰富、提高和发展。主体通过动作对客体的适应,乃是心理发展的真正原因。人的动作图式经过不断的同化、顺应、平衡的过程,就形成了本质不同的心理结构,这也就形成了心理发展的不同阶段。显然,图式、同化、顺应和平衡是皮亚杰心理发展理论中非常重要的四个概念。"图式的形成和变化的过程就是心理发展的过程,通过同化和顺应而导致的不断发展着的平衡状态,实际上就是心理的发展。"[2]一句话,人的心理发展是"在活动基础上主客体的双重建构与认识的无限发展"[3]。

皮亚杰对"建构"的理解如下:① 结构的建构是一个不断从低级水平向高级

---

[1] 崔景贵. 建构主义教育观述评[J]. 当代教育科学(原《山东教育科研》),2003,(1):9-11.
[2] 冯忠良等. 教育心理学[M]. 北京:人民教育出版社,2000:205.
[3] 宋惠芳. 皮亚杰建构理论的启示[J]. 马克思主义研究,2000,(4):58-63.

水平过渡的无止境的发展过程。② 新结构的建构不是预成,而是"组合"而成的。他认为,新结构的产生不是预先在可能性的理念王国中早已包含着的东西,可能性在被现实化以后才能真正确定。可能性的王国不是预成的,它本身也是通过连续不断的建构丰富和发展的。③ 正因为高级水平的结构是组合而成的,而组合不是预成,因而水平不同的两个结构是不能运用纯粹的演绎方法进行单向还原的。应该肯定,皮亚杰的建构理论将认识基点置于主体活动,从而批驳了机械反映论;同时,又视外界为认识的依据,把认识及其结构的建构看成后天长期活动的产物从而驳斥了唯心论。可以看出,皮亚杰的建构理论有着很多合理性。但需要指出的是,认知建构主义理论对社会历史发展制约人的心理发展的作用认识不足,对环境、文化特别是教育的作用估计偏低,因而不免表现出一定的片面性。

皮亚杰的观点和研究给我们以不少的启示:心理不断建构的过程也是心理结构、心理内容不断综合的过程。现实的人的心理内容和结构是对先前心理发展过程中的内容和结构的扬弃和改造取得的。因此,作为整体而并列存在的多侧面、多层次的成熟个体的心理,是对个体心理发展过程的综合。或者说,前后相继的心理结构、心理体系、心理内容综合而来的并列存在的多侧面、多层次的个体心理整体,是心理过程的产物。心理的建构是实践过程中人的心理的一种未定性、未完成性的创生。建构不仅说明了并列的结构关系是相继关系的结果,是一个过程的结果,而且说明了后继的结构、整体并不完全包含在并行的结构、整体关系之中,它是建设性的。①

2. 社会建构主义——维果茨基的心理发展观

被誉为"心理学界的莫扎特"的前苏联著名心理学家、教育学家维果茨基是社会建构主义的主要代表人物。维果茨基在运用因果发生分析法的基础上构建了彼此间有机联系着的有关人的高级心理机能的三大学说,形成了由心理发展的活动说、心理发展的中介说、心理发展的内化说三位一体的心理发展理论。这一理论被苏俄学者称之为"心理发展的文化历史学说",被视为是"20 世纪世界心理学宝库中颇具特色的瑰宝"②。这一理论在 20 世纪 70 年代传入西方后与建构主义思潮融汇,产生了作为建构主义重要范型之一的"社会建构主义"。

社会建构主义是指个体在社会文化背景下,在与他人的互动中,主动建构自己的认识与知识。社会建构主义主张,个体与社会是相互联系、密不可分的,知识来源于社会的建构,学习与发展是有意义的"社会对话"与"社会协商",文化和

---

① 石风妍. 心理科学与哲学——现代心理学导论[M]. 天津:天津大学出版社,1999:70-71.
② 高文. 维果茨基心理发展理论与社会建构主义[J]. 外国教育资料,1999,(4):10-15.

社会情境在儿童的认知发展中起着巨大的作用。① 与其他建构主义理论一样，社会建构主义也把心理看成个体自己建构的过程，但它更关注这一建构过程中社会的一面。社会建构主义将心理描述为超越身体范围而进入社会环境的一种分布式的存在物。与个人—认知建构主义相反，社会—文化建构主义者将心理定位于社会中的个人行为，定位于个体与社会活动的产物，将学习看作在实践共同体中基本的文化适应过程，看作一种"合理的边缘性参与"。

维果茨基认为，个体活动是人心理与意识发展的重要基础，人的心理过程的变化与其实践活动过程的变化是同样的。维果茨基强调，人所特有的高级心理机能是以社会文化的产物——符号为中介的；人的心理发展的源泉与决定因素是人类历史过程中不断发展的文化，是作为人的社会生活与社会活动产物的文化。维果茨基指出，人的心理发展有两条客观规律：① 人所特有被中介的心理机能不是从内部自发产生的，它们只能产生于人们的协同活动和人与人的交往之中；② 人所特有的新的心理过程结构最初必须在人的外部活动中形成，随后才有可能转移至内部，成为人的内部心理过程的结构。② 这种从社会的、集体的、合作的活动向个体的、独立的活动形式的转换，从外部的、心理间的活动形式向内部的心理过程的转化，就其实质而言是人的心理发展的一般机制——"内化"机制。同时，这也表明内化的过程是一种转化的过程，而不是传授的过程。

维果茨基在心理发展上强调认知过程中学习者所处社会文化历史背景的作用，特别是强调活动和社会交往在人的高级心理机能发展中的作用。他很重视学生原有的经验与新知识之间的相互作用，他把学习者的日常经验称为"自下而上的知识"，而把他们在学校里学习的知识称为"自上而下的知识"。自下而上的知识只有与自上而下的知识相联系，才能成为自觉的、系统的知识，而自上而下的知识只有与自下而上的知识相联系，才能获得成长的基础。教育教学就是使学生从现有的发展水平达到可能的发展水平，从而把"最近发展区"变成现实的发展，这是儿童知识经验发展的基本途径。显然，最近发展区、活动、心理工具、内化是维果茨基心理发展理论中四个非常重要的概念，它们之间的内在联系就构成了一个完整的关于教育教学的思想体系。

尽管皮亚杰与维果茨基这两位"20世纪最伟大的心理学巨匠"的心理发展观存在着一定的差异，但还是有着一些共同的认识：人的心理是在活动中通过主客体相互作用发展的，是以活动为基础的主体与客体不断双向建构生成的。如何认识人的心理发展，如何把握心理辅导，建构主义提供了一个清晰的框架和新

---

① 王文静.社会建构主义研究[J].全球教育展望,2001,(10):15-19.
② 高文.维果茨基心理发展理论与社会建构主义[J].外国教育资料,1999,(4):10-15.

视角,也为从根本上去改革心理辅导指明了努力的方向。

（三）建构主义视野下的心理辅导观

建构主义教育家在教育教学技术领域进行了大量富有成效的研究与探索,建立了一套全新的教学设计技术与方法体系,如强调"情境"(一定的社会文化背景)对意义建构的重要作用、"协作学习"对意义建构的关键作用、利用信息资源来支持"学"(而非支持"教"),并强调学习过程的最终目的是完成心理世界的意义建构(而非完成教学目标)。建构主义教育家的这些主张,对于我们更新陈旧的心理辅导观、确定符合时代精神的心理辅导理念、进一步深化学校心理辅导教学改革无疑是富有启发性的。这些主张对于建构现代心理辅导、深化心理辅导教学改革、提高心理辅导质量是大有益处的。从建构主义教育观的主张和见解出发,可以获得一些新颖的心理辅导观。

1. 心理辅导的学生观

从建构主义的视野来观照,在心理辅导过程中,学生要从多方面发挥主体作用:要用发现法、探索法去建构知识的意义;主动去搜集并分析有关的信息和资料,对所学习的问题要提出各种假设并努力加以验证;要学会"联系"与"思考"(这是意义构建的关键),学会"自我协商"与"相互协商"(也叫"内部协商"与"社会协商")。

2. 心理辅导的教师观

从建构主义的视野来观照,在心理辅导教学过程中,教师要发挥指导作用:培养和激发学生对心理课程的学习兴趣与动机;创设适宜的心理情境和提示新旧心理知识之间联系的线索,帮助学生建构当前所学主题的生活意义;在可能的条件下组织协作学习,开展讨论与交流,使学生的心理意义建构更加富有成效。教师在这个过程中起着组织者、引导者、帮助者和促进者的作用。

3. 心理辅导的学习观

建构主义者提倡的学习方法是教师指导下的以学生为主体的学习。从建构主义的视野来观照,心理辅导的学习环境是开放的、充满着意义解释和建构的环境。如果对该学习环境进行静态分析,可以发现建构主义的学习环境由情境、协作、会话和意义建构等四大要素构成。其中,情境是意义建构的基本条件,教师与学生之间、学生与学生之间的协作和会话是意义建构的具体过程,而意义建构则是建构主义学习的目的。这对于建构心理辅导的学习模式不无启发。

4. 心理辅导的教学观

从建构主义的视野来观照,心理辅导的教学过程是教师和学生对心理世界的意义进行合作性建构的过程,而不是心理方面"客观知识"的传递过程。美国学者威尔逊曾具体归纳了建构主义教学策略,如模拟、策略与角色扮演游戏、多媒体学习环境、有意识的学习环境、以陈述过去为内容的教学结构、个案研究、苏格拉底谈话法、个别指导教学与支架式教学、通过设计教学而学、通过教授而学、小组学习、合作学习、协作学习、整体性的心理技术。[①] 可以看出,建构主义的教学策略是以学习者为中心的,其目的是最大限度地促进学习者与情境的交互作用,以主动地建构心理意义。

据此,可以把建构主义指导下的心理辅导模式概括为:以学生心理发展为核心旨趣,以学生活动和实践为基础,在整个教育过程中由教师起组织者、指导者、帮助者和促进者的作用,利用情境、协作、会话等学习环境要素充分发挥学生的主动性、积极性和首创精神,最终达到使学生有效地实现对当前所学心理知识的意义建构的目的。可见,建构主义视野中的心理辅导本质上是对人的主体价值给予充分尊重的教育观,体现了现代教育的基本精神和发展方向。可以把这种以建构主义思想为基础的心理辅导称之为自主建构式心理辅导,这也许同样意味着心理辅导的"一场革命"。

二、走向自主建构的学校心理辅导

按照建构主义的教育主张,建构主义的学习环境、教学原则及理论假设都是为学习者有目的的学习活动服务的。[②] 充分运用建构主义的原理,心理辅导的教学过程必须明确几点基本要求:关注学生心理的建构;依靠学生的心理发展水平和心理经验、背景建构;提供多极、真实的心理表征,在"十字交叉的信息图景"(criss-crossing the information landscape)的复杂性中进行教学;提供真实世界的、以心理案例为基础的学习环境;支持围绕心理发展主题有目的的行动和反应性实践;支持学生在学习、生活过程中进行心理方面的互动合作;注重学习者心理水平的控制,不断创造新的"最近发展区",使每一个学生在适合自己水平的方向上持续发展。

学习借鉴建构主义的思想精华,就要确立新的心理辅导观念,变革传统的心理辅导教学观念。在心理辅导过程中,学生的心理世界不可能是"白板"似的一片空白,学生不可能是"空"着脑袋进教室、进课堂的,他有着属于自己的心理世界、心理生活和心理经验。这是他接受心理辅导的基础和背景。学生不可能被动接受教师直接传递的心理观念、知识与技能,学生心理发展的实现也不是由外因简单决定的或他者影响作用的结果。从这个意义上讲,学生的心理发展的确是"不可教"的。作为一种特殊的、复杂的教育活动、教育过程,心理辅导有别于

---

① 张华.课程与教学论[M].上海:上海教育出版社,2000:469.
② 唐松林.建构主义对客观主义的检讨及其教学原则[J].外国教育研究,2002,(1):20-25.

一般知识技能的教育。这种特殊性、复杂性表现在它更需要学习者对自身心理的主动参与和积极投入。在心理辅导的学习过程中,学生应当是健康心理状态、美好心理世界、理想心理生活的主动建构者,而不是被动的信息吸收者;学生应当成为自己心理世界的"主人"和心理发展的"引领者",而不是心理世界的"奴仆"和心理发展的"受动者"。

建构主义的心理辅导范式,更加强调的是探究心理发展问题,着眼于解决人的心理成长和心理生活中的实际问题,而不仅仅是了解心理问题的答案;更加注重的是对话与协商中的批判性和创造性思维,而不仅仅是心理知识与材料的记忆;更加期盼的是在具体情境中相互理解、自主活动,而不仅仅是获得一些心理方面的信息与知识;更加推崇的是促进学生合作学习、互动和分享心理健康和谐发展的思想和信息,而不是相互间无助无益的竞争。让学生在对话、交流和理解中自由成长,让学生在实践、活动和体验中自主发展,让学生在自助、他助和互助中自立进步,教师应当更多地给予学生真诚的理解与信任、倾听与交流、鼓励与引导、支持和帮助,应当更多地给予学生无条件的积极关注。这是自主建构式心理辅导的目标所在和实质性内涵。

建构心理辅导的新范式,必须科学认识价值引导和自主建构这两个基本点,合理把握两者相互制约、相互联结、相互规定、对立统一的关系。否认价值引导就是否认心理辅导"育人"的根本属性,就是消解教师的教育作用,就是放弃教育责任的自然主义的教育观,实质上是"内发论"的教育观;而不承认学生心理的"自主建构",就是放弃学生作为"人"的尊严和资格,就是忽视学生的主体性和积极能动性,所谓的价值引导就有可能异化为强制灌输的"外烁论"的教育观。如何保证心理辅导过程中价值引导的合理性与合法性,如何保持心理辅导过程中价值引导与自主建构之间合理的张力,建构主义在"外部输入—内部生成"和"个体—社会"这两个维度上的认识,提供了可以借鉴的思路。坚持反映与建构的辩证统一,认识活动"个体性"与"社会性"之间的辩证统一和动态平衡,这就是理智对待建构主义理论的基本立场。

建构主义许多富有创见的教育教学思想,对于进一步加强和改进学校心理辅导具有积极的启发意义。我们应当批判地吸收建构主义教育观的合理见解,去掉其偏激、错误与不适合我国国情之处,建构现代心理辅导理念,促进学校心理素质教育的健康发展,增强心理辅导教学改革的科学性、针对性和实效性。

第二节 积极心理治疗的理论与方法

积极心理治疗是20世纪60年代末70年代初由德国著名的精神科专家、心理治疗专家诺斯拉特·佩塞施基安(Nossrat Peseschkian)教授在跨文化研究的基础上创立的一种心理治疗范式。目前,积极心理治疗[①]已经发展成为既有较为完整的理论基础又有明确治疗方法的范式,在当今德国、欧洲乃至世界心理治疗界引起广泛关注,在学校教育、企业管理、社会服务、家庭生活、婚姻干预、国际文化交流等诸多领域也得到积极应用。

一、积极心理治疗的基本思想

(一) 积极心理治疗思想的一条价值主线

积极心理治疗是心理动力学和行为疗法融合的产物,是一种以跨文化研究为基础、以解决心理冲突为中心、以现实能力发展为导向的新型心理治疗方法和理论。积极心理治疗范式的人性假设,是赋予人新的积极形象:人的本性是好的,人拥有身体能力、智力能力、社会能力和精神能力四种能力。它从文化和历史的观点来评估人的心理问题,强调每个人实际的和潜在的能力以及心理社会因素的重要性,在治疗过程中运用直觉和想象,以神话、故事、寓言、谚语、成语和格言作为治疗师、咨询师与来访者之间的沟通媒介,把来访者理解为有自助能力的个体,消除当事人的消极想象,从而达到心理治疗的目的。积极心理治疗理论认为,每个人都是一个拥有身体、头脑、情感和精神的实体,治疗过程的目标则是帮助来访者发展其与生俱来的能力,从而保持其日常生活的平衡。

积极是积极心理治疗范式的一条价值主线。"积极"(positive)这个词汇始终如璀璨的宝石般镶嵌在佩塞施基安教授的积极心理治疗理论中,而他对"积极"则是这样解释的:positive来源于拉丁语positum,表示整体、事实的意思,原意是"实际存在的""原本的""给定的"。简单地说,就是看到事物的全部、全貌,

---

[①] 需要说明的是,佩塞施基安教授在接受中国媒体采访时认为,中国将Positive Psychotherapy译为积极心理治疗,从一定角度来看并不准确,因为它还包括积极的教育法、积极管理、积极的家庭生活方式等,因此译为积极心理调适方法更为恰当。因而本节对积极心理治疗对象更多采用"来访者"或"当事人"的说法,而尽量不使用"病人"和"患者"的称谓。

包括好的与坏的、正面的与负面的。心理治疗意在向来访者传达这样一种"积极"的观念,即任何问题都有正反两个方面,只要人的视角足够全面,就能从冲突问题中看到潜能,从困顿中看出希望。积极心理治疗理论提倡,心理治疗师应把自己的注意力集中在增进和培养人自身的各种积极力量上,倡导用一种积极的心态来对个体的心理或行为问题做出新的解读,并在此基础上通过激发个体自身的内在积极潜力和优秀品质来使个体成为一个健康人。

积极心理治疗的目标是充分挖掘人的两大基本能力:认知的潜能和爱的潜能,从而达到助人自助的积极目的。积极心理治疗以积极的认知方式,注重寻找和挖掘人的潜力,把潜力看成一种现实能力。该理论指出,由于爱而派生出耐心、时间、交往、信心、信任、希望、信仰、怀疑、确定和团结等现实能力(即第一能力);由于对现实的认识而派生出守时、有序、整洁、礼貌、诚实、节俭等现实能力(即第二能力)。[1] 在医学、心理学、教育学、其他心理治疗论中所提及的现实能力是行为的统一体,而在积极心理治疗中,现实能力被系统地视为全面的行为类型和观念类型。积极心理治疗理论认为,现实能力是产生心理冲突和人际冲突的一个根本因素。受到阻碍、忽视或过度发展的能力,都可能成为个体内心和人际关系领域中冲突和紊乱的根源。这些冲突和紊乱是在个体与环境的互动过程中产生的,可以表现为恐惧、好斗、行为异常、抑郁以及各种身心疾病。凡是人们感受到伤害、人际冲突、恼火、负罪、恐惧、激怒,都是通过一系列人们几乎毫无觉察的小冲突累积形成的。个体经历过的创伤体验,日常生活中困扰的累积,两者共同致病,这就是冲突和失调的病理。因此,疾病是心理冲突的体现,是处理自身潜在冲突的积累。

积极心理治疗从积极认识人的发展可能性和能力出发,强调影响个体心理的社会因素的重要性,给心理疾病以新的概念。疾病和困扰是事实,这也是传统的治疗方法中医生和病人、咨询师和病人关注的焦点,这样的治疗针对疾病或问题进行。而在积极心理治疗看来,疾病和困扰是事实,但同时并存的还有健康、希望和能力,它们也是事实。医生和咨询师首先看到的应当是病人的潜力。那么,如何看到来访者的潜力呢?积极心理治疗尝试在观察来访者症状的同时,透过症状寻找来访者的能力。疾病是固然存在的,但当事人怎样去认识评价这一疾病,却是可以通过医生和咨询师的专业智慧来加以引导改变的。积极心理治疗倡导"无病变原则",主张即使一种紊乱持久地影响病人的人格,这种紊乱也不代表病人人格的全部。因此,在积极心理治疗家们看来,只有具有神经症症状的人,没有神经症病人。由此,积极心理治疗以一种新的、积极的方式来解释疾病

---

[1] 郝琦,乐国安.积极心理治疗的理论与方法述评[J].赣南师范学院学报.2000,(1):31-37.

和障碍,并通过讲述来自其他文化的故事、轶事和实例来鼓励病人,使其在自己的治疗过程中发挥更为积极的作用。佩塞施基安博士认为,这是积极心理治疗理论体系中的重要部分。

积极心理治疗注重激发来访者的积极情感,关注积极的人格特质。积极心理治疗理论认为,产生心理问题的病因往往不是客观事件的本身,而是主观对于事件的评价与社会评价存在区别、误解,因而构成障碍和冲突。积极心理治疗认为,人之所以产生消极心理,主要是因为人在积极发展各种保护模式来降低自己受到各种伤害的可能性。这样,积极心理治疗就把人的消极心理理解为保护性心理。在此基础上,积极心理治疗首先致力于帮助来访者抛弃对自己古怪行为的传统认识,使来访者建立起一种积极认识,并使来访者在日常生活中坚定地保持这种积极的解释。在临床实际操作中,积极心理治疗常常用积极情感来消解人的消极情感,或者在求助者的消极情感中寻找积极的成分。"我们每个人都有50%的能力没有发挥出来,病人也是如此,如果医生能让病人和他们的家人积极地理解疾病,就能使病人寻找到摆脱疾病困扰的精神力量。"[①]因此,积极心理治疗总是以激发求助者的积极情感为最重要的工作,并通过这些积极情感所形成的个人长久资源来使其得到自我实现。它认为,只要治疗师能与患者建立一种相互信任的关系,就能逐渐启发求助者征服自己、克服疾病。

(二)积极心理治疗实践的两种方法形式

积极心理治疗的理论、方法和技术是以跨文化研究为基础而建立的。佩塞施基安的波斯情结与德国的专业教育背景,使得他创立的积极心理治疗理论成为西方心理治疗理念与东方心理文化结合的产物。所谓跨文化,就是要集合东西方文化的智慧,因为每一种文化都有自己的哲学观,这些哲学观里都有些积极的而且是精华的东西,那么应该把每一个文化中的精华用来帮助病人解决问题。没有一种文化体系是完美无缺的,不同文化体系有着不同的行为标准(饮食习惯、睡眠习惯、家庭传统、风俗礼节等),因此各个文化体系之间应该相互学习、相互理解。只有这样,积极心理治疗才能将东方的生活智慧、直觉思想与西方新的治疗方法、形式、技术结合起来,并对东方人和西方人具有同样积极的生活意义。基于这样的认识,佩塞施基安提出积极心理治疗的两种治疗方法与实践形式。

积极心理治疗的主导形式植根于佩塞施基安对人的理解。他认为,人生来具有爱和认识的能力,人与自己和他人的种种冲突可以解释为发展这些能力的挑战。人是一个肉体、心灵、情绪和灵魂的统一体,心理治疗的过程是一个帮助来访者开发自身能力、达到生命各方面平衡的过程。心理治疗不是强加给治疗

---

① 黄文.积极的"故事疗法"[N].中国教育报.2002年9月3日第6版.

对象一个现成的结论或观念,而是要引导来访者多思、多想、多探索、多感受,去发现新的选择,并有一个良好的反馈,这样便有一个新的信念和思考模式诞生,逐步用新的合理想法去代替旧的想法。也就是说,治疗师不要强加给来访者唯一有效的观念,以一种固定的观念去替代来访者自己的观念。治疗师可引导提供更多的思考和选择,让来访者尝试用新的观念替代固定观念的现实结果。当人们可以通过累积或发展自身积极的力量来达到摆脱心理问题或者是抑制心理问题的目的时,一切问题将迎刃而解。积极心理治疗范式的独特之处就在于,在不与来访者的观念直接发生冲突的情况下提出改变其观点的建议,由于观点的改变,来访者最终放弃了自己片面的看法,对问题就有了新的解释。

基于这样的认识,积极心理治疗的基本工作主要有四项:① 教给治疗对象或来访者有关疾病本质的知识,消除治疗对象或来访者对疾病的顾虑和误解。② 启发治疗对象或来访者主动采取向自身某些症状作斗争的方法。③ 和治疗对象或来访者共同分析心理因素在发病中的作用,改变对病因的认识和态度,提出积极的治疗计划和干预措施。④ 促进综合治疗中其他措施发挥作用。可见,积极心理治疗通过说服教育提高来访者在治疗过程中的自觉性与主动性;通过系统性地介绍疾病知识,又教给自我治疗的具体方法,便于来访者有根据、有措施地主动进行自我治疗,以改善与疾病有关的心理状态即建立积极乐观情绪、对疾病的主动态度和改变不良的认知等。因此,积极心理治疗的实质是强调来访者在心理治疗中的自觉性和主动性的说理治疗。通过这种主导形式的心理治疗,使来访者建立起积极的心理状态和自我意识,以树立信心、情绪乐观和态度主动为特征。

讲故事是积极心理治疗实践的辅助形式和手段,也是其独具的特色方法之一。积极心理治疗借助东方寓言、神话等讲故事的形式提供跨文化的观点,使患者能从比喻的角度认识自己的问题,从而建立自我信任和安全的新形式。生活智慧故事可以拉近医患之间的关系,也是让来访者(病人)参与思考的通道。对故事的认识、反应,可以间接反映来访者的问题、态度、观念和行为,而故事的内容、比喻、观点是心理治疗的催化剂。佩塞施基安认为,东方神话和寓言以民间的娱乐消遣和教育的形式,对人们的生活发挥了指导作用。"许多寓言、故事和生活格言,不论是起源于东方还是西方,自古以来就具有两种功能:在现代心理治疗发现和发展之前,一直作为娱乐和民间心理治疗工具。"[1]积极心理治疗理论发现了其中的心理治疗意义,于是把讲故事作为治疗的辅助手段。佩塞施基安以擅长讲故事而出名,他的《化解冲突——日常生活中的心理问题与自助》、

---

① [德]Nossrat Peseschkian. 跨文化视角下的积极心理治疗[J]. 现代护理. 2003,(1):88.

《身心疾患治疗手册》《用于积极心理治疗的东方故事》等书引用了许多经典故事。讲故事虽然不是积极心理治疗方法的全部,但使得积极心理治疗范式与众不同、别具一格。这一点非常适合中国人传统的思维习惯和日常的交流方式。

无论是主导形式还是辅助形式的积极心理治疗,最终的目标就是实现助人自助。在积极心理治疗过程中,一切的改变不是依靠对问题的修补来进行的。在积极心理治疗学家的眼中,并没有残破的机器,只有可以跑得更快的赛车——当心理治疗把注意力集中在增进和培养人自身的各种积极力量上,并倡导用一种积极的心态来对个体的心理或行为问题做出解读时,整个治疗和咨询过程似乎都在向来访者透露着这样的信息,"你是一部好赛车,你拥有有力的马达、流线的车身和耐磨的轮胎,现在,让我们看看如何帮助这些出色的部位发挥作用,让你跑得更快"①。这时,个体自身的内在积极潜力和优秀品质往往可以被激发出来,而这些才是使个体成为一个和谐发展的健康人的关键。

(三)积极心理治疗理论的三项基本原则

"希望""平衡""磋商",这是佩塞施基安教授用一句话总结积极心理治疗理论体系时所提到的三个关键词,也是运用积极心理治疗理论应遵循的最基本的原则。的确,积极心理治疗理论一直在以它的乐观和智慧,赋予人积极的内在信念,帮助人们看到希望,达到积极的平衡,寻求人的全面整体的提高而不只是问题或冲突的解决。

1. 希望的原则

积极心理治疗中积极的概念,是指治疗并非以消除来访者的症状为首要目标,而是注重发动来访者身上存在的种种能力和自助潜力。面对病患和问题的时候,治疗师和来访者不仅要看到症状和问题的负面影响,也要对它进行正面的诠释,因为新的问题、冲突也许恰恰是新的机会或潜力的表征。积极心理治疗建立在鉴别分析的基础上,将症状和潜能分开,逐个解决问题,有利于唤起来访者康复的信心和希望。就像对所谓半杯水积极乐观的理解一样,积极心理治疗理论仿佛一直在用它的乐观和智慧给来访者注入永恒的希望。

2. 平衡的原则

通过跨文化研究的结果,佩塞施基安发现了一些人类共同的东西,那就是人的自我感觉。一生中所做的事情,所要实现的目标,以及人的思想和行动,综合起来就是人生的四个方面。任何一个方面被关注过多或者过少,丧失了基本的平衡,人就会出现问题冲突。也就是说,解决冲突的四种形式的"天平"失去平衡,人就有出现身心疾病的可能。因此,积极心理治疗就是要让来访者积极自主

---

① 桂谓. 乐观智慧的积极心理治疗[J]. http://heal.cpst.net.cn/xlgw/zsjy/. 2009 年 03 月 11 日.

保持平衡、恢复平衡和建立新的动态平衡。

3. 磋商的原则

积极心理治疗提出兼容并蓄的观念,在这一观念指导下,各不相同的治疗方法和流派都可以同时使用并相互补充。积极心理治疗是多种心理治疗的理论与技术的整合模式,注重与其他心理治疗流派进行对话性的磋商和建设性的合作,将其有效的方法纳入自己的治疗体系之中,在不同的治疗阶段中有针对性地运用。该疗法也善于运用其他心理治疗方法中的一些积极因素,使得对病人的治疗富于弹性——可以说,积极心理治疗是一种与多学科对话,将多疗法积极整合的方法。积极心理治疗强调对话磋商性的"兼容并包",综合运用了精神分析、行为主义、认知学派、人本主义等不同学派的理论、技术和方法,并将其具体适用在治疗步骤中,真正体现了"海纳百川,有容乃大"的气概。

(四)积极心理治疗研究的四类矛盾冲突

佩塞施基安教授在对18种不同文化背景的冲突模式研究之后,将人的生活归纳为四个方面,而任意一个领域的片面发展或者不健全都可能产生冲突。当人们面临难题、感到忧虑不安、压力沉重或被人误解,生活在持续的紧张之中,或者感到生活没有意义,都可以通过四种方式表达出来,即躯体/健康、成就/职业、联系/人际关系、未来/直觉(见图4-1)。这四种方式能帮助我们理解人是如何觉察其自身及其环境,又是如何检验现实的。佩塞施基安教授认为,人的生活质量决定于人在以下四个方面能否平衡发展:[①]

图4-1 积极心理治疗的平衡模式[①]

(1)躯体/健康——人在身体健康方面的自我感觉如何?包括体育锻炼、睡眠、饮食、生病与治疗、情绪如何、美容减肥等与躯体相关的因素。人会以身心疾病的方式或以觉察自己躯体的方式来反映冲突。

(2)成就/职业——从事职业和事业成就如何?这是与人们智力相关的因素,包括人们的事业、学业,即便是家庭主妇,她的烹饪技巧、家务工作也都属于这个范畴。与个体的自我概念相结合,可以采取逃避到工作中去的方式,或逃避工作和成就的方式来反映冲突。

(3)联系/人际关系——与他人联系或人际关系怎么样?与家庭、伴侣及社

---

① 参阅[德]诺斯拉特•佩塞施基安. 白锡堃译. 积极心理治疗——一种新方法的理论与实践[M]. 北京:社会科学文献出版社,1998.

会群体的关系，由传统方式及个人的学习经验所决定。人际关系是社会性的事务，如家庭成员间的关系、朋友和同事之间的来往与交流等。

（4）未来/直觉——如何看待超越现实世界的未来？这是指人们对近期未来和远期未来的预期与规划，比如对死亡的看法，对人生观、世界观、价值观、宗教信仰等精神层面的关注。直觉和幻想可以超越现实，包罗生活中的一切事物，乃至对遥远的人生将来进行幻想。人们可以在幻想中谋求冲突的解决，从想象中达到愿望的实现。作为超越现实的精神世界，也是最容易被现代人所忽视的一个方面。

这四种反应方式是现实生活情境中典型的冲突与概念的原型。面对产生的问题，每个人都要学会以自己偏好的方式去处理。这些方式可以归纳为四种冲突解决模式，如借疾病来逃避、借工作来逃避、借人际联系来逃避或借幻想来逃避。在有了冲突或问题后，有的人习惯于躲避到躯体症状中去，比如心脏或者肠胃出问题；有的人躲避到工作中去，以为只要工作努力、收入增加就能解决很多问题；有的人躲避到社会关系中去，或者患上社交恐惧症，或者将过多的时间和精力用于社交活动；而躲避到未来的人容易患上焦虑症、妄想症。

这个平衡模型提醒人们应注意把握自己人生的四个方面，并保持合理的张力。积极心理治疗理论认为，每一个人都具有四个方面，人应该把自己的精力（不是时间）尽量平均分配到四个领域中。比如，一位快马加鞭（成就）奔向目标（幻想）的骑手，在保养好坐骑（身体）的同时，还要预备着被马掀翻时有人再扶他上马（交往）。以上所述处理冲突的四个方面，能向心理治疗师反映出来访者的基本紊乱情况。因此，治疗师要向来访者询问当事人（患者）同以下四个方面的关系，即来访者同自己的关系怎样、同职业的关系怎样、同自己的伴侣和周围他人的人际关系怎样、同未来的关系怎样？

积极心理治疗注重人在四个方面的平衡，不像其他学派只重视某一点而偏废另外几点。积极心理治疗这一平衡的模式不仅与任何学派没有矛盾，而且适用于任何学派。在积极心理治疗的框架中，来访者要学习放弃自己的病人角色，并努力成为自己和自己的周围环境的治疗者，这一点对其他学派是一个有益的补充。事实证明，当积极心理治疗专家与其他学派专家合作的时候，总是能够为来访者创造更好的康复机会和崭新的健康概念，使来访者获得新的希望和平衡。

佩塞施基安教授认为，从积极心理治疗的角度来看，中国文化是一种平衡的文化，是四个层面并重的文化。他认为中国人在生活质量的四个领域均表现出色：注重美食却身材苗条，没有西方发达国家的人所出现的肥胖；勤劳工作——"中国制造"遍布全球；人际关系和谐——良好的家庭观念、尊老爱幼、尊师重教；

丰厚的文化传统——底蕴深厚,开放性和包容性并举——提供了充实的精神世界。佩塞施基安相信中国人平衡、和谐的生活方式可以为世界树立榜样。从全球化的角度来看,中国文化很可能是形成世界团结、和平的一个很重要的模式。他说:"全球化把人类领进了一个开放的社会,拥有不同文化背景、宗教信仰、世界观、种族、成就和生活方式的人群互相来往。中国有自己的儒、道、佛,中国人不但开放而且对异族没有偏见,因此可以在交流的基础上向他人输出丰厚的人生哲学传统。这样一个相互沟通的过程意味着中国人具备在四方面进一步提高生活质量的能力,即躯体、成就、交往、幻想。"中国人的生活方式具备成为世界典范的潜力,但要让这种美好的发展前景成为现实,"却没有直达幸福的电梯,只能一个台阶一个台阶地走"。[①]

(五)积极心理治疗过程的五个操作阶段

佩塞施基安教授从许多心理和身心疾病的病源学模式出发,以设想的冲突解决过程为核心依据,提出了一种既经济有效又切实可行的心理治疗主导模式,即积极心理治疗的五步治疗策略,从而将治疗过程划分为五个阶段:观察和保持距离阶段、调查阶段、处境鼓励阶段、言语表达阶段和扩大目标阶段,并提出了每个阶段具体的工作策略。

1. 观察和保持距离阶段

治疗师在此阶段应以来访者为核心,对其处境进行分析。治疗师要帮助来访者获得从一定的距离来看待自己处境的能力,提醒来访者对自己的观察做好记录。来访者概述(尽可能以书面形式)其对当前冲突的主观看法。治疗师运用比喻和一般常识,对症状进行积极的解释。例如,可以把厌食症积极地解释为靠少量食物就能存活下去的能力,或解释为对世界上的饥饿现象表示关心的能力。这会使来访者从较远距离审视其问题,最终使其看待问题的眼界更为开阔。为了让来访者近似客观地看待自己,克服容易造成冲突的行为方式,此阶段可根据现实能力调查表,确定来访者和其周围人的行为方面的积极和消极的内容。此阶段分为三个步骤完成:观察与记录,放弃批评,不要牵扯无关的第三者。本阶段的主要目的是建立治疗性医患关系,耐心倾听,厘清问题的来龙去脉,进行重新学习,找到其他可选择的态度和行为方式。

2. 调查阶段

调查阶段又称为列清单阶段。这一阶段仍以来访者为中心,咨询师或治疗师运用四个方面的生活质量这一框架(即积极心理治疗平衡模式),向来访者提

[①] 朱焱.德国心理学家佩塞施基安认为中国人生活方式可成世界典范[N].环球时报.2006年11月24日.

问:"请您讲出您最近五到十年期间都碰到哪些影响您和您的家庭的事(包括健康、职业和家庭等方面)？请讲出十件事。您对这些事件做出了怎样的反应？您从哪儿学会做出这种反应的？您的家庭是如何对这些事做出反应的？"可以要求来访者根据心理自助计划在治疗期间对自己的伙伴进行鉴别分析调查,从而使来访者系统描述自己的品性、行为方式和能力。治疗师根据来访者完成的鉴别分析调查表,了解患者的基本冲突(观念、态度、行为),向求助者说明其在体验和行为方面产生紊乱的原因——主要是由于片面地重视个别的现实能力,而忽视了其他的现实能力。心理治疗师要帮助求助者澄清这些态度的生活史来历,一旦了解了产生这些观念和误解的背景,求助者就可以认识到自己的态度和行为方式是可以控制和改变的。在这个阶段,来访者将从关注症状转为关注冲突;而当事人在心理社会方面和精神方面的观点也得到了细致的考察。

3. 处境鼓励阶段

此阶段仍以来访者为中心,此时来访者直接充当自己周围环境,特别是自己伙伴的治疗师。从鼓励来访者想办法去解决现存问题的愿望出发,在这一阶段,咨询师要问来访者的是:"到目前为止您已经解决了其中的哪些问题？您是怎么做的,结果给您带来了什么？在解决问题的过程中你学到了什么？"在这一阶段,咨询师与来访者一起建立处境鼓励的基础并找出成对的现实能力。为此,咨询师要让来访者主动承认和肯定自己或对方的积极品质,通过肯定自己或对方的积极品质来改变来访者的交往方式、促进伙伴之间的信任以及改变患者的态度。为让来访者同其伙伴建立新型的、信任的关系,咨询师要求来访者学习、强化冲突伙伴身上的积极品性。处境鼓励阶段的重点在于改变来访者习以为常的交往模式,注意自己容易引起冲突的消极方面,建立同周围人的信任关系。

4. 言语表达阶段

此阶段的主要目标在于:找出隐藏在来访者(病人)冲突背后的动机,努力消除来访者的误解。多数情况下,人际关系出现障碍是因为人际沟通出了问题;语言之所以会产生误解,主要因为语言经常存在形式上和内容上的歪曲。此阶段的治疗技术包括谈话规则、谈话时间以及谈话的场合,练习用语言同周围人进行沟通,谈论自己积极或消极的品行和经历,表达自己对于冲突的曲解。治疗师要问当事人:"您还剩下哪些问题没有解决？您在今后的五至六周内将再解决哪些问题？在未来的八周里,您要处理哪四个问题？"此外,咨询师还要教给来访者处理冲突的一些特殊技巧,这会帮助来访者积极解决自己的问题。佩塞施基安认为,在该阶段要实事求是地批评,不随便出主意,着力帮助来访者学会消除语言曲解的能力,最终帮助来访者形成良好的言语沟通习惯。

5. 扩大目标阶段

此阶段是治疗的最后阶段,主要目的是要让来访者学习避免转移冲突,消除身心问题的构成因素,脱离心理治疗,逐渐自主独立。在来访者(病人)的问题得到解决之后,治疗师还希望启发他/她确定未来生活的方向,因此要问来访者(病人):"如果您现在已没有任何问题需要解决,您在今后想在健康、职业、家庭和社会方面做些什么? 综合考虑四个方面的生活品质,你在未来四五年(或月、周、日)中有什么目标? 请说出三个新的目标。"对于当事人来说,一味地限制自己的目标本身就是心理障碍者的特征。因此,克服来访者对自己目标的限制就成了扩大目标阶段的一个重要的具体治疗内容。简言之,扩大目标阶段的任务是消除来访者视野的狭隘性,让来访者学着不把冲突转移到其他行为领域,而是努力追求新的、过去从未体验过的目标,做好自己的精力计划、未来计划和日常计划。

积极心理治疗将五个操作阶段作为一个整体过程,是一种将心理治疗和心理自助结合起来、努力使之兼有最高效率和最佳疗效的治疗策略。上述五个阶段的治疗在操作程序上并非一成不变,可以根据来访者的不同情况进行调整。佩塞斯基安教授认为,这五个阶段可以形成一种完整的治疗模式,合理运用这种模式,不同的心理治疗流派即使有巨大差异,也可以共同开展治疗工作。

二、积极心理治疗的主要特点

目前世界各国的心理治疗方法和理论可谓五花八门,仅德国就有50多种治疗模式;更为严酷的现实是,每个心理治疗流派都在宣传自己的科学有效而排斥其他,派系之争犹如信仰之战。在心理临床实践中,许多学派相互矛盾、相互冲突,有着各自强调的工作重点,这就造成患者在选择就医时无所适从。而积极心理治疗以其独到新颖的治疗思想一反传统的学术主张,既能治标也能治本的成效,让许多人感到耳目一新、备受鼓舞。积极心理治疗的兴起与发展,使得传统心理治疗的理论体系和操作策略正面临着巨大的挑战。

积极心理治疗之所以能够赢得人们的青睐和好评,其最突出的特点是以跨文化的和历史的观点评估心理问题,从积极的角度探讨冲突与苦恼,重视心理发展的社会因素。可以说,积极心理治疗是一种跨文化的、多种心理治疗流派的理论与方法的整合模式,充分反映了近年来心理咨询与治疗领域中人性化、本土化的发展趋势,也集中体现了心理咨询与治疗"助人自助"的基本理念。

1. 跨文化研究

在积极心理治疗领域,跨文化研究一直占有重要地位,甚至这一治疗方法本身就可称为跨文化心理治疗。跨文化的思想框架是积极心理治疗的基础。佩塞施基安一直关注于研究文化和疾病之间的关系,致力于寻找一种普遍的、跨文化的模式。积极心理治疗就是一种以深入分析25种不同文化概念的跨文化研究为基础的文化治疗模式,使其能够适用于全人类是佩塞施基安执着的追求。每一个人都置身于他成长的文化背景中,并受到该文化背景的影响。"如果我们使自己明白,同样的行为在另一种文化或另一种时代中会受到另一种尺度的评价,会被认作是异常的或受欢迎的,我们的视野就扩大了";"跨文化像一面红旗贯穿着整个积极心理治疗和心身医学。我们之所以特别关注它,是因为从跨文化的视角有助于理解各个不同的冲突"。[①]

2. 积极型视角

积极心理治疗是以积极心理学的基本思想为理论指导的一种疗法,着眼于冲突和苦恼解决的积极策略方面。作为心理治疗中的一个新生事物,它从尊重人发展的可能性和能力出发,以积极认知为主导,对疾病赋予积极解释,关注积极的人格特质,在治疗过程中注重发挥来访者的积极性,借助讲故事的辅助形式提供跨文化的积极观点。由此可见,积极心理治疗消解了传统主流心理治疗过于偏重问题的片面性,体现了一种社会积极意义上的博爱观。这一心理治疗范式扩展了人们对心理治疗性质的积极认识,推进了心理治疗本土化运动的积极发展。

3. 整合化理念

积极心理治疗是一种多元意义上的整合化治疗,注重吸纳其他心理治疗方法的思想精髓和理论精华,而不是简单排斥、否定其他治疗方法。这一范式考虑了认知、行为、情绪、想象、人际关系及生理各方面,全面综合了15种心理治疗的理论和方法,主要体现了精神分析疗法、行为疗法和人本中心疗法等的综合,使得各种方法能够和谐地统一在一起,避免了单一理论与方法的不足。积极心理治疗针对冲突内容所提供的治疗思想能够使各种治疗流派相辅相成。

4. 人性化原则

积极心理治疗提供了理解人性的新视角,在治疗手段、方法上允分体现了心理治疗的人性化特点。积极心理治疗的发展得益于人本主义范式的心理治疗传统,一个突出的特点就是借助了人本主义以来访者为中心的原则,直接来源主要包括罗杰斯的"来访者中心疗法"和格拉塞的"现实疗法"。这使得来访者处于一个主体化的主导位置,一方面可以使心理治疗进行得更彻底、更持久,另一方面也可以使来访者在咨询治疗结束后更好地适应这种关系结束后的变化。这种比较符合人性特点的心理治疗已受到广泛关注。从某种意义上

---

① [德]Nossrat Peseschkian. 跨文化视角下的积极心理治疗[J]. 现代护理. 2003,(1):88.

可以说，积极心理治疗是典型的人本主义心理治疗范式，是人本主义心理治疗范式的新进展。

5. 自助式疗法

积极心理治疗范式赋予人积极能动、富有力量的主体形象，是一种助人自助的心理疗法。积极心理治疗强调激发来访者或求助者的主观能动性，使来访者或求助者最终成为环境的积极治疗者或改造者；通过讲故事的方式促使来访者或求助者从一个全新的角度认识自己，唤起来访者或求助者自身成长的力量。积极心理治疗提倡不仅要接受来访者的意识形态，而且要激发其自身的力量使之改变，这对来访者本身的身心不会造成负面的冲击。在积极心理治疗的框架中，治疗对象学习放弃他/她的病人角色，成为他/她自己和所处环境的治疗师，治疗过程几乎完全采取自助的方式。咨询师在咨询治疗过程中只起建议指导的作用，真正的核心角色是由当事人或来访者充当的。

6. 社会化效应

积极心理治疗注重心理的社会因素方面的影响，将来访者和环境有机地结合起来，让来访者做自己环境的治疗师，这是一个系统治疗的过程。因此，积极心理治疗不是一种孤立的治疗形式，不局限于医生—患者的关系，而是将自己置于与下述三项活动的密切关联之中，即以关系人为核心的心理辅导，以来访者为核心的心理自助和以治疗师为核心的心理治疗。这样做便把心理治疗对个体的影响延伸并渗透到个体所处的人际环境之中，从而对人际交往和社会环境产生积极的调适与改善。佩塞施基安认为，具备了积极心理治疗知识的人不仅知道自己如何处世，而且会逐步影响自己的家庭、社区、国家乃至世界。

三、积极心理治疗范式的评价

经过四十多年的发展，积极心理治疗已经成为一种理论体系完善、方法技术特殊和思想包容面广的心理学"学术共同体"。它促进了当代心理科学的发展，推动了心理治疗理论的变革，展示了理解人性的积极角度，也开创了社会心理和谐建构的新途径。在当今世界心理学发展潮流中，积极心理治疗范式可谓独具特色、影响深远、意义重大。

（一）学科发展意义

积极心理治疗范式的积极取向与跨文化观，暗合或推动了当代心理学发展的两大重要转向，对于心理学的学科发展无疑具有积极意义。其一，昭示了心理学积极取向的发展，与当代积极心理学思潮在某些主张方面不谋而合。其二，促进了心理学的文化转向，因为心理学早期是尽力排斥文化的存在，以此来保证自己对所有文化的普遍适用性，目前则是在努力包容不同文化的存在，来保证自己对所有文化的普遍适用性。积极心理治疗通过寻求跨文化观来解释治疗对象的身心疾病,这在某种程度上是文化治疗思想的运用,丰富和拓展了文化心理学的内涵。

(二) 实践创新意义

积极心理治疗范式具有反传统心理治疗的实践意义,并且试图整合各治疗流派的理论与方法,是推动心理治疗变革的重要力量,为当今心理治疗发展开辟了新的方向和途径。从理论上讲,积极心理治疗最大的意义在于它弥补了传统心理治疗思想体系的空档,克服了为问题而问题的医学化病理治疗倾向。现实能力迄今尚未被人们当作对心理起作用的社会因素而加以考虑,而积极心理治疗用现实能力的概念解释人际冲突是具有首创性的。把人类自身的美德、潜力等积极力量作为出发点,这一全新的理念不仅丰富了心理治疗理论,而且为新的心理治疗实践开辟了道路。从实践上说,积极心理治疗具有很强的实践性。它从来访者的主观和客观困扰方面去理解治疗对象,注重来访者的独特性,根据来访者的具体情况选择相应的疗法,这种专业技术上的弹性拓展了治疗的范围。该范式也代表了心理治疗从医学模式向文化模式的转变,对心理治疗实践无疑具有重要的意义和影响。

(三) 社会建构意义

积极心理治疗范式以固有的积极力量来解决人内心的和外在的问题,这在当今时代具有重要的社会建构意义。它考虑到跨文化方面的问题,不仅为理解个人的冲突打下了基础,也对寻求其他人类亟待解决的跨文化情境下的问题产生了非同寻常的社会影响。例如,移民问题,对发展中国家提供社会和发展援助的相关问题,多种文化间的关系处理,跨文化婚姻,克服文化偏见,以在其他文化或政治观点的框架中形成的替代方式来处理问题,等等。积极心理治疗以社会现实为基础,提倡对许多心理问题进行积极的评估,使来访者更容易接纳专业工作者及其思想观点,建立积极和谐的医患关系。它还通过对治疗对象的积极关注,激发来访者自身的力量,使来访者改变对问题的片面看法,因此体现了较大的人性发展价值和社会和谐意义,在医疗之外的许多领域也得到广泛运用。佩塞施基安教授说:"我的理论有四个领域。一是教育领域,父母对子女的教育以及教育工作者;二是自助,每个人可以学会发展自己的方法;三是心理治疗模式,不仅是为了治疗病人的心理疾病,而且为了健康人更好地了解发展自己;四是为了不同文化背景间人们的理解、交流。"[①]

从这些方面来看,积极心理治疗范式展示了一种光明美好的发展前景。但

---

① 黄文.积极的"故事疗法"[N].中国教育报.2002年9月3日第6版.

积极心理治疗作为一种治疗方法与技术而言,它对当今世界心理学整体的影响还有待进一步拓展扩大。就积极心理治疗目前的研究现状来看,它还有着一些尚待克服的问题和不足。其一,为了追求一种整合的理论模式,积极心理治疗几乎成为包罗万象的庞大体系,在方法上略显繁琐与松散。在生活节奏日益加快的今天,社会更需要的是一种简捷有效的短期治疗,积极心理治疗只有在实践中灵活运用、不断简化,才能更加接近这一目标。其二,在对冲突根源的探索中,积极心理治疗列出了现实能力清单,罗列了几十种现实能力作为冲突的潜在因素,明显地反映出元素主义的倾向。在对现实能力逐一分析的过程中,复杂的问题被简单化、表象化了,有些整体性的原因被掩盖了。其三,积极心理治疗提出的冲突平衡模式很难准确、如实把握,一些跨文化解释似乎给人以强词夺理之嫌,而且是否具有良好的治疗效果也值得怀疑。这也使得积极心理治疗遭到其他治疗学派的指责,被认为是对现实歪曲理解的非理性方法,是对人心理防御机制的一种简单放大。

20世纪80年代,中国大陆开始引入积极心理治疗的思想。1986年,积极心理治疗首次进入中国。1991年出版的《积极家庭治疗》是"文革"后我国出版的首部关于心理治疗的书籍。佩塞施基安的多本著作如《积极心理治疗——一种新方法的理论与实践》、《身心疾患治疗手册——跨文化、跨学科的积极心理疗法》、《克服紧张——一种积极的方法与途径》、《化解冲突——日常生活中的心理问题与自助》、《消除抑郁——自我解脱与有趣的东方故事》等被翻译成中文,在国内相继出版。作为一种东西方文化相结合的治疗模式,积极心理治疗已经在我国临床心理实践中得到初步应用。当然,真正建立富有中国特色、适合中国文化的积极心理治疗范式,还需要一个科学实践、持续不断的本土化发展过程。

第三节 积极心理学的理论与方法

近年来,受发展性教育思想和积极心理学与日俱增的影响,我国学校心理辅导也正面临着或经历着一次彻底的革新,需要进行积极而富有意义的建构。当今学校心理辅导以积极心理学思想为基础和支撑,正在从消极走向积极。积极型心理辅导的出现,被誉为是心理辅导领域"一场范式的革命",必将成为21世纪心理辅导的主导范式。

一、积极型心理辅导的产生

积极型心理辅导是一种致力于培养人的优秀品质和美好心灵、促进心理积极和谐发展与心理潜能充分开发的心理辅导。在全面探讨积极型心理辅导的内涵之前,有必要对其理论来源与实践探索的发展历程作一个概要的梳理和考察。

(一) 积极型心理辅导的理论来源

1. 积极心理学的兴起

"积极心理学是致力于研究人的发展潜力和美德的科学"[①],其发起者是美国当代著名心理学家赛里格曼(Seligman)。积极心理学倡导人类要用一种积极的心态来对人的许多心理现象包括心理问题做出新的解读,并以此来激发每个人所固有的某些实际的或潜在的积极品质和积极力量,使得每个人都能够顺利地走向属于自己的幸福彼岸。积极心理学主张以人的积极力量、善端和美德为研究对象,强调心理学不仅要帮助处于某种逆境条件下的人们知道如何求得生存和发展,更要帮助那些处于正常境况下的人们学会怎样建立起高质量、有尊严的个人生活与社会生活。显然,积极心理学浪潮的涌现,是对传统心理学的批判与修正。过去,心理学家忙于治疗有疾患的心灵,而不是使健康的人更快乐、幸福。因而积极心理学的拥护者宣称:"当代心理学正处在一个新的历史转折时期,心理学家扮演着极为重要的角色和新的使命,那就是如何促进个人与社会的发展,帮助人们走向幸福,使儿童健康成长,使家庭幸福美满,使员工心情舒畅,使公众称心如意。"[②]积极心理学作为当代心理学的最新进展,作为心理学的一个概念、一种思想、一种理念、一种技术和一种行动,对世界心理学的发展路径以及心理辅导范式的走向产生了巨大的影响。

2. 人本主义思潮以及它所激发的人类潜能运动

20世纪五六十年代,马斯洛、罗杰斯等人本主义心理学家开始研究人性的积极面,对于现代心理学的理论产生了深远影响,在一定程度上引起心理学界关于心理活动的积极方面的重视。人本主义的心理辅导观,既反对精神分析的潜意识决定论,又拒绝行为主义的环境决定论。它认为,心理辅导应当关注人的主观心理体验,帮助人实现其最大的潜能,充分达到自我实现。人本主义心理学家

---

① 读者可以参阅国内一些学者关于积极心理学的相关文献,早期的主要有:杨鑫辉.诠释与转换:中国传统心理学思想的积极价值[J].南昌大学学报(人社版).2002,(2):136-140;任俊,叶浩生.积极心理治疗思想概要[J].心理科学.2004,(3):746-749;张倩,郑涌.美国积极心理学介评[J].心理学探新.2003,(3):6-10;李金珍,王文忠,施建农.积极心理学:一种新的研究方向[J].心理科学进展.2003,(3):321-327以及本章下文中提及的一些参考文献。

② 苗元江,余嘉元.积极心理学:理念与行动[J].心理学(人大复印资料).2003,(6):10-16.

认为,行为主义心理学只研究行为注定会丧失人的人性,而以弗洛伊德为代表的精神分析心理学观点只研究不正常的人,其材料多半来自他的临床案例,特别是他对精神病患者和心理变态者的研究。马斯洛对此始终持高度的批评态度:"如果一个人只潜心研究精神错乱者、神经病患者、心理变态者、罪犯、越轨者和精神脆弱者,那么他对人类的信心势必越来越小,他会变得越来越'现实',尺度越放越低,对人的指望越来越小……因此对畸形的、发育不全的、不成熟的和不健康的人进行研究,就只能产生畸形的心理学和哲学。这一点已经是日益明显了。一个更普遍的心理科学应该建立在对自我实现的人的研究上。"①马斯洛用了一个比喻来说明他的观点:如果你想知道一个人一英里能跑多快,你不会去研究一般的跑步者,你研究的是更出色的跑步者,因为只有这样的人才能使你知道人在更快地跑完一英里上所具有的潜力。② 人本主义心理学思潮及其所激发的人类潜能运动,产生了巨大的思想冲击,为现代社会积极型心理辅导的崛起奠定了坚实的思想和理论基础。

3. 积极型心理辅导是世界心理卫生运动发展和推动的结果

从世界心理卫生运动的发展史来看,人们对于心理健康的认识以及行动,主要经历了治疗—预防—发展的过程,也就是从生物医学模式向生物—心理—社会医学模式转变,并逐渐向提高心理素质、促进个性发展的发展性模式转变。在20世纪,人们更多地把注意力集中在对人类心理问题、心理疾病的诊断与治疗,消极取向的心理辅导成为主导模式,缺乏对人类积极品质的研究与探讨,也限制了心理辅导的发展与应用。"医疗模式的心理健康服务,其功能往往只是将人的病医治好。不像发展与成长取向的心理辅导(教育),其功能是促进人整体上积极的改变与成长。"③这就使得心理卫生工作的中心由集中在个体心理不健康一面的消极态势向对个体心理健康一面关注的积极态势转变。心理辅导正是在这一大背景之下进行的,理所当然在理念上由消极的心理障碍与疾病的防治向积极的心理适应、心理潜能开发与心理发展方面演进。

4. 积极型心理辅导的诞生,也源于当今人类心理建设和社会和谐发展的推动

越来越多的心理学研究发现:幸福、希望、信心、快乐、满意是人类成就的主要动机,人类的积极品质是人类赖以生存与发展的核心要素。心理学需要研究人的光明面,需要研究人的优点与价值。正如赛里格曼所言:"当一个国家或民

---

① [美]弗兰克·G·戈布尔著. 第三思潮——马斯洛心理学[M]. 吕明,陈红雯,译. 上海:上海译文出版社,2001:2.

② [美]弗兰克·G·戈布尔著. 第三思潮——马斯洛心理学[M]. 吕明,陈红雯,译. 上海:上海译文出版社,2001:3.

③ 林孟平. 中国的心理辅导与治疗迈向专业化之路[J]. 教育研究与实验. 1999,(3):39-45.

族被饥饿和战争所困扰的时候,社会科学和心理学的任务主要是抵御和治疗创伤;但在没有社会混乱的和平时期,致力于使人们生活得更美好则成为他们的主要使命。"[1]社会发展的历史已经证明,当一个社会处于稳定和繁荣的时期,这个社会就会特别关注优良品格、幸福、创造性和高质量的生活等个人层面和集体层面的积极品质,而对积极品质的自觉关注又会进一步促进社会的稳定、繁荣与富强,两者相互促进、互为因果。在努力建设社会主义和谐社会的今天,积极型心理辅导兴起的社会价值与意义就愈加凸现。

积极心理学思潮的凸现与引领,对传统消极心理辅导的批判与反思,人本主义心理思潮的推动,世界心理卫生运动的发展与推动,以及当今社会健康发展和提升现代生活质量对现代心理辅导的需要与呼唤,共同拉开了心理辅导从障碍性、治疗性研究向发展性、积极性研究转变的历史序幕,从而宣告了一种新的理念和范式——积极型心理辅导的诞生。

(二) 积极型心理辅导的思想基础

在国内,应该说积极型心理辅导的思想源远流长、由来已久。我国古代心理辅导就特别注重启发潜能、发展智能、鼓励立志、调控情感、锻炼意志与健全人格等。[2] 而积极型心理辅导在当今时代的兴起则是基于对心理辅导目标与功能的理性反思与重新认识。1987年南京师范大学班华教授提出"心育"概念,认为"心理教育是有目的地培养受教育者良好的心理素质,提高其心理机能,充分发挥其心理潜能,进而促进整体素质提高和个性发展的教育"[3]。这是国内理论界从积极的视野与层面最早对心理教育做出的明确界定,突出强调心理教育的发展性功能和积极意义,产生了深远的影响。"我们所说的心理教育,主要是指主动的、积极的、发展性的心理教育。这是与现代教育精神一致的心理教育,是以人的发展为本,旨在优化人的心理素质、提高人的心理机能,进而促进人的整体素质发展,形成健全人格的心理教育。"[4]

上海师范大学燕国材教授为《辞海》(1989年版·增补本)撰写了"心理教育"条目。在《辞海》1999年版中心理教育一词的解释是:"以培养心理素质和解决心理问题为基本目标的教育,包括心理培养、心理训练、心理教育、心理咨询、心理治疗等。心理教育有两种形式:一是积极的心理教育,指培养心理素质,促进身心健康,是占主要地位的形式。二是消极的心理教育,指解决心理问题,保

---

[1] 崔丽娟,张高产.积极心理学研究综述[J].心理科学.2005,(2):402-405.
[2] 崔丽莹,黄忆春.心理素质教育论[M].广州:广东教育出版社,2002:257.
[3] 班华.心育论[M].合肥:安徽教育出版社,1994:9.
[4] 班华.中小学心理教育丛书总序.崔景贵主编.心理教育(职业学校)[M].南京:南京师范大学出版社,2002:2.

持身心健康,是占辅助地位的形式。其主要任务是:解决心理失常、心理障碍等心理问题,防止心理变态、精神病等心理问题的产生。"[1]这一表述既给心理教育下了简明的定义,提出了心理教育的目的与任务,又指出了开展心理教育的两种形式,还透露出了心理教育发展基本走向的信息。

防治与发展始终是心理辅导的两大主题,也是两种不同的教育价值取向。按理说,心理问题的预防与促进心理的发展并不矛盾,这是相辅相成的两个方面。有效的预防有利于发展,积极的发展能从根本上保证预防。随着对心理辅导认识的不断深化,心理辅导的发展性理念已经被越来越多的人接受。从注重心理障碍与疾病的预防、咨询和治疗逐步转变为重视引导人的心理健康和谐自主发展,促进人的心理可持续发展,建构、创造和引领人的心理的"最近发展区",这是心理辅导功能定位变革的基本趋向。人们已经认识到:心理辅导的核心旨趣是促进和实现人的心理发展,发展是心理辅导的根本性功能。可以预言,在并不久远的将来,以发展为目标的心理辅导在整个心理辅导体系当中必定处于基础地位,将会成为心理辅导的重点。以发展性功能为主,预防性、治疗性功能为辅将成为人们建构心理辅导范式的共识,积极意义上的积极型心理辅导范式将会得到进一步的发展。

众所周知,心理辅导有两种目标,消极目标是预防和治疗各种心理和行为问题;积极目标是协助学生在其自身和环境许可范围内达到最佳的心理功能,使得潜能得到最大程度的开发,人格或个性更加完美。从积极的角度来看,心理辅导的核心旨趣是促进每个学生最大程度地发展自己。即使从消极的角度来看,上策是预防心理障碍而不是治疗心理障碍。[2]但在国内,人们对心理辅导目标和价值的认识还不够深刻,目前大多数学校和教师还是更多地着眼于矫正性、防治性的心理辅导工作,主要还是解决少数学生存在的心理障碍,似乎学校心理辅导的意义就在于解决学生的各种心理危机、治疗学生的心理障碍和疾病,而忽视了对心理发展课题的积极引导以及大多数青少年学生的心理发展需求。但这种只见"症"不见"人"的心理辅导已经不能适应学校素质教育改革的需要。唯有实施积极型心理辅导,才能从根本上纠正心理辅导存在的这些带有普遍性的、倾向性的误区和偏差,这也使得积极型心理辅导必将迅速崛起。

积极型心理辅导主张研究人类的积极品质,关注人类的生存与发展,并以全新革命的理念,开放互动的姿态和科学的研究策略,诠释与实践着心理辅导范

---

[1] 辞海(1999年版普及本)[M].上海:上海辞书出版社,1999:4533.
[2] 林崇德.积极而科学地开展心理健康教育[J].北京师范大学学报(社会科学版).2003,(1):31-37.

式,引领着当代心理辅导的发展方向。现在,人们对心理辅导目标和功能的认识定位正在发生悄然改变。"心理辅导就是对学生进行健康的积极向上的性格、气质、兴趣和能力的教育,培养他们具有适应环境、承受挫折、自我调控的心理素质。"[①]我国香港学者岳晓东博士在谈及香港中小学心理辅导情况时说:"当今的学生辅导重在学生的个人成长与全面发展。它力求以发展与积极的眼光来看待学生成长中出现的问题与偏差,并试图给学生提供一个温暖、充满关注的环境来促使学生更好地认识自我、发展自我,进而建立积极的人生观与良好的自我形象。因此,它是以发展性、预防性为主的,而其视野也更加宽广。"[②]

从教育学的视野来看,积极型心理辅导属于张扬现代教育精神的心理辅导范畴。所谓现代心理辅导,主要是对人的心理关怀,关注人的心理发展,发挥人的心理潜能,体现人的心理价值。简要地说,现代心理辅导的主要精神或主要特征是主体—发展性。心理辅导具有开发潜能、培养智慧、启迪心灵、陶冶人性、塑造人格的功能,通过心理辅导促进人的心理社会化和人的心理发展、完善。从目前教育实践探索和教育模式建构来看,主体教育、快乐教育、愉快教育、幸福教育、希望教育、阳光教育、情境教育、尝试教育、挫折教育、创造教育、成功教育、和谐教育、生活教育、生命教育、生存教育等都闪烁着现代心理辅导精神的光华,也是积极型心理辅导理念在教育实践中的生动体现。

(三) 积极型心理辅导的时代意义

积极型心理辅导是对传统心理辅导的一种修正和反动。这种转变不是程序性的技术改变,而是方向性的彻底变革。"这不只是一次改进,而是在整个方向上的真正改变;就好像我们一直是朝北走的,但现在转而向南走了。"[③]积极型心理辅导对于实现心理辅导价值回归提供了新的学术视野,代表着一种新的研究方向。它强调人性的积极面,可以使心理辅导研究的各个方面都更加注重于培养和调动人性中固有的力量,从而使得治疗、咨询、培训、教育更为有效和顺畅。

积极型心理辅导的积极意义,不在于其提出的任何特定的假设和规则,而在于它为心理辅导乃至整个社会,提供了一种全新的思维方式和认识视野,打开了心理辅导为人类命运和社会发展服务的大门。积极型心理辅导愿意担待社会发展的历史使命,使得绝大多数人都能过一种相对满意、幸福的、有尊严、有意义、高质量的心理生活。即让健康者更健康,让幸福者更幸福,让快乐者更快乐,让

[①] 詹万生. 中小学德育课程改革与创新[J]. 教育研究. 2003,(1):48-52.
[②] 崔丽莹,黄忆春. 心理素质教育论[M]. 广州:广东教育出版社,2002.257.
[③] [美]弗兰克·G·戈布尔. 第三思潮——马斯洛心理学[M]. 吕明,陈红雯,译. 上海:上海译文出版社,2001:124.

乐观者更乐观,让自信者更自信,让智慧者更智慧,让满意者更满意,让成功者更成功。正由于它符合当前社会发展的需要,能够很好地诠释和解决当前的许多社会心理危机、矛盾、冲突和困惑,就更需要我们在理论上深入探讨,在实践中身体力行。

虽然积极型心理辅导的出现时间不长,但发展势头迅猛,已成为当今心理辅导发展不可阻挡的潮流。在短短的几年内,国外积极型心理辅导从弱到强、从研究到实践全面开展起来,取得了一定的成就。他们通过理论研讨、印发专刊、出版专著、成立学术组织、设立专门研究基金等来加以引导,引起了全社会对积极型心理辅导的广泛重视和关注。正如任何新兴事物在其产生初期存在着不完善乃至错误一样,积极型心理辅导也面临着一些亟待解决和需要澄清的问题。积极型心理辅导的一些主张还是理念性的,带有理想化的"乌托邦"色彩,显得有些散乱、不够系统,缺乏坚实的理论基础,缺乏可操作性,等等。正因如此,目前国外积极型心理辅导还没有真正成为占主流、主导的研究力量。

在积极型心理辅导与消极型心理辅导的对抗与较量中,彼消此长,积极型心理辅导不断壮大,逐渐成长,目前要对它做出全面公允的评价的确还为时过早。但可以肯定地说,积极型心理辅导是当今世界心理辅导范式发展的必然选择和必由之路,同样是我国心理辅导范式建构的现实和正确的选择。当今心理辅导正处在一个重要的转型期,即从消极型心理辅导向积极型心理辅导转换。可以预见,在并不久远的将来,积极型心理辅导必定会从"边缘"走向"中心",成为21世纪心理辅导的主导范式。

二、积极型心理辅导的科学理念

在当今多元文化的社会背景中,积极型心理辅导历经碰撞与交融,得以脱颖而出,已经成为备受关注并且正在对当代学校心理辅导理论与实践产生广泛影响的理论思潮,越来越引人注目。

(一) 积极型心理辅导的基本内涵

如何认识积极型心理辅导的核心思想?首先面临的一个问题,就是对于"积极"二字如何全面理解?积极一词现在一般理解为"建设性的"或"正向的",其来源于拉丁语"positum",它的原意是"实际的"或"潜在的"意思,在中文中的解释"一是肯定的、正面的(跟'消极'相对,多用于抽象事物);二是进取的、热心的(跟'消极'相对)"[1]。因此,积极一词从本义上说既包括了人外显的积极,也包括了

---

[1] 中国社会科学院语言研究所词典编辑室. 现代汉语大词典(修订本)[M]. 北京:商务印书馆,2001:584.

人内部潜在的积极。

积极一词很容易使人产生误解,其实积极的意义和价值是相对而言的。积极的心理是相对于消极的心理而言,或者说与心理的不健康或亚健康相比,而不是与另外一种积极心理状态和评价相比。积极不是一个固定结果和最后结局,它是一个行为过程,包括过程的心理体验。

积极是一个带有明显价值导向的文化概念,而不是一个永恒不变的科学概念。在社会文化变迁进程中,对于什么是积极品质会有不同的看法。例如,在过去的计划经济时代,节约、勤劳、谦虚、朴素、沉默是备受推崇的积极品质,而在市场经济的现代社会和知识经济的信息时代,人们更注重创新、自主、自信、热情、务实和诚信等特征。

积极是一种内在的心理状态,而不是物化的、功利的外在结果。积极状态虽然不排除外在的指标,如取得好的成绩和分数,获得较高的社会地位和坚实的经济基础,但主要不是指这些由奋斗和机遇获得的外在结果。积极状态主要是一个人积极的人生态度,是一个人所具有的优良的综合心理素质。

在积极型心理辅导中,积极应当成为贯穿心理辅导全过程的核心价值和主线,使每一个人的心理素质都能够获得相对于自身而言的更为健康、积极的发展与提高。积极包含三个方面的意蕴:积极是对前期集中于心理问题研究的病理式心理辅导的反动和变革;倡导心理辅导要深入系统地研究科学促进人的心理发展,关注人性的积极方面;强调用积极理性的方式对人类存在的心理问题做出适当的解释,并从中获得积极意义。例如,抑郁型人格患者有选择的感知万事万物消极的一面,而永远看不到积极的方面。"要使这些人不再专门认知事物的消极面,就得先教他们如何认知积极面。"[1]

概括来讲,积极型心理辅导的特征就是:面向全体,促进学生心理积极、和谐、自主发展和心理潜能充分开发,倡导心理辅导要关注和研究人心理生活的积极方面,用积极的方式来对心理辅导问题做出解释并获得积极意义。

积极型心理辅导的理论基础是积极的人性假设,是积极定向的人性观,而不是消极定向的人性观。[2] 这种现代人性观假设,不是简单地对人性做善或恶的假设。"非常遗憾,心理学家对如何促进人类的繁荣与发展知之甚少。一方面是对此关注不够,另一方面,更重要的是他们戴着有色眼镜妨碍了对这个问题的价值的认识。实际上,关注人性积极层面更有助于深刻理解人性。"[3]积极型心理

---

[1] [美]斯科特·派克.与心灵对话[M].张定绮译.呼和浩特:远方出版社,1997:206.
[2] 崔景贵.现代人性观与心理教育人性化[J].教育研究.2004,(7):43-48.
[3] 苗元江,余嘉元.积极心理学:理念与行动[J].心理学(人大复印资料).2003,(6):10-16.

辅导更多关注正常人的心理机能和潜能,对人性有着更科学的理解以及更有效的干预,从而促进个人、家庭与社会的良性互动发展,从根本上寻求对人类命运的深切关注、人文情怀和终极关怀。

积极型心理辅导要求以一种更加开放的、欣赏性的眼光去看待人类的潜能、动机和能力等,因为消极目标取向的心理辅导不可能真实、全面地理解与解释人的本质。心理辅导不仅应着眼于心理障碍与疾病的防治,而且更应研究与培养人的积极心理品质。越来越多的心理研究表明,幸福、快乐、满意是人类成就的主要动机,人类的积极品质是人类赖以生存的核心要素,心理辅导需要关注人的光明面,需要深入研究和充分发展人的优点和价值。实际上,发展和提升现代人类人性的优点比修复人类心理的疾病更有价值、更有意义。

可见,主张心理辅导应当从只重视对个体缺陷的弥补、伤害的修复转移到加大对人类自身存在的诸多正向品质的培养是积极型心理辅导的核心思想所在。积极型心理辅导从关注人类的心理疾病和弱点转向关注人类的优秀品质,包括三个层面的含义:第一,从主观体验上看,它关心人的积极的主观体验,主要探讨人类的幸福感、满意感和快乐感,建构未来的乐观主义态度和对生活的忠诚;第二,对个人成长而言,积极型心理辅导主要提供积极的个性心理特征,如爱的能力、工作的能力、积极地看待世界的方法、创造的勇气、积极的人际关系、审美体验、宽容和智慧灵性,等等;第三,积极型心理辅导致力于培养和完善积极的心理品质,包括一个人的社会性、作为公民的美德、利他行为、对别人的宽容和职业道德、社会责任感以及如何成为一个健康的家庭成员。

(二)积极型与消极型心理辅导的比较

通过对积极型心理辅导与消极型心理辅导两种范式差异的比较,可以更好地理解积极型心理辅导的特征、实质以及积极型心理辅导对学校教育、学生成长与发展的意义。积极型心理辅导的理论主张主要有三个方面:一是如何看待心理辅导的目标和人的心理发展;二是如何预防人的心理问题;三是如何看待和治疗心理问题。积极型心理辅导不同于消极型心理辅导的特点主要表现在以下几个方面:

1. 工作目标不同

消极型心理辅导侧重于心理障碍层面的矫正和治疗,以消除或缓解学生的心理障碍为主要目的。积极型心理辅导则侧重于心理发展任务,强调促进人的心理发展和成长,排除正常发展过程中的障碍。

2. 工作对象不同

消极型心理辅导着眼于少数严重心理问题的人,甚至是心理疾病患者,而积极型心理辅导面向所有需要心理服务的正常人。

3. 工作队伍不同

消极型心理辅导的工作人员多为拥有变态心理学、精神病学和心理治疗技术等障碍性知识的专业人员；积极型心理辅导的工作人员大多要掌握发展心理学、教育心理学和心理辅导技术，队伍组成可以是专业人员和广大教师、家长。

4. 工作形式不同

消极型心理辅导多采用个别方式，主要采用矫正、治疗性的方法，强调一对一解决工作对象的具体障碍问题，具有浓厚的医疗色彩；而积极型心理辅导经常采用团体辅导方式，包括教学、讲座、心理剧和小组活动等，充满浓厚的教育色彩。

当然，上述区别只是相对的，积极型与消极型心理辅导两者之间存在着密切的联系，即促进心理健康与发展是预防心理障碍的最好办法，如果心理发展课题解决不好，就容易引起心理障碍，而心理障碍问题的顺利解决则有助于促进心理发展课题的完成。比较而言，积极型心理辅导是基础性工作，消极型心理辅导是补救性工作，两者相辅相成。需要说明的是，强调积极型心理辅导为主，并没有忽视或否认消极型心理辅导存在的必要和合理性。但积极型心理辅导是现代心理辅导的特色和生命力之所在，学校教育应该始终以积极型心理辅导为重点和主导，因为它更能够反映心理辅导的本质，更符合学生成长的需要，也更符合学校教育的根本宗旨和培养目标。

（三）积极型心理辅导的价值追求

积极型心理辅导的基本目标有两个方面：促进人心理的积极适应与积极发展，"积极排除人正常发展的心理障碍，积极帮助人实现最优化的心理发展"是其努力的方向。具体而言，积极型心理辅导的主要功能是：预防潜在的心理问题；帮助人解决既定阶段的心理发展课题，达成相应阶段的心理发展任务；完善个性，健全人的现代化人格特征；帮助人发展自己的生涯规划，有效地开发心理潜能。积极型心理辅导认为，单纯地关注个体的弱点和修复其缺陷不能产生有效的预防效果，只有通过研究、发掘并专注于处于困境中的人自身的积极力量，进行恰当的心理与教育干预，并塑造这些品质，才可以做到有效的预防。积极型心理辅导的发展面向全体学生，侧重于心理品质的优化和心理潜能的开发。

积极型心理辅导重视人心理素质的全面优化，创造和实现心理的"最近发展区"，注重引导人认清自己的潜力与特长，确立有价值的生活目标，自觉承担生活责任，发展建设性人际关系，发挥主体性、创造性，过积极而富有效率的生活。"对于变化持积极的、灵活的和适应的态度，视变化为正常、为机会，而不视其为问题。一个如此对待变化的，具有事业心和开拓能力的人，具有一种来自自信的安全感，处理危险、冒险、难题和未知能从容自如。这样的人具有提出新的创造

性思想并坚定不移地使之付诸实验的能力;这样的人有能力并勇于负责,善于交流、谈判、施加影响、规划和组织。他是积极而不是消极的,有信心而不是朝三暮四的,有主意而不是总依赖着他人。"[1]积极型心理辅导看到的不是存在的问题,而是一个真正意义上的"人",致力于培养具有积极观念、个性完善、人格健全的"心理人"。和一般人相比,"那些具有积极观念的人具有更良好的社会道德和更佳的社会适应能力,他们能更轻松地面对压力、逆境和损失,即使面临最不利的社会环境,他们也能应付自如。面对困难和挑战,他们有着更大的灵活性和创造性,总是能勇敢面对并采取有效的手段去克服……他们有良好的人际关系,在他们需要获得帮助时,他们有充分的自信能获得朋友、亲人、同事甚至社会的帮助。"[2]

积极型心理辅导并不否定或者排斥心理治疗,而是需要积极心理治疗,摒弃传统心理治疗,因为"心理治疗的现状要求我们提出既经济又有效的治疗方法。这不仅仅在于给本已不计其数的多种多样的理论、方法、设想和程序再补充新的东西,而是要进行根本的扩展:现有的心理治疗程序多从功能紊乱和疾病出发,而预防医学和预防性心理治疗却要求采取另一种操作方式,就是不是从功能紊乱,而是先从人的发展可能性出发。这些能力在其发展当中若是受到阻碍、忽视或者仅仅得到片面发展,那么人身上就会或明或暗地产生出现毛病的可能性"。[3] 积极心理治疗认为对病人而言不仅有疾病、困扰和障碍,同时并存的还有健康、希望和能力,它注重于怎样激发人的内在动力,让内动力构成有活力的力量。显然,积极心理治疗的方法是心理动力学和行为治疗的综合模式,着眼于冲突和苦恼的积极方面。

三、积极型心理辅导的实践路径

当前,我国正经历着一场从传统到现代、从封闭到开放的前所未有的深刻变革;从社会经济形态来看,正处于从传统计划经济向现代市场经济、未来知识经济的转型;从社会技术形态来看,正经历从农业社会向工业社会、信息社会及高

---

[1] 1989年11月27日至12月2日,联合国教科文组织在北京召开了"面向21世纪教育国际研讨会",会后发表了题为"学会关心:21世纪的教育"的总结报告。报告提出了未来人才应拥有"三张教育通行证"的主张。除了学术性和职业性两张通行证外,引文是关于拥有"第三张教育通行证",即事业心和开拓精神的人的描述。

[2] 任俊,叶浩生.积极:当代心理学研究的价值核心[J].陕西师范大学学报(哲学社会科学版).2004,(4):106-111.

[3] [德]N.佩塞施基安.积极心理治疗——一种新方法的理论与实践[M].白锡堃译.北京:社会科学文献出版社,1998.

科技社会的双重嬗变;从社会文化形态来看,正从文化形态一元化社会向文化形态多元化社会过渡;从社会生活形态来看,正从过去的大一统向现在的个性化、多样化转变。这从根本上引起现代人心理状态、思维方式、价值观念、行为习惯和生活态度等方面的重大变化,同时也对现代人的心理健康与人格发展产生了巨大的冲击。所有这些给社会转型期的我国心理辅导提供了新的发展机遇,也提出了新的变革挑战。追踪时代发展的潮流,研究现代人心理发展过程中日益凸现的新课题,从而对现代人的心理现代化做出理性的积极引导,为政府及有关工作部门的决策提供理论依据,这是转型期积极型心理辅导可以而且应该积极承担的历史使命。

(一) 积极型心理辅导的目标构成

积极型心理辅导关注的目标和重点内容主要有以下几个方面:

1. 积极的心理状态

所谓积极的心态,就是要以积极乐观和辩证的观点、态度看待事物,善于从眼前不利的事态中看到未来光明的前景。现实生活总是善与恶同在、光明与黑暗并存、顺境与逆境交错,以积极的心态对待现实,就是要对现实采取"一分为二"的态度。积极的心态的主要标志:一是热爱生活,能不断体验到生活的乐趣;二是要有明确的生活目标,并不断为追求更高的生活目标而奋斗;三是面对生活中的困难与挫折,不悲观丧气,能够勇往直前。

2. 积极的认知方式

"心理卫生学认为,片面、错误的方式和非理性观念(又称不合理信念),往往是个体产生抑郁、自卑、焦虑、恐惧、痛苦等不良情绪的根本原因,是心理健康和心理发展的大敌之一。"[1]积极的认知方式对人的心理健康富有积极意义:从消极事件中吸取积极意义,应用幽默、信念、意志应付困难,不钻牛角尖,采用合适的方式进行社会比较,掌握认知调适技术,调整认知结构,学会理性认知。

3. 积极的情感体验

积极的情绪情感既能促进人体免疫系统的发展,也能增强心理统摄能力、促进健康行为和利用社会资源,对于心理健康具有重要的价值,对于心理问题的预防和治疗也具有更好的效果。处于积极情绪状态的人不一定富有,但一定是幸福、快乐和乐观的。弗罗姆认为,现代人许多健康积极的情感正在消失或丧失,如淡泊、温柔、同感、爱、责任感和正义感等。致力于培养人的主观幸福感、快乐、爱等情感品质,平和、稳定和愉悦等积极的情绪状态,公平感、正义感和责任感等

---

[1] 马建青.大学生心理卫生[M].杭州:浙江大学出版社,1992:98.

积极的情感内容,使人们具有高洁的情感认知、高尚的情感品质、高度的情感智慧以及高强的移情能力,建立稳固积极的情绪体验模式,是目前积极型心理辅导研究的热点。

4. 积极的行为习惯

生活习惯是由于重复或练习而巩固下来成为需要的自动化了的行动方式,包括工作习惯、劳动习惯、娱乐习惯、饮食习惯、消费习惯等。现代心理健康研究认为,良好的生活习惯是现代人身心健康的重要保证,生活习惯的好坏是衡量一个人心理健康的标准之一。文明的生活习惯、健康的生活方式既是一种生活追求,也是一种人生境界。美国教育学家杜威说:"当重点放在矫正错误行为而不是放在养成积极有用的习惯时,训练就是病态的。"[1] 积极参加健康有益的闲暇活动,学会理智地驾驭生活[2],养成文明、良好的集体生活习惯,其实质就是要学会了解生活、融入生活、把握生活、发展生活和实现生活,这五方面也是真正学会生活的量标。

5. 积极的自我意识

个体自我的健全是社会健全的基础。建立一个稳固、健康的自我意识,确立积极正面的自我形象,是个体发展的必然追求。客观认识自我,积极悦纳自我,自主完善自我,有效调控自我,努力实现自我,不断超越自我,拥有积极的自我效能感,是现代人不可或缺的积极自我意识。

6. 积极的创造性

创造性是人类普遍存在的一种智慧和潜能,更多的是培养、激发出来的而非生来就具有的才能。创造性与知识技能、学业成绩、智力发展、大脑机能、心理健康和人格特征等之间存在着怎样的复杂关系,如何建构积极的创造性心理场域,成为积极型心理辅导研究的一大热点。[3] 发展创造性潜能的基本策略,人们已经形成的初步共识包括鼓励假设性的质问、允许含糊和不明确、容许犯错、鼓励他人对问题进行定义或重定义、对创造性的想法和产品进行奖励等。

7. 积极的学习能力

树立现代学习理念,主动实现从学了什么向学会什么转变,把学习看作一种觉悟、一种修养和一种责任,能够充分利用学习信息和资源,掌握科学的学习方

---

[1] [美]约翰·杜威. 学校与社会[M]. 赵祥麟,等译. 北京:人民教育出版社,1994:148.

[2] 具体地说就是要了解生活的真谛,认识生活的价值及自身在生活中的位置;就是要融入主流生活,即融入代表社会发展方向的生活,而不是消极的、颓废的生活;就是要学会在生活中把握自己、把握生活并做到建设性地生活;就是要学会发展自己、发展生活,而不是只会消费生活、消耗自己;就是要学会实现自己的理想追求,实现生活的发展目标。参阅崔景贵. 学会生活[N]. 中国教育报. 2001-10-23(6).

[3] 崔景贵. 创造性心理场域研究述要[J]. 现代教育科学·高教研究. 2004,(4):14-16.

法和策略,具有良好的学习动机、积极的学习情绪和态度,养成良好的学习习惯,学会自主学习、创新学习、实践学习和研究性学习,确立终身学习的信念。

8. 积极的人际关系

能够掌握交往技能,学会处理与各种交往对象的关系,自觉调适人际交往的矛盾和障碍,建立和谐融洽的人际关系,建立"我好,你也好;我行,你也行"的人际交往心理模式。

9. 积极的人格特征

积极人格特征的存在是积极型心理辅导得以建立的基础。在积极的个性特征中,引起较多关注的是"现实的乐观",使得生活更加富有意义。而责任意识强,富有合作意识和团队精神及好奇心、求知欲等,则是积极型人格心理辅导的核心价值目标。

10. 积极的心理潜能

1967年,美国心理学家赫伯特·奥托博士说:"近五十年来人类潜力这一课题完全被社会科学家和行为科学家所忽视,而没有被他们当作一个中心课题来研究。"[1]当下人们的基本认识是:地球上的物质资源越开发越贫乏,而人类的心理资源越开发越丰富。心理潜能是无限的,是人类有待开发和利用的心理资源和矿藏。

上述几个方面互相制约、互相促进,构成了现代社会积极型心理辅导目标和内容的整体,也是现代人发展的积极心理资本和资源。在具体实施心理辅导过程中,要树立系统观和整合观,使得它们既能够各自充分发挥作用,又能够协同活动,全面实现积极型心理辅导的积极目标。

(二)积极型心理辅导的构建策略

积极型心理辅导对消极型心理辅导的反动与否定不可能是彻底的"一刀两断",应与消极型心理辅导保持必要的张力,改变人们将注意力过分集中于负面问题的思维定势,合理而循序渐进地改变目前主流的医学化和病理学倾向的心理咨询和治疗模式。由于不同的社会文化价值观念,如何更加理智地看待积极型心理辅导所主张追求的主观幸福感和快乐,以及如何追求对于社会发展和个体发展具有双重积极意义、高品位的幸福、快乐,这些问题都是积极型心理辅导建构所面临的实际问题。

在发展策略上,必须确立以积极型心理辅导为主导的理念。长期以来,消极型心理辅导占据着主导地位,对心理辅导的理论与实践存在着根深蒂固的影响。

---

[1] [美]弗兰克·G·戈布尔.第三思潮——马斯洛心理学[M].吕明,陈红雯,译.上海:上海译文出版社,2001:58.

其实，两者之间不是非此即彼的关系。积极型心理辅导不是对传统占主流地位的消极型心理辅导的全面否定，而是一种合理继承、积极超越和发展创新。这就要求保持与时俱进的学术勇气，树立科学的心理辅导发展观，正确把握心理辅导范式发展的时代脉搏，在积极型心理辅导与消极型心理辅导两种范式之间保持必要的张力。

在研究策略上，积极型心理辅导主张重视人文精神与科学实证的统一、技术继承与发展创新的统一，从而建构富有价值与效率的研究手段，更有效地服务于人类社会的发展进步。积极型心理辅导主要是沿用主流的实证和实验的方法技术，比如量表和问卷、访谈等，同时，学习和继承经验性的、过程定向的研究方法，积累和创造众多的研究工具和心理干预技术。在方法论上，积极型的心理辅导采用多学科整合的研究策略，大力倡导心理辅导行动研究、叙事研究和校本研究，鼓励和支持心理辅导不同范式的对话与交流，以更加开放互动的积极姿态、更加宽阔融合的积极视野、更加灵活多样的积极方法，积极担负起心理辅导的历史使命。

在实施策略上，积极型心理辅导要求按照素质教育和新课程改革的理念，推动教育观念更新、教育行为优化与教育实践变革，形成良性的心理辅导生态氛围，构建积极型心理辅导的运作机制和管理系统。教育工作者应树立全员、全程和全方位的心理辅导意识，积极扮演"重要他人""心理辅导者"和"精神关怀者"的角色，把握青少年心理发展脉搏，打造心理辅导模式，在特色和实效上下功夫。

积极型心理辅导与其说是一个正在构建完善的心理辅导体系，倒不如说是一个有待开拓的处女地。虽然积极型心理辅导已经成为当今心理辅导新的研究思潮，但要推广积极型心理辅导的技术与策略，完善积极型心理辅导思想，建构积极型心理辅导范式，显然还要走很长一段路程。而积极型心理辅导的建构是一个全方位的系统工程，必将引发一场深刻的思想革命和教育革命。积极推进、自觉建构这一范式，必将有助于我国心理辅导与世界心理辅导的对话与接轨，有助于引领我国学校心理辅导健康、协调地发展。

本章小结

建构主义、积极心理治疗、积极心理学等对我国学校教育教学的影响与日俱增，越来越引人注目。本章介绍了建构主义的心理辅导观，阐述了未来学校心理辅导将走向自主建构；积极心理治疗包括一条价值主线、两种方法形式、三项基本原则、四类矛盾冲突和五个操作阶段，表现出跨文化研究、积极型视角、整合化理念、人性化原则、自助式疗法和社会化效应等特点,具有反传统的学科发展意义、实践创新意义和社会建构意义,为当今心理治疗发展开辟了新的方向和途径;积极型心理辅导则是学校心理辅导领域"一场范式的革命",具有丰富的内涵,建构积极型心理辅导应把握其积极的目标内涵与积极的实践策略。

关键词:建构主义;积极心理治疗;积极心理学;积极型心理辅导

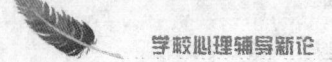

第五章 学校心理辅导的一般形式

学习目标

1. 了解学校心理辅导工作中常用的 5 种形式；
2. 理解学校心理辅导各种形式的内涵、功能、优势及局限；
3. 掌握学校心理辅导各种形式的基本操作步骤。

学校心理辅导主要有课堂心理辅导、个别心理辅导、团体心理辅导、朋辈心理辅导和网络心理辅导等五种形式。由于组织方式的不同,这五种辅导形式体现出不同的内涵与功能。课堂心理辅导是学校心理辅导的主要形式,面向全体学生针对学生成长中的问题进行辅导,是一种集体性的辅导。个别心理辅导是针对单个学生的问题进行的辅导,是一对一的辅导。团体心理辅导是针对部分学生的共同成长问题进行的辅导,也可以说是小组辅导。朋辈心理辅导是同学之间的互助辅导,网络心理辅导则是学校心理辅导的辅助形式。学校心理辅导要取得实效,必须有针对性地选择使用适当的辅导形式。

第一节 课堂心理辅导

课堂心理辅导是面向全体学生开展发展性心理辅导的一种形式。通过课堂心理辅导活动,教师引导学生树立心理健康意识、提高心理健康水平、预防心理问题。

一、课堂心理辅导概述

课堂心理辅导是以班级为单位,以心理辅导的理论与技术为指导,按照学生心理发展的规律与特点,有目的、有计划地对学生进行心理辅导,以提高学生的心理素质,激发学生的潜能,促进人格完善,增强社会适应性的心理辅导形式。课堂心理辅导的内容,可以根据学生年龄心理特点事先设定,也可以根据学生的心理需求及发展中产生的问题临时制订。课堂心理辅导主要采取活动的方式,在教师的指导下,学生在活动中体验、感悟,从而认识自己、认识他人,学会学习、学会生活、学会交往。

(一)课堂心理辅导的分类

根据课堂心理辅导的组织形式,课堂心理辅导分为心理健康活动课和心理辅导主题班会两种形式。

1. 心理健康活动课

这是由心理辅导老师专门执教的心理辅导课。学校可以以选修课、活动课的形式将心理健康活动课安排进教学计划,纳入课表,课时数由各地区、各学校视具体情况而定。一般来说,学校可根据学生的年龄特点,安排在相应的年级开课,如小学阶段、初中阶段和高中阶段,课时可安排每周一节或每两周一节。心理健康活动课配有课程教材(通常有教师用书和学生用书两种)。课程内容围绕学生成长中面临的共性问题设计。

2. 心理辅导主题班会

这是由班主任或辅导教师定期开展的心理辅导活动。教师利用班会的时间,根据班级学生的情况不定期开设,在时间上具有灵活性,可以每个月一节或每学期进行二到四节。辅导的主题根据班级学生的具体情况确定,老师与学生均可以定题,通常以目前班级学生共同关注的心理问题为主题,如入学适应、青春期的困惑、班级人际关系等。

(二)课堂心理辅导的特点

课堂心理辅导不是心理学课,不以学习心理学理论知识为任务,而是重在解决学生成长中的问题。它区别于学科教学,不是说教和灌输,而是通过具有积极意义的活动潜移默化地影响学生。课堂心理辅导具有以下独特特征:

1. 互动性

互动是课堂心理辅导的基本特征。在心理辅导活动中,每个学生认知的改变、情感的迁移、新行为的建立和强化,都依赖于班级同学间的交流与互动。互动的前提是参与,因此,辅导教师必须促成一种安全、友善的班级气氛,让学生积极参与,让每一个学生都想说话,让每一个学生都有话说。

2. 体验性

课堂心理辅导是每个学生自我探索、自我了解、自我成长的过程,在参与活动的实践中,获得心理体验与感悟。学生将自己的体验和感悟与其他同学进行

交流、分享,彼此给予反馈、鼓励和建议。辅导教师应创设体验情景,提供体验的时空条件。

3. 趣味性

课堂心理辅导要从情境体验开始,引发学生的情感共鸣,辅导活动设计无论是内容还是形式都应生动有趣。趣味性设计要考虑学生的心理特点,从学生感兴趣的活动入手,调动学生参与的积极性。

4. 积极性

课堂心理辅导创设的情景、设计的活动以及教师的引导都应具有正面的、积极的内涵;学生参与的游戏活动、角色扮演活动等也都具有积极的暗示作用;师生之间的互动与分享都要注重积极方面的引导,让学生在参与和思考中得到启示,促进发展。

二、课堂心理辅导的优势与局限

课堂心理辅导的组织形式与学校的教学重心工作接轨,便于操作与管理,具有特定的优势和实效。

(一) 课堂心理辅导的优势

1. 普及性强

以班级为单位的课堂心理辅导,面向全体学生开展,为全体学生服务。学校每一个学生都要接受心理辅导,辅导内容应满足多数学生共同的成长需要,涉及普遍存在的问题。课堂心理辅导的普及性强,辅导受众多。

2. 充分利用班集体的教育资源

班集体中蕴含着丰富的教育资源,班级规范、班级凝聚力对学生的行为具有重要的影响。班集体的氛围和人际互动,潜移默化地促进学生的心理发展。课堂心理辅导有利于学生之间的心理互助,在辅导中他们既是受助者,也是助人者。

3. 丰富了班级主题班会活动

以心理辅导形式开展的主题班会活动,丰富了班会活动的内容,使传统的班会活动及班会教育功能得到进一步的拓展。来自同一班级、年龄相近的班级学生具有相同的问题、共同的成长意愿和共同的发展目标,因此,课堂心理辅导的内容与形式易于被学生接受。

(二) 课堂心理辅导的局限

1. 难以照顾个别差异

课堂心理辅导是面向全体学生的集体活动,无法顾及个别学生的具体情况、具体要求。辅导教师要同时辅导几十个学生,对每一个学生的关注与交流较少,无法满足个别学生的特殊要求,无法照顾到个体差异。

2. 辅导场地的限制

课堂心理辅导的实施主要在课堂进行,活动场地是普通的班级教室,一般教室多是秧田式的座位排列,活动空间较小,班级人数通常在 40～50 人。由于班级人数多而场地小,因而许多辅导活动如分组活动、团体游戏、角色扮演等受到一定的限制。

三、课堂心理辅导的基本步骤

课堂心理辅导的实施按照下列步骤展开:确定辅导的主题和目标、实施辅导计划、辅导分享与总结。

(一) 确定辅导主题与目标

每一次课堂心理辅导都围绕一个主题进行。教师要明确辅导主题所要达到的目标是什么,解决学生什么问题,对他们目前年龄段的成长提供什么帮助。教师要了解学生的心理特点与心理期待,了解学生近期面临的热点和困惑问题,进而有针对性地设计辅导主题。

(二) 实施辅导计划

1. 暖身与分组

课堂心理辅导的起始要用暖身的方式带领学生渐渐进入主题,通常采用音乐、游戏等活动进行暖身,目的是让学生放松心情、营造气氛,为后续的主题辅导活动做好心理准备。课堂心理辅导要进行分组讨论等活动,教师要采取随机的方式进行小组划分,如抽签、报数、图片分组等方式。每次活动都随机分组,可以使学生有更多的机会与其他同学分在一个小组活动,扩大人际交往。

2. 指导与互动

教师指导学生围绕主题开展活动,组织学生互动,通过对话、讨论、角色扮演、游戏等形式促进学生对心理健康知识的理解与掌握。

(三) 辅导的分享与总结

课堂心理辅导在结束前,教师应组织学生对参加本次辅导的体会进行分享。小组分享后,全班同学一起进行分享,小组派代表在班级里发言。由于时间的限制,班级分享可能不够充分,可以在课后用写作业的方式进行分享。教师的总结不是学科课程对所学知识的归纳、总结,而是对整个辅导过程进行回顾,表达对学生成长的欣赏,对未来进行计划与展望。

第二节　个别心理辅导

学校心理辅导不仅要面对学生共同的成长问题与需求进行辅导，也要考虑学生的个别差异及特殊需求。个别心理辅导可以弥补课堂心理辅导的不足，做到因材施教，因人设计不同的指导方式。

一、个别心理辅导概述

个别心理辅导是以单个学生为对象的心理辅导活动，是教师通过与学生一对一的沟通互动来实现的专业助人活动，通过对话交流，对学生进行心理辅导。学校情景中的个别心理辅导针对所有的学生，目的是通过个别指导的方式帮助每一个学生提高心理适应能力，预防心理问题的发生，促进适应与发展。个别心理辅导形式有面谈、电话、网络和信函等。本章主要介绍面对面的、直接的个别心理辅导，也就是传统的个别心理咨询。

个别心理辅导的对象有广义与狭义之分。广义的个别心理辅导活动针对所有学生，狭义的个别心理辅导活动则针对有心理问题和心理偏差的学生。

1. 心理正常的学生

全校所有学生都可以求助辅导教师进行个别辅导。当学生在学校、家庭和社会遇到诸如学习、人际交往、爱情与性、个性、选择等方面的问题时，可以和心理辅导老师面谈。对于心理正常的学生主要开展的是发展性咨询，包括如何处理好与同学的关系、如何提高学习效率、选择文科还是理科等。咨询的目的是为了让学生更好地认识自己，充分发挥自己的潜能，提高学习与生活的质量，促进心理健康发展。

2. 心理偏常的学生

心理偏常的学生主要做健康咨询，咨询的目的是消除心理困扰、矫正心理问题。包括在认知、情感、意志、行为等方面存在障碍的学生，也包括存在一定的心理问题困扰的学生，如厌学症、过度考试焦虑、强迫症、退缩行为、网络成瘾等。

二、个别心理辅导的优势与局限

(一) 个别心理辅导的优势

1. 保密性高

个别心理辅导提供了一个可靠的、安全的辅导环境,没有第三者在场,可使学生降低心理防御,容易与辅导教师建立彼此信任的关系。由于心理咨询的保密性,学生的自我开放度高,便于辅导教师了解学生心理问题的症结所在,做出评估与诊断,帮助学生解决成长中的烦恼与危机。

2. 自主性强

个别心理辅导是以学生自愿为前提,体现了学生选择求助方式的自主性。主动求助个别辅导的学生,能意识到自己的困惑或问题,有自我改变的意愿和动机。这为取得良好的咨询效果提供了较为重要的前提条件。

(二) 个别心理辅导的局限

1. 比较费时费力

个别心理辅导相对团体辅导比较费时、费力。一般中小学从事心理咨询工作的教师比较少,有些学校仅有一两名专职教师或兼职教师,他们平时要上课或有其他工作,用于心理咨询工作的时间有限,而要求咨询的学生相对较多,一些学生遇到心理问题不能及时预约咨询。

2. 对心理咨询的偏见问题

由于学校心理健康的知识普及与宣传不够,一些学生对心理咨询抱有偏见,把心理咨询尤其是个别心理咨询形式看作对精神病的治疗,对心理咨询持排斥的态度,因此尽管有的学生心理问题已经很严重,但是拒绝接受心理咨询。

3. 辅导教师的专业化问题

个别辅导要求辅导教师必须遵循一定的伦理守则,熟练掌握心理咨询理论与技术,具备准确的诊断与评估能力及较高的咨询会谈能力。目前,我国大多数学校心理辅导教师缺乏系统的专业培训,或缺乏心理咨询的实践技能,心理辅导工作的效果受到影响。

三、个别心理辅导的基本步骤

(一) 建立相互信赖的关系

辅导教师与学生建立相互信赖的关系,是辅导过程的第一步,也是贯穿辅导过程的一个重要的问题。美国学校心理咨询专家拉斯认为:"咨询者和求询者之间建立一种坦率、信任的关系,是咨询过程中头等重要的事情,也是有效咨询的

前提条件。"①辅导教师要无条件地接纳学生、尊重学生,使学生感觉到辅导教师是一位热情温和、平易近人、可以信赖的人。辅导工作开始时,辅导教师要善于启发学生提出问题,要耐心倾听,并细心观察学生的言谈举止,恰如其分地表达共情与积极关注,不要轻易打断学生的话题,这样有利于建立相互信赖的咨访关系。

(二) 收集信息,清楚问题的性质

搜集信息是整个辅导工作的基础。在搜集信息的过程中,应着重了解以下三方面的情况:

1. 来访学生的基本情况

基本情况主要包括姓名、性别、年龄、年级、民族、个人身体状况、家庭状况等。基本情况可以通过学生自行填表或由辅导教师提问后填表,一般在辅导开始之前进行。为了详细了解学生的基本情况,还可以通过与学生所在班级的任课老师、班主任、同学或学生家长等的交谈来了解,也可以进行心理测验。

2. 来访学生的社会文化背景

社会文化背景主要包括家庭背景(如父母的职业、文化程度、宗教信仰、健康状况、养育方式、对子女的期望等)、学校背景(任课教师及班主任对其的态度、班风、校风等)、社区情况(如居住社区的社会治安情况、文化服务设施等)。

3. 来访学生的心理问题

心理问题主要内容包括学习生活和社会适应问题、个性发展问题、情绪困扰问题、人际交往和冲突问题、行为问题、升学或职业选择问题、与家庭成员的关系问题等。

(三) 诊断分析,明确辅导目标

诊断检查的目的是在收集资料的基础上,辅导教师对学生问题的可能性作进一步的验证分析,以求准确把握问题的性质,明确咨询目标。在这一过程中,要注意两个方面:一要从总体上对学生的问题性质做出判断,要在学生自诉、观察和心理测查的基础上,对学生所反映的心理问题做出正常或偏常的诊断;二要对学生的问题性质予以确认,明确咨询目标。

(四) 选定解决问题的方案

解决问题的方案要注意有针对性和可操作性。一般来说,解决问题的方案可能有多种,例如:考试焦虑的辅导可以采用认知疗法进行自我调整,也可以运用行为疗法进行放松训练、系统脱敏,或实行多种方法综合辅导。解决问题的最

---

① 郑日昌,陈永胜.学校心理咨询[M].北京:人民教育出版社,1993:80.

佳方案选定之后,就要依据方案予以实施。

(五) 追踪反馈,巩固辅导效果

对于那些重要的、复杂的辅导问题,如职业指导中的典型案例、心理危机干预的重要对象,必须进行追踪调查,以利于辅导效果的巩固、评价和个案资料的积累。追踪观察可以采用多种方式进行,如手机短信、电话、电子邮件等方式。根据条件与可能,灵活选择适当的追踪观察方法,或将若干方法综合运用。

第三节 团体心理辅导

团体心理辅导和个别心理辅导是学校心理辅导的主要形式,两者各具独特的功能,为不同需要的人提供帮助。个别心理辅导是对个别学生的特殊成长需求进行辅导,团体辅导则是为了解决大部分学生共同面对的成长问题。

一、团体心理辅导概述

团体心理辅导是在团体情境下进行的一种心理辅导形式,它是通过团体内人际交互作用,促使个体通过观察、学习、体验,认识自我、探讨自我、接纳自我,调整和改善与他人的关系,学习新的态度与行为方式,以发展良好适应的助人过程。[①]

(一) 团体心理辅导的分类

团体心理辅导因组成因素与设计内容的不同,可有不同的分类。目前一般是依据团体组成的背景、目标、功能等进行不同的划分。

1. 同质团体与异质团体

这是根据团体成员的背景相似度或问题的性质来划分的。同质团体是指团体成员的年龄、性别、学业、心理问题具有一定的相似性,例如入学适应团体。异质团体是指团体成员的自身背景条件、个人特质或所遇到的问题的差异性很大,情况比较复杂。

2. 结构式团体与非结构式团体

这是根据团体心理辅导活动有无计划与目标来划分的。结构式团体是辅导

---

① 樊富珉. 团体心理咨询[M]. 北京:高等教育出版社,2005:4.

者事先做了充分的计划和准备,根据团体所要实现的目标来设计相应的活动程序,如生涯规划团体。非结构式团体是指不刻意安排有程序的固定活动,强调成员自主性的团体,辅导者对团体较少承担责任,其主要任务是促进成员的互动,对团体目标与方法很少介入,团体目标与团体进程由成员在互动中自己探究,如心理沙龙团体。

3. 封闭式团体与开放式团体

这是根据团体成员的固定程度来划分的。封闭式团体是指从第一次团体聚会到最后一次团体聚会,其参加成员保持固定不变的团体,如班级团体。封闭式团体的成员有较高的和谐性和认同感,在团体心理辅导过程中是不允许吸纳新成员加入的。开放式团体是指参加成员不固定,新成员有兴趣可以随时参加,旧成员可以随时离开,如中学生阅读团体等。

4. 发展性团体、训练性团体与治疗性团体

这是根据团体功能来划分的。发展性团体注重成员的身心发展,重点是促进学生的自我成长与自我完善。训练性团体重视团体成员人际关系技能的训练,着重通过团体背景下的行为演练培养成员解决问题的能力,形成良好行为。治疗性团体是指通过辅导团体特有的治疗性因素,来改变成员的人格结构,实现心理康复的功能。

(二) 团体心理辅导的功能

团体心理辅导具有教育、发展、预防与治疗四大功能。这四大功能相互联系、相互渗透,在团体辅导过程中共同起作用。

1. 教育功能

团体心理辅导的过程是一个借助成员之间的互动而获得自我发展的学习过程。团体心理辅导非常重视成员的主动学习、自我评估、自我改善,有利于成员的自我教育。团体心理辅导成员在团体中可以进行信息交流、相互模仿、尝试与创造,学习人际关系技巧、社会规范以及适应社会生活的态度与习惯等,有利于培养成员的社会性。

2. 发展功能

团体心理辅导的积极目的在于发展的功能。通过辅导给予学生启发与引导,满足学生自我发展的需要,促进其对自我的了解与接纳,学习建立充满信任的人际关系所必备的技巧与方法,养成积极应对问题的态度,树立信心,培植希望,充分挖掘个体内在的潜能,促进心理健康发展,培养健全的人格。

3. 预防功能

团体心理辅导是预防心理问题发生的有效途径。通过辅导可以使成员加深对自己的了解与认识,懂得什么是适应行为或不适应行为。团体心理辅导可以

为成员之间交换彼此意见提供更多的机会,成员可以互诉心声,讨论可能遇到的困难及应对策略,增强其独立处理问题的能力,预防心理问题的发生。

4. 治疗功能

团体活动的情境比较接近日常生活与现实状况,以此处理情绪困扰与心理偏差行为容易收到效果。在团体中个人有勇气面对问题或困扰,并在辅导者与成员的帮助下获得反馈,使问题得到澄清与解决。

二、团体心理辅导的优势与局限

在团体心理辅导中,学生对自己的问题的认识及解决是在团体中通过成员间的交流、相互影响来实现的,这是团体心理辅导有别于个别心理辅导的独特优势。

(一)团体心理辅导的优势

团体心理辅导不是一次辅导活动,而是围绕主题进行的系列活动。

1. 效率高,省时省力

个别心理辅导是辅导者与学生面对面、一对一的帮助指导,每次咨询面谈约需50分钟。团体心理辅导是一个辅导者面对多个团体成员,一次可以指导多个学生,增加了辅导的人数,节省了辅导的时间与人力,提高了辅导的效率。

2. 感染力强,影响广泛

在个别辅导中,学生可仿效的只是辅导教师一个人,但在团体辅导中除了辅导者外,还有其他同学的行为可以模仿和参考。成员间能够有更多的机会听到别人对自己的看法,团体的反馈比个别情境的反馈更有冲击力,能够有效地改变自己的不良行为,发展适应行为。成员对问题有不同的观点和理解,这种不同视角的多元信息交流影响范围广,拓展了彼此的视野。

3. 辅导效果容易巩固

团体是社会的缩影,也是社会的真实反映。成员在团体中的言行常常是他们日常生活行为的习惯表现,在充满信任的团体氛围中,通过示范、模仿、讨论等活动,成员可以发现和识别自己的不适应行为,并尝试改变。成员在团体中学到的经验会迁移到团体之外的现实生活中,巩固了辅导效果。

(二)团体心理辅导的局限

团体心理辅导尽管有很多优势,但存在局限性。

1. 个人特质的限制

团体心理辅导并不适合每一个人参加,辅导的助人功能受到限制。某些个人特质如焦虑过度、太自我中心的人,以及极端内向、自我封闭的人,不宜参加团体,他们在团体中难以与人相处,团体压力与规范会造成对其个人负向的影响,

而且他们还会妨碍团体的发展。

2. 保密性不高

团体心理辅导过程中成员暴露出的个人隐私，可能会被其他成员不经意间泄露，会给当事人带来不便，甚至感到受伤害。

3. 团体辅导教师的技术问题

团体心理辅导对辅导者的人格、专业技术训练、伦理道德等方面的要求高，不称职的辅导者会给成员带来负面影响。

三、团体心理辅导的阶段

团体的运作是一个复杂的过程，团体成员从生疏到彼此熟悉，从相互分离到互助合作是一个渐进的过程。团体心理辅导一般经历四个阶段：团体的创始阶段、团体的过渡阶段、团体的探索阶段和团体的结束阶段。

（一）团体的创始阶段

团体初建阶段的主要任务是使成员相互间尽快熟悉，建立信任感。辅导者要协助成员了解团体辅导的目标及团体发展历程，讨论参与辅导过程中可能遇到的困难，以及成员间基本的信任和有效活动的基本原则等。

（二）团体的过渡阶段

小组成员互动频繁，小组的自然"领袖"产生，同时成员会表现出各种不同形态的抗拒心理、自我防卫心理，因此小组中容易出现矛盾与冲突。团体心理辅导的任务是鼓励成员接受挑战，协助成员面对并解决冲突，消除消极情绪以及因焦虑而产生的抗拒，使团体建立起坦诚而互相信赖的团体气氛。

（三）团体的探索阶段

团体成员彼此熟悉，成员对团体产生归属感，成员与成员之间产生认同感和信赖感，成员能够在众人面前开放自己，自由表达，积极争取改变。团体心理辅导的任务是协助成员从自我的探索与他人的反馈中尝试改变自己的行为，并设法使成员在辅导过程中集中注意力，朝向团体目标和个人目标，做有益的改变。

（四）团体的结束阶段

团体的主要任务是评估团体心理辅导的成效和团体成员告别。辅导者协助成员整理归纳在团体中学到的东西，鼓励他们将所学的东西应用于日常生活中，使辅导中所获得的改变与成长得以延续。辅导者可以组织成员对辅导过程进行回顾与评价，如"团体活动的经验对你的生活有什么影响"。

第四节 朋辈心理辅导

朋辈心理辅导是学校心理辅导的形式之一,是同辈学生之间的互助式辅导。朋辈心理辅导可以弥补专业辅导人员的不足,是学校心理辅导工作可以利用的巨大资源。

一、朋辈心理辅导概述

朋辈是指"朋友"和"同辈"的意思,在学校就是年龄相当的学生。国外专家关于朋辈心理辅导有多种定义。格雷和霆多尔(1978)把"朋辈辅导"定义为:"非专业工作者作为帮助者所采取的人际间的帮助行为。"其中包括一对一的帮助关系、小组领导关系、劝告、教学以及人际间发生的各种帮助活动。苏珊(1978)认为,朋辈心理辅导是指受过培训和辅导的学生向前来寻求帮助的学生以言语或非言语的方式,尽量少给或者不给建议,而为其提供倾听、支持及帮助的过程。[①] 不管研究者们给朋辈心理辅导以怎样的定位,其核心内容是同辈互助。

我国学校朋辈心理辅导员由志愿参与辅导训练课程与活动的高年级学生组成,在专业心理辅导教师的督导下,通过开展校内辅导活动帮助同学维护心理健康。朋辈心理辅导是非专业心理辅导,它不是严格意义的心理辅导,只是带有心理辅导功能的心理助人活动。朋辈心理辅导员主要是给予学生安慰和支持,基本不涉及深层次心理问题的处理。

(一)朋辈心理辅导的分类

朋辈心理辅导分为个别心理辅导和团体心理辅导。

1. 个别心理辅导

即由受过朋辈心理辅导课程训练的学生,对需要帮助的学生提供一对一的心理辅导。朋辈心理辅导员对学生在入学适应、学业、生活、情感、就业等方面的问题,提供倾听、支持、信息等服务,解答他们的困惑,有助于被辅导学生在学习、人际交往、社会适应能力等方面的提升。

2. 团体心理辅导

即由朋辈心理辅导员做团体指导者,组织并带领团体辅导活动。心理沙龙、

---

① 颜农秋.朋辈心理辅导理论与技巧[M].广州:中山大学出版社,2007:5-7.

成长小组是朋辈心理辅导员开展团体心理辅导的主要形式。

(1) 心理沙龙

朋辈心理沙龙是一种小组会谈,由朋辈心理辅导员主持,就入学适应、压力应对、人际交往、职业选择等话题展开自由的讨论,通过朋辈之间的思想及情感交流达到释疑、解惑、领悟、成长的效果。心理沙龙是学生与学生展开平等对话的过程,朋辈心理辅导员既是引导者,又是一个普通的参与者。

(2) 成长小组

成长小组也称为交朋友小组。辅导的目的是促进个人的心灵成长。辅导的内容包括了解自我、增强自信、学会人际交往、寻求有意义的生活等。成长小组强调团体中的人际交往,鼓励成员主动开放自己,坦诚地与其他人分享自己的看法和感受。朋辈心理辅导员通常会在年级或全校进行小组成员招募,不同班级、不同年级、不同性别的学生会聚到小组中,成长小组对人际交往训练具有很好的效果。

(二) 朋辈心理辅导的功能

1. 分担心理辅导工作

朋辈心理辅导可以分担专业辅导人员的辅导工作,减轻其工作负担,有助于学校整体辅导功能的提升。朋辈心理辅导服务范围很广,包括:① 心理信息员。经常深入学生班级、宿舍,通过座谈、个别谈话等方式,了解学生心理状态,发现问题及时向心理辅导教师汇报。② 危机预防。在辅导中发现学生的心理危机问题,可以为学生提供安慰、情感的支持,同时负责将其转介到学校心理健康辅导中心。③ 组织开展辅导活动。如成长小组、心理沙龙、心理测试等,宣传与普及心理健康知识,促进学生间的人际互动与沟通。

2. 扩展辅导效果

朋辈心理辅导员通常是同辈的楷模,在学习、品德上是同学或友伴的表率。朋辈心理辅导工作在自然情境中进行,采用习以为常的与同学分享知识和技能的方法,易于被同学接受。朋辈心理辅导员分布在学生中间,能够及时发现与解决学生的问题,起到扩展辅导功能的效果,使学校心理辅导工作的预防性及全面性落到实处。

3. 促进朋辈心理辅导员成长

朋辈心理辅导员在接受任务之前,需要接受心理辅导的理论与技术的训练课程。在实际的助人过程中,他们需要学习如何与人建立关系、如何协助他人解决问题。这些学习与训练,有助于朋辈心理辅导员反省自己、提升助人技巧与领导能力。另外,朋辈心理辅导本身就是一项积极意义的同辈成长方案,朋辈心理辅导员在助人的过程中获得自助与成长。

二、朋辈心理辅导的优势与局限

(一) 朋辈心理辅导的优势

与专业的心理辅导形式相比,朋辈心理辅导在心理辅导中具有不可替代的优势。

1. 同辈接纳度高

朋辈心理辅导员与受辅者之间年龄相仿,彼此容易沟通。当学生遇到心理困扰时,首先求助的对象是同学、朋友和亲人,而不是心理辅导员或其他社会工作者。作为高年级学生,朋辈心理辅导员对各年龄段同学的心理状况已经有了一定的了解,同时又具备一定的辅导知识与辅导技巧,说服力与影响力强。由于代际差异,成年人如父母和教师往往无法说服青少年,但同辈的观点却易得到同伴的认同与采纳。因此,在某些问题方面,朋辈辅导的效果相比专业人员更有优势。

2. 实效性强

朋辈心理辅导的成本低,实效性强。专业心理辅导过程首先需要辅导员与学生建立良好的相互信任的关系,并对学生有一定了解,这需要较长时间。同辈之间在相同的情境中学习和生活,相互了解的程度高于教师,朋辈心理辅导员与受辅者之间可以在较短的时间内建立信任关系。朋辈之间有着相似的价值观、思维方式和生活经历,相互之间容易交流。如果由老师进行辅导,有些学生会因为年龄和身份上的悬殊,感觉教师在说教,反而对某些问题避而不谈。

3. 简便易行

与严格意义上的教师心理辅导相比,朋辈心理辅导受时间、地点、语言等因素的影响较少,朋辈心理辅导员往往与被辅学生共同生活和学习在一起,对学生之间的问题他们往往发现得比老师还早,只要他们发现问题,便可随时随地进行辅导,既不需要特殊的场地,也不需要咨询预约。

(二) 朋辈心理辅导的局限

1. 朋辈心理辅导员的工作能力问题

朋辈心理辅导员是非专业的辅导工作者,人生阅历比较浅,对学生中的问题分析判断能力有限,辅导的技术水平不高。在辅导过程中,对学生的求助问题可能存在难以把握问题的性质,或出现措手不及的情况。

2. 朋辈心理辅导员的心理枯竭问题

在辅导过程中,朋辈心理辅导员接触的负面情绪很多,如听到许多愤怒、悲伤、沮丧的故事,他们一般缺乏自我保护能力,长时间的辅导活动易使其感到自我资源的枯竭,有筋疲力尽的感觉,出现工作倦怠,对辅导活动缺乏关注与兴趣,辅导时情绪容易烦躁,甚至不想面对来访学生,拒绝工作。

三、朋辈心理辅导的阶段

学校开展朋辈心理辅导工作主要经历四个阶段:朋辈心理辅导员的招募;朋辈心理辅导员的组织培训;朋辈心理辅导员实践工作;朋辈心理辅导的效果评估与督导。

(一) 朋辈心理辅导员的招募

朋辈心理辅导员的招募,一般情况下是针对高年级的学生,由高年级学生自愿报名,经心理测试、面试等多个环节的选拔来确定。朋辈心理辅导员需要具有良好的人格特质,如自信、良好的人际沟通与交往能力等。在朋辈心理辅导员招募时,有关朋辈辅导的相关培训与工作方式要公告报名者,告知的培训内容主要包括朋辈心理辅导员的角色和责任、朋辈心理辅导课程内容。

(二) 朋辈心理辅导员的培训

对招募甄选出的朋辈心理辅导员提供必要的训练与督导。主要培训内容:① 心理问题的诊断与鉴别技术;② 个案辅导与转介;③ 团体辅导的基本理论与技术;④ 基本会谈技术。对参加培训后考核合格的学员,颁发朋辈心理辅导员证书。

(三) 朋辈心理辅导员实践工作

朋辈心理辅导员在培训结束后,在心理辅导教师的督导下,持证上岗,在宿舍、教室等学生活动区域积极开展工作。

(四) 朋辈心理辅导的效果评估与督导

专业辅导教师需对朋辈心理辅导员进行定期督导,如定期交流辅导工作、进行案例分析、开展模拟咨询或举办专家讲座等,不断提高朋辈心理辅导员的工作技能。辅导教师对朋辈心理辅导员的情绪进行疏导,帮助他们克服心理枯竭,避免工作倦怠。学校可以针对朋辈心理辅导的工作情况,对表现优秀的朋辈心理辅导员给予适当奖励。

第五节　网络心理辅导

网络心理辅导是学校心理辅导在互联网上的拓展,是学校心理辅导的辅助形式。网络心理辅导包括面向全体学生的心理健康知识宣传、电子邮件的个别心理辅导以及网络对话讨论的团体心理辅导。

一、网络心理辅导概述

网络心理辅导是借助网络媒介运用心理学的理论与方法协助学生以恰当的方式解决其心理困扰的过程。全国首家以中小学心理健康教育为内容的大型专题网站——中国心理健康教育网(简称心育网)于2000年9月9日开通。[1] 近年来,许多中小学创办了自己的心理辅导网站或主页。互联网信息传递的即时性和广泛性,使心理健康教育方面的知识得到广泛传播,扩大了心理卫生、心理健康、心理咨询与治疗等知识的宣传和普及。学生能够借助网络快速浏览查阅获取相关知识,学会心理自助、在线心理咨询,与同学和辅导老师一起聊天交谈,进行互助辅导。网络心理辅导突破了传统学校心理辅导工作的窠臼,以其独特的辅导形式使学校心理辅导得到普及与深化。

(一) 网络心理辅导的基本形式

学校网络心理辅导的基本形式有网上自助活动、电子邮件咨询及网上聊天等。

1. 网上自助活动

选择什么方式在网上求助是学生的自由,例如专家交流或自助阅读,这些都是由学生自主决定的。从某种意义上说,选择网上求助本身就是心理自助的一种表现。目前,我国学校的心理辅导网站主要提供心理健康知识,其中,许多项目都属于自助活动,如学生可以自主搜索有关心理知识信息、自主进行心理测试。有些网站还提供自我调节的项目,如音乐阁,学生可以在这里欣赏令人放松的音乐,缓解心理上的紧张。

2. 电子邮件咨询

网上心理咨询的主要形式是电子邮件咨询。传统的书信咨询受地域、时间的限制很大,求助学生得到辅导教师回复的时间较长。电子邮件则突破了时空的限制,充分体现了方便、快捷的优势。

3. 网络对话

学校的心理辅导教师及班主任借助QQ群的方式,与班级全体学生或有特殊需要的学生进行QQ对话。QQ聊天及时便捷,可以和一个学生单独私聊,也可以就同学们共同关注的问题进行群聊。教师也可以将心理辅导材料放在QQ共享里,供大家自学。网络对话为师生提供了一个交流、互助的平台,不仅能解决心理健康问题,同时也促进了师生交往与沟通。

---

[1] 崔景贵.网络心理教育的内涵、优势与问题[J].江西教育科研,2006,(4):22-24.

(二) 网络心理辅导的特点

1. 超时空性与及时性

现实的心理辅导在固定的场所、时间从事辅导活动,网络心理辅导则突破了时空的限制。学生可以根据自己的情况选择方便的时候写电子邮件咨询,也可以在网站收集相关的知识,接受心理指导。特别是对那些突发性的心理问题,网络能够提供即时的帮助,实施有效的干预。

2. 虚拟性与隐秘性

网上心理辅导具有隐秘性,学生可以隐匿自己的姓名、年龄、班级,使用代号以虚拟化的角色与辅导教师交流,避免了与辅导教师面对面交谈的紧张与尴尬。网上咨询可以消除心理咨询室咨询的不安与疑虑,学生更容易放开自己、敞开心扉,师生之间更容易建立平等、轻松的咨询关系。

3. 生动性与互动性

心理辅导网站界面设计具有时代感,色彩、画面、音乐等都符合当代青少年好动、喜欢追求新奇与时尚的特点,不仅是形式,而且在内容设计上贴近学生的年龄特点,如有利于学生交流互动的"男孩聊天室"、"女孩心思屋"等。学生在聊天室发表自己的看法,提出自己的问题与困惑,与同学讨论交流。诸多同学可以同时在线对话交流,表达自己的观点,与他人共同探讨问题,分享有关心理健康的经验与体会。网络心理辅导充分体现出心理辅导的互助性。

二、网络心理辅导的优势与局限

(一) 网络心理辅导的优势

1. 信息容量大

网络传递的信息具有迅速扩张的特点,学生进入心理服务的网络界面,服务的信息就能迅速地发挥作用,不会有人为的阻隔,选择的自由度大。当学生期望在网上求助心理辅导时,可以在网站收集与阅览相关知识,可以选择站内搜索,也可以进行网际链接,在其他相关服务网站获得信息。如果需要他助,还可以在网上对相关心理辅导专家的背景与咨询方向进行了解,选择适合自己的专家。

2. 网上测试便捷

心理量表的网上使用可以让学生随时自测,增进自我了解,评估自己的心理健康状况,以便在必要时寻求帮助。网上心理测试与传统纸笔测试相比省时省力,诊断和分析更为便捷。学校采用的网上心理健康测试软件,可以同时容纳上千人在线测试,数据便于收集与保存,便于建立电子心理健康档案,有利于对测试结果的研究。

3. 网上咨询保密性高

某些学生不愿意到咨询室和辅导老师进行面对面的交谈,因为其遇到的问题让他们感到难以启齿,如性的问题、与班主任老师或者科任老师矛盾的问题、父母离婚问题等,通过网络邮件的方式咨询则可以避免口头交流的尴尬,减少心理压力,不必担心隐私被泄露。一些学生对心理咨询有偏见,认为心理咨询是见不得人的事情,害怕别人看到自己去咨询室咨询,因此他们更愿意选择网络咨询这种让他们感到心理安全的方式。

4. 案例的保存与查询方便

在传统的心理咨询中,辅导教师在咨询后要撰写咨询记录。案例的撰写、保存与查询是一件非常费时费力的事,但借助计算机和网络就很容易实现。辅导教师随时可以调阅咨询案例,如查阅聊天记录,对咨询会谈的过程进行分析,极大地提高了辅导教师对案例进行督导和研究的工作效率。

(二) 网络心理辅导的局限

网络心理辅导对于发达地区和设施完善的学校开展网上心理辅导是可行的、高效的。利用网络技术传递心理辅导知识,使现代学校心理辅导有了一个新的生长点。网络心理辅导有其独特的优势,但也有其局限。

1. 网站维护问题

网上资源的整理和保存、信息的筛选、内容的更新替换、留言的回复、在线指导等需要及时、高效完成,这些工作只靠几个心理辅导老师是无法完成的。网站如不及时更新,陈旧的知识会引起学生的反感,使其放弃网络辅导,影响心理辅导工作的深入开展。

2. 网络道德问题

网络的匿名性使学生敢于更真实地表达自己,而不必担心社会评价,却也带来了责任感和道德自律的缺失。如个别学生在"聊天室"、"心理 BBS"等互动区留下不健康的话语或搞恶作剧,甚至有些人编造故事来请求咨询帮助。

3. 特殊学生辅导问题

由于网络角色的虚拟性,学生常常采用假名在网上咨询,咨询关系既不稳定也不长久,有些学生"来无影去无踪",在网上咨询一次就消失了。如果辅导教师在网上发现情绪、行为异常的学生,无法对他们进行跟踪,也无法准确地评估他们的心理与行为,更无法对他们进行帮助与辅导。

4. 网上咨询的准确性问题

网上电子邮件咨询对书面语言表达要求比较高,需要求助的学生具有一定的文化素养及书面语言表达能力。有些学生语言表达能力差,相关知识少,来信对问题、症状叙述不全面或欠准确,使辅导老师不能准确掌握学生的情况,影响

辅导老师对问题的判断,不利于问题的解决。

三、网络心理辅导的基本步骤

(一)构建网络心理辅导团队

网络心理辅导需要学校师资团队的支持,负责网站的建设、维护与管理。网络心理辅导不仅需要有心理辅导教师,而且需要有网络管理教师、计算机技术服务教师的支持与配合。网络心理辅导的教师队伍、管理队伍和技术队伍是一个整体,他们的理念、素养、工作方法直接影响到辅导的成效。因此,学校应建立密切合作的网络心理辅导团队,不断优化其整体素质,提高网络心理辅导的质量。

(二)建立心理辅导专业网站

心理辅导网站的内容与形式应符合学生的年龄特点及心理特点,界面设计应新颖时尚、色彩鲜明、便于操作。版块内容应丰富,既有心理健康、心理咨询、心理卫生等方面知识的宣传以及心理测试的自助量表,也应有便于师生交流互动的版块设计,如学生在线咨询、学生聊天室。

(三)制定网上心理辅导制度

学校应设专业心理辅导教师定期在线心理辅导,在线接受学生的心理咨询,定期开启电子信箱,及时回复学生的心理咨询信件。网上心理辅导的时间及辅导教师的姓名应在网上公开说明。网上心理辅导知识板块应定期更换,与时俱进,及时补充与丰富辅导内容。

本章小结

学校心理辅导要取得实效,必须有针对性地选择使用适当的辅导形式。本章介绍了学校心理辅导的五种主要形式:课堂心理辅导、个别心理辅导、团体心理辅导、朋辈心理辅导和网络心理辅导。学校心理辅导主要的辅导形式是个别心理辅导和团体心理辅导。课堂心理辅导是以团体心理辅导的理论与技术为基础的辅导形式,朋辈心理辅导采用了个别心理辅导和团体心理辅导两种形式。网络心理辅导是利用互联网对以上几种辅导形式的补充与拓展。随着心理辅导的研究与实践的深化,学校心理辅导形式将更加丰富与成熟。

关键词:心理辅导形式;个别心理辅导;团体心理辅导;课堂心理辅导;朋辈心理辅导;网络心理辅导

第六章　学校心理辅导的常用技术

学习目标

1. 了解并掌握同感、接纳和尊重、真诚等建立心理辅导关系的技术；
2. 了解常用的心理测验量表，理解心理测验应用技术的要求；
3. 理解并掌握倾听、提问、释义、面质、解释、沉默、建议与指导等心理咨询的会谈技术；
4. 理解并掌握学校心理辅导中心理危机干预的模式与技术要领。

在学校心理辅导过程中，咨询师经常要采用适宜的专业技术，主要包括建立辅导关系的技术、心理测验的技术、心理咨询的会谈技术和心理危机的干预技术。只有掌握了这些基本的心理辅导技术，学校心理辅导才能取得应有的专业效果。

第一节　建立辅导关系的技术

辅导关系是指心理辅导人员与求助者之间的相互关系，在心理辅导实践活动中具有非常重要的意义。在建立和谐、融洽的心理辅导关系的过程中，恰当地运用一些关键性的、有价值的心理技术，将会获得事半功倍的效果。

一、建立辅导关系概述

从学校心理辅导过程角度来看，建立辅导关系是具有重要意义的第一步。良好的心理辅导关系是开展心理辅导的前提条件。心理辅导人员与来访者是两个不同的个体，双方的人生观、价值观、生活态度、生活方式等都可能存在差异，

双方关系如何,是否能够相互接纳、理解和信任等,决定了心理辅导关系是否能够存在。在学校心理辅导过程中,心理辅导者只有与来访者建立起一种融洽、和谐、信赖的关系,才能使来访者做出积极的反应,取得良好的咨询效果。

心理辅导关系的建立与维护,受心理辅导人员和求助者的双重影响。首先,心理辅导人员的辅导理念、辅导态度、个性特征等,对咨询关系的建立和维护有着至关重要的影响。辅导态度不仅仅是单纯的方法,更是心理辅导人员职业理念和人格魅力的体现。其次,求助者的动机、态度、期望程度、悟性水平、自我察觉水平、行为方式以及对心理辅导教师的反应等,也会在一定程度上影响辅导关系及效果。因此,建立良好的心理辅导关系是心理辅导者与求助者双方共同的责任和任务。

二、建立辅导关系的技术

建立辅导关系有赖于心理辅导者掌握科学的心理技术。建立辅导关系的技术主要包括同感、接纳和尊重、真诚等。

(一) 同感

1. 同感的内涵

同感,又称作移情、共情、同理心等,其含义是指设身处地地、像体验自己精神世界那样体验他人精神世界的态度和能力。也就是说,同感包括态度和能力两个方面,其核心是理解。

同感的态度,是指辅导者愿意把自己的信念、价值观和经验参照体系搁置在一边,站在对方的立场,深入对方的内心,从对方的角度去体察、感受和思考一切的心理倾向,达到近乎"感同身受"的理解境界。

同感的能力,是指辅导者深入当事人的内心世界,把握其体验、经历、行为以及它们之间的关系,并运用有关技巧将自己的理解准确传递给对方。同感的能力包括两个方面:一是要确有所感,二是要让对方明白。

同感与单纯的理解不同,理解是根据自己的参考系对某个对象形成认识;同感则不光有认识,更有对感受的体察和体会,"用来访者的眼睛看世界"。同感也不同于同情,同情是对对方的遭遇的怜悯和关切;同感并无怜悯成分,而是去体察对方的心情。

同感有不同的层次水平,代表了不同的同感质量。国外学者对此有不同的分类。卡库夫(R. Carkhuff)将同感的层次水平分为五类:① 毫无同感反应,即完全忽视来访者的感受和行为;② 片面而不准确的同感反应,即理解来访者的经验及行为而完全忽略其感受;③ 基本的同感反应,理解来访者的经验、行为及感受,但忽视其感受程度;④ 较高的同感反应,理解来访者的经验、行为及感受,并把握其隐藏于内心的感受和意义;⑤ 最准确的同感,即准确把握来访者言语传达的表层含义,亦把握其隐藏的深层含义及其程度。

2. 同感的表达技术

产生同感仅仅是辅导者的心理感受,只有当辅导者把自己的同感有效地传达给来访者,才会产生应有的效果。掌握同感的表达,要领有如下五点:

(1) 转换角度。真正设身处地地使自己"变成"来访者,从对方的视角去知觉、思维和体验。

(2) 投入地倾听来访者。不仅要注意对方的言语内容,更要注意非言语线索(如声调、表情、姿势等)所透露的情感信息。

(3) 回到自己的世界里来。把自己从来访者那里知觉和体会到的东西进行识别、分辨和理解。

(4) 以言语或非言语方式把辅导者接收到的东西表达出来。有些时候,仅仅把对方的意思和感受准确表达出来即可,偶尔也可以比对方更深一些,或加一点辅导者的理解和解释。

(5) 在反应的同时留意对方的反馈性反应。关键看对方是否感到辅导者准确地理解了自己,因为辅导者的同感可能出错,对方的反馈是纠正错误的重要信息。

发展同感能力,应注意三个方面:① 内容,即对来访者所陈述的事实、观点、情况等是否有准确了解;② 来访者的感受,这是其情绪或情感的体验,它们可诉诸语言如"我觉得悲伤""我好难过"来表达,但更可能是通过来访者的表情、声调和姿势动作来表达;③ 对感受体认的程度,即是否全面、准确地把握了来访者的感受,高水平的反应往往比来访者表达出来的还全面、准确。

(二) 接纳和尊重

1. 接纳和尊重的内涵

接纳,也称为积极关注或无条件关注。它是辅导者对来访者的一种态度,对其整体性接纳,即对他个人整体的关切。尊重通常有"赞同"、"敬仰"的意思,有较强的道德评判色彩。

接纳与尊重有密切联系,有的学者认为它们是同一态度的不同方面,或认为接纳为尊重的前提,有了接纳才会较自然地表现出尊重;而只有尊重来访者的个性和特殊性,才能达到真正的"无条件接纳"。

有的来访者存在这样、那样的问题,如何能让人"无条件接纳"呢? 接纳虽说包括来访者的缺陷,但只是说咨询者能够宽容、理解这些缺陷,而不是说必须赞成。辅导者应该深信来访者身上潜在的积极力量,他将能够克服缺陷,走向成长。在这种总体性接纳关怀的态度下,辅导者可以对来访者的劣行感到厌恶,甚

至直接表达反感,但辅导者对来访者本身则应保持仁慈关爱之心,达到这样一种境界,就是无条件接纳。辅导者应有超乎常人的品质,即能超越个人价值观、欲求和利害计较的仁爱之心,这样,接纳就是顺理成章的事。

2. 接纳和尊重的表达技巧

心理辅导者对来访者接纳和尊重的表达技巧主要包括如下几个方面:

(1)对来访者保持非评价、非批判态度。心理辅导者可以不赞成来访者的某些消极品质和行为,但那仅仅是针对其某些行为,而不是对其作为人的价值的否定。

(2)接受个别性。能够容许来访者按自己的方式去探索解决困难,不强求来访者按自己的希望去生活,不把自己的价值观、行为准则强加于人。心理辅导者可以对来访者与自己不同的看法或打算表示理解和尊重,但不一定赞成。

(3)平等、非权威主义。这是心理辅导者特别要注意的一个问题,不要认为以支配的、权威主义的态度对待来访者,可以使其对自己的能力和专业形象产生信赖,从而增强自己的影响力。这种权威主义态度可能会助长来访者的无能感和依赖性,这与咨询目标是背道而驰的。

(4)创造一种温暖的氛围。来访者都希望心理辅导者有经验、有能力,但同时又能让人感到温暖、亲切。许多心理辅导关系在一次会见后就中止,一个重要原因就是由于辅导者冷冰冰、公事公办的态度。温暖可以通过语调、表情、姿势、动作等非言语线索来表达,可以用微笑、点头、专注来传达辅导者的接纳。微笑代表亲和,常常能解除人际关系中的胶着状态,增加活泼生动的气氛,是增进感情的营养剂;微笑无需成本,却创造许多价值。点头表示信任和鼓励,使对方感到亲切,并乐于表露自己的思想,无形中拉近了距离。专注,通常通过面部表情、身体位置和动作及口语的反应来表达。一般来说,当对方倾诉时,心理辅导者要善于利用目光参与交流,比如表达安慰时,目光要充满关切;辅导者的坐姿要注意身体稍向前倾,以示亲切与亲近;在作解释、指导、概述时,应尽量保持平和的语气,给来访者稳定、自信、可靠的感觉。

(三)真诚

1. 真诚的内涵

真诚是指心理辅导者应坦诚面对来访者,开诚布公、直截了当地与来访者交流自己的态度和意见。也就是说,真诚就是要求心理辅导者放下种种角色面具(如教师、心理咨询人员等),以自己本来的面貌出现在来访者面前。因此,真诚的核心是表里如一。

但是,在心理辅导过程中要真正做到真诚,却比较困难。"逢人且说三分话,未可全抛一片心",个人的生活经验是待人不可以过于真诚,应该学会保护自己,隐藏真实想法和动机。心理辅导过程中所要求的真诚态度,并不是"表演"出来的,而是心理辅导者在生活中一以贯之的待人品质。事实上,真诚是无法表演的,它是一种"发乎其中,而形于其外"的态度体验,这就要求心理辅导人员在生活中必须是一个真诚的人。

真诚在心理辅导中的意义如下:

(1)真诚的态度能带来信任感、安全感和更开放的交流。心理辅导者以坦诚待人,会让对方感到自己可以信任,可以交心。因为人们倾向于认为,"人以诚待我,我也应以诚相见"。这样就会营造一个安全、自由的交谈氛围,有效地促进来访者进行内心探索。在心理辅导者的真诚面前,来访者可以坦白表露自己的软弱、失败或过错而无须顾忌。

(2)真诚提供的榜样作用能产生治疗效果。心理辅导者坦白、开放的待人态度对来访者能产生一种吸引力,来访者也希望自己能像辅导者那样坦坦荡荡地生活,不需要随时随地提防他人、琢磨问题,就会感受到轻松自在。来访者的许多问题也往往是与其人际交流的表面性、虚假性有关,而真诚的咨询关系能让来访者获得切实的感受和体验,并可能去模仿和内化,从而起到促进其改变的积极效果。

2. 真诚的传递技术

心理辅导者向来访者传递真诚的技术主要包括如下两点:

(1)自我表露。指心理辅导者自愿、适度地将自己的真实感受、经历、观念等拿来与来访者分享。这可促进双方的人际互动,建立和维护良好的心理辅导关系,从而影响来访者和辅导过程。有研究证明,心理辅导者的自我表露可以使来访者表露得更多,感到会谈更有兴趣和吸引力。心理辅导者的自我表露有两种形式:一种是表明自己当时对来访者言行的体验,例如,"我很高兴你今天能一个人来这里,而不再让你母亲陪着你来";另一种是告诉来访者自己过去与他相似的一些经历,例如,"你说你感到一种可怕的孤独,我可以想象得出,我上高中时也有过类似的体验"。但是,自我表露不能离开会谈的主题,不然就可能变成咨询者的自我炫耀或自我发泄。

(2)言行协调技术。指调动和运用非言语技术来传递真诚,并使言语传递与非言语传递相互配合、协调一致。一些研究表明,人们进行信息加工处理所得信息的总体效果,言语信息占7%,声音信息占38%,面部表情占55%。也就是说,当人们发觉对方的言语行为和非言语行为不一致时,人们宁愿相信非言语行为,而不会相信言语行为。这也说明了心理辅导中言行协调一致的重要性,尤其是真诚,更强调表里如一、心口一致。心理辅导者需要经常留意和控制自己的一举一动、一言一行,尤其是那些下意识的动作和习惯。

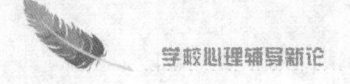

第二节 心理测验的应用技术

在学校心理辅导活动中,通过恰当的心理测验,辅导者可以确认对来访者的印象和直观感觉,可以察知对来访者的认识盲点,可以发现来访者潜在的素质倾向。而恰当的心理测验也为来访者提供了自我洞察、自我体味的良好机会,使自己模糊不清的问题变得更加明确,增强其探究内在世界的动机。因此,对于学校心理辅导者来说,掌握科学的心理测验应用技术具有重要意义和实用价值。但是,《纲要(2012年修订)》明确指出,开展心理辅导必须"谨慎使用心理测试量表或其他测试手段,不能强迫学生接受心理测试,禁止使用可能损害学生心理健康的仪器,要防止心理健康教育医学化的倾向"。

一、心理测验概述

(一)心理测验的含义及其种类

心理辅导、心理咨询与心理治疗工作离不开心理测验。心理测验是根据一定的心理学理论与统计学原理,按照一定的操作程序对人的心理行为进行标准化测定的技术。心理测验是心理学各个领域理论研究和实际应用的重要手段。就学校心理辅导工作而言,心理测验可以为鉴定和评价青少年学生的心理健康状况提供科学的信息,为解除其心理问题、增进其心理健康提供决策参考。

心理测验的种类很多,主要分为以下几种:

1. 能力测验

能力测验包括一般能力测验即智力测验,特殊能力测验如艺术能力测验、创造力测验。

2. 成就测验

成就测验也叫学绩测验,它主要是测量经某种教育或训练之后,对知识和技能的掌握程度。成就测验可以分为成套检查测验、诊断检查测验、单科检查测验、诊断测验和预测测验等。

3. 人格测验

人格测验是测量个性心理特征中除了能力以外的所有特征即气质、兴趣、态度、性格等的测验。人格测验方法中最常用的是问卷法和投射法。问卷法又称为自陈问卷,学校心理辅导中常用的临床诊断量表即归于此类。投射法的最大特点是测量目标的隐蔽性,如罗夏墨迹测验。

(二) 常用的心理测验量表简介

1. 韦氏智力测验

这是由美国的韦克斯勒(D. Wechsler,1896—1981)于 1939 年开始主持编制的系列智力测验,是目前世界上应用最广泛的智力测验量表,包括韦氏儿童量表、韦氏成人量表。

以韦氏成人智力量表(WAIS)为例,它包括 11 个分测验,其中 6 个组成言语量表,5 个组成操作量表。言语量表的内容是:① 常识;② 背数;③ 词汇;④ 算术;⑤ 理解;⑥ 类同。操作量表的内容是:① 填图;② 图画排列;③ 积木图案;④ 拼图;⑤ 数字符号(译码)。

2. 瑞文推理能力测验

瑞文测验是英国学者瑞文(J. C. Raven)于 1938 年设计的非文字智力测验,可用于智力诊断和人才选拔,共有 60 题。除常见的瑞文一般推理能力测验外,还有瑞文高级推理能力测验、瑞文彩色推理测验。

3. 艾森克人格问卷(EPQ)

该问卷由英国艾森克教授领导编制,分别用 E(内—外向性)、N(神经质,即情绪稳定性)、P(精神质,亦称倔强性)和 L(掩饰性,即说谎分)计分。其中 E、P、N 分别代表人格的三种维度,它们彼此独立。

4. 16 种人格因素测验(16PF)

卡特尔(Cattell)及其同事采用系统观察法、科学实验法及因素分析法确定了 16 种人格特质,并据此编制了测验。测验共 187 题,所测人格特质分别为:① A 乐群性;② B 聪慧性;③ C 稳定性;④ E 恃强性;⑤ F 兴奋性;⑥ G 有恒性;⑦ H 敢为性;⑧ L 敏感性;⑨ L 怀疑性;⑩ M 幻想性;⑪ N 世故性;⑫ O 忧虑性;⑬ Q1 实验性;⑭ Q2 独立性;⑮ Q3 自律性;⑯ Q4 紧张性。此外,还可根据有关公式,得出 8 个次级因素:① 适应与焦虑性;② 内向与外向性;③ 感情用事与安详机警性;④ 怯懦与果断性;⑤ 心理健康者人格因素;⑥ 从事专业而有成就者人格因素;⑦ 创造力人格因素;⑧ 在新环境中有成长能力者人格因素。

5. 爱德华个性偏好测验(EPPS)

爱德华个性偏好测验又称个人倾向量表,是依据美国哈佛大学教授默里(H. A. Murry)于 20 世纪 30 年代提出的构想,1953 年由爱德华设计出来的。默里认为,人有 15 种需要,需要程度因人而异,这些需要可以通过一些题目加以测量。

EPPS 共有 225 题,所测 15 种需要是:① 成就;② 服从;③ 秩序;④ 表现;⑤ 自主;⑥ 亲和;⑦ 省察;⑧ 求助;⑨ 支配;⑩ 谦逊;⑪ 慈善;⑫ 变异;⑬ 坚毅;

⑭ 性爱；⑮ 攻击。

6. 明尼苏达多相人格测验(MMPI)

该测验是美国明尼苏达大学教授郝兹威(S. R. Hawthway)与莫金利(J. C. Mckinley)于20世纪40年代编制的，在人格鉴定、心理疾病的诊断、治疗、心理咨询以及心理学、人类学、医学的研究工作中有着广泛的应用，是当今人格量表中使用最广泛而且最受研究者重视的一种。MMPI采用经验法编制而成，共有566个自我报告形式的题目，其中16个为重复题。题目的内容范围很广，包括身体各方面的情况、精神状态以及对家庭、婚姻、宗教、政治、法律、社会等问题的态度。

MMPI的临床量表有10个：① 疑病(HS)；② 抑郁(D)；③ 癔病(HY)；④ 精神病态(PD)；⑤ 男性化—女性化(MF)；⑥ 妄想狂(PA)；⑦ 精神衰弱(PT)；⑧ 精神分裂(SC)；⑨ 轻躁狂(MA)；⑩ 社会内向(SI)。此外，还设置了4个效度量表去识别不同应试态度或反应心向。这4个量表是：① 说谎分数(L)；② 诈病分数(F)；③ 校正分数(K)；④ 疑问分数(Q)。

7. 中国中学生心理健康量表

该量表由王极盛编制，主要包括60个项目，测查包括10个因子：① 强迫症状；② 偏执；③ 敌对；④ 人际关系敏感与紧张；⑤ 抑郁；⑥ 焦虑；⑦ 学习压力感；⑧ 适应不良；⑨ 情绪不稳定；⑩ 心理不平衡。

8. 康奈尔健康问卷(CML)

康奈尔健康问卷由美国康奈尔大学设计，旨在对一个人的健康做出全面的评价，包括身体情况、心理状态和社会适应能力诸方面。该问卷195题，内容涉及躯体和精神症状以及既往家史和行为习惯等四个方面。由于该测验是对躯体和心理(如适应不良、抑郁、焦虑、敏感、易激惹、紧张等)两方面的健康症状测量，故在心理咨询与治疗中有重要作用。

9. 加州心理量表(CPI)

加州心理量表是一个类似MMPI的经验效标问卷。CPI主要是用于测量正常人格维度。测验由462个项目组成，包含了20个量表，其中含3个测验受试态度的效度量表。这3个量表是幸福感(W)、好印象(G)和从众性(C)，分别测查被试是否装好、装坏或作随机反应。17个临床量表是基于人格的"通俗"概念编制的，用于测量心理学家和普通人群都能清楚理解的人格维度。

10. 罗夏墨迹测验(RIT)

该测验由瑞士精神病学家罗夏编制，是使用较广泛的人格投射测验。这类测验主要通过观察被试在看多种墨迹图片时的不同反应，以对他们潜在的人格倾向进行判断。该测验共包括10张墨迹图片。在10张图片中，有5张是黑白的,有2张除黑白外,还有红色墨迹,其余3张则为淡彩色。每张图片上的墨迹都是对称的。RIT的计分和解释较为复杂,应由受过专门训练的人来进行。测试中,对每一个反应,通常从反应的部位、反应的决定因素与反应的内容三个方面来计分、解释。

二、心理测验实施技术

(一)测验选择技术

在心理辅导中所使用的心理测验量表或问卷,要保证其科学性和适用性。在选择心理测验时,应注意以下问题:

(1)所选择使用的测量工具必须是由相应领域的心理学家按照一定的标准化程序精心编制,并经过多年探索与修订后趋于成熟和完善的量表或问卷。只有保证测验编制过程的标准化,才能保障测验有较高的信度和效度。

(2)要充分了解测验的理论基础、性质和功能。不同的心理学家在编制量表时所依据的理论基础不同,所测内容的定义、观点、维度及概念系统也不同。即使两个量表的名称相近,看似测量相同内容,也可能针对完全不同的心理特点。

(3)要注意心理测量量表的适用性。很多心理测验量表有其特定的适用范围。其范围往往在量表编制时就已经确定。依据测查目标,适合于该测验的被试团体成为目标群体。心理测验量表只有当被用于目标群体时才能显示其效能。因此,在选用测验工具时,需要考虑其适用人群,还要注意测验工具的本土化问题,尽可能使用本土化程度较高的测量工具,以增加其适用性。

(4)要注意心理测验常模的"近时性"问题。一般而言,每隔5年常模就会失去可比性。如果不注意这个问题,得出的结果必然不尽如人意,甚至贻笑大方。

(二)测验实施技术

心理测验的基本原理是通过观测受试者在测验情境中的行为样本推断其平日的一般行为。换句话说,根据测验分数可以预测被试可能具有何种心理特征,或可能做出哪方面的行为反应。但测验分数不仅决定于测量工具本身,也受到测验过程的影响。

(1)测验主试要熟练地掌握施测程序,熟悉测验内容,掌握施测步骤和计分方法;

(2)测验主试要熟记测验指导语并能用自己的语言流利清楚地表达出来;

(3)测验的条件要严格遵照标准化测验的要求,进行心理测验时,务必排除外界一切干扰;

(4) 测验时,应注意稳定来访者的情绪,测验主试可以利用保证测验结果高度保密或鼓励作答等方法来消除来访者不必要的过强的测验焦虑;

(5) 施测者应与来访者建立良好的协调关系并设法努力引起来访者对测验的兴趣,取得合作,以保证其能按照标准测验指导语行事;

(6) 在做能力测验时,应要求来访者注意当前的任务,并要求他尽最大的努力来完成测验;在做人格测验时,应要求来访者坦率而诚实地回答问题;

(7) 切实保证评分过程的标准化。

三、测验结果的解释技术

在学校心理辅导中,心理测验只是一种鉴别被试心理特点的手段,为后续的心理咨询提供依据,而不应成为最终目的。如何向来访者报告测验分数,使其更准确地理解分数的意义是至关重要的问题。

(1) 在向来访者解释测验结果时,要使用来访者能理解的语言;

(2) 要让来访者理解,测验分数只是一个估计值,应以"一段分数"来解释,而不应以"特定的数值"来解释;

(3) 通过解释测验结果达到心理咨询的目的,但不要做过于技术性的专业解释;

(4) 如果所使用的是常模参照测验,应让来访者知道自己是在和什么常模团体进行比较;

(5) 要考虑测验分数可能会给来访者带来何种影响,避免来访者因分数不理想而产生自卑心理;

(6) 报告测验分数时,要设法了解来访者的心理感受,并采用适当的措施加以引导,使其能以积极的心态对待测验结果。

(7) 心理测验的结果要迅速归档,并设专人保管,对无关人员高度保密,以免对来访者造成负面影响。

第三节 心理咨询的会谈技术

对于学校心理辅导人员来说,每一次辅导都是一次会谈,并通过会谈来达到影响和帮助来访者的目的。有效的会谈需要成熟的专业技术和高超的交流技巧,因此要提高辅导效果,就必须掌握会谈技术和交流技巧。

一、心理咨询的会谈概述

会谈是两个或两个以上的人之间的信息交流,它是心理咨询与辅导的基本形式和手段。会谈的信息交流可分作两个方面来讨论:其一是信息的性质,其二是信息的传递方式。会谈中的信息主要有两种:一是认知性的,二是情绪情感性的。认知性信息主要包括事实、行为、观点、意见等,可以称之为内容;情感性信息主要包括心理感受、情绪、情感等,其共同特点是体验。信息传递的方式也有两种:言语的和非言语的。作为咨询与辅导人员在辅导过程中所做的事主要有两方面:一方面是接收、理解来访者的认知性信息和情感性信息;另一方面,对此做出反应,即发出言语信息和非言语信息。

会谈不仅仅是交流信息的过程,还是心理辅导者与来访者双方建立起具有特殊意义的人际关系的过程。

二、心理咨询的会谈技术

在心理咨询过程中,主要运用以下会谈技术:

(一)倾听

1. 倾听的内涵

倾听是咨询会谈的最基本技术。心理辅导者主要是运用听来开始咨询过程的,细心倾听能更有效地了解来访者存在的心理问题及内心世界,缩短双方的心理距离。因此,细心倾听是建立良好关系的决定因素,甚至可以说倾听本身就是一种治疗。有时,对某些寻求理解、安慰和宣泄的来访者而言,如果辅导者能充当一个良好的听众可能就已经足够,此时倾听便具有帮助和辅导的效果。

2. 倾听的技术要领

在心理咨询中,使用倾听技术通常有如下要求:

(1)倾听应有一个框架

这一般包括三个方面:一是来访者的经历,即到底发生了什么事,如谈到无缘无故被老师、家长或其他人批评了一顿,这就是他的经历;二是来访者的情绪,如谈到受批评后心里感到委屈,还有些愤怒;三是来访者的行为,如他谈到当时想不通,忍不住与老师顶了几句等。

(2)倾听与关注相结合

倾听不仅要理解来访者的言语信息,包括表层含义和深层含义,或者说字面之意与言外之音,还要关注、留意他的非言语信息,要深入到来访者的内心世界,细心注意他的所思所想、所作所为,注意他如何表达自己的问题,如何谈论自己及与他人的关系,如何对所遇到的问题做出反应。只有将倾听与关注这两个方

面结合起来,才能有完整、准确的理解。

(3) 倾听应该客观,摒弃偏见

倾听者对来访者要无条件尊重,在其诉说时,为获取完整的信息,对其谈话的内容不要表现出惊讶、厌恶等情绪反应;不要随便打断他的话,不要过早地做出反应与判断。带有偏见的倾听通常会使倾听的内容因过滤和选择而不全面、不准确,容易导致信息交流的歪曲或双方会谈的中断。

(4) 倾听者应敏锐地做出反应

倾听者要注意来访者在叙述时的犹豫、停顿、语调变化以及伴随着语言出现的各种表情、姿势、动作等,从而做出更完整的判断。辅导者为了对倾听加以引导,还需要借助言语和非言语的反应,如口头应答和表情动作、提问、鼓励等,以表示接纳、理解、同情和反馈。倾听最基本的作用在于鼓励来访者把其观念和感受表达出来,因此,倾听不是一种被动的活动,而是积极地对来访者传达的全部信息(包括目光接触、身体语言、空间距离、沉默、言语反应等)做出反应的过程。缺乏这些技巧,会谈和倾听将难以维持。当然,敏锐的反应并不是越多越好,而是要求倾听者机智灵活、自信果断地适时反应。

(二) 提问

1. 提问的内涵

会谈中的提问主要有开放式和封闭式两大类,各有不同的功能和特点。封闭式提问往往用"是不是""有没有"等形式,答案是简单且限定的,容易使谈话受限制,如"你喜欢你们那个班级吗?"。开放式提问往往用"你能不能谈谈……""怎么样……""除此之外还有什么"等句式表述,它的特点是对回答不作限定,能促使来访者引发某些话题,更自由地对有关问题、想法、情感、行为等进行详细的表述。如仍然询问有关对班级的态度问题,则可以问:"你能告诉我一些有关你们班的情况吗?"这种发问容易诱发交谈者的各种联想,便于采集多方面的信息。

2. 提问的技术要领

使用提问技术应注意以下几点:

(1) 多用开放式提问,少用封闭式提问

通过开放式的提问,辅导者可以了解与问题有关的具体事实、来访者的情绪反应、看法及推理过程等。要注意发问时的语气语调,不可显得过于咄咄逼人,否则会使对方产生疑虑,甚至对立。

(2) 使用"轻微鼓励"

轻微鼓励是指在谈话过程中,辅导者可经常借助一些短语"嗯、噢、是这样、还有吗"或复述来访者谈话中的一两个关键词或语气词或者点头、注视等表情动作来完成,以支持对方往下说。例如:

来访者:"我把什么都说了,可老师就是不相信!"
辅导者:"不相信?"

轻微鼓励的首要作用是表示出对来访者的接受,对所谈的内容感兴趣,希望不要中断等意思,支持来访者继续说下去。这是最简单的技巧之一,却能使辅导者得以进入来访者的精神世界。

(3) 封闭式提问不可连续使用

一连串的"我问,你答"易使来访者感到对方主宰着会谈,而把解决问题的责任转移给辅导者;来访者往往变得沉默,不问就不说话,停止其自主探索,甚至降低对辅导者的信任度。

(4) 开放性的问题要慎用"为什么"

因为有时来访者对问题的原因并不很清楚或感到难以表达,有时对问题原因的解释可能会触及其秘密和隐私;当咨询关系还不够成熟时,就不能保证其回答的真实性,反而会为以后的咨询或辅导带来困难。

(5) 不要连续提问

如果提问后来访者谈出一些重要的信息,辅导者应该做出同感反应,而不要接着提问。因为同感能促使来访者进一步探索自己。

(6) 要善于运用积极性提问

积极性提问是指能使来访者以积极心态进行回答的提问。例如,一些来访者常诉说"我不能集中注意力学习""我不能在人多的场合发言",问其原因又回答不出。这时,辅导者就可以这样提问:"如果你能这样做的话,你会怎样呢?""你感觉是什么原因妨碍了你正常的学习?"这样的提问能引起对方一系列相对较为积极的内心体验和行为意象,有利于他以一种新的状态去做出回答。

(7) 避免判断性提问

带有判断性的提问往往包含着辅导者本人对来访者的某种评价,例如:"你父母代你填写理工科的志愿,是关心你,有什么错呢?你这样对他们发脾气应该吗?"这样发问,来访者就会认为辅导者不但不理解他,还站在父母一边教训他,内心就会产生不满,这必然会给后面的咨询带来不利影响。又如:"这种想法是错误的,我认为应该……,你说是不是?"这种直截了当地、对来访者的谈话内容予以否定的问法更不应该出现,它对会谈只能是有害无益。

(三) 释义

1. 释义的内涵

释义亦即说明,就是将来访者表达的主要内容、意思,用辅导者自己的话再反馈给来访者。但某些敏感性的词汇或一些重要的词语,最好用来访者自己的用语为好。重复有简单重复和变式重复两种,简单重复即重复来访者原话内容,

变式重复是重复原话中所得出的感受。释义通常采用"你说……是这样吗？""你的主要意思是……是吗？"的句式，主语一般都是用"你"，句末多是问句，例如：

来访者："我简直不能理解，他刚刚让我做这，一转身又要我做那。"

辅导者："你不明白他这样到底是什么意思，是吗？"

释义的作用主要包括：一是辅导者向来访者核对自己对对方所谈内容的理解程度，确保理解的准确性；二是对来访者起鼓励作用，支持他继续说下去；三是重复的主要是"关键词""引导词"，帮助来访者重新探索自己的问题，重新思考自己所谈问题之间的关系，重新审视和剖析自己所面临的困扰，把谈话引向深入。

2. 释义的技术要领

释义反应要掌握三个要领：① 听取来访者的基本意思；② 提纲挈领地向来访者复述基本意思；③ 观察来访者的反应，看他是否感到被准确理解了。由于释义不可避免地带有辅导者思想、观点的烙印，也就使得来访者有机会站在他人的角度反观自己言谈中的思想和观点。对那些需要做出某种抉择的来访者而言，释义就显得更加有意义了。

(四) 情感反映

1. 情感反映的内涵

情感反映就是心理辅导者用言语把来访者的各种体验、感受表达出来。这些感受是来访者感受到却并未清楚地意识到或未曾留意的。

情感反映的基本作用主要为：① 引导来访者注意和探索自己的感受和情绪体验，在意识水平上了解它们，重新面对和审视自己的情绪反应，清理、整合自己的情绪，达到对自己整体性的体验和认识；② 能起到稳定来访者会谈心情的作用。

情感反映和释义有时是分不开的，有许多共同之处。但释义侧重于对来访者所谈的事实、内容的反馈，而情感反映则着重于对来访者所透露出来的情绪的反映。

情感反映在表达时，常常用感受性的动词和情绪性的词汇，如"你觉得……""你心里感到……""你感到……是因为……"等句式，以便于核对。情感反映一般与释义结合起来使用，这是因为情绪往往是思想认识的结果。

2. 情感反映的技术要领

(1) 在运用情感反映的技巧时，辅导者自身首先要对人类丰富的情感有较深的认识，能够比较正确地定义某些常见的情绪情感，如愤怒、恐惧、高兴、悲哀、孤独、道德感等。

(2) 有时来访者可能根本说不清他的复杂而微妙的内心体验，或只说出了事情的经过，而没有说出他的主观情绪体验，但辅导者感受到了他内心的强烈情绪。对这样的来访者,就需要辅导者对这些情绪做出准确的感受反映。因此,来访者会深切地体验到被人理解的感觉,而辅导者才有可能向同感的境界迈进。

例如,单一的情感反映,辅导者:"你是说,你感到左右为难,烦恼不已,是这样吗?"情感反映与释义结合使用,辅导者:"你感到左右为难,烦恼不已,因为你妈妈的举止虽然很不雅,但……她又是你的妈妈。"

(五) 面质

1. 面质的内涵

面质,也称为对峙,就是让来访者面对自己暴露出的态度、思想、行为等方面的矛盾之处,与其对质讨论,以便使其澄清认识,达到对自己的透彻理解。面质不是对来访者认识和感受的直接的简单的反馈,而是更重视对方更深层次的动机与行为之间的矛盾。一般认为在以下情形中应进行面质:① 来访者的自我观念与他的理想自我不一致;② 来访者的自我观念(自我知觉和评价)与他的实际行为表现不一致;③ 来访者的自我体验与辅导者对他的体验和印象不一致;④ 来访者所谈到的体验、思想或看法前后不一致。咨询中出现的矛盾,有时来访者自己能意识到,只是有意掩盖不想暴露的某些方面;而有时来访者自己也没有察觉,这正反映了他本身的心理矛盾。

2. 面质的技术要领

面质有时会对来访者构成挑战,暂时会给来访者的心理平衡带来一定的危机,但这是一个更好地认识周围世界、建立新的反应系统、促进新的发展的过程。面质的技术要领主要包括:① 面质必须建立在良好咨询关系的基础上,因为对来访者来说,面质很可能是应激性事件;② 要注意面质的时间性,在来访者能承受和接受时才能使用;③ 面质最好是尝试性的,不要咄咄逼人,宜采取逐步接近要害的方式;④ 面质也不可用得过多,那样可能会损害咨询关系。

(六) 解释

1. 解释的内涵

解释,是指辅导者运用有关的心理学理论来说明来访者思想、情感和行为的实质、发展过程及原因、影响因素等,促使其从一个新的角度,借助于理论知识来加深对自身的认识和理解,进而做出积极的改变。对一些较复杂的问题,不仅需要对有关问题的形成原因及性质做出解释,而且需要对促使问题发生积极变化的基础和可能性做出解释。因此,解释被认为是一种非常重要的影响技术。

解释一般有两种:一种是根据辅导者个人的经验及对来访者问题的了解与分析得出的;另一种是根据不同的心理咨询与治疗的理论,对来访者的问题做出的解释。不管哪一种解释,其目的都是为了帮助来访者从另一个视角对自己所遇到的问题有新的认识。辅导者必须掌握有关理论,具有一定的工作实践经验,才能对问题做出恰当的解释。其次,要针对不同来访者的具体问题,灵活而富有创造性地进行思考和表达,而不是生搬硬套、牵强附会。

2. 解释的技术要领

运用解释时要注意以下几点:

(1) 解释应因人而异。如对文化程度较高的来访者,解释应该系统而全面,而对文化程度较低的来访者,解释则应尽量通俗而浅显。

(2) 解释不宜多用。一般认为,一次会谈中,运用得当的解释不应超过三个,这是因为解释过多往往会使来访者感到难以接受。

(3) 解释不应该强加给来访者。即使解释合理,但如果对方一时不能接受,心理辅导者应分析其中的原因,不能以权威自居,强迫来访者接受。

(七) 沉默

1. 沉默的内涵

沉默指的是会谈过程中来访者停顿数十秒或数分钟不讲话的情况。沉默的原因有多种:为了整理自己的思想,回想谈到哪了,话题已经谈尽,涉及隐私没有勇气谈,觉得厌倦不愿再谈,等待辅导者讲话,表示抗拒或拒绝,等等。心理辅导者要善于分辨沉默的原因,从而采取针对性的解决办法。由来访者引起的沉默一般可分为如下三种:

(1) 领悟性沉默

这是来访者对刚才的谈话、刚刚发生的感受的一种内省反应。"目光凝视空间某一点"是领悟性沉默的典型反应。此时来访者其实并未看什么,而是沉浸在自己的思绪或感受之中。这时候心理辅导人员最好也保持沉默,也不要有引人注目的动作,以免分散对方的注意力,但要在等待中注视对方。这样做意味着心理辅导者了解对方内心正在进行的思考活动,以自己的非言语性行为为对方提供所需的时空,这将成为富有收获的时刻。辅导者的沉默,是一种鼓励,让来访者掌握继续思考或交流想法的主动权。

(2) 自发性沉默

自发性沉默往往来自不知下面该说什么的时候。咨询的初始阶段往往会出现这种现象。这时,来访者的目光是游移不定的,也可能会以征询、疑问的目光看着心理辅导者。这时双方都会感到压力,沉默时间越长,压力越大,也越紧张。辅导者宜立即有所反应,可以这样发问:"你可以告诉我现在正在想什么吗?""你还有什么要说的吗?"以填补空白。

(3) 冲突性沉默

这种沉默可能由于害怕、愤怒或愧疚引起,也可能因为内心在进行某种抉择(如选择话题、表达方式等)。由于它是内心冲突造成的,就比较难把握。它可能是对将要说出的事感到难堪,难以出口;或不知自己的话该不该说,有无必要说,要不要表达不同的看法以反驳心理辅导者;用什么方式比较妥当等。冲突性沉默常伴随着较强的情绪体验,如羞耻、害怕、委曲、愤慨等。因此辅导者要注意和分辨来访者的情绪表现,针对不同的情况给予鼓励、保证,主动说明自己的看法等。如果一时难以判断,就应以鼓励、抚慰、坦率为反应原则,以真诚的态度和来访者相处,向来访者表明不管是什么,也不管是否重要,辅导者都准备倾听,并且愿意正视和解决这个问题。例如:"我感到你有些为难,我想知道那是什么。""你似乎在以沉默告诉我什么,为什么我们不直接谈它呢?"

2. 沉默的技术要领

沉默不是空白。沉默可能是咨询过程中的一种危机,但也可能是一种契机。沉默传达了许多信息,它有时是激战前的寂静、黎明前的黑暗,有时则是问题的爆发或无声的交流。心理辅导者对此不必回避,而要正视和面对沉默,很好地利用沉默,把握机会仔细分析,跟踪追击,往往会有所突破,收到很好的效果。

(八)建议与指导

1. 建议与指导的内涵

建议是辅导者提供一些参考信息,以协助来访者进行认识或做出决策。建议在有关青少年学生升学、就业的心理咨询中使用非常广泛。辅导者可以通过测验获得来访者的能力倾向、职业兴趣和价值观方面的资料,然后提出有关的建议。

指导是指辅导者直接告诉来访者去做某事、如何做,并鼓励他去做。指导是一种极具影响力的会谈技巧,在咨询的各个阶段都可以使用。例如,在评估问题、商定目标阶段,咨询者可以指导来访者的言行做出某种改变:"请你将'我的成绩实在不好'改为'我希望自己的学习成绩在班里'……",这能使来访者清晰地理解自己的目标。

建议与指导通常采用"我希望……""如果你能……就会更好""你不妨……"等句式。

2. 建议与指导的技术要领

提供建议时,应该注意以下几点:

(1)建议要明确、具体,便于来访者理解和执行。提出建议应以良好的咨询关系为基础。

(2)措辞应该委婉。生硬的措辞显得缺乏尊重,常会使人产生抵触心理。

(3)建议不宜过多。过多、过于主动地提出建议,即使是一片好心,也可能会使当事人产生反感,难以接受。

(4)建议不应强加给来访者。建议应从来访者的利益出发来考虑,并尽可能地说明所提建议的依据,以便对方接受。如果对方一时难以接受,咨询者应仔细寻找原因,提出另外的建议,切不可一味坚持自己的意见。

需要说明的是,有些理论学派和学者不赞成在咨询过程中为来访者提供建议和指导,而强调"非指导性原则"。在中国特定的社会文化条件下,起码对中小学生而言,咨询过程中的建议和指导是不可缺少的。

(九) 总结

1. 总结的内涵

总结是当会谈的一个自然段落完成或一次会谈结束之前,把双方所谈的主要内容、辅导者自己的观点等加以概括。它既可以用于会谈中划定一个小的段落,也可用于会谈结束前,还可以用于其他情境中。这可以使得整个咨询过程层次分明、脉络清楚,给来访者留下深刻印象。

2. 总结的技术要领

(1) 在总结时,给来访者一种过程感,感到在探索问题、情感及原因方面正取得进展,使双方明确我们已经做了些什么;

(2) 在总结时,让双方对前一阶段的会谈内容有一个重新审视的机会,看看是否有遗漏和理解不清的地方,同时强调已得到的认识,加深印象,来访者通过这次审视也许能更好地认识自己或补充资料;

(3) 在总结时,要为下一步会谈的主题做好准备。

有时,总结概括这一工作也可请来访者参与或由其完成。当然,辅导者也可以用提问的形式来进行指导,如"通过几次咨询,我们做了哪几项工作",在此基础上,辅导者再作补充或修正,这样效果比较好。

第四节 心理危机的干预技术

《纲要(2012年修订)》指出,开展心理健康教育,要"坚持发展、预防和危机干预相结合",要"注重预防和解决发展过程中的心理行为问题,在应急和突发事件中及时进行危机干预"。由于种种客观和主观原因,青少年学生遭遇心理危机在所难免。学校心理辅导人员要掌握心理危机干预技术,指导处于危机中的青少年学生把握现状,重新认识危机事件,尽快恢复心理平衡,顺利渡过危机,并掌握有效的危机应对策略。

一、心理危机及其产生原因

心理危机简称危机,是指个体面临重大生活事件如亲人死亡或自然灾害时,既不能回避,又无法用通常解决问题的方法来应对时所出现的一种心理失衡状态。危机往往是在短时间内许多迅猛的变化一起发生,人们先前已有的适应方法和惯常的防御机制已无法应付,巨大的压力使人陷入困境,惊慌失措的情绪瓦解了心理的平衡,最终导致其心理结构的颓败和心理防线的崩溃。在危机爆发前,当事人一般已尝试过多种解决办法却毫无效果。中小学生易于发生的危机情境一般有出走、自杀和性侵害等。

中小学生危机形成的原因一般包括:① 家庭变故(父母死亡、离婚或被监禁,父母再婚)或家庭的冲突所导致;② 学习或学校中的某些事件使他感受到无法承受的压力,或失去了对他来说具有重要意义的事物,如自尊心、成就感等;③ 从小受溺爱或过度保护,不易合群,环境适应不良;④ 缺乏应对紧张、挫折、意外等情境的经验,极度焦虑而又无力处理。

二、心理危机干预的步骤及模式

(一) 心理危机干预的基本步骤

心理危机干预又称危机介入、危机管理或危机调解,是给处于危机中的个体提供有效帮助和心理支持的一种技术,通过调动其自身的潜能来重新建立或恢复到危机前的心理平衡状态,获得新的技能,以预防心理危机的发生。

危机干预没有统一固定的程序,但一些基本步骤是共同的。Gilliland 和 James 提出了危机干预六步法:① 确定问题。从求助者角度,确定和理解求助者本人所认识的问题。② 保证求助者安全。在危机干预过程中,危机干预者要将保证求助者安全作为首要目标,把求助者对自我和他人的生理、心理危险性降到最低。③ 给予支持。强调与求助者的沟通和交流,使求助者感到危机干预者是完全可以信任,能够给予其关心帮助的人。④ 提出并验证变通的应对方式。危机干预者要让求助者认识到有许多变通的应对方式可供选择,其中有些选择比别的选择更合适。⑤ 制订计划。危机干预者要与求助者共同制订行动步骤来矫正求助者情绪的失衡状态。⑥ 得到承诺。让求助者复述所制订的计划,并从求助者那里得到会明确按照计划行事的保证。

(二) 心理危机干预的基本模式

心理危机出现前、心理危机过程中和心理危机处理后的干预方式和重点各不相同,三者结合在一起,组成心理危机干预的基本模式,如图 6-1 所示。

```
心理危机出现前 → 心理危机过程 → 心理危机处理后
      ↓              ↓              ↓
  心理健康教育      心理热线援助      团体心理辅导
  生活适应指导      认知方式辅导      后期心理干预
  良好个性培养      行为方式辅导      心理压力调适
 (以心理自助为主) (以心理他助为主) (以心理互助为主)
```

图 6-1 心理危机干预的基本模式图

三、心理危机干预的技术要领

根据求助者的不同情况和危机干预者的所长,采取相应的心理干预治疗技术,如行为治疗、认知治疗、短程动力学治疗。一般来说,危机干预主要包括支持技术和干预技术。

(一) 支持技术

由于求助者在危机开始阶段焦虑水平比较高,应该尽可能减轻其焦虑。通过疏泄、暗示、保证、改变环境等方法,一方面可以降低求助者的情感张力,另外也有助于建立良好的沟通和合作关系,为以后进一步的干预工作做准备。要注意支持是指给予情感支持,而不是支持求助者错误的观点或行为。

(二) 干预技术

危机干预是一种特殊形式的心理咨询和治疗,心理咨询的基本技术如倾听技术、提问技术、表达技术、观察技术是完全必需的。简单地说,干预的基本策略为:① 主动倾听并热情关注,给予心理上的支持;② 提供疏泄机会,鼓励求助者把自己的内心情感表达出来;③ 解释危机的发展过程,使求助者理解目前的处境,理解他人的情感,建立自信;④ 给予求助者希望,使其保持乐观的态度和心情;⑤ 培养求助者的兴趣,鼓励其积极参与有关的社会活动;⑥ 注意发挥社会支持系统的作用,使求助者多与家人、亲友、同学接触和联系,减少孤独和隔离。

米歇尔(Michelle)于 20 世纪 70 年代提出了紧急事件应激报告(critical incident stress debriefing, CISD)。CISD 最初是为了维护应激事件救护者的身心健康,后被多次修改完善并推广使用,现在已经开始用来干预遭受各种创伤的个人,成为危机干预的一个基本工具。CISD 的方针是防止或降低创伤性事件症状的激烈度和持久度,迅速使个体恢复常态。它可以分为正式援助和非正式援助两种类型。非正式援助由受过训练的专业人员在现场进行急性应激干预,整个过程大约需 1 小时。正式援助型的干预则分 7 个阶段进行,通常在危机发生的 24 小时或 48 小时内进行,一般需要 2~3 小时。具体包括:① 介绍期。指导者和小组成员进行自我介绍;指导者说明 CISD 的规则,强调保密性。② 事实期。要求求助者从自己观察到的角度出发,提供危机发生时的所在、所见、所闻、所为、所嗅等。③ 感受期。鼓励求助者暴露自己有关事件最初的和最痛苦的想法,从事实转到思想,开始将事件人格化,让情绪表露出来。④ 反应期。这是求助者情绪反应最强烈的阶段。当求助者谈到自己对事情的情感反应时,指导者要表现出更多的关心和理解。⑤ 症状期。确定个人的痛苦症状,可以从心理、生理、认知和行为等方面来描述。⑥ 教育期。让求助者认识到其躯体和心理行为反应在严重压力之下是正常的,是可以理解的;讨论积极的适应和应对方式;提醒可能的并存问题。⑦ 再登入。对前面的讨论进行概括,回答问题并考虑需要补充的事项,提供进一步服务的信息。CISD 提供了一个安全的环境让求助者用言语来描述痛苦,并有小组和同事的支持,而且在需要时能得到进一步的支持,对于减轻各类事故引起的心灵创伤、保持内环境稳定有重要意义。

对于学校辅导者来说,在面临学生的危机事件时,首先,必须有充分的思想准备,并要保持平静的心态和良好的自我控制力。由于危机干预中遇到的往往是意外的突发事件,心理辅导者若没有思想准备,或首次与陷入危机的学生接触,也会受到当事人骚动和紊乱的情感的影响,体验到某种危机感。这样干预者就无法有效地帮助当事人,甚至无法展开工作。平静姿态的传达,有两个作用:其一,它使干预者能有效地发挥作用,使情绪激动的当事人充分表达他们的恐惧和冲突;其二,平静和松弛的情绪状态也能感染别人,能微妙地帮助当事人稳住自己的情绪,有助于找到解决问题的方法。其次,鼓励当事人展开对话,使他能表达自己的情感和困境,干预者要确定是什么事情导致了当事人的问题,并要通过对其情绪的觉察和控制,消除其紧张与不安。进行危机干预时,还要区分不同的危机类型采取相应的对策:

(1) 哀痛危机。学生若因各种不幸事件悲痛欲绝而陷入危机,危机干预者应与其共同体验哀痛,避免可能发生的危险,防止抑郁症等不良后果,并要使其重建心理的平衡。

(2) 性侵害危机。危机干预者应将救急与防止后遗症的措施结合起来,同时可为受害者寻求社会和法律的帮助。

(3) 自杀危机。自杀危机的处理大致可分为两个阶段。第一阶段必须立即消除死亡的危险,如去除导致死亡的物品,设法暂时稳定当事人的情绪,尽快与当事人有亲密关系的人联系。心理辅导人员应尽快与有自杀危机的人建立信任的关系,使其感到自己的生命受到重视,辅导人员正积极地帮助他。第二阶段,通过心理咨询或治疗,帮助自杀者解决其面对的困扰,鼓励其建立更积极乐观的

人生观,改善其解决问题的能力,鼓励其多交朋友,建立自己的社会支持系统,增加对现实的眷恋,同时避免无意义的人际冲突和纠纷,注意处理好人际关系。

本章小结

在学校心理辅导过程中,采用适宜的专业技术才能取得应有的专业效果。本章主要介绍建立辅导关系的技术、心理测验的技术、心理咨询会谈的技术以及心理危机干预的技术。在学校心理辅导过程中,辅导者只有灵活掌握同感、接纳和尊重、真诚等心理技术,才能与来访者建立一种融洽、和谐、信赖的心理辅导关系;辅导者在了解常用的心理测验的基础上,正确掌握测验的选择技术、实施技术和测验分数的解释技术,才能为顺利开展心理辅导奠定基础;辅导者应掌握倾听、提问、释义、情感反映、面质、解释、沉默、建议与指导、总结等会谈技术,以切实提高心理辅导的效果;辅导者要掌握专业的支持技术和干预技术,引导青少年学生理智面对心理危机,顺利渡过危机期。学校心理辅导者只有熟练掌握心理辅导基本理论,并将之与实践相结合,才能灵活自如地使用心理辅导技术,取得事半功倍的效果。

关键词:心理技术;辅导关系;心理测验;心理咨询;心理危机;心理干预

第七章　青少年心理发展与心理健康

学习目标

1. 了解心理发展的特点及有关理论，掌握青少年认知、个性和社会性发展的一般特点；
2. 理解青少年心理健康的判断标准以及青少年常见的心理行为问题；
3. 理解影响青少年心理健康的主要因素，掌握维护和促进青少年心理健康的基本策略。

"青少年"一词的英文为"Adolescence"，来源于拉丁文"Adolescenre"，意为"成长为成年人"(grow up into adulthood)。通常这段时期被界定为十一二岁到十八九岁，是个体从童年向成年发展的过渡时期，与我国教育体系中的小学中高年级到高中阶段基本相对应。在这个阶段的发展变化中，第二性征的出现、生殖功能的发育成熟等方面的生理变化，使个体的心理和行为表现出与先前发展阶段质的区别。

第一节　青少年心理发展的一般特点

就人类个体一生的心理发展过程来看，青少年阶段具有十分重要的意义，苏联教育学家苏霍姆林斯基把这个时期称作个体的"第二次诞生"。经过青少年期的发展，个体的心理和生理均发生了较大的变化。理解青少年的身心发展特点，有助于教育工作者为青少年创设更适宜的成长环境，促进他们健康发展。

一、心理发展概述

（一）心理发展及其特点

心理发展是指从胚胎期开始一直到衰老死亡的生命全程中，个体心理由简单、低级水平向复杂、高级水平的发展变化，它着重揭示人类个体在各个年龄阶段的心理特征及其变化规律。

1. 心理发展的含义

发展是指随年龄增长而出现有顺序的、不可逆的且能保持相当长时间的变化，那些偶然、暂时、容易逆转的变化不属于发展。发展是个体在生理发育成熟和后天环境的作用下，整个反应活动日趋复杂和完善的变化过程。

青少年的发展包括生理发展与心理发展。生理发展包括大脑和神经系统的发育、身体外形的变化以及内部生理机能的改变等。心理发展包括认知发展和社会性发展，其中，前者是指青少年的感知、注意、记忆、思维、想象等方面的成长；后者包括青少年的情绪、人格、人际关系、性别角色等方面的转变。青少年阶段，个体的心理发展处于一个巨变的时期，是发展心理学家重点关注的一个阶段。

2. 心理发展的特点

概括起来，心理发展具有以下一些鲜明的特点：

（1）连续性与阶段性

个体心理发展表现出既具有连续性又具有阶段性的特征。心理发展的连续性，是指发展是渐进式的，只有量的累积而没有阶段性的质变，个体整个的心理发展是一个持续不断的变化过程。心理发展的阶段性，则是指跳跃式的发展，具有阶段性的质变，心理变化要依次经过不同的时期，同时每一时期又有相对固定与其他时期不同的心理特性。

（2）方向性和不可逆性

在一般情况下，心理发展具有一定的方向性和先后顺序，既不能逾越，也不会逆向发展。

（3）不平衡性

个体从出生到成熟体现出多元化的发展模式，主要表现在不同系统在发展速度、起始时间、达到的成熟水平不同，同一机能系统特性在发展的不同时期有不同的发展速率。

（4）心理发展的普遍性和差异性

人类的心理发展具有一些普遍的规律，总是要经历一些共同的基本阶段。与此同时，个体心理在发展的进程、内容、水平等方面又具有各自的特殊性，每个人的发展优势、发展速度、发展达到的水平往往千差万别。

(5) 心理发展的关键期

人类的某些行为、能力的发展与植物、动物的发展一样,也有一定的最佳时间,此时良好环境的刺激会促使其行为与能力得到更好的发展,反之则会阻碍其正常发展,甚至导致行为与能力的缺失。

(二) 心理发展的理论

研究者根据不同的发展维度,对发展的阶段进行了划分。但不论采取何种区分标准,发展的心理年龄特征总是具有一定的整体结构性,既表现在个体成长过程中主导的生活事件和活动形式上,也表现在个体的智力与人格发展等方面。这里介绍两个影响较大、具有代表性的心理发展阶段理论,即埃里克森的心理社会发展阶段理论和皮亚杰的认知发展阶段理论,以此说明个体的心理特征与年龄之间的密切关系。

1. 埃里克森的心理社会发展阶段理论

埃里克森(Erik H. Erikson,1902—1994)的心理社会发展阶段理论认为,逐渐形成的自我过程,在个人及其周围环境的交互作用中起着主导的和整合的作用。埃里克森把个体从摇篮到坟墓的人格发展过程划分为八个阶段,每一个阶段都面临着一个核心的心理社会危机。这八个阶段的顺序由遗传决定,每个阶段都不可逾越,但经过时间的早晚因人而异,并且环境决定了个体能否顺利度过每一阶段,因此该理论被称为心理社会发展阶段理论。每一个发展阶段所对应的年龄、面临的心理危机或发展任务、发展的结果见表7-1。

表7-1 埃里克森的心理社会发展阶段理论

阶段	年龄	心理危机 (发展任务)	积极结果	消极结果
婴儿前期	0~1岁	信任/不信任	信任他人, 有安全感	与人交往焦虑不安
婴儿后期	2~3岁	自主/羞怯与怀疑	能自我控制, 行动有信心	自我怀疑, 行动畏首畏尾
幼儿期	4~5岁	主动/内疚	有目的方向, 能独立进取	畏惧退缩, 无自我价值感
儿童期	6~11岁	勤奋/自卑	具有求学、做事、 待人的能力	缺乏基本生活能力, 充满失败感

(续表)

阶段	年龄	心理危机 (发展任务)	积极结果	消极结果
青春期	12～18岁	同一性/角色混乱	自我观念明确，有追求	生活缺乏目标，时常感到彷徨迷失
成人前期	18～25岁	亲密/孤独	成功的感情生活，奠定事业基础	孤独寂寞，关系淡漠
成人中期	26～60岁	繁殖/停滞	热爱家庭，能投入工作	丧失工作兴趣，人际关系贫乏
成人后期	60岁以上	完美无憾/悲观绝望	随心所欲、安享天年	悔恨旧事，痛苦绝望

在埃里克森的发展理论中，发展过程不是一维性的纵向发展，而是二维性的横向发展，每一阶段实际上不存在发展与不发展的问题，而是发展的方向问题、好坏问题。该理论把自我的发展放到生物、心理和社会的相互作用中，建立了心理社会发展阶段理论，其中有关青少年自我同一性的发展问题，为解决青少年存在的吸毒、犯罪等种种心理社会问题提供了新的研究思路和理论指导。

2. 皮亚杰的认知发展阶段理论

皮亚杰(Jean Piaget，1896—1980)认为，心理发展过程是一个内在结构连续的组织和再组织的过程，由于各种发展因素的相互作用，儿童心理发展具有阶段性。每个阶段都有其独特的心理结构，这些心理结构是人的动作图式在环境教育的影响下，经过不断的同化、顺应、平衡的过程而形成。依据这些不同的心理结构可以把儿童心理或思维发展分为四个阶段。

(1) 感知运动阶段(0～2岁)：这是智力的萌芽期，是以后心理发展的基础。在这个阶段儿童只能依靠自己的肌肉动作和感觉来认识事物、获取经验，出现客体永久性，问题解决能力开始发展。

(2) 前运算阶段(2～6、7岁)：又称前逻辑阶段。这一阶段的幼儿已经能使用语言等心理符号表征外在事物，重建或再现以前或当前的经历，但尚未形成从事逻辑思维所需要的心理结构，还不具有运算思维的能力。他们的思维是表面的、原始的和混乱的，不具有可逆性，且以自我为中心。

(3) 具体运算阶段(6、7～11、12岁)：此时的儿童形成了初步的运算结构，出现了逻辑思维。思维具有可逆性、守恒、分类、序列化、去中心化等特点，但还需要与具体事物相联系和具体经验的支持，缺乏概括的能力。

(4) 形式运算阶段(11、12～14、15岁)：到这一阶段，个体的智力发展趋于成熟,形成了完整的认知结构系统,能进行形式命题思维和假设—演绎推理,能理解高度抽象的概念。

二、青少年认知发展特点

皮亚杰认为,个体的认知水平在进入青春期后出现了新的思维形式——形式运算思维,此时期的青少年可以在头脑中把思维的形式和内容分开,形成抽象的、科学的思维能力。从具体的认知活动过程来看,青少年的认知发展特点如下:

(一)观察力高度发展

青少年感知方面的发展特点是:首先,随着自控能力的提高,青少年能够根据教学和实践任务的要求进行观察,观察的有意性、稳定性和目的性明显发展。其次,随着空间感、位置感、时间感的提高,青少年感知的精确性也进一步增强。尤为突出的是,随着抽象逻辑思维的逐步发展,青少年不仅能感知事物的外部特征,而且能抓住事物更重要的本质属性,感知的概括性水平明显提高。值得注意的是,由于青少年的认知发展仍处于向成熟过渡的时期,他们在感知过程中容易出现片面性、波动性和主观性等问题。

(二)注意力基本成熟

随着生理成熟和教育的影响,青少年的注意力明显提高,无意注意逐渐深化,有意注意逐渐取代无意注意占优势地位,同时,注意的稳定性、分配能力、转移能力都有了相应的发展。他们开始能够更加独立地专心完成自己的学习任务,能更好地有意识调节和控制自己的注意活动,不受外界无关因素的影响。在良好的教育条件下,青少年的注意已能较为稳定地保持在40分钟左右,注意力发展基本成熟。

(三)记忆力效果最佳

大量研究表明,不论是无意识记还是有意识记,不论是对具体形象材料还是对抽象语词材料的记忆,到16~17岁时均已趋于成熟,青春期是记忆发展的最佳时期。在学习、实践活动中,青少年的有意识记、意义记忆和抽象记忆形式日益占主导或优势地位。同时,从初中开始,青少年的复述、组织或精细化等记忆策略都得到迅速发展,记忆和学习的效果显著提高。

(四)抽象逻辑思维能力逐步完善

初中生的抽象逻辑思维已开始占据主要地位,但在很大程度上还属于经验型思维,需要更多感性经验、具体形象的支持。进入高中阶段以后,思维有了更高的抽象概括性,开始能够用掌握的理论来指导、分析各种事实材料,并进行理论性的抽象概括,属于理论型思维。此时个体的辩证逻辑思维也在迅速发展,到

高中阶段基本成熟,这标志着青少年思维的整体结构基本形成并趋于稳定。此外,在思维品质方面,青少年思维的深刻性、创造性显著提高,但其思维活动的片面性和表面性依然存在,同时受其情绪不稳定的影响,易出现急躁、主观、偏激、冲动、武断等问题。

三、青少年个性和社会性发展特点

青春期的生理迅速发育成熟和认知发展水平的显著提高,使青少年在个性和社会性发展上也呈现出许多新特点,主要表现在情绪情感、需要、自我意识和人际关系等方面。

(一) 青少年情绪情感的发展特点

情绪和情感是个体对客观事物与主体需要之间关系的反应,青少年身心发展的不平衡使之面临更多的矛盾与冲突,在情绪情感的表现上也更为复杂多变。

1. 情绪情感丰富强烈,两极性明显,同时具有一定的内隐性

首先,青少年的情绪情感体验丰富强烈,同样一个刺激,在他们那里所引起的情绪和情感反应强度相对大得多。其次,青春期的矛盾动荡性决定了青少年情绪情感容易波动,即容易在两极之间迅速变化,表现出不稳定的特点。此外,青少年的情绪情感开始带有一定的文饰性和内隐性,其情绪情感的外部表现和内心体验有时并不一致。

2. 开始出现较多的消极心境

这个阶段的青少年开始为自己应该以何种姿态出现于公众面前,如何应对自己与父母的关系出现的裂痕和代沟,以及如何保持或确立自己在同伴中应有的地位等问题而苦恼。同时,"心理上的断乳"使他们在主观上有独立的要求和愿望,但实际上很难在短时间内适应独立生活,从而产生孤独的情绪体验。除了烦恼和孤独体验,随着年龄的增长,青少年由于许多需求得不到满足,常常处于压抑的心境之中。

3. 表现出较多的逆反情绪

青春期个体中枢神经系统的兴奋性过强,导致青少年对周围刺激表现过于敏感,反应过强;同时,自我意识和独立意识的突然高涨,促使他们竭力维护良好的自我形象;追求独立和自尊,迫切要求享有独立的权利,表现出对一切外在力量都有不同程度的排斥倾向和逆反情绪。这些排斥和逆反较多表现为青少年的态度强硬、举止粗暴或是漠不关心、冷淡相对,有时还会出现反抗的迁移性,即将反感或排斥迁移到反抗对象的方方面面或团体中的所有成员。

(二) 青少年需要的发展特点

根据需要层次理论的观点,现代社会的青少年在发展过程中,在需要方面主

要表现出以下特征:

1. 与性有关的各种需要的增强

随着青少年性激素水平的增高、第一和第二性征的发育,他们逐渐产生与性有关的各种需要和动机,如渴望了解异性身体、了解相关的性知识、性幻想增多等。但由于年龄较小、心理不成熟以及社会传统观念的限制,青少年往往会隐藏或压抑对性的需要,由此容易产生焦虑或抑郁的不良心理。

2. 爱和归属的需要较为明显

在此时期,青少年开始渴望与他人建立情感联系和拥有亲密关系,渴望在某一群体中拥有一定的地位。他们表现出较为明显的爱和归属的需要,这种需要的满足能够给个体带来被接纳的心理感受,提高他们的安全感和自尊体验。

3. 独立自主的需要更加强烈

青少年独立意向强烈,渴望成人、渴望独立行事、渴望得到社会的承认和尊重,表现出要独立自主、要摆脱对成人依赖的心理和行为。如果他们这种心理和行为得不到尊重和理解,就会产生焦虑、压抑和烦躁感,并在言行上表现为对成人和权威的反抗。但是由于青少年认知能力存在一定的片面性、表面性,以及情绪上的波动起伏,因此又很容易盲目反抗,拒绝正确的建议和帮助。

(三)青少年自我意识的发展特点

进入青春期后,由于外部体貌特征的迅速变化和内部生理机能的成熟,青少年增加了对自己成长的关注,从而导致自我意识的第二次飞跃发展。具体来说,青少年自我意识的发展主要表现在以下几方面:

1. 自我认识主动而积极

进入青少年期,青少年开始把探索的视线对准自己,积极、主动地观察和认识自己的内心世界,关注自己的认知能力、情绪和情感体验,关注自己的个性发展特征,开始注意到那些以前从来没有注意到的有关"我"的许多方面和细节,从而对自己的内心世界和行为有了新的认识。通过这些主动的探索和思考,逐步建立一个相对独立的自我概念。

2. 自我体验敏感而深刻

青少年的自我体验深刻而敏感。深刻性表现在他们对自我内心世界中人生观、价值观、理想、信念等一些深层次问题的思考和探讨上,敏感性则表现在青少年对别人的评价十分关注,常常会因他人的一句话而引起很大的情绪波动,且自尊心强、好强好胜、不甘落后的心理十分突出。这个时期他人不负责任的嘲笑、忽视与蔑视,极易挫伤他们的自尊心,引起愤怒和反抗。

3. 自我评价能力明显提高,但仍具有片面性和不稳定性

随着青少年生活经验的丰富和认知能力的进一步提高,他们对自己的评价

比童年期有了明显的提高。但整体说来,由于青春期情绪的不稳定和思维品质的片面性,青少年的自我评价仍不够稳定、不够客观,出现过高或过低评估的现象。

(四) 青少年人际关系的发展变化

随着生理上的迅速发育成熟,心理上思维能力的发展和独立性的增强,青少年开始以新的态度和方式来处理人与人之间的关系,无论是在与成人、父母、教师等的垂直关系中,还是在与同学、朋友的平行关系中,都出现了一些新的交往特点。

1. 对成人的闭锁

随着身体的发育成熟和生理机能的增强,青少年意识到自己正在逐渐长大,产生了"成人感"。这种成人感使他们产生了一种强烈的独立自主需要,反对成人对他们的干涉和控制,要求摆脱成人对他们的严格管教、保护和束缚。如果成人仍然把这一时期已具有成人感、渴望独立、要求受到尊重的青少年当作孩子来对待,就必然会在一定程度上挫伤其自尊心,使他们觉得与成人之间缺乏共同语言,于是他们对父母开始疏离,不愿向成人透露自己内心的秘密,并将心灵对成年人世界闭锁。

2. 对同伴友谊的渴求

青少年逐渐克服了儿童期团体的交往方式,交友范围逐渐缩小,感情的重心逐渐偏向于关系密切的1~2个朋友,渴望与之建立亲密的友谊。他们需要与特定的同龄人交流思想、相互理解、彼此关心、密切交往并产生情感共鸣,友谊可以满足青少年的这些需要,促进他们的认知、情绪、个性和社会性的更好发展。青少年在这个阶段与成人交往的减少,需要以与同龄人交往的增多作为补偿。由于认识不够全面,青少年往往片面理解友谊,也常常出现一些袒护、包庇朋友错误和缺点的现象。

第二节 青少年心理健康标准及其常见问题

青春期是人生发展的关键期,心理健康是青少年必不可少的一个重要素质,青少年的心理健康水平对他们的成长和发展起着十分重要的影响作用。了解青少年心理健康的标准及其常见的心理行为问题,对于以维护青少年心理健康成长为己任的学校心理辅导工作来说,是一个必备的认识基础。

一、青少年心理健康及其标准

健康是人生的根基,是人生最宝贵的财富,所有人都渴望拥有健康,但并非每一个人都能正确认识和理解健康。健康不仅包括生理健康,还包括心理健康。

(一) 健康及心理健康

1946年,世界卫生组织宪章中对健康做了如下定义:"健康是躯体上、精神上以及社会适应上的完好状态,而不仅仅是没有疾病和虚弱的状态。"这一概念体现了现代健康观的两个重要特征,即健康概念的层次性和整体性。从层次性来看,健康概念有两层含义:基础层次的含义是指没有疾病,这也是健康的前提条件;高层次的含义则指全面的完好状态,这是健康的本质特性。从整体性来看,健康是指作为一个整体,包含生物、心理、社会以及道德品质等方面的内容,各个方面相互影响、相互作用,构成了多样性的统一体。

从以上定义可以看出,现代健康观的本质是"完好"状态,即生理、心理和社会适应都趋于完好的状态,包括生理健康、心理健康、社会适应和道德健康,其中,生理健康是个体健康的物质基础和生物学前提,心理健康和道德健康则为维护个体健康提供了重要保障,社会适应是个体健康的结果和目的。

世界卫生组织将心理健康定义为:在身体、智能以及情感上与他人的心理不矛盾的范围内,将整个人的心境发展成最佳状态。它有两层含义:一是没有心理疾病,这是心理健康最基本的含义,如同身体没有疾病是身体健康的最基本条件一样;二是具有一种积极发展的心理状态,这是心理健康最本质的含义,它意味着要消除一切不健康的心理倾向,使一个人的心理处于最佳状态。

(二) 青少年心理健康标准

世界卫生组织规定心理健康的标准是:① 身体、智力、情绪十分调和;② 在适应环境、人际交往中能彼此谦让;③ 有幸福感;④ 在工作和职业中,能充分发挥自己的能力,过着有效率的生活。具体来说,衡量青少年心理健康与否可以从以下几个指标来判断:

1. 智力正常

智力正常是一个人生活、学习、工作的最基本的心理条件。根据世界卫生组织的规定,包括青少年和儿童在内的正常人,智力正常的最低要求是智商必须在85以上,这样才能适应基本的学习和生活,与周围环境取得平衡。

2. 较好的社会适应性

较好的社会适应性指个体能根据客观环境的需要和变化,通过不断调整自己的心理行为和身心功能,保持与客观环境的协调一致,具备适应各种自然环境和社会环境的能力。这样的个体往往乐于交往,人际关系融洽,有亲密的朋友,

并能从中获得生活的乐趣。

3. 健全的人格

健全的人格是指构成人格的诸要素,如气质、能力、性格、理想、信念、人生观等方面都没有明显的缺陷,个体具有相对正确、稳定的世界观,并能以此为核心,把人格结构的各要素统一起来,使心理活动和行为方式能统一、和谐、健全地发展。

4. 稳定的情绪和良好的心境

良好情绪和积极心境,有益于身心健康和调动心理潜能,更好地适应社会。心理健康的青少年能经常保持愉快、开朗、乐观的心境,积极情感多于消极情感,同时能根据实际情况自觉控制和适度表达自己的情绪,主动调节消极情绪体验。

5. 健全的意志

心理健康的青少年对自己的行动有明确的目的性与自觉性,能有效地调节和控制自己的行为,能选择合适的方法解决学习、生活中遇到的问题,能正确对待困难和挫折并积极克服。

6. 认识自我,悦纳自我

个体能够了解自我的现状和特点,接受自己的优点和不足。心理健康的青少年开始能够独立自觉地按照一定的目标和准则,评价自己的品质和能力,既能看到自己的优缺点,不过高或过低评价自己,又能在实际生活中注意扬长避短,并努力完善自己。

归纳以上几种指标可以看出,心理健康有三个基本特征:一是心理、行为与客观环境保持统一;二是内部心理活动与外在行为表现协调一致;三是人格具有相对的稳定性。

二、青少年心理行为问题现状

2011年5月18日,联合国儿童基金会和国务院妇女儿童工作委员会办公室联合发布《2011年世界儿童状况》报告中文版①。该报告估计,全球12亿名10~19岁的青少年中,约20%的青少年在心理健康或行为方面存在问题,每年有7.1万名青少年自杀身亡,而企图自杀的青少年人数是这一数字的40倍。中国青少年研究中心的研究指出,我国16~18岁(高中阶段)的青少年最容易出现心理问题。

从整体表现而言,青少年的心理健康状况居于中等偏上的水平。例如岳颂

---

① 张晓娟. 儿童青少年心理健康状况及其影响因素[J]. 中国健康心理学杂志,2013,21(6):959-961.

华等采用心理健康诊断测验对广州地区 1 431 名中学生进行调查,结果发现青少年心理健康状况总体上处于中等水平。叶苑等采用 SCL-90 对西安市的 928 名中学生进行问卷调查,结果显示青少年在 SCL-90 量表的 9 个因子上平均分均低于 3 分,表明其心理健康的整体状况基本良好[1]。

尽管如此,青少年心理健康方面的确仍存在着一些不容忽视的问题,部分青少年心理健康问题相对突出。

就年龄而言,不少研究发现,年龄与青少年的心理健康关系密切,不同年龄阶段的青少年心理健康状况存在不同的特点。例如,王运彩、侯振成等学者同样使用症状自评量表 SCL-90 进行调查,结果发现初中生的心理问题主要表现为敌对、强迫、人际关系敏感和恐怖,高中生的心理健康问题则主要表现为强迫症状、抑郁。同时,随着年龄的增加,青少年心理症状的表现趋于明显。例如,廖建英等研究发现,高中生除了敌对因子外,其余 8 个因子的均分都显著高于初中生。张茂林等的研究结果也显示初中学生的心理问题检出率有随年级增加逐步上升的趋势。戴健林等的调查发现,随着年龄的增长,青少年在 SCL-90 量表上的得分也在不断上升,即年龄越大各种症状越明显。

此外,处于毕业和升学年龄阶段的青少年心理健康问题更为突出。如刘万里的研究指出,初三和高三两个年龄组心理问题的检出率均显著高于其他各年龄组,段佳丽等也发现初三、高二、高三年级学生各项得分显著高于其他年级。

三、青少年常见的心理行为问题

在学校心理咨询工作中,常见的青少年心理问题主要涉及一般性的适应不良问题,如学习问题、情绪问题、人际关系问题、性心理问题等。此外,也有少量的心理障碍和心理疾病,严重的患者甚至需要转介给设有精神科门诊的医院进行治疗。

(一) 一般性的适应问题

一般性的适应问题主要指青少年在适应学校或家庭环境或在适应自身身心变化的过程中,出现的暂时性的情绪和行为的紊乱或失调,主要包括学习问题、情绪问题、人际关系问题、性心理问题以及性格和行为习惯问题。

1. 学习问题

学习问题主要表现在学习方法不良、厌学、考试焦虑等方面。① 学习方法不良:没有养成良好的学习习惯,学习没有计划,凭着一时的兴趣和情绪去学,目

---

[1] 师保国,雷雳. 近十年内地青少年心理健康研究回顾[J]. 中国青年研究,2007,(10):24-27.

的不清,方向不明,遇到干扰就半途而废,缺乏自觉性和主动性,有的习惯于拖拉和应付,有的热衷疲劳战和死记硬背,学习效率低下。② 厌学:由于成绩差而受到歧视、嘲笑、被忽视,或与老师发生冲突,或在校园被欺负等,都有可能导致学生产生厌学情绪。这种情况主要表现为学习动力不足,学习欲望低下,感到学习没劲,丧失上进的信心,严重者发展为旷课、逃学,甚至离家出走。③ 考试焦虑:在应试教育背景下,青少年中最常见的焦虑是考试焦虑。主要表现为每逢考试即心慌、失眠、苦恼、不能静坐、注意力不集中、学习效率低下,一场重要考试失利,会使之后的所有考试都出现严重的焦虑情绪。

2. 情绪问题

青少年情绪丰富而强烈,同时情绪起伏变化很大,不稳定,往往不善于调节和控制自己的情绪,再加上他们自我认识的偏颇,常常出现一些不良情绪干扰日常的学习和生活。常见的情绪问题包括:① 自卑:青少年期是形成自我同一性的时期,有些学生对自己评价比较低,因长相、出身与能力等原因而产生自信心不足与自卑的心理。那些家庭条件较差、父母离异的青少年,更容易产生自卑感。② 嫉妒:通常个体倾向于与自己有相似背景的他人或群体进行比较,如果发现自己处于弱势地位就会出现妒忌心理。如成绩好的学生嫉妒别人超过自己,班级干部嫉妒别人的工作成绩比自己显眼。③ 抑郁:青少年抑郁主要表现为心情抑郁、对事情没兴趣、没有食欲、失眠或者睡眠过多、疲乏,注意力不集中,或思考能力下降,言语减少、语速缓慢、语音低沉或整日沉默不语,严重者会想到结束生命。

3. 人际关系问题

由于大部分学生是独生子女,普遍存在与他人相处困难的问题,同时学校过于关注学习成绩而忽略了学生沟通能力的培养,因此不少青少年需要人际关系方面的心理指导。青少年人际关系问题主要表现为与同学、老师、家长交往过程中,由于感情不和、观念差异、行为不当、沟通受阻等原因引发的持续的人际关系紧张、冲突或退缩。以社交退缩为例,青少年在人际交往中缺乏必要的交往技能,与人交往过分担心、紧张,手足无措,不敢在公众场合抛头露面,不敢在大庭广众面前说话、发言。这样的个体通常有自卑感、恐惧感,对别人不信任、猜疑,不能很好地与他人交往,出现人际关系的紧张或敏感,导致情绪的孤独、压抑和行为的畏缩、离群等,人际关系不良。

4. 性心理问题

青少年正值青春发育期,这一时期最突出的矛盾之一就是生理发育迅速成熟与性心理相对滞后的矛盾。进入青春期之后,青少年对自己身体发育的认识和体验、对自己性别角色的认同、对待异性交往需求以及交往行为方式等方面常会出现心理和行为的偏差,如性别角色紊乱、异性交往障碍、自慰焦虑、体相烦恼以及其他不良的性行为问题。

5. 性格和行为习惯不良

性格和行为习惯不良表现为在个性发展过程中出现一些性格缺陷,如偏执、攻击、依赖、孤僻、胆怯、嫉妒、多疑等。以任性为例,这种个性主要表现为青少年过度以"我"为中心,对同学、伙伴缺少同情心、责任感,对集体漠不关心、旁若无人。带有这种心理问题的学生,思考问题的核心和行动指南都是从"小我"这个角度出发的。同时,某些不良行为习惯也是这个年龄阶段青少年常见的问题行为。

(二) 心理障碍和心理疾病

心理障碍和心理疾病是指学生在遭受强烈的精神刺激或承受较长时间的压力、挫折或矛盾的冲突下,出现的强度较大的情绪和行为异常,主要有如下表现:

1. 各类神经症

各类神经症又称神经官能症,是一组轻性神经功能障碍疾病的总称,主要表现为精神活动能力下降、烦恼、紧张、焦虑、抑郁、恐惧、强迫、疑病症状、分离症状、转换症状或神经衰弱症状的精神障碍,主要包括焦虑症、强迫症、恐惧症、神经衰弱等。其病因和发病机制涉及生物、心理和社会等多个方面,但以心理社会因素为主,症状无相应的器质性病变,社会功能相对完好,大部分患者意识清晰、有自知力。

2. 人格障碍

人格障碍是人格特征显著偏离正常,使患者形成了一贯的反映个人生活风格和人际关系的异常行为模式,这种模式显著偏离特定的文化背景和一般的认知模式,明显影响其社会功能和职业功能,病人为此感到痛苦。这类个体长期不能适应社会环境,长期不能正确待人接物、为人处世,情感反应和意志行为均与常人格格不入或不相协调,具有紊乱不定的心理特点和难以相处的人际关系,造成对社会环境的适应不良。有研究发现,人格障碍在青春期早期发病率最高。

3. 心身疾病

心身疾病是一组发生、发展、预后、转归以及预防和治疗都与心理社会因素密切相关,但以躯体症状表现为主的疾病,有器质性病理改变或已知的病理生理过程。心身疾病通常涉及的是植物神经系统所支配的系统或器官,如偏头痛、支气管哮喘、心脏神经症、胃肠神经症、神经性皮炎等,是介于躯体疾病与神经症之间的一类疾病。

4. 重型精神疾病

精神疾病是指在各种生物、心理和社会环境因素影响下，大脑功能失调，导致认知、思维、情感、意志和行为等精神活动出现不同程度障碍为临床表现的疾病，主要包括精神分裂症、抑郁症、躁狂症、自闭症等。此类患者的认知、逻辑推理能力非常糟糕，自知力也几乎全部丧失。

第三节 青少年心理健康的维护与促进

青春期正处于儿童向青年的过渡阶段，是个体身心迅速成长、自我意识飞跃发展和人格形成的关键阶段。伴随着生理上的巨变，他们的心理也开始进入一个动荡不安的时期。这一时期，青少年时常会体验到独立与依赖、闭锁与开放、高傲与自卑、性需求与规范约束等许多矛盾和冲突，这些矛盾冲突使得他们容易出现各种心理及行为问题。因此，如何维护和促进青少年的心理健康，就成为学校教育工作者必须面对并急需解决的重要任务之一。

一、影响青少年心理健康的主要因素

影响心理健康的主要因素有生理因素、个体因素、家庭因素、学校因素、社会环境因素等。

（一）遗传与疾病

无论是动物还是植物，遗传是保持生物性状的最普遍现象。一个人的心理活动特点和心理健康水平与遗传因素有着十分密切的关系。尤其是神经活动的基本类型、气质、能力与性格的某些成分都受到遗传因素的明显影响。唐氏综合征是最先得到证明的由常染色体的异常引起人类智力低下的例子。相关研究表明，在有心理健康问题的个体中，家族中有癔病、活动过度、注意力不集中病史的人数所占比例明显更高。国内的资料表明，多动症儿童的家庭成员中有多动症史的占13.6%。对同卵双生子与异卵双生子或普通兄弟姐妹的比较研究发现，不同的心理行为受遗传制约的程度不同，如言语、空间、数学等能力的遗传一般要大于记忆、推理等方面的遗传。

除了遗传因素之外，细菌、病毒、大脑外伤、化学中毒、严重躯体疾病等都可能会导致心理健康水平的下降，甚至出现心理障碍、精神失常。有些生理疾病对人的心理活动的影响可能是轻微的，如出现易激惹、失眠、不安等，随着疾病的消

除,这些心理症状也会完全消失。但是,如果疾病持续发展,人的心理障碍也会进一步加剧,甚至会出现各种程度的意识障碍、幻觉、记忆障碍、躁动和攻击行为等。

(二) 个体因素

个体某些方面的因素如外貌、情绪、性格、认知等都会影响个体的心理健康状况。通常外貌较差的个体,特别是处于青春期的个体,更容易感到自卑、焦虑、挫折,导致心理问题的出现。除了外貌,个性也是影响心理健康的一个重要因素。具有积极向上性格特征的人,表现出诚实、谦虚、热情、乐于助人的特点,能体会到人生的价值、生活的乐趣,有益于人的心理健康;而经常处于波动、消极情绪状态的个体,容易出现心境压抑、焦虑、精力涣散、情绪失控、身体衰弱无力等问题。认知特点方面,一旦某一认知因素发展不正常或某几种认知因素之间的关系失调,个体就会产生认知上的矛盾和冲突,使人感到情绪紧张、烦躁和焦虑。严重的认知失调会损坏人格的完整性和协调性,甚至导致人格变态。

现代研究证明,很多身体疾病和心理健康问题的发生与人的某些性格类型密切相关。例如,谨小慎微、求全责备、优柔寡断、敏感多疑、心胸狭窄等人格特征,很容易导致强迫症;而易受暗示、耽于幻想、情绪多变、容易激惹、过于自我中心等人格特征,很容易导致癔症。因此,培养健全人格是保持身心健康的重要因素。

(三) 家庭环境

家庭是个体早期成长的第一个环境,对个体心理的发展起着关键的作用。家长是儿童的第一任教师,家庭对儿童的个性发展和心理健康具有十分重要的影响。西默洛夫的研究表明,儿童的 IQ 与危险因子数目之间存在负相关,即家庭环境中的危险因子愈多,儿童的智商水平愈低。不少研究发现,家庭结构完整且气氛和谐的家庭,有利于儿童心理健康地成长;而经常争吵和冲突的父母,以及单亲家庭、离异家庭,对儿童身心健康成长均有明显不利的影响,儿童心理问题的发生率较高。

不同的家庭类型、不同的亲子关系模式等家庭关系状况都会影响个体的心理发展。例如,从亲子关系对青少年心理的影响来看,民主型的教养方式中,父母和孩子处于平等地位,亲子关系和谐,孩子容易形成自信、自尊、诚实、情绪稳定等良好特征,将来的个性更倾向于健康发展;保护型的家庭教养方式,容易使孩子形成过分依赖、退缩的个性特征;放任型的教养方式,在完全放任孩子而不给予任何必要指导的情况下,孩子会形成冷漠、攻击等不良个性特征。

(四) 学校环境

学校作为特殊的环境,对学生社会行为的塑造是其他机构无法替代的,是影响个体心理发展的环境因素的重要组成部分,对学生了解社会、发展自我和人格、培养合乎角色的社会行为模式起着重要的作用。良好的学校环境对青少年心理健康起着重要作用,不良的学校环境可能对其发展起干扰或破坏作用。

学校是青少年人际交往最主要的场所,良好的学校环境能够给青少年带来心理上的归属感。教师是对青少年人格健康发展至关重要的人物之一,他们往往是青少年崇敬的对象与学习模仿的榜样,青少年不仅从教师那里学习知识,而且学习怎样为人。在同伴群体中如果没有建立亲密的同伴关系,青少年会表现出很多的适应不良。在与同伴相处的过程中,青少年的自我概念进一步深化,产生认同感和归属感,逐渐学会克制与忍让,学会合作与竞争。良好的校风、班风能够感染学生,促使学生积极向上、团结互助、人际关系和谐,这些对他们心理的健康发展都有着极为深远的影响。

(五) 社会环境

1. 社会传播媒介

现代传媒的出现、技术的发展为人们提供了信息传播的便利。作为影响青少年心理发展的一个重要因素,传播媒介是一把双刃剑,一方面可以大大拓展青少年的视野,另一方面也可能导致青少年的各种问题行为深受传媒的不良影响。以电视为例,由于电视具有形象、轻松、易于模仿和记忆的特点,对青少年心理和行为的发展影响极大。不少研究证实,暴力电视看得多的儿童会变得更加具有攻击性。因此电视节目的编排只有充分考虑对青少年身心健康的影响并受到一定的监督时,才能更好地促进其发展,否则充斥于电视屏幕的暴力、色情极有可能严重危害青少年的身心健康。

随着现代信息技术的发展,网络成了现代大众传媒的代表。网络的便利与信息的丰富,使青少年网民日益增多。青少年可以直接通过网络去获取和掌握各种各样的知识与信息,开阔视野、拓展求知途径。但另一方面,正处于成长关键期的青少年,很容易受到外界不良事物的影响。网络上传播的不良思想、言论以及暴力、色情等,极有可能成为导致青少年人生观、价值观发生偏移的一个重要诱因。同时,伴随着网络的普及,网络成瘾成为青少年新的精神疾病,发病率高达15%,严重影响了其学习和身体健康。

2. 社会转型

我国的社会转型是指从20世纪70年代末80年代初开始的社会经济体制改革及其后来的政治体制改革,以及这些改革给社会带来的各个层面的深层次影响。转型期发生的变化主要表现在社会价值观的日益多元化、社会矛盾突出等方面,这些变化很容易对青少年心理产生不良影响。

(1) 家庭生活变化对青少年心理健康的影响

伴随社会在发展中的转型,家庭生活也在发生着一些重大变化,例如"2+1"(即父母加独生子女)式的家庭结构、社区交往减少和邻里关系淡漠等,使城市家庭独生子女的生活环境变得更加狭小,人际交往变得更加狭窄,使进入青春期之后开始具有心理闭锁性特点的青少年变得更加封闭。这种家庭结构极易产生过度溺爱或过度干涉的家庭教养方式,使子女出现依赖、胆怯、自卑、孤僻等心理问题。而在农村,越来越多的农村留守儿童,由于在缺乏父母关爱和正常家庭氛围的环境下成长,往往缺乏安全感,容易表现出孤僻、胆小、自卑、社交技能低下等心理行为问题。

(2) 学校生活的变化对青少年心理健康的影响

近年来,尽管我国已明确提出,教育改革和发展的方向由"应试教育"向"素质教育"全面转变,学校从教育理念到课程教材教法都在发生变革,但体制上的弊端并没有真正消除,青少年参加中考、高考的竞争变得更加激烈。在以升学考试成绩作为评价学生唯一尺度的应试教育中,心理健康教育常常被弃之于不顾,导致青少年的心理健康问题不容乐观。

(3) 社会生活的变化对青少年心理健康的影响

社会转型在给我国带来经济飞速发展的同时,也对人们的心理造成了巨大的冲击。变革"阵痛"中伴随着一些消极变化,也在影响着每一个人,尤其是心理尚未完全发展成熟的青少年。随着社会的进一步开放,社会丑恶现象和社会问题如以权谋私、行贿受贿、欺凌诈骗、不公平竞争等问题频繁发生,使思维具有片面性和极端性的青少年,对现实产生怀疑和不安全感,容易诱使其走向歧途,甚至出现偏差行为和犯罪行为。

总之,上述各种因素彼此之间相互影响、相互制约,共同对一个人的身心健康发挥作用。因此在观察、分析、诊断青少年的心理问题或心理疾病时,务必要充分考虑各种因素的作用,全面准确地做出诊断,这样才能找到较为有效的辅导和治疗措施,维护青少年的身心健康。

二、维护与促进青少年心理健康的基本策略

青春期是个体开始走向成熟的关键时期,生理的急剧变化冲击着心理的发展,使这个时期的心理发展呈现出矛盾性和动荡性的特点。由于青少年看问题还不够全面,个性发展还存在这样或那样的问题,因此帮助青少年做好准备以应对青春期的各种生理、心理变化,就成为维护青少年心理健康的首要任务。

(一) 维护与促进青少年心理健康的指导思想和基本原则

开展学校心理辅导工作,维护青少年的心理健康,必须坚持以邓小平理论、"三个代表"重要思想和科学发展观为指导,坚持社会主义核心价值体系。同时,

还必须根据青少年在不同年龄的身心发展特点、发展任务以及变化规律,运用心理学的知识理论和方法技能,促进其身心的全面和谐发展。

在对学生进行心理辅导、维护青少年心理健康的过程中,必须坚持以下基本原则:

(1)坚持发展、预防和危机干预相结合。学校心理辅导工作应首先着眼于发展学生良好的心理素质,注重维护与促进学生心理健康,而不能将工作重点放在心理出了问题的学生的矫正与治疗方面。如果能将预防工作做好,就能防患于未然,学生的心理问题就不容易出现,或者即使出现问题,早发现、早干预,有助于问题的解决。

(2)坚持面向全体学生和关注个别差异相结合。面向全体学生的原则要求学校心理辅导工作在制订计划时要着眼于全体学生,确定内容时要考虑大多数学生的共同需要与普遍存在的问题,组织活动时要给尽可能多的学生提供参与和表现的机会。关注个别差异则要求学校心理辅导工作要重视学生年龄、性别和个性等方面的个别差异,要因人而异、因材施教。

(3)坚持教师的主导性与学生的主体性相结合。教师的主导性表现在通过教师的教育指导,充分发挥和调动学生的主体性,引导学生积极主动关注自身心理健康,培养学生维护自身心理健康的意识和能力。学生主体性原则要求学校心理辅导内容的选取与安排应充分考虑学生的需要,围绕学生关心的实际问题来进行,同时要尊重学生主体地位,鼓励学生"唱主角",发挥教师支持协助、提供建议的作用。

(二)维护与促进青少年心理健康的主要内容

学校心理辅导工作的主要内容包括普及心理健康知识、树立心理健康意识、了解心理调节方法、认识心理异常现象、掌握心理保健常识和技能。具体来看,主要包括以下几个方面的内容:

1. 学习方面的辅导

学习是青少年的主要任务和主导活动,青少年身心的发展主要是通过学习活动实现的。而学习的效果如何,则主要涉及青少年学生的认知能力、学习动机、学习策略等方面。学习方面的辅导主要包括激发学习动机、掌握学习策略和技巧以及克服学习障碍等心理问题。

2. 人格方面的辅导

人格的健康发展是青少年学习、生活以及今后工作的重要保障,学校心理辅导工作要帮助他们培养应对问题或危机的积极态度和能力,促进人格发展。这方面的辅导主要包括帮助青少年正确认识自我和悦纳自我、培养健康情绪和良好意志、树立正确的价值观和人生观等。

3. 社会与生活适应方面的辅导

青春期个体由于身心发展的诸多矛盾，会使他们在社会和生活适应方面出现许多问题，因此这方面的辅导尤为重要。如人际交往、亲子冲突、睡眠问题、体重问题、升学择业等，都是社会与生活适应方面的辅导内容。

此外，学校心理辅导工作在设计青少年心理健康教育内容时，应从不同地区的实际和不同年龄阶段学生的身心发展特点出发，做到循序渐进，分阶段安排具体的教育内容。

（三）积极维护与促进青少年的心理健康

青少年心理的健康发展，离不开家庭、学校和社会的关注和扶持。因此，家庭、学校、社会应该设法多渠道地帮助青少年，维护并促进其心理健康发展。

1. 创设民主、和谐的家庭环境

一个和谐、民主、幸福的家庭环境能够促成青少年的身心健康成长。父母应尽力营造和睦的家庭氛围，使孩子从小就能体验到和谐的人际关系及积极乐观的情绪，有利于其情感的健康发展。父母的养育态度要正确，不仅要给予孩子物质生活和身体的关心，更应该给孩子提供精神上的支持。对孩子过分溺爱、保护，或者过度专制、粗暴，以及持有对子女不切实际的过高期望等养育态度，都不利于青少年的健康发展。父母要重视孩子的挫折教育，为孩子提供合理适度的帮助，培养孩子的自信心、耐挫力、独立性、自主性和合作性等优良品质。此外，做父母的还要保持良好、健康的心态，带着望子成龙、虚荣攀比、失落补偿等心态对待孩子，很容易造成孩子的心理失衡问题。

2. 发挥学校心理健康教育的主导作用

学校在培养学生的过程中，应改变传统的应试教育观念，从尊重青少年的身心发展规律的角度出发，从思想上认识到心理健康教育的重要性，提高学校领导和教师的心理健康教育水平，使他们树立正确的教育观、人才观和育人观。

（1）完善管理机制，确保心理健康教育落实到实处。建立完善的心理健康教育管理机制是开展心理健康教育的前提，不仅要明确负责管理和监督、执行和操作的具体岗位和责任人，同时还要制定可操作性强的心理咨询制度、教师培训制度、心理健康课落实制度等，形成心理教育工作有人抓、具体事情有人做的良好态势。

（2）加强对教师的心理健康教育，树立"大心理健康教育的观念"。通过专题讲座、进修学习以及校园各种宣传活动等途径，帮助教师了解青少年的身心发展特点及其规律，掌握一些心理学知识，养成正确的教育行为，并在教学中自觉运用心理学基本原理、方法及心理辅导技术，有针对性地帮助学生提高课堂学习活动中的认知、情意和行为水平，从而有效地发挥各科教学在学生健康心理形成

中的作用,避免"师源性"心理健康问题的发生。

(3) 开设心理健康教育课程,促进群体学生的健康成长。在学校课程中增设心理健康教育课,将心理健康教育正式纳入课堂教学体系之中,普及青少年心理卫生知识,帮助青少年学生更好地认识自我及他人,建立和谐融洽的人际关系。通过该课程让学生获得一些心理调节方法和技巧,学会自我管理和控制,更好地适应学习和生活,对预防学生中可能出现的心理健康问题有较好的作用。

(4) 加强心理辅导室建设,多途径开展学生心理援助工作。学校要积极支持心理辅导室的创建和持久建设工作,配备具有心理咨询资格的专职教师,通过个别咨询、团体咨询、通信咨询、网络咨询、专题讲座、开设热线电话等多种形式,有针对性地为学生在成长、学习和生活中出现的心理行为问题提供指导,帮助他们消除心理困惑。心理辅导室还可以为家长开设专题讲座,让家长充分认识到维护孩子心理健康的意义、方法和途径,协同解决孩子在教育过程中所产生的心理困扰。

此外,学校还应充分利用各种校园宣传媒介,利用第二课堂活动,广泛宣传普及心理健康知识,营造积极、健康、向上的校园文化氛围和心理健康教育环境,增强学生的心理健康意识。

3. 营造良好、有序的社会环境

社会各界要关心支持青少年心理健康教育,首先应加强对文化市场和娱乐场所的管制,要发挥行政部门的职能,加大扫黄打非的力度,杜绝色情文化的传播,整顿黑网吧和赌博场所,彻底清除文化垃圾,为青少年的健康成长提供一个规范有序的文化市场。其次,要对影视文化作品的审查严格把关,确保所播放的影片、电视剧以及所出版的文学作品健康、科学、文明,有利于激发青少年形成积极进取、乐观向上的人生观、价值观和世界观。第三,还可以通过广播、电视、报纸、杂志等社会媒介,以科普教育形式宣传青少年的心理健康知识,维护青少年的心理健康。

社会、学校、家庭既要各司其职,承担各自应尽的责任和义务,又要积极合作、协调一致,共同致力于维护青少年的心理健康发展。

本章小结

把握当代青少年心理发展的特点是开展有效心理辅导的前提。本章基于埃里克森的心理社会发展阶段理论和皮亚杰的认知发展阶段理论,介绍了青少年的认知发展和社会性发展的特点,主要包括情绪情感、需要、自我意识和人际关系等方面。心理健康是指在身体、智能以及情感上与他人的心理不矛盾的范围内,将整个人的心境发展成最佳状态。青少年的心理健康有其特定的标准,青少年心理健康状况从整体来看居于中等偏上的水平,但在某些方面存在着一些不容忽视的问题。常见的心理问题主要是一般性的适应不良问题,例如学习问题、情绪问题、人际关系问题、性心理问题等。影响青少年心理健康的主要因素有遗传与疾病、家庭环境、学校环境、社会传播媒介和个体因素,家庭、学校、社会应该形成教育合力,引导青少年维护并促进其心理健康发展。

关键词:青少年心理特征;心理健康;心理问题;心理发展

第八章 学会自尊——青春期心理辅导

学习目标

1. 了解青春期青少年性、认知、情感、人格及自我意识等方面的问题；
2. 理解青春期青少年性、认知、情感、人格及自我意识问题的成因；
3. 掌握青春期青少年性、认知、情感、人格及自我心理辅导的基本策略。

《中小学心理健康教育指导纲要（2012年修订）》指出，心理健康教育应从不同年龄阶段学生的身心发展特点出发，做到循序渐进，设置分阶段的具体教育内容。《纲要（2012年修订）》特别指出，从小学高年级开始就要开展初步的青春期教育，引导学生进行恰当的异性交往。青春期（11、12～17、18岁）又称"生长发育期"，是人生历程中变化最大、最为关键、最显重要、最具活力的特殊时期，也是以性成熟为主的一系列的形态、生理及心理和行为的突变阶段。[1] 青少年心理发展特征在这一阶段表现出区别于其他发展阶段的特性：身心发展的不平衡性、情绪变化的动荡性、独立与依赖的对立性、思维发展的片面性。如何克服青春期阶段性的发展劣势，完成培育健康的性心理、提升思维发展水平、培养健全的人格、形成完善的自我等青春期的发展任务，是学校心理辅导工作的重点。

第一节 青春期的性心理辅导

性，具有生物学、心理学、社会学等多重内涵。从广义上说，性是指性别，指从生物上区别男女两性的特征。狭义上讲，性是指人的性行为，是人类以延续种

---

[1] 崔景贵.90后职校生心理发展表征与青春期教育[J].职业技术教育，2010,31(4):66-69.

族为目的的生殖行为。它伴随着人类的出现而产生,是延续种族繁衍的手段,是维系夫妻关系的方式,一方面在人类生活中占有重要的地位,一方面又由于封建性观念的禁锢而得不到科学的认识。对于性机能正在发育成熟的青少年来讲,"禁忌"必然会激起好奇心,更易出现采取不合理方式获取不科学性知识的错误。《纲要(2012年修订)》特别指出,从小学高年级开始就要开展初步的青春期教育,引导学生进行恰当的异性交往;在初中年级阶段要学会把握异性交往的尺度,建立良好的人际关系;在高中阶段,要正确地对待与异性同学的交往。因此,性教育应贯穿于青少年青春期发展的全程。学校心理辅导应重视青少年的性心理问题,帮助青少年树立起健康的性意识,形成科学的性态度,培养高尚的性价值观。

一、青春期常见性心理问题

(一) 青春期性心理困惑

1. 性意识困惑

(1) 性幻想。性幻想在青春期个体中普遍存在,是青少年利用想象力等在清醒状态下虚构出的带有性爱色彩的幻想,这种幻想通常发生在自己身上,是个体性生理发育成熟的表现。处在青春期的个体极少有性爱的直接经验,性幻想中拥抱、接吻、性交等性行为的出现,极易让青少年产生自责与自罪感。但性幻想实质上是发泄性冲动的一种方式,合理的、有节制的性幻想对于性心理的健康发展有积极的意义,青春期个体应学会接纳和调节性幻想。

(2) 性梦。个体进入青春期后,性机能日趋成熟,性激素分泌旺盛,出现与性相关梦境的几率大大增加。与性幻想相比,性梦具有不自主性,是一种与现实生活相关的本能活动。青春期个体性梦的出现是正常的,但要学会分清现实与梦境,不要因为梦境而影响现实生活,避免性梦的消极影响。

(3) 体相困扰。体相困扰是指青春期个体在第二性征发育后对自己身体外形的不满意,担心自己的身体形象不能得到别人的关注,甚至担心自己的身体具有某些方面的功能缺陷。男性会担心自己的身高不够高,嗓音没有磁性,一部分青少年还有隐睾、包茎等生殖器困扰。女性则更加在意自己体重的控制、胸部的发育是否良好。青少年尚处在生长发育过程中,遗传因素、生长快慢的不同等都是造成个体间体相差异的原因。青春期个体要学会悦纳自己、尊重自己。

2. 性行为困惑

(1) 手淫。即通过手或替代物品刺激性器官以满足性需求的行为。在青春期个体中,这种获得性满足的行为比较常见,因此带来的性心理问题也层出不穷。手淫带来的满足感与自责感、对手淫认识不清、过度手淫、压抑手淫欲望等

都会造成青春期个体的心理压力。对于手淫,目前存在两种错误的认识倾向:一种认为手淫无害而过度手淫,这会使生理发育刚刚成熟的青春期个体常常处于疲惫状态,对身心的发展产生不良的影响;另一种则认为手淫是需要戒除的疾病,完全禁锢自己的性需求。手淫只是正常的生理行为,处在青春期的个体要对手淫有合理、科学的认识,一方面无需对手淫行为产生自责,另一方面要学会通过转移注意力等方式适当地克制,保证自己日常生活的有序进行,避免手淫无度带来的生理与心理问题。

(2) 边缘性行为。边缘性行为是性行为的初期阶段,是不以性交、性高潮为目的的拥抱、接吻和爱抚行为,常见于热恋中的青年男女。一般情况下边缘性行为不会导致个体的心理问题,但如果个体对边缘性行为认识不清,认为这种行为玷污了纯洁的爱情,或是在没有充分准备、恋爱关系尚不深入、对持久恋爱没有把握的情况下发生此种行为,则容易造成心理负担。注意场合、分寸,慎重的对待恋爱关系是避免边缘性行为造成心理压力的关键。

(3) 婚前性行为。婚前性行为是指恋爱中的青年男女在强烈的感情、性冲动的冲击下产生的性行为。随着社会的发展,婚前性行为的发生率逐年上升,低龄化成为趋势。虽然婚前性行为被越来越多的人所宽容,但是其对青春期个体生理、心理以及对恋爱关系的负面影响不容忽视。

(二) 青春期性心理异常

1. 性指向异常

性指向异常是指与社会普遍接受的异性相恋相区别的同性恋。同性恋以同性为性吸引和性满足的对象。随着社会的发展,同性恋也得到了更多的宽容与接纳。在《中国精神障碍分类和诊断标准》中,同性恋被划分为性指向障碍,而不是性变态。青春期个体正处在性意识萌发阶段,如果突然发现自己的性指向有别于常人,会给青少年带来非常大的心理压力。如何让父母家人接受自己的性指向?如何维持同性间的感情?如何面对社会舆论的压力?这一系列问题都会使同性恋者背上沉重的精神包袱。

2. 性偏好异常

性偏好异常是指个体获得性满足的方式不是一般意义上的性交,多带有儿童性活动的特点,是性心理幼稚的表现,常见的有恋物癖、异装癖、露阴癖。

恋物癖指个体通过接触异性的衣物、用品或异性的非性感部位来获得性兴奋、性满足的唯一方式。恋物癖者以男性居多,他们对异性本身或异性的性器官没有兴趣,异性的内衣、内裤或头发、手足等非性感部位是其兴趣集中点,通过抚摸、吸吮等方式获得性满足,常伴有手淫行为。异装癖同样常见于男性,以穿着异性服饰而得到性满足,通常从青春期开始穿着异性服装,有性满足感和性冲动,与易性癖的区别是他们并不对自己的性别有怀疑,是异性恋者。露阴癖是指在不适当环境下在异性面前公开暴露自己的生殖器,引起异性紧张性情绪反应,从而获得性快感的一种性偏好异常现象。这类个体也以男性居多,大多具有内向、腼腆等人格特点,缺乏正常性生活。

3. 性认同异常

性认同异常是指对自己的生理性别的否定,心理上认定自己是异性,并有强烈的转换生理性别的欲望,也称易性癖或性心理认同障碍。易性癖者大多在幼年就觉得自己属于另一性别,并开始在服饰、游戏、玩具等方面出现否定生理性别的倾向。青春期第二性征的发育使得易性癖者对自己的性生理特征更加反感,转换性别的冲动更加强烈。

青春期的性心理困惑是青少年在生长发育过程中对生理剧变产生的疑问,性心理异常则是在发展过程中有待纠正的发展方向,无论是困惑还是异常都与青少年的品质道德无关。能否帮助青少年解决发展中的困惑、纠正发展中的错误方向是提升个体性生理健康、帮助其性心理健康发展的保障。

二、青春期性心理辅导策略

青少年性生理成熟与性心理发育缓慢的矛盾、对性知识渴求与我国性禁锢传统的矛盾、性需求与社会规范的矛盾等,以及认知上的不科学,是造成青春期性心理问题的重要原因。学校作为青少年活动的重要场所,是获取科学性知识、调控自己的行为以更加适应社会行为规范的重要指导来源。学校对青春期学生的性心理进行认知及行为上的辅导主要有以下几种策略。

(一) 认知指导策略

认知是个体通过心理活动对事物的本质进行加工,获得认识的过程。青春期个体对于性的错误认知是导致青少年性心理偏差、性行为问题的根本原因。培养青少年健康性心理的前提就是要降低对性的恐惧、纠正对性的认知偏差。

1. 多学科渗透法

对于性生理与心理都在不断发育成熟的青少年,性不该作为遮遮掩掩、难于启齿的禁地,只有开放的、严肃的与青少年讨论性的科学知识,才能避免青少年因为性的神秘感而产生不符合道德规范、法律要求的行为。而当前学校教育中,遇到"性"就"自习"的做法,无疑给本就困惑着青少年的"性"增添了更浓厚的神秘感。

性是一个涵义甚广的名词,可以从生理学、社会学、美学、法学、心理学等角度进行多学科、多视野的解读。在学校教育中,生理学可以让青少年了解两性生理构造的差异;社会学可以帮助青少年认识性对于人类发展的重大意义,揭示性

的社会属性;法学可以指示性的社会规范;美学可以让青少年了解什么样的性行为符合审美标准,什么样的是不被接受的;心理学则可以从心理层面揭示性心理的发展阶段。从认知上说,多学科渗透是学校性心理教育的优势与根本,学校教育可以从多学科、多视野揭示性的真谛,让青少年全面、科学地认识性的本质。

2. 个体咨询与团体辅导结合法

青少年在面对性心理困惑及性心理障碍时,碍于传统观念而不敢求助于周围的家人朋友,专业的心理咨询帮助在此时能够起到非常重要的作用。在涉及个人隐私的问题上,个体咨询不仅具备了高保密性,而且能够更有针对性地解答青少年的困惑。在异性交往等多数青少年都会遇到的问题上,团体辅导能够激发出更多更合理的问题解决办法,也能提供适当的异性交往的机会。

(二) 行为调节策略

青春期个体正处于性需求强烈但无法通过合法的婚姻形式得到性满足的延缓期,如何在建立健康性认知的同时,有针对性地在行为上对青少年给予指导,帮助青少年学会调节性冲动,是青春期心理辅导的重要内容之一。

1. 活动升华法

青春期正处于精力、体力最旺盛的阶段,性冲动的强烈与无法达到性满足的矛盾使个体感觉到一股无法发泄的力量。丰富多彩的课内外活动可以帮助青春期学生宣泄过剩精力。通过参与各种活动,将学生的注意力、兴趣点转移到学业竞争、兴趣爱好发展、义务劳动、课外活动等方面,一方面有助于学生缓解性冲动的压力,引导性心理的健康发展,另一方面有助于学生多方面能力的发展。

2. 放松训练法

放松训练法能够直接、有效、快速地降低性冲动、性心理压力造成的紧张,是一种通过放松来降低心理紧张、焦虑,从而达到自我控制,使机体保持内环境平衡与稳定的行为疗法。放松训练多选择在舒适安静的室内进行,一般包括呼吸放松、渐进式肌肉放松、想象放松三种方式。

3. 避免刺激法

信息时代的到来让青少年能够通过不同渠道接触到多种多样的书刊、影视作品。青少年要自觉抵制不良书刊、影视作品,避免接触能够引起性冲动、性兴奋的外界刺激。学校要增加优秀课外读本的数量或推荐力度,引导学生在优秀的文学作品中,从科学、健康、积极的角度认识性,要让学生认识到,在青春期培养健康的性心理远比简单粗暴的性满足有意义。

4. 有度交往法

青春期合理有度的异性交往有助于培养青少年健康的性意识,能够避免性压抑造成的性心理异常。在与异性交往过程中首先应力求纯洁的交往目的。交异性朋友的目的主要是为了建立正常的、普通的异性友谊关系，而绝不是为了寻找恋爱对象或以拥有较多的异性朋友来炫耀自己、增加自己的分量，因此应纯洁自己的动机，表现真正的自我，不存杂念、不故意卖弄、不自作多情、不羞怯胆小，也不胆大妄为，以健康的心态对待异性交往。其次，应具备真诚的交往态度。在交往过程中，应做到坦荡无私，以诚相待，与异性交流必须真诚，不能靠欺骗和隐瞒的手段去获得友谊，那样的话，即使获得了友谊也是不能长久的。第三，应把握恰当的交往方式。在交往中既要破除男女界线，又要注意男女有别。只要是同学之间的正常交往，完全可以大大方方地进行，不必害羞、拘谨、多虑，也不必因别人开玩笑而影响工作、学习中的正常交往。

生活水平的不断提升，加速了青少年生理的发育成熟。有调查研究显示，青少年性成熟的年龄逐年提前。对于健康的性知识，教育工作者不该再闭口不谈，而应该帮助青少年通过合理、恰当的方式了解性知识，这是帮助青少年形成健康性心理、避免性心理困惑与性心理障碍的最佳方式。

第二节 青春期的认知心理辅导

青少年学生的健康成长受到众多教育工作者的关注。帮助青少年了解其自身的认知发展特点、预防常见的认知心理问题、找到相应的认知心理辅导策略是学校心理辅导工作的重点内容之一。

一、青春期认知心理问题分析

青少年正处于身心发展的第二高峰期，生理发育的成熟一方面为认知的发展提供了良好的生理基础；另一方面身心发展不平衡也容易导致认知偏差，产生消极情绪与不良行为。

（一）认知方式的片面性

青少年处于辩证逻辑思维迅速发展的时期，但形式逻辑思维仍占据优势，在发展过程中还存在着片面性的问题。

1. 肤浅

青少年虽然处于辩证逻辑思维发展的加速期，但是辩证逻辑思维是一个逐渐占优势的过程，在发展过程中思维深度不够、看问题表面化是青少年认知发展的普遍问题。青少年追求成人感，渴望被当作成年人对待，但是却不知道真正的

成年人应该有怎样的行为,应该承担怎样的责任和义务。他们常常把吸烟、酗酒、哥们儿义气当作成人的标志,把另类服饰当成美的标准,这些都是青少年只能关注事物表面、认知水平尚停留在肤浅表层的体现。

2. 偏激

为了反对而反对是青少年常见的认知偏差。例如,有些青少年不喜欢某位老师,就拒绝学习这位老师所授课程,甚至导致偏科;明明能够认识到异性交往过度的坏处,但是因为老师和家长的反对,偏偏就要尝试;学校禁止学生奇装异服,就一定要奇装异服、标新立异。

3. 刻板

形式逻辑思维强调事物的逻辑性、客观性和确定性,关注事物间"非黑即白"的明确界限;辩证逻辑思维则既能够看到事物之间的区别,又能关注到事物之间的联系,认识到黑白是可以相互转化的。青少年仍处在形式逻辑思维占优势的时期,强调对错分明,往往很难接受在不同情境下同一事物不同的是非判断标准。

(二)认知过程的不平衡性

认知的过程包括感觉、知觉、记忆、思维、想象等。青少年的感知觉能力已经发展完善,但是思维、想象的能力仍旧欠缺,感觉灵敏但是思考不到位也是造成青少年认知失调、导致行为失范的主要原因。感知觉的发展完善,能帮助青少年能够完整地接收到周围的信息,他人对自己的评价、社会对事件的态度、与他人关系的微妙变化甚至是他人一个不经意的眼神都被青少年捕捉到自己的认知系统中。但是,思维发展的片面性,想象等高级认知过程水平的欠缺,使青少年不能够对外界信息有一个理性的认知加工。

例如,"以瘦为美"的观点最容易被处于青春期的女性全盘接受,她们容易因肥胖而产生自卑感,这种自卑又导致片面夸大自己的不足和缺点。她们先评价这些不足,然后经过一段时间的泛化,最后在自己身上找不到一点值得骄傲的地方,于是悲观、自我否定,陷入怪圈不能自拔。

二、青春期认知心理辅导策略

促成青少年的健康成长是全社会的共同责任,帮助他们养成健康的生活方式和良好的个性品质是每个家庭的愿望,也是学校和社会共同的期望。青少年的心理健康发展应得到全社会的重视,这需要社会、学校、家庭、个人共同努力,帮助青少年形成正确认知,改变那些不合理的认知,平稳度过复杂、矛盾的青春期。

1. 优化成长环境

　　学校、家庭、交往同伴、社会舆论等是青少年接触频繁并对青少年认知发展具有重要作用的外界环境。家庭和学校要给青少年营造宽松、平等、尊重的成长环境，不要使用简单粗暴的方式，要努力发现青少年身上的闪光点，引导青少年合理认知的形成。在青春期阶段，同伴的影响作用有时远远超过教师，在青少年同伴交往中往往会出现同伴一句话推翻教师长时间苦心教育的现象，因此要重视青少年经常接触的同辈群体，并加以积极引导，避免青少年出现小群体内的认知偏差是学校心理辅导工作的难点。净化学校周围书摊、净化青少年易接触的网站，对青少年认知发展不利的书籍、音像、网络等要及时发现并处理，同时要增加有利于青少年认知发展的图书、网络资源，做到禁止与引导同步，真正优化环境因素对青少年的影响。

2. 灵活课堂设计

　　形式逻辑思维为主、辩证逻辑思维不断发展是青春期认知发展的主要特点，教师要根据青少年的这一思维特点进行课堂设计与教学。经验与形象仍然是青少年思维的基础，当教师过多地使用抽象思维进行教学时，很可能会因为知识的晦涩难懂而引起学生的学习挫败感。因此，学校要根据青少年思维发展的实际水平，设计不同的课堂教学内容，促进青少年认知能力的提高，让青少年去挑战、探索，让青少年学会思考，提高抽象思维能力。对青少年影响重大的身心发展问题、品德塑造问题、情绪情感问题等，教师要循循善诱，通过举例、视频教学、情景剧排演等多种多样的教学形式，通过直观方式引导青少年多角度辩证地看待问题。

3. 训练辩证思维

　　青春期是辩证逻辑思维不断发展进步的时期，开展合理的思维训练对培养青少年思维的辩证性，克服青少年刻板、偏激的认知方式有重要的作用。如可以采取辩论赛的形式，使其对有关青少年身心发展的重要问题进行深入探讨，在培养思维辩证能力的同时，也使其对自己的身心发展有更加深刻与科学的认识。

4. 引导自我发展

　　有些学校心理辅导教师存在这样一个误区：青少年个性太强，自以为是，不服管教。其实这是因为青少年自我意识发展不够充分、对自我和外界对象认识还不够客观导致的，所以他们有时候信心十足甚至自高自傲，有时却悲观失望、自卑沮丧。因此，辅导教师需要在青少年盲目自信时加以教育，在悲观自卑时加以鼓励，并对青少年进行元认知的训练，促进他们对行为的自我监控、自我调整、自我促进，在自我不断发展完善的同时，逐步提高思维能力与认知水平。

　　认知的健康发展是青少年形成正确世界观、人生观、价值观的基础，青少年

期也是培养健康"三观"的关键期。学校心理辅导教师要认识到青少年在认知发展方面存在的暂时缺陷,理解青少年不合理认知与行为的出现,帮助青少年减少认知失调的不良影响,顺利渡过"疾风骤雨"的青春期。

第三节 青春期的情感心理辅导

情绪与情感是个体对外界事物的复杂态度,是对内在需求与外在现实之间差异的考量。青春期是情绪、情感的发展变得多样化的时期,青少年情绪、情感的发展也有着不同于其他发展阶段的特点:情绪两极性十分突出,时而情感浓烈、热情奔放,时而又陷入莫名的焦虑与烦恼;情感体验细腻深刻,内容丰富而微妙,外界的一切都可能成为青少年兴高采烈或消极抑郁的原因;负性情绪增多、内心孤独寂寞感、美好憧憬与残酷现实的矛盾、家长的专制与渴望理解的差异等,都成为青少年消极情绪产生的原因。

《纲要(2012年修订)》从青少年情绪、情感发展特点出发,提出心理健康教育的具体目标,其中特别强调要增强青少年调控情绪、承受挫折、适应环境的能力,并在心理健康教育的主要内容中将情绪调适列为重点,在分阶段教学内容中指出:小学高年级要学会正确面对厌学等负面情绪,学会恰当地、正确地体验情绪和表达情绪;初中年级要鼓励学生进行积极的情绪体验与表达,并对自己的情绪进行有效的管理;在高中年级则要学会积极地应对考试压力,克服考试焦虑,培养人际沟通能力,促进人际间积极情感反应和体验。如何以青少年情绪、情感发展特点为基础,贯彻《纲要(2012年修订)》的具体要求,帮助青少年建立起积极的情绪情感体验,是学校心理辅导工作的一大重要目标。

一、负性情绪、情感对青少年的影响

(一)影响品德形成

品德即道德品质,是指个体依据一定的社会准则和规范行动时,对社会、对他人、对周围事物所表现出来的稳定的心理特征或倾向。品德形成的过程就是个体对社会准则和规范内化的过程,是将社会准则与规范融入个人情感的过程。培养青少年良好的品德,就是要培养青少年对社会、对他人、对周围事物的积极情感,用积极开放的态度接纳与融入社会。如果青少年指向外的情感都是消极的,认为社会是令人憎恶的、周围所有事物都是与自己无关的,那么在这种消极

情感指导下的行为一定不会被社会所接受。

（二）影响认知发展

青少年正处于认知发展的重要阶段，思维、记忆、想象等认知活动在积极的情绪状态下更容易被唤醒与维持，国内外许多心理学家都证实了情绪、情感对个体认知活动水平的影响。日本心理学家龙泽武久多次强调情感教育的重要性。他指出，情感交织在人的思维中，或者成为刺激，或者成为障碍。他曾用大量实验证明，一旦学生对学习失去情感，思维、记忆等认识技能会受到压抑。[①] 苏霍姆林斯基曾说过："情感如同肥沃的土壤，知识的种子就播在土壤里，种子会萌发出幼芽来；儿童对劳动快乐的激动情感体验越深，他就想知道得更多，他的求知渴望、钻研精神、学习劲头也就越强烈。"[②]

（三）影响身心健康

情绪和健康的关系是紧密联系的，喜形于色、暴跳如雷、焦虑不安等骤然变化的情绪会引起一系列的生理变化。美国一项生理学实验中，把人生气时呼出的"生气水"注射到大白鼠身上，几分钟后大白鼠就死亡了。生理学家据此分析人们在生气时，体内生理活动反应十分剧烈，内分泌比任何情绪出现时都更具有毒性。长时间的消极情绪是青少年心理健康的"杀手"。

1. 导致心理障碍

青少年正处于大脑各项机能不断完善的时期，持续的或突发的不良情绪会对神经系统的发育产生破坏作用。大脑皮层存在兴奋和抑制的动态平衡，当遇到突然而强烈的不良情绪刺激时，这种平衡被打破，人的意识范围变窄，正常判断能力削弱，冲动性增强，严重的时候会使人精神错乱，行为失范。

2. 引发生理疾病

在不良情绪破坏了神经、精神系统正常功能之后，内脏器官也开始受到影响（如中医讲大喜伤心、大怒伤肝、大思伤神、大恐伤肾等），首当其冲的是心血管和消化系统。资料显示，紧张性头痛、消化性溃疡、月经不调以及神经性皮炎等都与不良情绪有关；而压抑、焦虑等和冠心病、高血压等也与不良情绪显著相关。

与此相对，积极的情绪、情感对于人的健康十分有利。引起神经系统和精神紧张的不良情绪和良好情绪是拮抗的，因此愉快的良好情绪的出现可以抑制或者取代不良情绪造成的紧张，从而减少或者消除对机体的不适宜刺激；此外，良好的刺激可以直接作用于脑垂体，促进相关激素的适宜分泌，使得内分泌功能正常，进而影响全身系统，使各个器官功能协调有序。

---

① 陈家麟.学校心理健康教育：原理、操作与实务[M].北京：教育科学出版社，2010：144.
② [苏]B.A.苏霍姆林斯基.帕夫雷士什中学[M].赵玮，等译.北京：教育科学出版社，1983：263.

二、青春期情绪情感辅导策略

1. 加强认知疏导

青少年认知发展水平还不够成熟,对自己、他人、社会的评价还不全面,在叛逆和好表现的心理作用下,容易对现实做出不恰当的反应甚至有过激行为,并由此产生不良的情绪。因此要在提高青少年认知水平上加大教育力度,避免青少年产生错误判断,产生不必要的怀疑恐惧等不良情绪。此外,辅导教师对于青少年情绪激烈和波动要给予理解,在理解包容基础上耐心引导,既看到事物好的一方面又要看到坏的一方面,使青少年既要立志高远又要踏实肯干,做到对人对物全面客观地分析,失败时不要泄气,成功时不要骄傲;对人要多看长处,要学会宽以待人,严于律己;遇事要有毅力,有恒心,逐步增强理智控制自己情绪和情感的能力,使心理品质健康发展。

2. 建立宽松氛围

青春期生理心理的巨大变化,让青少年变得躁动、无所适从,对这些变化学校要及时教育,甚至提前引导。学校、家长要为青少年提供一个认识自身变化的宽松氛围,避免对身体变化、性等应该有所了解的知识讳莫如深。比如,许多青少年都会对第一次月经或者遗精的到来感到惊讶,甚至恐惧不安,此刻教师应及时予以指导,或者开设相关课程,让青少年有一个正确认识,消除不安。此外,学校应为青少年提供一个可以相互倾诉的平台,帮助他们消除内心紧张不安的情绪。家长要配合营造民主、宽松的环境,对青少年激烈的情绪耐心、冷静地对待,切忌用简单粗暴的方式去解决问题。家长要尊重并保护青少年自我疏导的方式,如写日记等,这有利于青少年情绪的宣泄和稳定,促进他们身心健康发展。

3. 提供应对方式

青少年不良情绪可能会随时产生,对青少年正常生活学习造成干扰。学校心理辅导要培养青少年应对不良情绪的能力,提供排解不良情绪的常见方法和途径。学校可以设立宣泄室,帮助青少年通过宣泄,消除愤怒;通过音乐放松、肌肉放松等方式,帮助青少年缓解焦虑;开展丰富多彩的课外活动,帮助青少年增加转移注意力的途径。

4. 培养乐观态度

乐观的生活态度对良好情绪、情感有促进作用。面对同样的困难,具有乐观态度的人会正视它,并相信可以克服;而不乐观的人则会满眼都是苦难,畏缩不前。培养青少年乐观的态度可以从培养青少年广泛的兴趣爱好开始。当人从事的是自己感兴趣的事情时,他是享受的,不会有疲惫等感觉,因此多培养兴趣,就会扩大青少年积极情绪产生的范围,提高积极情绪出现的概率。其次,辅导教师可以引导青少年多交朋友，扩大活动范围，也为换个环境、换个心情提供了途径。

了解青少年情绪、情感发展特点，认识不良情绪对青少年身心发展的不利影响，是为了更好地对青少年情绪、情感的发展提供可行的辅导策略。如何提出更有针对性的策略，需要学校心理辅导教师在工作中进一步总结青少年特点，针对个别情况采取个性化辅导。

第四节 青春期的人格心理辅导

青春期是个体心理发展变化的第二高峰期。马克思健全人格理论认为：个体首先要能够按照自然界与社会发展的客观规律，全面地改造自己、丰富自己、提高自己，成为一个全面自由发展的人；其次，要能够与社会紧密联系，实现人际交往和谐；第三，要能够通过社会实践，有目的地改造客观世界来为自身的完善发展创造积极的条件。这一标准科学地揭示了人格形成的影响因素中社会因素的重要意义。

人格是遗传因素与后天环境相互作用的结果，在遗传因素所提供的前提下，如何更好地发挥后天环境因素的影响作用、实现人格的健全发展，是青春期人格心理辅导所要解决的关键问题。家庭、学校是青少年集中活动的主要亚社会，家庭环境中父母的人格类型、父母的教养方式，以及学校教育中教师的言谈举止、班风校纪等都是影响青少年人格发展的重要因素。埃里克森的心理社会发展阶段论认为，人生发展的每一阶段都有其特殊的心理危机及特殊的发展目标，青春期则处于角色混乱危机与实现自我统一和目标的矛盾发展中。青春期自我统一和目标的实现，有助于人格结构各方面的和谐、统一发展，是个体健全人格塑造的关键期。了解青少年人格形成过程中存在的多种问题，从学校角度出发，寻找有利于培养青少年健全人格的心理辅导方式是青春期人格心理辅导的关键所在。

一、青春期人格障碍的表现

青春期人格发展的诸多不平衡性导致了青春期人格障碍的多发，根据表现形式的差异，可将青春期人格障碍分为以下几种类型：

1. 表演型人格障碍

此类人格障碍表现为情绪表达的戏剧化、舞台化和过分夸大化，情感表达肤

浅并且变换迅速，常通过过分招摇和轻浮的表现来引起人们的注意，以成为人们注意的中心。但其人格发展的不成熟、情绪表达的不稳定，使此类人格障碍者很难有稳定的人际关系，社会适应困难。

2. 自恋型人格障碍

此类人格障碍表现为过分的自我中心，是将现实自我过分夸大到极致的表现，认为任何人都比不上自己，常幻想自己集美貌与才学与一身，任何人都要高看自己一等，认为自己应有不同于常人的特殊照顾，缺乏对他人的同情，嫉妒心严重。自恋型人格障碍很难引起他人的好感，人际交往困难。

3. 冲动型人格障碍

此类人格障碍以情感爆发和明显的冲动行为为主要表现。例如，易怒，常因微小刺激而产生强烈的愤怒，行为不计后果易出现自杀、自伤行为。此类人格障碍者的人际关系紧张、不稳定。

4. 强迫型人格障碍

此类人格障碍表现为沉湎于追求秩序和完美，固执、异常节俭、谨小慎微，对自己和他人要求严苛，使其经常和周围的人保持着疏远的距离，生活中的小变动也时常让强迫型人格障碍者处于焦虑不安中，帮助他们学会接纳生活中的不完美才能让他们体会到生活的美好。

5. 反社会型人格障碍

此类人格障碍表现为忽视或冒犯他人的权利，对法律、社会准则采取漠视或故意冒犯的态度，做事冲动、不负责任，莽撞且在做出违法、违规的事情之后没有丝毫的悔意。无情、以自我为中心、情感肤浅是其人格的主要特征。这种人格障碍的发病原因复杂，传统的心理治疗方法对其没有显著疗效。

6. 偏执型人格障碍

此类人格障碍表现为人为地曲解别人的话语、行为的意义，认为他人都对自己心存恶意，对人存有普遍的不信任和猜忌，由此而带来的社会适应困难、工作生活不愉快等，认为是他人不怀好意造成的，很难认识到自身的问题。取得信任关系是对此类人格障碍进行心理辅导的重点和难点，改变其错误认知是可行的治疗方式。

在学校心理辅导中，只有少部分青少年学生处于病态的人格障碍状态，而大部分青少年只或多或少地存在人格缺陷，即在人格发展过程中表现出一些不良发展倾向。敏感、多疑、自卑、冷漠、消极、抑郁、暴躁、以自我为中心等是青少年常见的人格缺陷。

二、青春期健全人格心理辅导策略

《纲要(2012年修订)》指出,心理健康教育应以培养学生健全的人格和良好的个性心理品质为具体目标。人格辅导的宗旨就是要促进学生全面地适应社会,应当包括良好情绪调节能力的养成、良好人际关系的形成等青少年社会生活所及的各个方面,既要达成青少年身心发展的内在和谐,又要实现与所处环境的外在和谐。

健全的人格应该具有爱他人也能接受他人爱的能力;不依赖他人、不轻信盲从的独立;正确认识自己、不妄自菲薄的自信;开放自己、热情待人的乐群;朝气蓬勃、奋发有为的积极;不惧困难、乘风破浪的坚韧等多方面的特点。学校心理辅导应从以下几方面入手来培养青少年积极的人格特质,为健全人格的发展打下基础。

1. 培育积极自我

正确地认识自己的人格特点,是培养和塑造健全人格的基础。青少年正处于自我意识觉醒,但认识还不够成熟的阶段。在人格心理辅导中,成熟的人格测验是帮助青少年了解自身人格特点的重要工具。辅导教师的任务是,帮助青少年认识每一种人格特质和类型的优缺点,学会发挥自身人格的优势、弥补人格欠缺,认识自己的同时,更要帮助青少年悦纳自己、建立起积极的自我。

2. 增强耐挫能力

社会文明程度的提升,家庭保护力度的加大,让青少年更多地处在优渥、顺遂的环境当中,对遇见挫折没有准备,挫折的承受能力也随之降低,坚韧性下降。但人生没有一帆风顺,青少年阶段就是为今后成年走向社会积累经验的阶段,只有不断地增强对挫折的承受能力,才能保证在未来走向社会时,不被困难和挫折所击垮。在心理辅导工作中加强挫折教育,增强挫折的耐受性,对青少年健全人格的培养有重要意义。

3. 优化人际关系

马克思在健全人格理论中,强调了人际关系对健全人格的重要意义。一个具有良好人际关系的个体一定具有积极的人格品质,例如热情、开朗、宽容、真诚等。相反,冷漠、自私、狭隘、虚伪、猜忌等人格特点一定是不被他人所接受的。和谐的人际关系与积极的人格品质是相辅相成、相互促进的两种关系。在心理辅导工作中,要通过人际交往能力的训练来促进青少年积极人格特质的形成,也要通过积极人格特质的培养来优化青少年的人际关系。

4. 克服自卑心理

自卑是青少年低估现实自我,否定自己能力的表现。青少年的自卑心理通

常来自于对自己体相的不满意,对自己学习成绩的不满意,仿佛自己处处矮人一截。辅导教师要帮助青少年认识到"尺有所短,寸有所长",不因自己某方面的不足而否定全部,要为青少年创造展现自己能力的舞台,使其认识到自身的巨大能量,提升自信,克服自卑心理给学习、生活带来的不良影响。

5. 培养生命热情

悲观、抑郁、冷漠是当前许多青少年对待生命的态度,这并不是因为青少年乐于如此。青春期正是个体不断探寻生命意义的时期,生理、心理发展的不平衡使得青少年处于一种矛盾与苦恼的状态中。青少年并不是对生命充满着悲观与失望,只是需要有人帮助他们转换一下观察生命的视角,这也正是心理辅导要做的工作。辅导教师要帮助青少年认识到生命是需要每个人的主观努力来创造的,冷眼旁观只能让生命看起来更加的灰暗,无论是认真学习科学知识,还是努力地锻炼身体,都是在为自己的生命添加色彩。培养积极的心态、树立远大的目标、坚持不懈地努力,都能为年轻的生命创造应有的价值。

第五节 青春期的自我心理辅导

认识自我是伴随个体一生的任务,青春期的自我认识还有一定的不完整、不稳定,运用心理辅导策略帮助青少年认识自我、悦纳自我、超越自我是促进青少年健康成长的重中之重。自我意识并非与生俱来,而是在后天的社会化过程中逐渐形成的,2岁左右的个体就可以将自己与外界环境区分开来。青春期个体的自我意识水平进一步发展和提升,在这个发展过程中,自我意识结构不断分化,各结构层次慢慢走向统和。从心理活动过程角度,可以将自我意识划分为自我认识、自我体验、自我调节三种成分;从自我意识的内容上,可以将自我意识划分为生理自我、社会自我和心理自我;从自我意识的对象上,可以将自我意识划分为现实自我、投射自我、理想自我。自我意识成熟的过程就是以上各种结构分化、产生矛盾、再次走向统和的过程,而这一过程多集中在青春期完成。

埃里克森认为青春期的主要任务就是实现自我同一性,也就是克服自我意识结构间的矛盾,达成各层次结构间的统合发展。在青春期自我心理辅导中,辅导者要深入地了解青少年自我意识发展的特点,帮助青少年找到自我发展问题的原因所在,努力将矛盾转化为动力,促进青少年自我的统合。

一、青春期自我意识的发展及问题

（一）青春期自我意识发展的特点

1. 矛盾性

自我意识在青春期阶段开始分化为"主体我"和"客体我"，"理想自我"和"现实自我"。强烈的成就欲望造就了高水平的理想自我，而经验的欠缺与能力的不足又限制了现实自我向理想自我的靠拢，这种矛盾时常给青少年带来焦虑、无能等消极体验。

2. 主动性

矛盾性带来的焦虑体验促进了青少年主动地对自己内心世界的探索，通过内省、与他人比较等方式观察与分析自己，主动地完善内心的"自我肖像"。

3. 统和性

主动的探索与矛盾的解决都是为了将对自我某一方面的了解统合成一个完整的自我形象，青少年开始萌发出对整体自我进行评价的要求。"我这个人怎么样？""我是谁？"等疑问，取代了童年期对"我是勇敢的人吗？"等某方面单一特质的询问。

4. 起伏性

青春期自我意识正处于动荡发展期，小小的成功即可引起自我的膨胀，一点点的失败也能造成完全的自我否定。

5. 敏感性

周围人的评价对青少年影响很大，是青少年获取自我意识的一个重要途径。青少年容易因他人的赞赏而形成自尊感，更容易因他人的批评而产生自卑与羞怯感。

（二）青春期自我意识发展的偏差

1. 自我高估与自我否定的对立

自我高估是指青少年在形成自我意识时，高估现实自我，设定一个不切实际甚至错误的理想自我，并认定现实自我与理想自我之间差距很小。有的青少年还将理想自我与现实自我虚假地统一起来，认为自我已达成理想状态。这类学生通常会表现出自恋、自吹自擂、眼高手低、爱说大话等特点。自我否定是指青少年对自己没有信心，认为现实自我与理想自我相距甚远，青少年可能采取降低理想自我、放弃理想等方式来减轻由此而产生的焦虑。这类学生的耐挫能力较差，容易悲观、失望。在青少年中最常见的是，自我高估与自我否定之间的波动，这类学生时而觉得自己无所不能，时而又因为些许的挫折而抛弃理想、垂头丧气。

2. 独立与依赖的矛盾

青春期个体独立意识的发展表现在，要求独立地处理个人的社会生活事件，要求自我掌控，像家长一样独立地处理人际关系、经济开支、未来发展计划等重大生活事件。但长时间对家庭生活、经济上照顾的依赖，使得青少年无法满足自己对于独立性的要求，体验着自我意识上成人感与无能感的落差。在行为上，青少年会出现完全要求独立的叛逆，或者是拒绝独立、完全依赖于家庭这两种极端表现。

二、青春期自我心理辅导策略

（一）认识自我——帮助青少年形成正确的自我认识

1. 内省法

古语有云"吾日三省乎吾身"，强调的就是内省对于认识、掌控自我心理发展的关键作用。对自我的认识，除了外貌、体态等外在可观察的之外，自己的心理活动、心理状态等都是无法直接观察的，因此内省是对自己内心活动监控的重要方式。通过内省的方式直接地观察和评判自己的心理状态，是对自我性格、能力等诸多因素的良好认识、调控方式。

2. 比较法

"三人行必有我师"，与他人的比较是认识自我的良好标尺。辅导教师在比较中帮助青少年选择正确的参照系，避免极端价值观等不良倾向，要符合青少年发展的一般水平，使他们在对比中发现自我发展的长处与不足，帮助他们客观、真实地面对自我。

（二）悦纳自我——鼓励青少年培养积极的自我体验

1. 课外实践发现优势

实践是体验的来源，能够避免枯燥说教对青少年影响的有限性。教师要帮助青少年选择自己擅长的课外活动，来体验积极自我带来的自尊与自信感。同时，教师还要通过课外活动来帮助青少年认识到自己的不足，使其全面地看待自己的优缺点，认识到自己是独一无二的个体，不为优点而沾沾自喜，更不为缺点而妄自菲薄。

2. 自我展示提升自尊

自我展示是指在恰当的活动、合适的平台上，有意识地向他人展现自我的一种方式。青少年容易对自我形成极端的评价，或者盲目自信或者完全自我否定。积极地展示自我能够让外界对自己的优点和缺点做出一个合理的评价，增加了青少年自我了解、认识自身优势的途径，帮助青少年更加地悦纳自我，形成合理的自尊、自信。

(三) 超越自我——引导青少年实现不断的自我超越

1. 设定合理目标

成人感的增长,容易让青少年产生无所不能的错觉,而一旦无法达成自己设定的高目标,就会造成青少年自尊心的受挫。适度挑战性是合理目标的标准,既能锻炼青少年的能力又不至于挫伤斗志。在心理辅导中,要让青少年认识到,一步一脚印、踏实地前进才是实现不断自我超越的最有效办法。

2. 培养积极情绪

积极情绪是应对自我成长过程中一切可能挫折的最有力武器。自我的发展是一个逐渐改变、缓慢前行的过程,期间有无数可能的挫折在考验青少年的意志力。积极的情绪能够帮助青少年减少自卑心理对自我发展的影响,以达到最高效地实现自我的完善发展。

自我统合是青春期重要的阶段性发展任务,这项任务应该渗透到学校学习的各个环节、各种活动中,要相信青少年拥有积极向上发展的能力,为青少年自我的顺利发展提供一个自由的发展空间。

本章小结

青少年青春期心理辅导是学校心理辅导工作的重点。本章从五个方面进行阐述:心理辅导是根基,在辅导过程中要注重认知策略与行为策略相结合,个体咨询与团体咨询相结合;认知是行为的基础,在辅导中要消除对青少年发展的不利因素、灵活地进行课堂设计、用发展的眼光看待青少年认知发展,正确引导青少年自我意识发展,提高青少年思维能力;积极的情感是健康人格的保障,在情感心理辅导中要及时疏导消极情绪,为青少年提供表现平台,培养青少年应对不良情绪的能力、乐观的生活态度;健全人格是个体心理健康的重要标志,培育积极自我、增强耐挫能力、优化人际关系、克服自卑心理、培养生命热情是培养健全人格的心理辅导策略;建立自我同一性是青春期的阶段性任务,学校心理辅导要帮助青少年认识自我、悦纳自我、不断超越自我,从而实现青少年自我的不断完善。

关键词:青春期;学会自尊;情感心理辅导;人格心理辅导;自我心理辅导

第九章 学会学习——学习心理辅导

学习目标

1. 了解学会学习理念的时代背景,学习心理辅导的基本要求;
2. 理解学习心态、学习习惯与青少年学会学习的基本关系;
3. 掌握青少年学习心态、学习习惯、升学考试等心理辅导的基本策略。

学习是人类认识世界和改造世界的基本手段,也是提高人的基本素质的重要途径。教育部颁发的《纲要(2012年修订)》指出,心理健康教育的重点内容之一,就是帮助学生"学会学习","掌握学习策略,开发学习潜能,提高学习效率,积极应对考试压力,克服考试焦虑"。重视和加强学习心理辅导是当前我国学校教育教学改革的基本趋向,科学开展以学会学习为主题的心理辅导成为学校心理辅导的常规工作。

第一节 学习心理辅导的时代主题

学习心理辅导是依据青少年的学习心理规律,指导学习方法、疏导学习障碍、培养学习能力、提高学习效率的一种教育方式。学习心理辅导的基本任务包括:建立有序的课堂管理,营造良好的课堂心理气氛与课堂文化,增强师生互动;帮助学生解决学习困难、学习焦虑、学习退避等学习心理问题;培养学生浓厚的学习兴趣、求知欲以及积极的学习心态,激发学生的学习潜能,提高学生的学业成就。总的来说,学习心理辅导主要是解决愿不愿学(即学习动机)和会不会学(即学习策略和学习方法等)。

一、学会学习——学习心理辅导蕴藏其中

"教是为了不教"与"学会学习"已经成为当今世界教育发展中最响亮的两个口号,是当前我国学校教育教学改革的主旋律。学会学习的新理念对当今学校教育教学而言意味着什么?这是学校心理辅导教师需要深入思考的基本问题。

(一) 学会学习与青少年心理健康

学习是人类生活的永恒主题,贯穿于人生命的全部过程。学习是青少年的主导活动方式,因而它对青少年的心理健康、心理发展有很大的影响。学生的主要任务是学习,学生的很多心理问题往往源于学习问题。学习遭到挫折,会使学生感到沉重的心理压力,进而导致师生关系、亲子关系紧张,久而久之引发心理问题。对学生最重要的学习活动缺乏专业、科学的辅导,是造成学生学习质量低、学业负担重、心理健康水平低的重要原因。

据国内学者对某直辖市 4 000 多名青少年心理问题现状的调查表明,当前青少年心理问题居前十位的是学习动机不正、学习习惯不良、学习能力不够、注意力障碍、自控力差、以自我为中心、耐挫力低、学习焦虑、自卑和社交退缩。这其中与学习有关的心理问题就有 7 项,可见困扰青少年最多的是学习问题。而青少年的有些学习问题也更多地表现为心理问题,如学习动力缺乏,主要表现为没有明确的学习目标、计划,也无适度的紧迫感,厌倦学习,逃避学习,厌学问题随着年级升高而增加;学习过度疲劳,严重的学习焦虑会引发注意障碍、记忆障碍;学习态度不良,主要表现为拖拉、敷衍、粗心、自满、畏难;学习自卑心理,等等。

青少年常见的学习心理和行为问题有:学习障碍——学生在听、说、读、写、推理或数学等方面的获取和运用上表现显著困难;学习疲劳——连续学习后学习效率下降,包括生理疲劳和心理疲劳(缺乏兴趣、厌烦懈怠);厌学症——对学习不感兴趣,讨厌学习,一提到学习就心烦;学校适应不良——有主观学习愿望,且十分用功,但由于心身因素或心理适应不良,造成学习成绩差,跟不上班,经常头晕、失眠、情绪紧张、心慌、厌烦、食欲不振等。

学习既能对青少年的心理健康产生有益的积极影响,如提高智力、培养能力、开发潜能、调适情绪,又可以对心理健康产生不良的消极影响。如学习负担过重容易产生心理压力,造成精神高度紧张,优秀生的心理健康也需要关注;学习内容不健康容易造成心理污染,影响青少年的健康成长;学习难度过大容易使青少年产生畏难情绪,甚至失去学习的信心;学习方式方法不当,学习成绩长期得不到提高,容易产生学业失败的自卑、无助心理;学习过程中劳逸结合不当,过度疲劳,容易对身体健康造成危害,进而影响心理健康。青少年诸多的学习心理

问题,呼唤着科学合理的学习心理辅导。青少年唯有真正学会学习,才能有效预防学习心理障碍,培养良好的学习心理品质。

(二) 学会学习的时代意蕴

"我们正经历一场改变我们生活、交流、思维和发展方式的革命,这场革命使得我们今天知道的东西,到明天就会过时,如果我们停止学习,就会停滞不前。"(《学习的革命》)其实早在40多年前,联合国教科文组织的国际教育发展委员会在《学会生存》报告中就曾预言:未来社会最终将走向"学习化社会";"教育应该较少地致力于传递和储存知识(尽管我们要留心,不要过于夸大这一点),而应该更努力寻求获得知识的方法(学会如何学习)"。因此,让青少年学会怎样学习和怎样思考,应该是当今学校教育最重要的任务和目标之一。

终身学习是21世纪现代人的生存概念和基本技能。据分析,在科技不发达的时代,人的知识80%是在学校获得的,10%~20%是在工作中获得的;而在科技发达的时代,人们在学校获得的知识仅占10%~20%。1994年11月,在意大利罗马召开的世界终身学习会议提出"终身学习是21世纪的生存概念",认为没有这一概念,现代人就难以在21世纪生存。而要实现终身学习的基本目标,就要促进和引领现代社会的每个人学会学习。

著名认知心理学家诺曼指出:"真奇怪,我们期望学生学习,然而却很少教他们如何学习;我们希望学生解决问题,却很少教他们解决问题的思维策略。类似地,我们有时要求学生记忆大量材料,然而却很少教他们记忆术。现在是弥补这一缺陷的时候了……我们需要总结出关于怎样学习、怎样记忆和怎样解决问题的一般原则,然后设置一些传授这些一般原则的应用性课程,最后把这些一般性原则渗入到学生的各门学科中去。"的确,学校教育教学目标不少还仅仅停留在知识传授的要求上,片面强调青少年获得好分数,而忽视了青少年学习潜能的开发和学习习惯的培养。

学会学习是现代人必须具备的教育护照和通行证。21世纪是知识经济大发展的时代,知识经济时代必将是自主学习、创新学习的时代,必将是终身学习、学会学习的时代。美国著名未来学家阿尔温·托夫勒说:"未来的文盲不再是目不识丁的人,而是没有学会怎样学习的人。"着眼于应对知识经济时代的学习挑战,心理辅导教师要树立全新的现代教育理念,自觉引导青少年学会学习,努力完善自身的学习素养。

新课程改革的重点之一是如何促进学生学习方式的变革,学生学习方式的转变关系到学校教育教学质量,关系到师生的校园生活质量。一方面,相当一部分学生对学习内容、学习方式上的变化不能够很快适应,加强学习心理辅导就显得特别必要;另一方面,随着学业负担的减轻,学生学习的热情被激发,自我维护心理健康,自觉提高心理素质,自主开发心理潜能将成为青少年健康成长和发展过程中的共同需求。这说明随着新课程改革的深入,学生的心理活动和发展方向必定会发生变化,也使得心理辅导在学校教育改革发展中大有用武之地。

我们今天必须倡导的新的学习方式,是自主学习、合作学习、探究学习的学习方式。这也是实施新课程最为核心和最为关键的环节。自主学习(意义学习)是相对于被动学习(机械学习、他主学习)而言的,是指教学条件下学生的高质量的学习。而合作学习是指教学条件下学习的组织形式而言的,相对的是"个体学习"与"竞争学习"。探究学习(发现学习)则是相对于接受学习而言的。"改革教学过程中过分注重接受、记忆、模仿学习的倾向,倡导学生主动参与,改进学习方式,进行交流、合作、探究等多种学习活动,使学生真正成为学习的主人。"倡导自主学习、合作学习和探究学习,其理由就在于:教育必须着眼于学生潜能的唤醒、发掘与提升,促进学生的自主发展;必须着眼于学生的全面成长,促进学生认知、情感、态度与技能等方面的和谐发展;必须关注学生的生活世界和学生的独特需要,促进学生有特色的发展;必须关注学生的终身学习的愿望和能力的形成,促进学生的可持续发展。

(三) 学会学习心理辅导的目标与内容

学习心理辅导的主要任务就是帮助青少年学会学习,主要包括热爱学习的心理辅导、保护青少年的求知欲和好奇心、激发积极的学习动机、养成认真的学习态度和良好的学习习惯。

1. 学会学习心理辅导的目标

在我国台湾教育行政部门1992年修订的小学辅导活动纲要中,提出学习辅导目标有七个方面:协助儿童培养浓厚的学习兴趣,协助儿童建立正确的学习观念与态度,协助儿童发展学习的能力,协助儿童养成良好的学习习惯与有效的学习方法,协助儿童培养适应与改善学习环境的能力,特殊儿童的学习辅导,辅导儿童升学。结合我国教育发展实践,可以把学会学习心理辅导的具体目标概括为:提高青少年的基本学习技能,掌握有效的学习策略,发展其创造能力;培养比较浓厚的学习兴趣、良好的学习态度,激发学习动机;正确对待学业的成功与失败,树立学习的自信心,克服学习活动中的各种困难;养成良好的学习习惯;帮助青少年解决与学习有关的各种心理困惑。

2. 学会学习心理辅导的内容

一是学习心理引导——学习自信、学习目标、学习兴趣、学习动机、学习习惯、学习成败归因。二是学习方法指导——制订计划、有效预习、有效听课、记忆策略、笔记方法、阅读技术、有效作业、学习效果自我评价。三是考试心理辅导——考试及成绩的意义、降低考试焦虑的方法、应考技巧。

学校应从不同地区的实际和不同年龄阶段学生的身心发展特点出发,做到循序渐进,设置分阶段的具体教育内容:小学低年级主要包括"初步感受学习知识的乐趣,重点是学习习惯的培养与训练";小学中年级主要包括"初步培养学生的学习能力,激发学习兴趣和探究精神,树立自信,乐于学习";小学高年级主要包括"着力培养学生的学习兴趣和学习能力,端正学习动机,调整学习心态,正确对待成绩,体验学习成功的乐趣";初中年级主要包括"适应中学阶段的学习环境和学习要求,培养正确的学习观念,发展学习能力,改善学习方法,提高学习效率";高中年级主要包括"培养创新精神和创新能力,掌握学习策略,开发学习潜能,提高学习效率,积极应对考试压力,克服考试焦虑"。

学习心理辅导的重点内容,应根据学习阶段不同有所侧重:小学阶段重在学习习惯的养成,如听课、作业、书写、阅读的规范要求;初中阶段要注重学习方法的指导与学习情感的培养,如记忆、笔记、练习的基本方法;高中阶段是学习策略的辅导与学习个性的培养,尤其是自主思考、阅读技巧、意义理解。

二、青少年学会学习心理辅导的策略

在当今学校教育"教学→导学"这场大变革中,学校心理辅导教师要树立"以人为本""以学生为本""以学生学习为本"的教育理念,善于扮演"导师""导演"和"导游"的新角色,自觉地做青少年"学会学习"的帮助者、促进者和指导者,全面提高青少年的学习素养。

(一)积极引导青少年树立现代学习观念

这是青少年学会学习心理辅导的基础要求。青少年是学习过程的主体,是学习活动的主人。心理辅导教师要以学会学习为主题和主线,努力引导青少年树立全面学习观、自主学习观、活动(实践)学习观、体验学习观、创新学习观、终身学习观,要引导青少年学会做自己学习过程的"主人",而不要成为教师教学活动的"奴仆"或"雇工",要善于引导青少年变"要我学""被动学"为"我要学""主动学"。联合国教科文组织在《教育——财富蕴藏其中》报告中曾经提出了当代教育的"四大支柱":学会认知(学会学习)、学会做事、学会共同生活(学会共处)、学会生存(学会发展)。这也预示并引领着教学与学习价值观念的变革。青少年就是要学生活的知识,学生存的技能,学生长的意义,学生态的价值,学生命的智慧。唯有师生学习观念的共同更新和根本转变,才能真正促进青少年学习素养的提高。

(二)科学指导青少年掌握科学的学习方法

这是青少年学会学习心理辅导的核心旨趣。做任何事情都必须讲究方法,方法好则事半功倍,方法不当则事倍功半。学习要讲究方法,用最有效的科学方法学习,才可以取得最优的学习效果。法国哲学家、数学家笛卡尔说:"最有价值的知识是关于方法的知识。"如果说青少年在学校里学到的知识是"黄金",但若同时学会了学习,那就等于掌握了"点金术"。要指导青少年理解学习的一般规律,把握学习的基本过程,学习借鉴好的学习经验,努力提高自学和预习的能力,尤其是要学会科学运筹时间,学会怎样读书和积累、整理、分析资料,学会有效利用图书馆(室)和学习工具书。正如前联合国教科文组织助理总干事纳伊曼所指出的:"'学会学习'的概念意味着受过教育的人将会知道从哪里能很快地和准确地找到他所不知道的东西。"青少年应学会对自己的学习进行合理评价和正确归因。教师要指导青少年从自身实际出发,扬长补短,学以致用,理论联系实际,坚持学习书本上的理论知识与参与力所能及的社会实践活动的有机统一。

"学有其法,学无定法",最好的学习方法应当是科学的,又是适合自己的。国内学者提出"三五"进取型学习方法,被认为是较为理想的学习策略。其基本要素是五要、五先、五会。五要即一要围绕教师讲述展开思维联想;二要清理教材文字叙述思路;三要听出教师讲述的重点、难点;四要跳跃听课学习障碍,不受干扰;五要在理解基础上扼要笔记。五先即一先预习后听课;二先尝试回忆后看书;三先看书后做作业;四先理解后记忆;五先知识整理后入眠。五会即一会制订学习计划;二会利用时间充分学习;三会进行学习小结,形成知识结构;四会提出问题讨论学习;五会阅读参考资料扩大学习。当然,教师要考虑不同年级青少年的心理发展特点,逐步提高掌握学习方法的要求。

此外,学校心理辅导教师要注重培养青少年的元学习能力。所谓元学习,是指学习者对自己学习过程的意识与控制。一种较有影响的观点认为,元学习包括如下几种能力:① 会激励自己勤奋学习;② 会确立学习目标;③ 善于选择能达到目标的最佳的学习方法;④ 在必要时采取学习的补救措施;⑤ 善于总结自己学习达标过程中的经验教训,及时调整自己的学习方法。

(三)要科学辅导青少年优化学习心理品质

这是青少年学会学习心理辅导的根本保证。学习品质是指学生学习的动机、态度、情绪与情感、克服困难的意志和是否有良好的学习习惯、学习方法等心理因素和行为素质。在素质教育不断加强、基础教育课程改革不断深化的今天,学生学习品质的培养越来越受到社会各界的关注,也越来越引起教师和家长的普遍重视。教师要解决学生为什么学、怎样学的问题,就必须注重学生良好学习品质的培养。优良的学习心理品格是青少年战胜学习困难的不竭动力,是指引青少年学习道路的光辉灯塔,也是青少年实现学习目标的心理条件。青少年应具备多方面的学习心理品格,包括具体明确的学习目标、热烈浓厚的学习兴趣、

勤奋向上的进取精神、严肃认真的学习态度、坚持不懈的学习意志,做到既肯学爱学,又勤学苦学,更乐学会学。培养学习心理品格,心理辅导教师要从青少年学习过程的基本环节、学习技能训练的细微处着手,重在平时明确的规范要求,重在学习生活的陶冶之中,重在培养青少年良好的学习习惯。

(四)要及时疏导青少年的学习心理问题

这是青少年学会学习心理辅导时的必要任务。据国内有关学者的研究,当前青少年较为常见的学习心理障碍主要有多动症、恐学症(学校恐惧症)、考试焦虑症、学习低能或弱智、学习强迫症等。在实际的教育教学工作中,真正有比较严重的学习心理障碍的青少年还是极少数,出现的大多是一般性的学习心理问题。心理辅导教师务必不要随意地、简单化地给一些有学习问题的青少年"贴标签""戴帽子",而应当区别不同情况"对症下药",有针对性地做好学习心理问题的心理疏导工作,研究学生的学习类型,寻找学习心理辅导的切入点。学生的学习类型包括:智慧型——用成功的目标去激励;用功型——用科学的学习方法去引领;被动学习型——用耐心的训练培养学习和自觉性、独立性;"黑瞎子掰苞米"型——着重训练其提高单位时间内的学习效率;不愿意学习型——从点燃其学习动力开始。

尤其是要按照知能结合、学思结合的要求,开发青少年的学习心理潜能,自觉预防和矫正学习心理障碍,自觉完善学习心理品质。例如,"五心"学习法是爱迪生一生成功的秘诀,即开始学习要有决心,碰到困难要有信心,研究问题要专心,反复学习要耐心,向别人学习要虚心。采用此法能调适一部分青少年急于求成、缺乏恒心的学习心理问题。例如,采用"六到"学习法可以调适部分青少年懒惰、拖沓的不良学习态度,培养青少年勤看、勤听、勤写、勤问、勤思的良好学风。所谓"六到",即心到,要开动脑筋,积极思维;眼到,要勤看,在多方面增加感性知识;口到,要勤问勤背诵,熟记一些必需的知识,强化记忆;耳到,要勤听,发挥自己听觉器官的最大潜力;手到,要勤写,适当抄写,记录是读书的关键;足到,要勤跑,迈开双脚到大自然中实地考察或请教别人,验证理论知识,丰富实践经验。

总之,学校开展学会学习为主题的学习心理辅导,要坚持面向全体青少年和因材施教相结合;坚持以发展性的学会学习心理辅导为主,预防性、障碍性的学习心理辅导为辅;坚持突出学会学习这一心理辅导重点与整体提升青少年的学习素养相结合。

第二节 学习心态的心理辅导策略

培养学生良好的学习心态是学校教育教学的重要任务,也是青少年学会学习的重要内容和目标。引导和优化青少年的学习心态是学校心理辅导的基本任务之一。

一、学习心态与青少年学会学习

学习态度是对学习的认知、情感体验和行为意向的统一体。认知是指对学习意义、价值和作用的认识;情绪是对学习过程的好恶体验,如是喜欢学习还是讨厌学习、对学习是愉快迷恋还是紧张焦虑等;意向是指以注意、期望和毅力等形式表现出来的心理定向活动。学习态度的这三种成分之间是相互联系、密不可分的。

学习态度有好坏之分,主要表现为积极与消极、肯定与否定、主动与被动、认真与马虎等。不论哪一种内在反应倾向,它们都属于学习态度。而良好的学习态度有三大基本特征:学习目的明确,懂得为什么而学习,有合理的学习目标;具有浓厚的学习兴趣,有旺盛的求知欲望,对待学习如饥似渴;在学习中表现出认真、勤奋、谦虚等性格和自觉、顽强、坚忍不拔的意志品质。总之,良好的学习态度能够表现出积极高涨的学习积极性,有助于学习效果的提高。

学习态度对学习的影响作用已经为许多实验研究所证实。1919年,英国著名心理学家麦独孤和史密斯在一项实验中就发现,积极的学习态度对学习速度有促进作用。国内学者的研究也表明,青少年的学习态度直接影响着学习行为和学习成绩。喜欢学习、认为学习很有意义、对学习持积极态度的青少年,学习习惯较好,学习成绩优良;而那些对学习不感兴趣、认为学习无用、对学习抱消极态度的青少年,不仅学习成绩不良,而且课堂行为问题也比较多。至于"知之者不如好之者,好之者不如乐之者"和"知之深,爱之切"等,实质上就是指学习态度中情感因素和认知因素对学习的影响作用。

从实际情况看,青少年不良的学习心态和表现主要有:为了考试成绩或得到高分数学习;不求上进,只要学习过得去就行;对待学习马虎了事,只求一知半解;因为一次分数低而灰心丧气;尽量避免读不喜欢或自感困难学科的书;不喜欢与同学、老师交流,不敢发表自己关于学习的思考和见解;不愿意接受他人关于学习的建议;上课时常私自做其他的事情,或与他人说与学习无关的话;做作业只是应付老师和父母的要求,等等。这些不良的学习态度和行为表现,常常影响青少年的学习方法与学习兴趣,导致学习积极性不高,学习效果不理想。

学习态度是学生对学习所持的肯定或否定的内在反应倾向,它影响着学生对学习的定向选择。一种学习态度一旦形成,就会直接影响学习行为和学习结果。形成积极向上、乐观自信的学习心态是青少年在学习阶段获得的可持续学习资源,是学会自主学习、学会创新学习的智慧体现,也是现代人终身学习、终身受益的宝贵的精神财富。当然,正确的学习态度、优良的学习心态是整个学龄期的任务,并非一蹴而就,需要青少年在长期的学习实践中逐渐提高和发展。

英国著名哲学家培根曾用蜘蛛、蚂蚁和蜜蜂来比喻三种不同的学习态度。他说,一种人的学习类似蜘蛛,他们读书不多,愿动脑筋却只在狭小的天地里耕耘,虽然能取得一些成果,但由于其知识领域狭窄而使其借鉴不足,往往容易一叶障目,钻进牛角尖里不能自拔。一种人的学习只满足于书本上的条条框框和结论,不敢越雷池一步,更不敢提出质疑,人云亦云。他们的学习成果只能是一些因循守旧、七拼八凑的东西,就像蚂蚁只把它们在路上看到的东西搬进窝里一样。一种人的读书类似蜜蜂,他们读书既求博览,又求精深,以积极主动的姿态,有目的、有针对性地进行学习,大胆探索,勇于创新,不断提出新问题、新设想,并通过实践来验证和丰富这些思想,加以创造性的提炼和升华,从而得到崭新的成果,就像蜜蜂飞进万花丛中,广采花汁,提炼加工,酿出甘美芬芳的蜂蜜来。三种不同的学习态度,产生三种完全不同的结果。培根说:"我们不应该像蚂蚁单只收集,也不应该像蜘蛛单只从肚中抽丝,而应像蜜蜂一样既采集又整理,这样才能酿出甘甜的蜜来。"积极向上、富有智慧的学习态度就应当如此,这也是学校教育教学的目标所指和基本任务。

二、引导青少年优化学习心态的策略

当前,青少年存在的学习心态的基本问题是青少年学习心理发展过程中的正常现象,对此不必过分忧心、焦虑,但也不能听之任之。最为重要的是,教师应当从学习态度的基本要素和影响学习态度的多方面因素着手对青少年加以积极的教育引导。

(一)了解和把握青少年学习态度发展的基本内涵

在学习态度的形成和发展上,青少年对教师的态度、对班集体的态度、对作业的态度和对评分的态度,是比较重要的几个方面。这也说明,心理辅导教师对待青少年的态度是影响青少年学习态度的主要因素,班集体的建立是青少年形成对学习的自觉负责态度的重要条件。教师要树立科学合理的教育观和学生观,在青少年中树立良好的教师形象和教育威信;要注重班集体建设,培养青少年正确的集体观念和形成积极良好的集体关系;认真对待和批改学生的作业,引导青少年养成认真负责的作业态度;引导青少年树立对分数的正确态度,意识到分数代表学习的结果以及完成学习任务的情况,逐步理解分数的客观意义,把优良的分数理解为学生对本身职责具有忠诚态度,并且高质量地完成本身职责的客观表现。教师要着眼于现代社会和未来社会对人才素质发展的要求,培养青少年良好的学习态度,最重要的是培养青少年认真负责、自主自觉、自信乐观、谦虚严谨、诚信考试、精益求精和质疑创新的态度。

(二)运用心理辅导策略培养和激发青少年的学习积极性

对青少年学习态度的教育引导,可以通过专门的心理辅导课程或者心理训练,从认知、情感和行为三个方面全面影响和改变青少年的学习态度。首先,教师讲述一个学习态度不良(或者优良)的事例,然后让学生讨论情境中的主人公学习态度是否正确,良好的学习态度有何表现,对学习有何影响,自己的学习态度如何,应该如何改变。其次,教师在学生讨论的基础上进行总结,引导青少年认识到消极、被动、依赖、马虎的学习态度不利于学习效率的提高,只有积极主动、独立认真的学习态度,才能深入、持久、高效地学习。再次,教师可以设计不同学习态度的学习情境,让青少年分组扮演不同态度的学习者角色,强化学生对积极和消极学习态度及其表现的认识,鼓励学生进一步改善自己的学习行为,端正和规范学习态度。可见,"晓之以理、动之以情、导之以行"同样是对青少年进行学习态度教育、培养和激发青少年学习积极性的基本准则。

(三)运用心理学基本技术来引导青少年调整学习态度

可以运用的心理技术主要是:一是利用权威效应来改变青少年的学习态度,即联系青少年已有的学习经验或过去的学习经历,联系当前的学习事实或情景,通过权威关于学习态度的观点、思想,如名人伟人的学习格言、警句来说服和引导青少年,以改变其不良的学习态度。二是通过角色扮演来改变学习态度,即让青少年扮演我们所期望的某种角色,在从事实际的活动过程中亲身体验新的学习态度和认识。三是通过认知失调来改变学习态度,即采用适当的、巧妙的方式向青少年提供学习态度的反馈信息,以促使青少年经常反省和检讨自己的学习态度。特别是要引导低年级的青少年把学习与游戏区分开来,认真对待学习,形成对待学习的负责态度;四是通过认同和模仿来改变学习态度,即通过榜样和范例的力量来博得青少年的信任和模仿,引导青少年向榜样学习看齐。

(四)运用教育教学艺术来引导青少年改变不良的学习态度

研究表明,教师和教学过程是影响青少年学习态度的源泉。生动有趣的教学内容、灵活多样的教学方式、轻松愉快的教学气氛都会使青少年产生积极的学

习体验、改变消极的学习态度,而枯燥乏味的教学内容、单调呆板的教学形式、沉闷压抑的教学气氛往往会导致消极学习态度的产生。由于各种原因的影响,青少年有时会出现一些不良的学习心态,如缺乏信心、过度焦虑、抑郁、沮丧等,教师要通过观察、谈心交流、家访等途径,了解不良学习心理的成因,并采取切实的教育措施,如改变教学态度,即心理辅导教师要严谨治教,以身立教示范;改革教学方法,即启发、引导青少年自主发现学习;改善师生关系,即建构民主平等、自由宽松的师生关系;改进课堂教学气氛,即努力营造和谐关爱的教学气氛等。有学者就此提出四个"允许":错了允许重答,答得不完整允许补充,不同的意见允许争辩,老师错了允许提意见。教师要善于通过成功的学科教学来端正青少年的学习态度,从而引导青少年积极愉快、自主自觉地学习,充分享受学习带来的乐趣,充分体验学习成长的快乐。

另外,教师还应转变传统的教育者角色。联合国教科文组织的报告《学会生存——教育世界的今天和明天》对教师的角色作过精辟的论述:教师的职责现在已经越来越少地传递知识,而是越来越多地激励思考;除了他的正式职能以外,他将越来越成为一位顾问,一位交换意见的参考者,一位帮助发现矛盾论点而不是拿出现成真理的人。教师在课堂教学中的职责主要为:帮助学生检视和反思自我,明了自己想要学习什么和获得什么,唤起学生成长的渴望;帮助学生寻找、搜集和利用学习资源;帮助学生设计恰当的学习活动;帮助学生发现他们所学东西的个人意义;帮助学生营造和维持学习过程中积极的心理氛围;帮助学生对学习过程和结果进行评价,并促进评价的内在化;发现学生的潜能和性向。

第三节 学习习惯的心理辅导策略

培养学生优良的学习习惯是学校教育教学的核心旨趣,也是青少年学会学习的重要内容和基本目标。从人的发展来看,学会学习是人自身可持续发展的力量源泉,可以这样说,有什么样的学习习惯就有什么样的人生,就有什么样的未来。养成良好的学习习惯是青少年学会学习的具体体现,也是学校教育教学的核心旨趣。

一、学习习惯与青少年学会学习

学习习惯是由于重复或练习而巩固下来成为需要的自动化了的学习方式。

学习习惯与青少年的心理健康和学习效率有着密切的关系。学习习惯有优劣和好坏之分。学习习惯的好坏也是衡量一个人心理健康的重要指标和基本条件之一。从心理卫生学的角度来看,优良的学习习惯就是符合学校教育目标要求符合学习心理的基本规律,有利于提高学习效果,有益于人的心身健康的学习习惯,它可以保证青少年在任何情况下自觉自主地学习。俄国教育家乌申斯基认为:"良好的习惯是人在其神经系统中存放的资本,这个资本在不断增值,而人在其整个一生中都享受着它的利息。"不良的学习习惯就是不符合学校教育标准,偏离学习心理的基本规律,或不利于人的身心健康的学习习惯,如有的青少年作业马虎不认真、拖拉不整洁、学习时爱吃零食或听音乐。

在青少年的不良学习习惯中,最常见的、对身心健康特别有害的学习习惯是学习没有计划性和时间观念,表现在新课不预习、旧课不复习,看电视、打游戏无法控制时间,学习生活不能按时作息,不知道如何支配自己的学习时间;学习的姿势(如坐、写的姿势)、方式和态度不正确,学习时注意力不能集中,做小动作或思想开小差;读书看书做记号的基本技能欠缺,不知道做必要的笔记;不会使用学习工具书,自主阅读有困难;课外作业的质量不高,敷衍了事,甚至随便抄写别人的作业。

教育经验和研究表明,教育引导学生改变一个不好的学习习惯比形成一个好的学习习惯更困难。青少年一旦存在不良的学习习惯,如不规范的写字姿势,要矫正过来就相当困难。捷克著名教育家夸美纽斯主张,好习惯的培养最好是在心理还很清醒,没有形成错误观念,没有养成坏习惯时就开始。因此,良好学习习惯的培养越早越好,从一年级入学时就开始培养青少年基本的学习习惯,如看书、写字、作业、听讲的习惯;随着年级的升高,逐步提出培养新的学习习惯要求,如在小学中高年级就可提出培养"先预习、后听课,先复习、后作业,先作业、后检查"等要求。

学校教育教学和心理辅导的重要目标之一,就是要培养青少年良好的学习习惯。俗话说:"习惯成自然。"英国教育家洛克曾说:"事实上,一切教育都归结为养成青少年的良好习惯,往往自己的幸福都归于自己的习惯。"我国当代教育家叶圣陶先生说得更明确:"什么是教育?简单一句话,就是要养成习惯。"学校教育教学的一个重要任务就是要引导青少年认识什么是良好的学习习惯,什么是不良的学习习惯,学习习惯与学习效果之间有什么关系,自己的学习习惯有什么特点、优点和问题,如何改进和优化自己的学习习惯。可以说,培养和优化学习习惯已经成为当今学校教育教学改革的核心旨趣。

现在,"全世界都在争论这样一个问题:学校应该教什么?在我们看来,最重要的应当是两个科目:学习怎样学习和怎样思考。""在学校,我们花了数千小时

学习数学、语言、科学……可是,我们花了多少时间学习怎样学习呢?答案是:完全没有。"(《学习的革命》)加拿大已经过世的媒体怪杰麦克鲁汉(Marshall Mcluhan)曾经直言:"不会学习,是一种罪恶。"唯有引导青少年养成良好的学习习惯,不断优化学习习惯,真正把握学会学习的真谛,学校教育教学才真正夯实了青少年在现代社会健康成长和可持续发展之基。

重视优化学习习惯和加强学习策略研究已经成为许多国家的共识。1997年,美国国家科技委员会提出的报告《技术和国家利益》中指出,"我们国家的竞争以及我们个人的收入,日益取决于我们的学习","在我们迅速变化的经济中,学习必须成为一种生活方式"。美国科学基金会1996年的报告《塑造未来》中指出,"我们的重点在于学生可衡量的学习,而且对它的要求远远超过对掌握事实的要求","要依靠关于人类学习方面的科研成果和技术来发展更有效的课程与教学方法"。联邦德国政府委托多位专家预测未来教育变化,报告认为:"普通教育的主要任务是培养学生的学习技能和学习方法,以及社会心理能力、外语能力、把握媒体的能力和跨文化理解能力。"对学生未来具有重要意义的五个方面是:"跨学科性、联系实际目标的学习方式、自我控制的学习形式、借助媒体学习和协作学习。"这些报告表明,当今各国教育教学改革的着眼点和出发点正在指向学习者学习素质的培养上,指向学生学习习惯的养成和优化上。

二、培养青少年优良学习习惯的策略

在学会学习理念日趋深入人心的今天,学校心理辅导如何培养青少年良好的学习习惯?

(一) 辅导青少年掌握学习过程的基本环节

人的学习过程一般分为感知、记忆、理解、巩固和应用等基本阶段。美国教育心理学家布鲁纳强调学生学习过程的重要性,认为掌握学习的过程比掌握学习的结果更重要。青少年的学习过程应该是积极主动地获得智慧、培养良好的学习习惯的过程。培养青少年的学习习惯,应当贯穿于青少年学习过程的始终,落实到学习过程的各个环节,即在制订学习计划、安排学习时间、课前必要预习、上课认真听讲积极思维、自主参加讨论交流、及时巩固复习、独立自主完成作业、系统学习小结、课外扩大阅读等方面都要引导青少年做学习全过程的"小主人"。青少年的学习习惯主要包括正确读书与写作的习惯,合理计划和安排时间的习惯,科学用脑和积极思维的习惯,自觉预习、专心听课与科学复习的习惯,认真作业的习惯,诚信考试的习惯,等等。为了培养和优化青少年良好的学习习惯,心理辅导教师要对青少年的学习行为方式予以经常性督促和提醒,持之以恒地引导青少年养成有计划、有规律的学习习惯。

(二) 辅导青少年掌握读书、笔记等自学的基本技能

联合国教科文组织国际教育委员会在《学会生存》报告中指出："新的教育精神使个人成为他自己文化进步的主人和创造者。自学，尤其是在帮助下的自学，在任何教育体系中都具有无可替代的价值。"引导青少年学会自学，就是要学习者会自主读书、自主做笔记，熟练掌握相关的学习技能。例如，青少年读书画线做记号需要掌握的基本技能有：圈出不知道的词；在画线的旁边作简单的注释；标明定义；标明例子；列出观点、原因或事件序号；在重要的段落前加上星号；在混乱的章节前划上问号；给自己作注释，如检查上文中的定义；标出可能的测验项目；画箭头表明关系；注上评论，记下不同点和相似点；标出总结性的陈述。此外，教师要指导青少年学会做必要的读书笔记或课堂学习笔记，如教学生在笔记的每一页的左边或右边留出几厘米的空白；准确记录老师讲课的要点（包括重点、难点、疑点）；运用速记符号，尝试用自己的话记录重要概念；教师可以放慢语速，适当重复复杂的主题材料；给学生提供结构式的辅助手段，写出重要的教学信息，以呈现做笔记的线索；建议学生在笔记的空白处用词和句子总结笔记。这些都是教师在各学科教学中可以做到也应该自觉做到的。

(三) 辅导青少年科学地计划和安排学习时间

心理辅导教师要引导青少年树立科学的时间观，意识到学习时间是一种宝贵的学习资源，努力做自己学习时间的主人；懂得珍惜有限的学习时间，自觉做到在规定的时间内保质保量地完成既定的学习任务；辅导青少年懂得经营自己的学习时间，学习花更少的时间取得最优的学习结果。这就使得辅导青少年学会制订一个合理可行、切合实际的学习计划显得非常必要。制订学习计划既要通盘考虑，内容尽量详尽、具体，又要有一定的弹性和可操作性，便于青少年自我对照检查和落实。学习计划的安排要做到动静结合，不同类型的活动和学习内容交替进行，有规律地学习和生活，这也有利于青少年的身心健康、和谐发展。正如巴甫洛夫所说："在人类机体活动中，没有任何东西比节奏性更有力量。"

(四) 辅导青少年自主建构合理的学习归因方式

学业成功与失败是青少年在学习活动中经常遇到的，不同的归因倾向会引发不同的学习期望和情感体验，由此而产生不同的学习行为。既然不同的归因方式会影响到主体今后的学习行为，那么就可以通过改变主体的归因方式来改变学习者的学习行为方式。教育心理学的研究表明，青少年对学习成败进行学习归因，主要有四大要素：能力高低、任务难度、运气好坏、努力程度。面对学生在学习上的成功与失败，心理辅导教师要引导青少年多作自我努力程度的归因，无论对优秀生还是后进生，一般都是有利的。因为归因于**努力因素**，可以使优秀生不至于过分自骄自满，能够继续努力争取新的或更大的成功，也使得后进生不

至于过分自卑,能够进一步努力学习,从而避免新的失败争取今后的成功。当然,任何习惯都有一个由不自觉到自觉的锻炼和适应过程,对青少年学习归因方式进行循序渐进地训练、改变是必要的。

(五) 辅导青少年形成适合自己独特的学习风格

学习风格是学习者持续一贯的带有个性特征的学习方式和学习倾向的总和。学习者的个性特征与其学习风格存在着相互结合、相互促进的密切关系。学习风格没有好坏之分。最重要的是适合于自己的个性,有利于发挥自己的优势和潜能。形成和强化学习风格有利于青少年维护心理健康和开发心理潜能,有利于青少年的学习进步,也有利于促进青少年的人格完善和全面发展。对青少年个体来讲,心理辅导教师要引导每个学生塑造和完善自己的个性,正确认识自己学习风格的长处和不足,做到扬长避短,取长补短;对青少年群体而言,最重要的是心理辅导教师要引导学生把握学思结合的学习要求,既爱学习也爱思考,边学习边思考,在自主学习中积极思考,在深入思考中学会学习。

(六) 辅导青少年纠正不良的学习行为与技能

良好的学习习惯可以培养,不良的学习习惯可以戒除,也必须及早戒除。对于心理和学习可塑性较大的青少年来说更是如此。人们在学习中常见的错误行为多达15种,主要是粗心大意、注意力不集中、缺乏恒心、准备不足、时间安排不当、疲劳作战、过于幻想、缺少计划、抓不住重点、题海战术、缺乏思考、死啃书本、科目偏爱、连夜熬战、缺乏信心。(《〈学习的革命〉解读》)尼科尔斯是国际知名的听力专家,他指出现代人,尤其是青少年学生听课学习常见的坏习惯有10种:认为课程单调无味、批评讲课者、过激反应、只听事实、概括一切、伪装注意、分散注意力、只听简单内容、对于感情词反应过激、浪费思维速度。这些学习问题在青少年学习过程中不同程度地存在。心理辅导教师要通过负练习法、强化暂停、防范协约、代币制奖励或惩罚等技术进行矫正。对不良学习行为方式和错误的学习技能有正确的认识,树立明确的学习习惯发展目标,经过反复实践和练习,持之以恒地身体力行,青少年就必定能够形成科学、健康的学习习惯。

学会学习是每个现代人都要面对的时代课题。我们要真正把学习习惯的养成与优化作为青少年素质全面拓展、整体提升的内在需要,当作青少年学会学习的一种觉悟、一种修养、一种境界和一种责任,实现青少年学习素养的新发展、新跨越。学习心理辅导的根本目的,就是要引导青少年养成优良的学习习惯,引导青少年做一个富有智慧的学会学习者。

第四节 升学考试的心理辅导策略

如何安排升学考试进程、调适心理困惑、避免心理误区、保持积极的心态,这是许多教师、考生和家长关注的热门话题。在升学挑战最后的时刻,即将参加升学考试的学生要学会超越自己,满怀信心,奋发努力,让自己的升学考试之路充满阳光,向着升学考试的理想目标冲刺。

一、升学考试的心理状态分析

作家柳青说,人生的路很长,但关键的地方只有几步。人生成功、事业成功的路不止一条,可以说"条条大路通罗马"。但升学考试可以称得上是青少年人生发展的一道槛儿。升学考试的确是青少年人生的一次发展跨越、一次自我超越,或者说是一次成长飞越。因为富有进取心是一种人性的优点,坚持不懈的拼搏是一种宝贵的精神,艰苦追求的阅历更是一种人生的财富。

升学考试是对知识技能素质的考核,更是对青少年心理素质的"考验"。升学考试是一个系统工程,是体力、才力和精力的较量,也是智力、毅力和心力的较量。有学者认为,升学考试成功,就是心态(心理素质)+实力(科学文化素质)。国内心理学专家曾经对135个高考状元做过研究,发现在影响成绩的20个主要因素中,最重要的4个因素依次是考生考试中的心态、考生考前的心态、学习方法和学习的基础。可见,保持乐观的阳光心态,做积极情绪的"主人"对于升学考试成功显得特别重要。

考生在升学考试前后应保持积极的心态,经常保持微笑。莎士比亚曾说:"如果你一天中没有笑一笑,那你这一天就算白活了。"心理学家认为,会不会笑是衡量一个人能否对周围环境适应的尺度。即将参加升学考试的同学,要让自己在生活中微笑起来,微笑着对待父母家人,微笑着走进校门和教室,微笑着向遇到的每一位同学或老师点头示意,微笑着面对每一道试题。不难发现,从微笑的那一刻开始,人的心情会变得开朗起来。这是因为人的身心是相互作用的。当心情抑郁的时候,人的面部表情就会阴沉;相反当以微笑面对困难时,人的心情也会随之积极起来。

对待升学考试,青少年主要应有平常心,保持正常的生活节奏,可以按照平时的作息表复习、休息、睡觉,不要做大幅度调整,不要刻意寻找特别的放松方

法；每天留出15～20分钟时间和家长、好朋友聊天，说出自己的想法和感受；每天留出15～20分钟听自己喜欢的音乐；不要反复问自己是否复习充分，是否处于临战状态；进入考场不一定要父母陪同，可以和好朋友结伴而行；去考场的路上遇到同学要打招呼，在无形中获得友谊感和社会支持感；进考场时见到监考老师要问好，这样可以不经意中消除对监考老师的害怕和恐惧感，获得心理上的安全感；升学考试期间适当注意饮食起居，但不要谨小慎微，过分增加心理压力。

有一位初中毕业生在网上写了一首《临场考试歌》——胸怀必胜志，微笑考场见；拿到试卷后，先把名号填；首览全卷后，难易心自安；字句多斟酌，审题是关键；解题无定序，先易而后难；跳过拦路虎，回头再攻关；莫把题目漏，考卷前后翻；钟声未曾响，尽管反复验；考完一科后，不忙对答案；鼓足勇和气，继续闯新关。

临近升学考试，怎么调整心态呢？一般认为就是16个字：强化信心、优化情绪、进入状态、充分发挥。在临考的几天内，努力做好以下几件事就可以有效调整心态：考试前的几天，制订好作息时间计划，调整睡眠，保持自己平时的学习和生活节奏，适当减轻复习的密度和难度；进入升学考试时间节奏，每天以升学考试的心态做卷子；一般来说，升学考试前几天这段时间，应主要用来抓知识的主干，进行强化记忆，抓住最佳记忆时间，复习最基础的东西；可以适当参加自己喜欢的文体活动，但不宜过分激烈，最好不玩电脑和上网；注意饮食卫生，防止胃肠疾病；保持心平气和，防止烦躁；在升学考试前一二天，根据学校的组织安排，考生应该熟悉一下考场。

考试过程中万一突然慌乱怎么办？第一种方法是学会放松，可以暂停作答，闭合双眼轻轻对自己说"放松"，重复几次，并注意体验全身松弛的感觉；也可以全身高度绷紧十秒钟，然后突然放松。第二种方法是深呼吸，有意调节呼吸，在吸气时绵长、缓慢、深沉，呼气时也应达到同样要求。第三种方法是思路中断，可以果断对自己说"停"，同时握紧一下拳头，这样就能中断产生慌乱的思绪，当自觉情况有所好转后，应该迅速转入正常考试。

二、青少年升学考试心理辅导的策略

为了达到升学考试的最佳状态，基本策略有：一是积极复习准备，做到忙碌但不盲目，放松但不放纵。二是调整备考心态，就是平时就当考时，考时只当平时。三是把握应试技术，即人易我易我不大意，人难我难我不畏难。升学考试要取得成功，就要善于让心做主，用心考试。学校心理辅导的策略就是：信心＋专心＋细心＋恒心＋宽心。

1. 增强信心

信心是考生成功的精神支柱。要充分相信自己能承受各种压力接受挑战。临考前经常进行积极的自我暗示："我一定能考好！""我一定会成功！"，不断增强自信心。世界上最伟大的力量便是自信。要相信：有志者事竟成，自己有能力实现计划，自己可以以坚韧的精神来完成每天的计划。

2. 力求专心

专心致志才能考出水平。人们把专注于做自己的事情、不考虑得失的心态称之为瓦伦达心态。考生要以瓦伦达心态应对升学考试，不为考试以外的杂念所动。有的考生自己背上了心理包袱，在考前过于关注考试结果：怕考不好会受到老师批评、父母责怪、邻里窃笑、同学非议，这是没有必要的。在考试时不要过多地考虑一些虚无缥缈的东西，比如必须考上什么学校，考不上会怎样，人生就会怎样等。

3. 做到细心

细心才能减少不必要的损失。考前必要的物质准备要细心，备齐考试用品，注意养精蓄锐。考试过程中做题要细心，审题要仔细，题意要弄清；遇到拦路虎，不妨绕道行；细中求速度，快中不忘稳；不争交头卷，检查要认真。

4. 坚定恒心

坚持就是胜利。有的升学考试学生首战受挫，易产生消极情绪，要及时调整状态，决不能因一点失误就灰心丧气。要有锲而不舍的坚持精神，坚持考到最后一科，最后一秒钟。要努力做到，前面的题目不会做，后面的题目来补偿；前面的科目受挫有损了，后面的科目来补偿。

5. 保持宽心

宽心是对待升学考试的豁达态度。没有最好，只有更好！"发挥出自己的水平就是成功"。在考试时不要刻意追求多少分，正常发挥自己的水平就可以了。可以采用自我安慰法，"我易人也易，我难人也难。"在每一科目考试后做到"三不"：不同别人对考试答案，不讨论不会做的考题，不找老师解难题和偏题。

面对升学考试的挑战，学校心理辅导要引导青少年把信心留给自己，把专心留给考试的每一环节，把细心留给每一张考卷和试题，把恒心留给升学考试过程，把宽心留给人生未来！

本章小结

重视和加强学习心理辅导是当前我国学校教育教学改革的基本趋向，科学开展以学会学习为主题的心理辅导成为学校心理辅导的常规工作。学习心理辅

导是依据中小学生的学习心理规律,指导学习方法,疏导学习障碍,培养学习能力,提高学习效率的一种教育方式。本章从学会学习的心理辅导意蕴出发,探讨学习心理辅导的目标和内容,提出开展学会学习心理辅导的基本策略。引导和优化青少年的学习心态是学校心理辅导的基本任务。养成良好的学习习惯是青少年学会学习的具体体现,也是学校心理辅导的重要目标。从引导学习观念、指导学习方法、优化心理品质、疏导心理问题等方面指导青少年学会学习,从把握青少年学习态度、激发青少年学习积极性等方面引导和优化青少年的学习心态,从辅导青少年学习过程的基本环节、自学的基本技能、计划和安排学习时间、自主建构合理的学习归因、形成独特的学习风格、纠正不良的学习行为等方面培养良好的学习习惯。而升学考试取得成功的心理策略就是信心+专心+细心+恒心+宽心。

关键词:学会学习;学习心理辅导;学习心态;学习策略;升学考试

第十章　学会交往——人际交往心理辅导

学习目标

1. 了解青少年人际交往的特点,理解不同类型的人际关系对青少年心理成长的意义和价值;

2. 了解青少年人际交往中的常见困扰,并能运用相关的心理学理论加以分析;

3. 针对青少年人际交往的特点和困扰,运用适当的方法和技术开展有效心理辅导。

人际交往是人与人之间发生的认识上、情感上、行为上互动的过程,而人际关系则是在人际交往过程中形成起来的相互之间的情感联系[1],它是交往双方彼此心理上的依恋与心理距离的一种反映,实质上是交往双方的需求在交往过程中是否得到满足,以及满足程度的体现。当需求得到满足时,双方就会产生积极的、和谐的人际关系,否则,就会产生消极的、不和谐的人际关系,导致双方的相互疏离。人际关系是衡量个体心理健康与否的重要指标,《纲要(2012年修订)》明确将"人际交往"作为学校心理健康教育的重点内容之一。青少年正处于人际交往的高峰期,其人际交往辅导主要包括社会交往、亲子交往、异性交往、师生交往等四个方面的辅导。

第一节　社会交往心理辅导

亚里士多德说过,能独自生活的不是野兽,就是上帝。从出生到人生的每一个阶段,没有谁能脱离人类关系的影响,每一个人既是特定关系的产物,同时,也

---

[1] 金盛华.社会心理学[M].北京:高等教育出版社,2005:247.

在人生的不同阶段形成和发展不同的关系:亲子、同伴、师生、情侣、夫妻等。现代社会,个体的生存、发展更是离不开各种人际关系。青少年正处于一生中参与群体的全盛期,对于青少年来说,学会交往、学会建立和谐的人际关系更是意义重大。

一、青少年社会交往概述

社会交往是青少年健康成长的重要媒介和渠道,在社会交往中,青少年不仅能学习社会交往技巧,积累丰富的社会经验,获得社会化的发展,其情感、人格、自我等心理品质也会得到和谐发展。

(一)社会交往对青少年健康成长的积极意义

社会交往对青少年健康成长的意义和价值主要体现在以下几个方面。

1. 积累社会经验,促进个体社会化的发展

青少年正处于社会化的发展历程之中,而社会化必须以社会交往或活动为媒介,在社会和个人间的广泛接触和交互作用的过程中形成。对于青少年来说,人际交往不仅是其社会化的内容,也是社会化的重要途径。在多样化的人际互动中,青少年可以掌握不同的社会规范和角色行为,获得交往技巧,积累丰富的社会经验,促进自身的社会化发展。

2. 正确认识自我,促进青少年自我同一性的发展

自我同一性的形成和发展是青春期的重要发展主题,而良好的人际关系是这一发展任务得以顺利完成的基本前提和根本保障。根据艾里克森的观点,自我同一性一般出现在青春期,但它却源于童年期安全、信任的亲子关系。那些在童年期形成亲子信任关系的个体更容易对同伴产生认同,并将自我探索过程中所遇到的困惑、内心的体验和秘密向同伴敞开,与此同时,同伴也会给出相应的回应。在这种紧密的人际互动中,个体可以将自我和他人进行比较,并逐渐获得自我的理解和认同。伴随着同伴之间信任连结的建立,个体会体验到亲密感,同伴之间的亲密关系会进一步促进青少年自我同一性的建构和发展。

3. 提高社会适应能力,增进个体的心理健康水平

融洽的人际关系,能有效地增强青少年适应环境的能力,在现实生活中保持良好的心境,对自己、他人、现实和未来抱有积极的态度,形成乐观、开朗、积极进取的人格特质。

(二)青少年人际交往的心理特点

青少年在成长的早期阶段,个体情感上最依恋父母;小学阶段,人际关系具有典型的重师特点;进入中学后,父母和教师的影响和作用相对减弱,青少年在同伴群体中寻找归属的需要变得越来越强烈,他们开始转向同伴去寻找从前由父母和老师给予的支持,"对成人的闭锁"和"对同伴友谊的渴求"就成了这一时期人际关系的两个显著特征。青少年与同伴之间的交往具有以下两个重要特点。

1. 同伴关系开始分层,小团体现象比较突出

友谊在青少年的人际关系中占据了越来越重要的地位,青少年开始根据亲密程度区分同伴关系,他们的同伴交往对象往往有一般的朋友、较好的朋友和无话不谈的密友,真诚、互相支持、保守秘密等常是维系亲密朋友关系的重要准则,在此基础上,形成非正式的小型团体。中学阶段大多数学生都会加入某个小团体,这些非正式团体都有自己潜在的规则,只有遵循这些规则,才能被群体接纳,否则会被团体排斥。青少年时期,个体非常需要得到同伴的认可和接纳,被团体孤立和排斥是非常痛苦的经验,因此大多数个体都会选择遵循团体的规则。小团体常会出现核心人物,他们往往是有威信的非干部学生。

2. 进入异性交往的敏感期

学会建立亲密关系是青少年时期的重要发展任务。这样的关系最初发生在同性身上,随着青春期性生理的发育和成熟,青少年亲密关系的对象开始发生转变,由同性同伴逐渐转向异性。中学生进入异性交往的敏感期。

此外,网络虚拟人际关系的盛行,各种新型人际关系的形成,也是当代青少年人际交往中的新特点。

二、青少年社会交往常见的心理问题

中学生常见社会交往问题可以分为程度不同的两种情况:一般性的社交困惑和社交行为不足。

(一)一般性的社会交往困惑

社会交往对青少年各方面的成长都有重要影响,但有些青少年在如何与别人相处、如何与别人建立良好的人际关系方面常会感到困惑。中学生常见人际关系困扰主要来自以下几个方面:

1. 自我菲薄或自傲

中学阶段是个体一生中获得心理自我的时期,在对自我的评价上,两种极端的倾向常会影响他们的人际交往。其一是自我菲薄或自卑,这种类型的青少年常常对自己的能力、性格、体格、容貌等深感不足,觉得一切都烦人,什么事都不顺心。有自我菲薄的人,往往性格比较孤僻,不大愿意与人交往,其结果是与他人和群体更加疏远,更加自卑。与自我菲薄相反的是过于自傲,他们常常过高地评估自己的长处和优点,对他人不屑一顾,习惯于以自我为中心,因此难以获得良好的人际关系,在人群中常常倍感孤独。

2. 有较强的交往动机,但在心理上却封闭自己

处于青春期的青少年,一方面有着较强的社会交往动机,希望别人能理解自己,看重别人对自己的看法和评价,并希望找到"志同道合"的人;另一方面,又常常封闭自我,有很多想法和体验不愿意对别人讲,甚至有意隐藏起来。这种矛盾心理和自我封闭的行为,常会不同程度地影响青少年的人际交往。

3. 缺乏与人打交道的技巧

当代青少年大多是独生子女,在"非常六加一"(一个孩子、两位父母、四位老人)的环境中成长起来的他们,以自我为中心的个性特征比较显著。不少青少年在倾听别人、掌握沟通的技巧、理解交往的情境等方面都存在较大的不足。

(二) 青少年常见的社交行为不足

青少年社交行为不足主要有程度不同的三种情况:社交害羞、社交焦虑与社交恐怖。

1. 社交害羞

社交害羞是社交行为不足最一般的表现[1],这是一种在别人面前感到不自在和受抑制、避免和他人接触的倾向。个体在社会交往成熟之前都会有害羞的倾向,其中,13～15岁的青少年最易害羞。面临社交害羞困扰的个体,常会将交往对象当成不断观察自己所有言行的"假想观众",因此在和别人交往时常会感到浑身不自在。

社交害羞引发的心理困扰主要表现在以下几个方面:① 常给自己贴上"害羞"的标签,导致自己在人际交往中过于敏感。② 常导致情感闭锁,很难与人共享关怀和亲密,也难以结交到新朋友。③ 难以与他人进行有效的沟通,妨碍自己观点和意见的表达,以及自身权利的维护。④ 容易引起别人的误解,因为害羞者看上去总像对别人不感兴趣、不友善、不信任。⑤ 容易引发诸如孤独、沮丧、焦虑、自卑、抑郁等负面情绪,影响自己的身心健康。

2. 社交焦虑

比社交害羞更进一步的是社交焦虑,下面的这段描述,就是典型的社交焦虑状态:

> "当我走进一个有好多陌生人的房间,我的脸腾地就变红了,感觉每个人的眼睛都盯在我身上,我非常窘迫地站在一个角落里,想不出该对谁说些什么。我觉得自己在别人眼里显得笨笨的,真想早点溜出去。"

---

[1] 刘华山.学校心理辅导[M].合肥:安徽人民出版社,2006:207-208.

引发社交焦虑的焦虑源往往来自人际评价。根据自我展示理论,如果一个人很关心自己在交往时会给对方留下什么印象,同时又担心自己没有足够的能力给对方留下某种特定的印象,就容易引发社交焦虑。社交焦虑的发生有两个必要条件:其一,自我展示的动机较高;其二,对能否达到自我展示的目的有所怀疑。认知调整和行为训练是应对社交焦虑的两个重要辅导策略。

3. 社交恐怖

比社交焦虑更为严重的是社交恐怖,这是一种慢性的、严重的社交焦虑,其基本特征是长时间的、无理性的焦虑与恐惧[①]。当社交恐怖发作时,当事人常会以一种过度的敏感逃离可能接触的人和情境,以免自己受到任何潜在的负面评价和焦虑不安情绪的威胁。伴随着社交恐怖的发生,当事人还常会出现一些生理症状如肾上腺素激增、心跳加快、肠胃不适,甚至出现呕吐、发烧、出冷汗等现象。

三、青少年社会交往心理辅导策略

针对青少年社会交往的特点和常见交往问题,可以从以下几个方面对青少年展开社会交往心理辅导。

(一) 学会建立良好的人际关系

学会建立良好的人际关系,是青少年社会交往的首要辅导目标。

1. 建立良好的第一印象

良好的第一印象是建立和谐人际关系的基础和前提。心理学研究表明,一旦人们对别人形成了良好的第一印象,不仅日后难以改变,他们还会寻找更多的信息或理由去支持这种倾向。卡内基建议,给别人留下良好第一印象的途径有以下六条:① 真诚地对别人感兴趣;② 微笑;③ 多提别人的名字;④ 做一个耐心的听者,鼓励别人谈他自己;⑤ 谈符合别人兴趣的话题;⑥ 以真诚的方式让别人感到他很重要。

2. 调整不合理的认知,学会主动交往

尽管很多青少年渴望与别人交往,但由于他们在人际交往中总是采取消极、被动的方式,总是在等待别人先来接纳自己,因此这类青少年的朋友就比较少。青少年不能主动交往的原因主要有这样两个方面:其一,缺乏应有的自信,害怕别人不会像自己期望的那样理解、应答自己,从而使自己处于窘迫的局面,伤害自己的自尊。其二,在人际关系方面存在许多误解,如有些青少年认为主动交往就是巴结别人、低人一等。根据人际关系的交互原则,别人不会无缘无故地对我

---

① 刘华山.学校心理辅导[M].合肥:安徽人民出版社,2006:208.

们感兴趣,要想赢得别人,摆脱孤独,建立起丰富的人际关系世界,就必须做交往的始动者,而不是响应者,让自己在社会交往中始终处于主动的地位。

个体不同的交往心态会决定和影响他们在人际交往中的行为表现。对不能主动交往和持有不当交往心态的青少年,首先,要指导他们改变不合理的认知,调整自己在人际交往中的不良心态,并建构起积极的自我概念和他人概念。其次,要引导中学生在人际互动中学会主动交往,鼓励他们少担心、多尝试。随着不良认知的改变、良好心态的形成和积极行动的实践,青少年就会获得越来越多的人际交往的成功经验,他们的自信心会越来越充分,人际关系处境也会越来越好。

(二) 学会维持良好的人际关系

良好的人际关系不仅需要建立,更需维持。维持良好人际关系的辅导目标有:掌握人际交往中的技巧,提升青少年人际交往的能力。

1. 培养青少年人际交往中的移情能力

广义的移情是指在所有人际场合中产生的设身处地为他人着想的能力,狭义的移情是指从临床心理中发展出的一种特殊的理解能力。人际交往中移情能力的培养有助于青少年能够更好地维持良好的人际关系。对青少年人际交往中移情能力的培养,可以从以下几个方面展开。

(1) 通过情境设置,引导学生学会换位思考

情境讨论示例

① 同班的小张从不理别人,可能的原因是什么?
② 同班小王总爱占人便宜,可能的原因是什么?
③ 班里的小李总爱挑人毛病,是为什么?

练习要点:尽可能从各种角度为对方寻找理由,尽可能从善意的角度去理解对方。

(2) 指导学生学会倾听

每个人都有自我表现的需要,在人际交往中,学会倾听,做一个耐心的听众,鼓励别人多谈他们自己,有助于青少年更好地建立和维持良好的人际关系。

指导学生学会倾听要把握两个操作要领:① 要全身心地聆听对方的表达,包括动作、表情、声音语调等非言语行为;② 需要有适当的反应,表示听了,并且听懂了。在倾听的过程中要始终全神贯注,不打断对方讲话,不做价值判断,努力体验对方的感受,同时给予言语和非言语反馈。

(3) 训练学生学会表达尊重

良好人际关系的维系,需要交往双方彼此尊重。人际交往中的尊重包含这

样三个含义：① 尊重对方的个性和能力，接纳对方的信念和所做的决定，而不是评论或试图替其做决定；② 善意理解对方的观点及行为，不做价值判断，尊重对方的选择；③ 以尊重且礼貌的态度表达自己与对方不同的观点。

表达尊重练习示例

① 用一句完整的话，对一个你不同意其观点的人以尊重的态度表达出自己不同的见解；

② 设身处地地为一个你不喜欢的人的某个行为找出5个以上的理由。

2. 指导学生学会帮助别人

人际交往中的帮助别人，既包括感情上的支持，如对痛苦的分担、观点的赞同、建设性的建议，也包括困难解决上的协助和物质上的支持。

活动示例："助人的想象"

① "助人的想象"：闭上眼睛，想象你曾经帮助别人的令你印象最深刻的一件往事（想象当时的场景、地点、人物、言行等）。

② "被人帮助的想象"：回忆当时的体验、感受，对他们的动机、态度进行推断。

③ 小组交流：分享彼此的感受。

3. 指导学生掌握沟通的技巧

人际交往的本质是信息沟通，而言语的交流和身体语言的互动则是信息沟通是否顺畅的关键。

（1）指导学生掌握交往中的语言艺术

人际交往中的语言技术包括：要有良好的说话态度；开头语很重要，说的内容要让对方想听，要尊重对方的感受和不同的观点；要随时注意对方的反馈，调节说话内容和方向；要掌握一些说话的艺术，为交流增色；在整个言语交流的过程中，为人要随和并带有亲切感。

（2）善用体态语言

人际交往中，大约有90%的信息来自非言语信息。在和别人交流时，要有恰当的体态语，让对方喜欢"看"你说话。"SOLER"是人际交往中常见的一种非言语技术，其中：S代表坐要面对别人；O代表姿势要自然开放；L代表身体微微前倾；E代表目光接触；R代表放松。有效、自然地运用体态语言，保持其与语

言沟通的一致性,可以起到伴随、衬托、补充或强调的作用。

(三) 克服人际交往中的障碍

对社交退缩学生的辅导应达成这样一些目标:第一,要帮助他们克服自我否定的倾向,学会自我接纳、自尊、自信;第二,要帮助他们掌握基本的社交技能,形成良好的人际关系。为了有效地达成这两个辅导目标,可以从以下三个方面展开辅导。

首先,对社交退缩的青少年进行自我肯定训练。具有社交焦虑的个体,其自我评价往往比较低,他们通常过于在乎别人的评价,不能自我肯定和自我接纳。对他们的辅导,可以借助于团体辅导进行自我肯定训练,在同质的团体情境中,指导他们学习如何不放弃自己合理的主张去迎合别人,学会自然大方地表达自己的观点,学会礼貌地拒绝别人而不感到尴尬,避免因为不知道如何拒绝别人而回避与别人的交往。

其次,作为家长和老师,要改变自己与这类孩子互动的方式,对他们给予更多肯定性的反馈,并让他们承担一些力所能及且具有一定挑战性的任务,在完成任务的过程中始终给予支持性的鼓励和帮助,让他们在积极的社会交往中获得更多的成功体验。

第三,加强社交技能训练。社交退缩的学生,其社交技能往往比较欠缺,教师可以借助于团体或个别心理辅导,对他们进行社交技能训练,以帮助他们获得良好的人际关系。

此外,对那些社交焦虑比较严重的学生,则需要通过认知行为辅导或系统脱敏来帮助他们。

第二节 亲子交往心理辅导

亲子关系是个体最早建立、最亲密、持续时间最长的一种人际关系,它不仅影响个体的身心发展,也对个体多种人际关系的建立和发展起着深远的影响。青少年时期,个体对父母的依恋开始转移到同龄人身上,亲子关系日渐疏远,亲子关系面临新的挑战和考验。对青少年进行亲子交往辅导,需要父母和孩子都要做出相应的调整和改变,亲子双方共同成长,一起走过这段特殊的岁月。

一、青少年亲子关系概述

发展心理学的研究表明,童年早期的亲子关系会在后续的发展中一直起作用,它不仅会影响日后所有的人际关系,如同伴关系、朋友关系、师生关系、婚恋关系,而且会影响到个体心理发展的各个方面。

(一)亲子关系对青少年心理发展的影响

亲子关系对青少年身心发展的影响主要有以下几个方面:

1. 影响个体心理健康和社会行为的发展

有关依恋的理论认为,婴儿是否对母亲形成依恋及依恋的性质如何,不仅会直接影响婴幼儿的心理发展,而且会对儿童日后各方面的发展产生明显的影响。国外有关依恋的长期跟踪研究表明[1],15个月时和母亲建立起安全依恋的婴儿,在进入幼儿园后,自主性更高,也更受同伴欢迎。等到11~12岁及15~16岁时,这些儿童会有更强的社会技能,更好的同伴关系。相关研究也发现,那些非安全型依恋的青少年,同伴关系不是很好,朋友也相对较少,还有更多的行为偏差(如在学校不遵守纪律)和其他心理病态或症状。

2. 影响儿童青少年的社会交往和人际关系

心理学家舒茨(W. C. Schutz)通过研究发现,在人际关系方面,人有三种基本的人际需要:包容的需要、控制的需要和情感的需要。这三种需要的满足受制于最初亲子交往的状况,并且会影响到日后的人际关系。

在包容需要方面,如果儿童与父母的交往极少,包容需要没有得到满足,儿童就会和他人保持距离;相反,如果过度依赖父母,儿童就会一直寻求接触,希望得到更多的注意。如果儿童与父母沟通适宜,他们的人际交往会比较适度,且人际关系一般都不会有问题。

在支配需要方面,如果父母对儿童的教养方式能在规范要求和自主之间取得平衡,就会使儿童形成民主型的行为方式;如果对儿童控制过度,会引起儿童过度焦虑的防御性行为;如果父母对儿童放任不管,则会导致儿童倾向于独断专行、控制别人,或形成拒绝性的行为,如过于谦虚、顺从,不愿意承担责任。

在情感需要方面,如果童年早期得不到父母的关爱,长大后就会和别人保持距离,避免与他人建立亲密的关系;如果父母过度溺爱,长大后就会强烈地寻求爱,渴望与人建立起紧密的情感连结;如果儿童得到适当的关心和爱护,长大后就能和人建立恰当的人际关系。

---

[1] [英]Shaffer,D. R. 发展心理学——儿童与青少年(第六版)[M]. 邹泓等译. 北京:中国轻工业出版社,2005:425.

(二) 青少年亲子关系的特点

在不同的发展阶段,亲子交往具有不同的特征:学龄前亲子关系主要表现为对父母的情感依恋;学龄儿童父母主要以教导、榜样示范、强化等方式对儿童产生影响;青少年期的儿童对父母的依恋开始转移到同龄人身上,亲子关系逐渐疏远。青少年期的亲子关系具有以下一些特点。

1. 情感上保持一定的距离

进入青春期后,初中生与父母的情感关系发生了微妙的变化,青少年与父母的情感连结不如以前那样紧密了,与此同时,对父母的反抗对立情绪也在增长,最明显的时期是在初二、初三阶段。进入高中后,虽然情绪方面仍然存在着不稳定和易冲动的特点,但他们开始能反省自己的言行,倾向于努力控制自己,情绪和行为反应趋向理性[①]。

2. 行为和观点趋向独立

步入青春期后,青少年独立的愿望非常强烈。在观念上,他们不愿意接受成人现成的观点,对不同的事物越来越有自己的想法,对于以前一贯信奉的许多观念都要重新审视,而这些观念和想法常常和父母不一致。在行为上,他们反对父母过多的干涉和控制,希望"我的世界我做主"。

3. 父母的榜样作用有所削弱

随着抽象思维的发展和认知水平的提高,青少年发现,小时候被自己理想化的父母其实只是普通人,他们身上也有很多缺点,这时,父母的榜样作用就会大大削弱,父母对青少年的影响趋于弱化。

二、青少年常见亲子交往问题解析

怎样和青春期的孩子打交道,可能对所有的父母来说都是一个难题。当代青少年常见亲子交往问题主要表现在以下两个方面。

(一) 父母的过多关爱、过度管教与青春期自主性发展的冲突

"我这么做都是为了你好!"这是亲子交往过程中最熟悉不过的一句话,文学作品和影视剧中,父母常常以这种"苦口婆心"的形象出现。然而,这种单纯从满足主观愿望出发的交往方式,很难收到好的沟通效果,有时只会激化父母和孩子之间的矛盾。

当代青少年大多是独生子女,"唯一"的心态使得父母在养育他们的过程中存在着普遍的焦虑。中国的父母总是试图为孩子承担起一切成长的责任,在孩子成长的过程中给予了全方位的关心和照料,小到衣着、饭菜、交友,大到学习成

---

① 司继伟.青少年心理学[M].北京:中国轻工业出版社,2010:183-206.

绩、未来的人生规划,没有什么父母不操心的。

当孩子进入青春发育期后,伴随着生理上的巨大变化、心理上的剧烈转型,孩子们的内心常常充满迷乱和困惑,这时的他们有着发展自主性的强烈需要。可是,他们的父母似乎还没有"反应过来",还是习惯于把他们当作"儿童"来看待和宠爱,并没有适时根据孩子的成长变化来调整与孩子交往的模式,于是矛盾一触即发:一方面,父母还想继续为青春期的孩子担负起各种成长的责任;另一方面,孩子在奋力夺回自己成长的权利,他们渴望长大,渴望"为自己做主"。于是,他们变得叛逆、不可理喻、脾气暴躁,他们想逃离父母去获得独立,最终导致亲子冲突不可避免。

(二) 时代差异与代沟冲突

由于时代不同,文化背景的差异,特别是社会经济发展水平的巨大反差,当代青少年和他们的父母在生活态度、价值观念、行为方式等方面存在着较大的差异:父辈那代人的生活信念是以"生存为中心的目标定向",而当代中学生看重的则是"自我满意为中心的角色定向"(格拉瑟,1995)。这样的角色转变,强化了现代家庭中孩子的自我中心意识,他们强调享受生活、注重自我。代际之间的巨大差异使得亲子间的代沟普遍存在,亲子交往中的冲突现象也比较突出:父母想管教孩子,而孩子总是有一套自己信奉的价值观念,于是他们常常采用不理睬的方式,或是批评、看不起的态度,甚至是对抗的行为来反抗自己的父母。

三、青少年亲子交往辅导

鉴于青少年亲子关系的特点,亲子交往辅导应达成以下辅导目标:亲子之间学会相互理解和尊重,学会有效沟通和建设性地解决冲突,最终形成和谐、自主、亲密的亲子互动模式。为了有效达成上述目标,可以从以下几个方面展开青少年亲子交往辅导。

(一) 亲子双方认知的调整

亲子交往是一个双向互动的过程,满足交往双方的需要是良好亲子关系的基础。开展亲子交往辅导,首先需要指导亲子双方学会考虑彼此的内心感受和情感需要,调整不合理的认知,学会尊重和理解对方。

1. 指导父母学会成长和改变

在亲子互动中,父母往往占据主动地位,亲子交往辅导首先需要指导家长学会理解和尊重青少年。要达成这样的目标,家长应学会自我改变和自我成长。一方面,社会在急速变迁,青少年"文化反哺"的现象普遍存在,父母依赖自己成长过程中被教养的经验和方式来教育自己的孩子已不足以应对当代青少年的成长发展问题,必须与时俱进,才能跟上时代的步伐。另一方面,进入青春期后,青

少年的身心发展进入一个蜕变时期,父母必须根据孩子新的发展阶段的特点,跟上孩子成长的节拍,学会倾听孩子,了解孩子内心的需求,接纳孩子新的成长和改变,才能构建青少年时期和谐的亲子关系。

导致青少年亲子冲突的常见不合理信念有:"我为孩子付出了那么多,孩子就应该听我的";"好的父母就应该把孩子照顾得无微不至";"懂事的好孩子就应该学习成绩好";"成功的父母就是培养出成绩优异的孩子"。辅导者可以指导家长学会反思和挑战自己一些根深蒂固的教育信念,调整对子女的期望值,采取和青春期年龄特征相适应的教养方式。

2. 引导学生学会尊重和理解父母

虽然青少年的独立意识在不断增强,思想也日渐成熟,但毕竟他们还是成长中的个体,在很多方面还不够成熟,他们的成长仍需要得到父母的指导和帮助。

(1) 调整不合理的认知

首先,要让青少年认识到,任何家庭的父母与孩子之间都会出现矛盾和冲突,和谐的家庭不是没有矛盾,而是善于解决冲突和矛盾。其次,学会理性对待两代人的差异:父辈与自己这一代人在生活方式、价值观念、兴趣爱好等方面都存在一定的差异,但这样的差异是由特定的历史原因带来的。对于两代人的差异,青少年要学会理解父母的局限,尊重并接纳父母成长的特定年代所信奉的价值信念。此外,青少年还应该帮助父母接触并学习新的信息、新的知识和新的观念。

(2) 学会换位思考

在对待父母的教导和意见上,子女应该学会站在父母的角度思考问题,懂得换位思考。有时,父母的意见即使不合理或没有建设性,做子女的必须懂得,自己可以不同意父母的建议,但必须尊重他们。学校或班级可以针对青少年常见亲子冲突,开展尊重父母、理解父母的团体辅导或主题班会活动,以促进青少年对父母的理解与沟通。

(二) 亲子双方行为互动的改变

为了促进亲子双方进行有效的沟通和交流,父母和孩子双方都应该在行为方式上做出调整和改变。

1. 父母教养方式的调整

对于青春期的孩子,父母应调整跟孩子相处的方式,把他们当成和我们一样的成人来平等对待,给予理解、尊重和帮助,给予孩子包容的爱。具体的方法和策略有如下几个方面。

(1) 学会聆听孩子的心声

父母要学会积极聆听孩子的心声,耐心倾听孩子行为的理由,让孩子有一种被接纳的感觉。

（2）爱和信任

父母要信任和鼓励处于青春期的孩子勇于自我探索，鼓励青少年从经验中学习，并让孩子明白，父母在任何时候都会无条件的爱自己、支持自己。

（3）鼓励和支持

在孩子遭受失败和受挫时，父母应肯定孩子为此而付出的努力，避免以讽刺、嘲笑的方式来管教孩子。

（4）理解青少年的内心感受

父母对处于青春期的子女的感受和情绪更应关注，并给予积极的回应。

（5）恰当的期望值

过高的期望值会给孩子的成长带来太多的压力，父母应根据孩子的实际情况调整对孩子的期望值。

2. 孩子行为反应的改变

面对爱自己但有时不理解自己的父母，青少年应从以下几个方面加强与父母的沟通。

（1）学会有效的沟通

在与父母沟通的过程中，青少年一方面要向父母表明自己能够理解他们，感谢他们的关心；另一方面，也应让父母了解自己的想法，让父母感受到自己确实在长大，变得越来越懂事，引导父母改变对自己的认识。

（2）主动交流与承担责任

面对两代人的差异，青少年要学会主动与父母进行沟通交流，增进双方的了解，化解矛盾和冲突，使亲子关系朝向良性的方向发展。同时，青少年要学会成长和改变，特别是面对自己的缺点和不足，要有勇于承认和改变的勇气和决心。

（3）学会调适自己的情绪，约束自己的行为

在亲子交往中，青少年要学会调适自己的情绪，不仅要考虑自己的内心体验，也要考虑父母的感受，要让自己的言行符合社会的行为准则，懂得尊重父母，避免矛盾激化，造成彼此的伤害。

（三）提升家庭的整体功能

家庭功能是家庭系统中家庭成员的情感联系、家庭规则、家庭沟通以及应对外部事件的有效性[1]。良好的亲子关系离不开和谐的家庭关系，家庭整体功能的提升会为青少年营造一个良好的家庭心理氛围。开展家庭辅导可以从以下几

---

[1] Walsh, F. (2003), *Normal family processes*(3rd Edition), New York: Guilford, 2003: 514-547.

个方面展开。

1. 提升家庭的亲密度

家庭亲密度是指家庭成员相互间情感联系的程度。家庭亲密度从低到高可划分为四个水平：毫无联系、彼此分离、彼此联系和相互纠缠。家庭亲密度和适应性良好的家庭最有利于形成良好的亲子关系。

2. 提升家庭的适应性

家庭适应性是指家庭系统为了应对外在环境压力，或婚姻、家庭的发展需要而改变其权力结构、角色分配或家庭规则的能力[1]。根据家庭生命周期理论，一个家庭的存在、发展往往要经历八个阶段[2]：① 家庭的原始经历；② 离开家庭；③ 婚前阶段；④ 两夫妻阶段；⑤ 有小孩的家庭；⑥ 有青少年的家庭；⑦ 让孩子独立；⑧ 余生。家庭系统在不同的发展阶段，会面临不同的挑战。当孩子步入到青春期后，家庭系统也进入到一个新的发展阶段，这时整个家庭系统互动的模式也就需要做出相应的调整和改变。

3. 提升父母的婚姻质量

婚姻质量不仅影响夫妻双方的心理健康，也会影响家庭成员的成长和身心健康。提升父母的婚姻质量，有助于提升亲子关系质量。

第三节　异性交往心理辅导

进入青春期后，由于性意识的觉醒和萌动以及社会认知能力的发展，青少年开始对异性同伴产生朦胧的神秘感。喜欢、向往与异性交往是青春期学生性心理发展的必然，异性交往是青少年人际交往中的一个重要组成部分。

一、异性交往对青少年心理健康成长的影响

由于中国传统文化的影响，不少家长、教师对青少年异性之间的交往往往存在一定的误区，甚至将青春期的异性交往等同于早恋。其实，恰当的异性交往不仅不会给青少年的成长带来负面影响，相反还会促进青少年的健康成长。

---

[1] 方晓义，等.家庭功能：理论、影响因素及其与青少年社会适应性的关系[J].心理科学进展，2004,12(4):545.

[2] Alan Carr.积极心理学[M].郑雪等译.北京：中国轻工业出版社，2008:224.

(一)促进青少年自我同一性的发展

异性关系作为青少年同伴关系的一种,可以帮助青少年从不同的视角来认识和了解自我。健康的异性交往可以扩大青少年的交友范围,使他们友谊的发展不再局限于同性同伴的狭小圈子。同时,通过异性交往,青少年会从对方身上学到不同的优点,并将这些优点迁移到同性同伴的交往中。恰当的异性交往不仅能够帮助青少年建立起清晰的自我概念,还会完善自我价值观,有助于促进青少年自我同一性的发展。

(二)增进青少年的心理健康

心理学家沙利文认为,青春期是个体学习建立亲密关系的重要时期,在青春期早期,这种亲密关系主要发生在同性朋友之间,在青春期中后期则转向异性同伴。异性交往可以满足青少年的心理需求,培养健康的性心理。此外,青少年异性之间的交往还可以帮助他们更好地了解同龄异性,为今后建立亲密的伴侣关系奠定良好的心理基础。相反,在青少年时期缺少正常的异性交往,会导致个体社会适应不良,甚至可能引起心理扭曲。

(三)健全青少年的人格

男女性别特点各不相同,各有优势,适切的异性交往可以帮助青少年相互取长补短,有利于青少年性别角色的健全发展,有助于青少年形成良好的性别气质和切合实际的自我评价,形成健全的人格。

(四)推动青少年社会性的发展

当今社会是一个信息化的社会,人与人之间的交往越来越频繁,这其中也包括与异性交往。与异性同伴形成的良好关系,有助于青少年获得成熟的社会交往技巧,并得到更好的社会化发展。

二、青少年常见异性交往困扰

随着社会的发展、时代的变迁,青少年异性之间的交往越来越普遍,但是,由于认识上存在一定的误区,不少教师、家长将异性交往等同于早恋,而现实的学校教育对青少年异性交往又缺少有效的指导,这常常导致青少年在异性交往中面临种种困惑。

(一)异性交往不当

由于缺少必要的指导,青少年在异性交往中存在诸多不当的现象。

1. 交友观不正确

由于不当亚文化的影响,不少青少年常以有异性朋友为荣,他们喜欢以此来炫耀自己,并相互攀比。

2. 交往方式不当

青少年不当的异性交往方式主要有：① 随意性强，交往对象良莠不齐。② 交往过密。一些青少年一对一的异性交往过于频繁，时间久了就会发展为早恋，如果处理不当，就会影响他们的学习，甚至干扰他们对其他活动和交往的兴趣。③ "地下隐蔽性"。一些青少年为了逃避家长和老师的干涉和监督，异性交往往往带有一定的"地下隐蔽性"，且经常到校外的公共场合进行交往。

（二）异性交往缺失

不少青少年在成长的过程中几乎没有异性交往，这会影响他们日后的成长。下面就是一个典型的实例："从小到大，我都很顺，没有老师到家长那里告状，青春期没有叛逆，顺顺利利考进爸妈期待我考的那所大学。我和女孩的交往仅限于打打招呼，顶多打过几次交道而已。我承认我是个乖孩子，从来都没暗恋过谁，也没有想去追哪个女孩的念头，甚至进了大学之后也是如此，很多男同学都笑话我：你都活到这岁数了，还没有喜欢过女孩，你不正常吧？我也很奇怪，但这就是事实。"

（三）异性交往排斥

不少青少年将成人的观点简单地内化为自己的观念，他们在潜意识里排斥异性交往，对于异性交往没有自己的探索、判断和思考，他们所形成的自我同一性实际上是早闭、他控的，这样的青少年在后续的发展中会面临新的挑战。

（四）早恋恐惧

由于认识上存在较大的误区，不少家长、教师普遍的心态是：异性交往、早恋会影响学业的发展，在中学阶段是决不允许的。这种对早恋的恐惧，常常在不知不觉中内化为孩子的观念，一旦发生"意外不测"，这些孩子就会处在自责和不安之中，可是学校教育很少去告诉他们该如何去面对和处理这样的感情。

三、青少年异性交往心理辅导

对青少年进行异性交往辅导，应达成两个目标：一是增进普通青少年的异性交往，提升他们异性交往的能力；二是帮助有异性交往困扰的学生走出困境，指导他们学会异性交往。

（一）对普通青少年异性交往的辅导

对于普通的青少年，我们可以从以下几个方面开展异性交往辅导。

1. 正确认识青少年的异性交往

对青少年异性交往的正确认识，是帮助他们建立正常异性关系的前提。家长和老师应该认识到，正常的异性交往不仅不会带来负面的影响，相反还有助于青少年得到更好的成长,因此成人应指导青少年学会与异性交往。对于青少年来说,辅导者要指导他们端正对异性交往的态度,把握好异性交往的分寸。为了达成这样的目标,辅导者可以通过讲座、主题班会、心理健康课或团体辅导等方式来展开相关的辅导。

2. 营造异性正常交往的氛围

当前,成人对青少年的异性交往仍然抱有成见,学校内也普遍缺少异性交往的良性环境,再加上青少年异性交往的形式比较单一,导致不少青少年到校外公共场合另辟蹊径,这样的情形不利于青少年进行健康向上的异性交往。学校可以经常开展丰富多彩的文体活动来营造良好异性交往的氛围,以满足青少年异性交流的心理需求,同时也可以释放他们在青春期积蓄起来的能量。另外,学校也可以通过形式多样的团体心理辅导活动课,引导青少年探索如何与异性进行交往。

3. 引导青少年把握异性交往的原则

教师要培养青少年健康的异性交往意识,鼓励异性同学广泛接触,同时,指导青少年把握异性交往中的一些基本准则:宜主动交往,不宜过分拘谨;宜自然大方,不宜矫揉造作;宜穿着得体,不宜过分打扮;宜群体交往,不宜单一交往;宜公共场所,不宜私人住宅;宜距离适当,不宜身体接触;宜表达友谊,不宜表达爱情。

4. 加强爱情教育和性健康教育

从中学到大学乃至社会,个体恋爱的功能有一个逐步发展的过程:从一时的异性兴趣和短暂的异性吸引,到在同龄人中地位的确立,再过渡到亲密关系的建立,最后是一种默契的积极关系的形成。对青少年进行异性交往辅导,不是要杜绝"早恋"现象,而是要对他们展开爱情教育和性健康教育,指导青少年避免盲从和简单模仿,学习以一种负责任的态度和方式来掌控自己的情感和行为,而不是任由这样的感情来影响和阻滞他们学业的发展。

(二) 对有异性交往困扰学生的辅导

对于有异性交往困扰的青少年,辅导者可以通过个别咨询和团体辅导帮助他们正确认识自己和异性,学会与异性交往。

1. 通过团体辅导帮助有异性交往恐惧的学生

惧怕与异性交往是社交恐惧症的一种,而社交恐惧症往往缘于个体太过自卑。惧怕与异性交往的个体不仅自信心不足,而且对异性缺少必要的了解,导致他们对自己在异性交往中的自我表现评价偏低,以至于无法做出正常的社会应对,他们惧怕与异性打交道,回避与异性的交往。

对于惧怕与异性交往的青少年,小型团体辅导是比较有效的辅导策略。在

同质的小团体中,辅导老师可以借助于团体动力,来引导有异性交往恐惧的学生学会正确认识自己,发现自己的优势,探索和实践与异性交往的方法和技巧。

2. 通过个别咨询帮助早恋恐惧的学生

对于异性交往过密的青少年,教师和家长要有正确的认识,不宜过度敏感、草木皆兵、过度说教。成人过度的说教通常会导致两种不同的后果:一是反感,并有可能产生尝试的心理;第二种有可能产生早恋恐惧。这两种结果都需要通过个别咨询来帮助他们正确认识和对待爱情和两性关系。

第四节　师生交往心理辅导

师生关系是教师和学生在教育活动中通过交往互动而形成的,是对青少年发展具有重要影响的人际关系。教师对学生的认知与学习、情感与心理健康、价值观与态度、个性与社会性行为等方面都具有重要的影响作用。开展师生关系辅导有助于增进青少年师生关系,促进青少年健康成长。

一、师生关系对青少年心理发展的影响

在不同的发展阶段,师生关系对个体心理发展的影响是不一样的,师生关系对青少年发展的影响主要体现在学校行为和心理发展两个方面。

(一) 影响青少年的学校行为

1. 学校适应

邹泓等人的研究表明[1],师生关系良好的学生学校适应能力强,师生关系对学校态度、学业行为、亲社会行为等均有显著的预测作用。师生关系对青少年学校适应的影响程度从小到大依次为:亲密性、主动性、合作性[2]。

2. 学校生活

师生关系对青少年的学习兴趣、课堂参与和学业成绩等学校生活都有很大的影响。学生喜欢的教师与对该教师所教学科的喜欢程度密切相关,一致率达到95%以上,而学生对不满意的教师和对该教师所教课程的不喜欢程度的相关

---

[1] 邹泓,等.同伴接纳、友谊与学校适应的研究[J].心理发展与教育,1997,(3):55-59.
[2] 刘万伦,沃建中.师生关系与中小学生学校适应性的关系[J].心理发展与教育,2005,(1):87-90.

也达 80%[1]。不同师生关系的学生在学习兴趣、学习热情、责任心、好胜心、自信心、学习毅力方面存在非常显著的差异[2]。

(二) 影响青少年的心理发展

1. 对自我概念的影响

师生关系对青少年自我概念的影响主要表现在三个方面:影响他们学业自我和总体自我概念的发展[3];教师对学生的支持、关心、鼓励、期望和参与等都有助于青少年自尊的发展[4];良好的师生关系还可以提高学生的自信心,促使他们采取适当的归因方式进行自我评价[5]。

2. 心理健康的影响

师生关系对中学生心理健康的影响主要表现在情绪状况和问题行为两个方面。不良的师生关系与学生的焦虑情绪呈显著正相关,而积极的师生关系与学生的焦虑情绪呈显著负相关[6],师生关系中的支持与帮助对初中生的抑郁情绪有显著缓解作用[7]。师生关系与学生的问题行为紧密相关,尤其是师生间的冲突与学生的问题行为之间存在显著的负相关[8]。

二、青少年师生关系的特点与挑战

随着认知、情感、自我意识的发展和成熟,青少年的独立性在不断增强,师生关系表现出新的特点,此阶段的师生关系也面临一些特别的挑战。

(一) 教师的权威受到挑战

不同的发展阶段,师生关系的特点是不一样的。在童年期,教师在学生的心目中往往是权威的象征。小学生对自己的老师既信赖又敬畏,这一时期的师生关系相对比较平稳。到了青少年时期,教师的权威和地位受到一定程度的质疑和挑战,初中生对教师的态度开始有一些显著的变化,对于自己认同的老师表现出亲近,对于自己不满意的老师表现出疏离和反抗。进入青年初期,也就是高中阶段,由于知识经验的丰富,思维独立性和批判性的增强,青少年对师生关系有了新的要求,希望从老师那里得到更多的自主、信任、平等、尊重和关心,同时,他

---

[1] 时蓉华. 教育社会心理学[M]. 北京:世界图书出版公司,1993:25-29.
[2] 沃建中,马建红,刘军. 走向心理健康:发展篇[M]. 北京:华文出版社,2002:36-44.
[3] 姜兆萍,俞国良. 高中生自我概念特点及与社会关系的相关研究[J]. 中国临床心理学杂志,2006,(5):507-509.
[4] 阳德华. 初中生抑郁情绪与学校因素的相关性研究[J]. 中国临床心理学杂志,2002,(1):33-35.
[5] 沃建中. 走向心理健康:发展篇[M]. 北京:华文出版社,2002:36-44.
[6] 阳德华. 师生、同伴关系与初中生焦虑[J]. 中国心理卫生杂志,2001,(2):19-22.
[7] 阳德华. 初中生抑郁情绪与学校因素的相关性研究[J]. 中国临床心理学杂志,2002,(1):33-35.
[8] 李春苗,刘祖平. 关于师生关系对中学生学习影响的研究[J]. 教育探索,1998,(1):15-17.

们对教师的人格特点、专业水平、教学能力等方面也有了更高的要求和期待。能满足这些要求的老师,就会受到学生的欢迎;反之,师生关系就会出现种种不和谐的情形。

(二) 教师在学生心目中的可信、可亲度不高

关于师生关系的总体发展水平,还存在较大的歧义。有研究表明,绝大部分师生关系比较和谐,总体上师生关系比较融洽[1],但更多的研究表明,我国师生关系不是十分良好。例如沃建中等的研究显示,初中生觉得教师不理解自己,对老师的意见表现出很大的反抗性,与老师的关系明显下降[2]。

不管师生关系和谐与否,已有的研究都有一个共同的发现:教师在学生心目中的可信、可亲度不高,大多学生对教师能否成为自己的知心朋友持模糊甚至否定、怀疑的态度,消极型的师生关系占较大的比例。这需要引起教育工作者,尤其是心理健康教育工作者的高度重视。

(三) 师生关系存在显著的年级差异

中学师生关系存在"初二、高二"现象,这两个年级的师生关系表现得更不亲密、更多冲突和更多疏远。初中阶段,中学生与教师的交往水平从初一到初二明显下降,初二后保持在一个较低的水平上,并有所波动。高中阶段,高二也是师生交往的一个低谷期,高中生与父母的关系有所改善,但与教师的关系一直处于较低的水平上。

三、师生交往策略的心理辅导

针对青少年师生关系的特点,开展师生交往辅导应从师生两个方面展开。

(一) 教师教育行为的调整

教师应从教育观念和行为管理这两个方面调整自己的教育行为。

1. 教育观念的变革

首先,教师需要依据当代青少年心理发展的新特点,改变只会"念经""说教"的传统教师形象,从幽默、兴趣广泛、知识丰富、装扮时尚、热爱生活、和蔼、懂得网络语言以及熟悉 QQ、微博、微信等方面入手,增加教师自身的人格魅力,重塑教师形象,做深受学生欢迎的现代教师。

其次,教师需要依据青少年心理发展的年龄特点,增强对他们的关爱和接

---

[1] 朱桂贞,孔莉. 中学师生交往的现状及其教育对策研究[J]. 天津市教科院学报,2003,(1):64-66.

[2] 沃建中,林崇德,马红中. 中学生人际关系发展特点的研究[J]. 心理发展与教育,2001,(3):9-15.

纳,关注学生的心理感受,满足学生的合理需要。

第三,教师需要通过接触青少年亚文化来加强对当代中学生的认识和了解,从青少年的视角来了解他们的价值信念、生活态度和兴趣爱好,以减少交往中的冲突和矛盾。

2. 教育行为的调整

依据"接纳"和"要求"这两个维度,可以将师生关系分为四种不同的类型(图 10-1),不同的师生关系类型对学生的影响是不一样的。

要 求

专制型:	权威型:
要求很高并严厉,如果学生达不到就会受到教师的惩罚。 只考虑到了成人的需要,而忽视和抑制了学生自己的想法和内心感受。	合理的要求,适当的限制。设立恰当的目标,并坚持要求学生达到这些目标。 高度关注和接纳学生的心理感受,关爱、尊重学生。
忽视型:	放纵型:
对学生表现出漠不关心的态度,既不会对学生提出什么要求和行为标准,也不会表现出对学生的关心。	很少对学生提出什么要求或施加任何控制。 只是一味地迁就学生的需要,无限制地满足学生的心理需要。

接纳

图 10-1 师生关系的四种类型

面对成长变化中的青少年,教师仅有关爱和接纳是不够的,如果方法欠妥,很多教师的教育行为不但不能达成预期的效果,相反还会导致师生间的矛盾和冲突。教师可从以下几个方面入手,对自己的教育行为做出相应的调整。

首先,学会与学生打成一片,寻找与学生们的共同语言,在对事物的认识上尽可能与学生达成一致,学习青少年日常使用的另类语言。这样教师的教育、教学行为才更容易被学生所认同和接受。

其次,利用门坎效应,"得寸进尺",即将总的教育目标分解为学生经过努力能够达成的一个个小目标,逐步实施,达到"润物细无声"的教育境地。

第三,"点到为止",避免超限效应,因为太多的说教很多时候反而适得其反。

(二) 对学生进行师生交往专题辅导

已有的研究表明,学生的心理特点和学生的教师观会对青少年的师生关系

产生重要的影响[①]。对学生进行师生交往辅导,可以通过心理健康课或团体心理辅导等方式,借助于认知指导、榜样示范、体验感悟等技术和方法,通过交往技能训练、师生交往中的归因训练等策略,对青少年进行师生交往专题辅导。通过辅导,让学生发现自己的不足,主动调节与老师交往的态度、方法和技巧,从而改善师生关系。

本章小结

良好的人际关系是个体健康成长的基本前提。本章系统论述了社会交往、亲子交往、异性交往、师生交往在青少年成长过程中的意义和价值,分析了青少年四种重要人际交往的特点,剖析了青少年四种人际交往中的常见困扰。在此基础上,对青少年展开人际交往辅导,要指导青少年学会建立并维持良好的人际关系,克服人际交往中的障碍;从亲子双方认知的调整与行为互动方式的改变以及家庭整体功能的提升,来建立良好的亲子关系;针对普通青少年和有异性交往困扰的青少年的特点展开异性交往辅导;从教师教育观念的变革、教育行为的调整以及师生交往专题辅导方面,进行师生交往辅导。

关键词:学会交往;社会交往;亲子交往;异性交往;师生交往

---

① 刘静.20 世纪 90 年代以来我国师生关系研究述评[J].教育探索,2003,(7):22-24.

第十一章 学会适应——生活心理辅导

学习目标

1. 理解班集体生活心理辅导的目标,学会分析班集体生活问题形成的原因;
2. 了解休闲生活的概念,掌握青少年休闲生活的心理辅导策略;
3. 了解网络生活的特征,理解青少年网络生活心理问题的成因。

生活心理辅导主要是通过对青少年的休闲等辅导,来培养青少年学生健康的生活情趣、乐观的生活态度、良好的生活习惯、正确的生活方式。对青少年学生开展生活心理辅导,符合我国教育方针和教育实际,也是教育的内涵和本质要求。生活心理辅导对青少年目前及将来获得幸福而充实的生活具有潜在影响。《纲要(2012年修订)》指出,心理健康教育的具体目标之一是"让学生学会生活",逐步适应生活和社会的各种变化,培养担当意识和社会责任感,为健康成长和幸福生活奠定基础。本章就学会生活和社会适应方面的心理辅导进行阐述。

第一节 班集体生活心理辅导

班集体是按照班集体授课制的培养目标和教育规范组织起来的,以共同学习活动和直接人际交往为特征的社会心理共同体。班集体又是学校教育的基本组织单位,生活于其中的学生在此学会公共生活的规则。可以说,班集体生活是把学生从自然人教育提升到社会人的最重要的途径。

一、班集体心理辅导概述[①]

(一) 班集体的概念及心理特征

在我国,班级是学校教育、教学的基本单位,但班级并不都是"班集体"。所谓班集体"并不是单单聚集起来的一群人",它不同于一般的日常生活的联合体,也不同于一般的社会群体,而是一个以儿童与青少年为主体的具有崇高的社会目标、以亲社会的共同活动为中介、以民主平等与合作的人际关系为纽带并促进其成员的个性得到充分发展的、有高度凝聚力的共同体。

班集体是以共同学习活动和直接人际关系为特征的社会心理共同体。任何一个班集体,就其实质来说,既是一个学生组织集体,又是一个社会心理集体,具有组织行为和社会心理的特征。现代班集体的心理行为主要有八个方面,即正确的政治方向、共同的奋斗目标、明确的育人目的、坚强的领导核心、有序的组织机构、统一的行为规范、和谐的人际关系和健康的集体舆论。现代班集体的心理特征主要是主体性、内聚性、自制性、指令性、调节性和创造性。这些特征是班集体建设的理想标准,也是衡量班集体群体发展水平的基本指标,更是现代班集体真正形成的主要标志。

(二) 班集体心理与学生个性心理之间的关系

真正的现代班集体有利于学生个性发展。现代班集体建设的主要目的是促进全体学生的个性得到和谐的、健康的、全面的、自主的发展。前苏联教育家克鲁普斯卡娅指出:"只有在集体中,儿童的个性才能得到最充分最全面的发展。"因此,班主任要以发展学生个性为出发点和归宿建立现代班集体,即为了促进学生个性发展而建设真正的现代班集体。在教育实践中,班主任不能把学生个性发展与班集体建设对立起来,更不要借"班集体建设"的名义来束缚甚至否定学生个性的发展。真正的现代班集体与学生个性发展之间是辩证统一的关系、手段与目的的关系。从根本上说,建设现代优秀班集体不是目的,而是一种手段。现代班集体建设的最终目的是全面发展学生的个性,为提高整体素质打好基础。个性发展的重要条件是良好的班集体,而学生个性的发展又为优秀班集体的建设创造着有利条件。从一定意义上说,学生个性是否发展、其发展程度,是衡量现代班集体建设的一个重要指标。在现代班集体建设中,班主任必须坚持统一性原则,处理好班集体建设和学生个性发展的关系,把两者对立起来是不恰当的。

[①] 崔景贵.建设有利于学生个性发展的现代班集体[J].教育探索,2001,(7):21-23.

(三) 班集体生活心理辅导目标

1. 促进全体学生心理健康发展

面向全体学生,提高全体学生的心理素质,促进其身心健康,是学校心理辅导的主要目标,更是班集体生活心理辅导的宗旨。

2. 建立和发展健康的班集体心理

班集体生活心理辅导是以团体心理辅导及相关的理论与技术为指导,以解决学生成长中的问题为目标,以班集体为单位的集体心理辅导活动。其辅导目标是通过建立健康的班集体并依靠班集体来培养全体学生健全的人格,促进每个学生身心健康发展。

3. 帮助个体认识自我,发展自我,完善自我

班集体生活心理辅导可以体现"以人的发展为本"的教育理念。现行的学校教育存在许多压抑学生自主发展的弊端。班集体生活心理辅导是以个体发展的取向为主,以个体的经验为中介,以活动为载体,目标是通过学生的参与、体验和感悟,帮助学生认识自己,开发自己的潜能,获得自助能力,极大地调动自身的主动性,从而更好地完善自我。

二、班集体生活适应的问题及成因

(一) 班集体生活适应问题

1. 班集体学习适应不良

(1) 学习策略失调。某些学生在听讲、做作业、制订学习计划、合理安排学习时间、应考等具体的学习方法和技术方面总显得不科学、不够高效。田澜等人的调查结果表明:四年级有30.16%的学生不会听课,有31.11%的学生学习技术不高;五年级有35.15%的学生不会制订学习计划,有18.10%的学生听课方法有待改进,有24.15%的学生的学习技术尚需提高。

(2) 学习动力不足。这类学生没有明确的学习目的,缺乏学习热情,有厌学情绪。有些学生对某些学科的学习兴趣不浓,严重者甚至有放弃学习的念头。

2. 班集体规范适应不良

有些学生由于良好意志品质还没有形成,因此,遵守班集体规范的坚持性和自制力不足,按自己的意愿行事,对班集体的规范不能很好地适应。还有一些学生由于对班集体管理制度的不认同,常常表现为迟到、早退,在课堂上捣乱,不按时完成作业,并且调皮、任性,在情绪上经常表现出烦躁不安,攻击性行为多,经常和同学、老师吵架,不支持班集体活动等。

3. 班集体人际关系适应不良

学校的人际关系与家庭相比有了较大的变化,同学之间关系的处理要比家

庭中复杂得多。有的学生由于人际交往能力较低,和同学的交往不是很融洽,再加上得不到老师更多的关注,所以表现出对班集体生活适应困难。

(二) 班集体生活适应问题的原因分析

1. 身心发展因素的影响

(1) 认识的不全面。有些学生对遵守班集体规范的意义没有正确的认识,不能将学校的纪律要求转化成指导行为的自觉原则,只是感觉到自己的行为受到约束,想要摆脱这种被束缚的感觉。当面对班集体的规范和要求时,有些学生采取消极的态度,违反学校规范,不遵守学校纪律,不按时完成老师布置的作业等。

(2) 意志的坚持性和自制力不完善。有些学生由于良好意志品质还没有形成,不能很好地约束和控制好自己的行为,使之符合学校的规范,因而对班集体的规范不能很好地适应。

2. 人格因素的影响

人格方面的因素是学生班集体生活适应中较为典型的一种。青少年的人格问题一般有如下表现类型:

(1) 自私狭隘型。这类青少年常为一点小事而跟别人闹意见,斤斤计较,在很长时间内不能自我解脱,耿耿于怀。

(2) 自大自负型。这类青少年自以为是,瞧不起别人,缺少对别人的欣赏与尊重,且受挫能力差。

(3) 自卑怯懦型。这类人较为孤僻,不易合群,做事优柔寡断,对人唯唯诺诺。

这些消极的人格因素都容易导致班集体生活适应困难。

3. 家庭环境因素的影响

(1) 家长教育态度的影响。有些家长对子女教育、关心的程度和方式不恰当,容易使孩子形成不健全的人格。有些孩子可能会变得性格孤僻、冷漠、厌世,变得消极、沉沦或者胆小怕事,时常表现出"退缩行为"。有些孩子可能与之相反,出现任性、娇气、爱发脾气、唯我独尊等不良的人格品质,以及生活自理能力差、依赖心理特别严重的问题。

(2) 家庭生活环境的影响。单亲家庭,缺少父母一方的关爱,在这种家庭中的子女容易出现孤僻、胆怯、冷漠的心理或出现冒险的心理。

(3) 家庭社会地位的影响。例如,现在的"官二代"、"富二代"容易在班集体中产生骄横霸道的心理与行为。

4. 学校班集体差异因素的影响

学生进入一个新的班集体,因为对先前班集体的条件、管理、师生关系等产生心理定势,当与现在班集体的某些因素产生差异时,他们便会产生内心冲突,出现适应困难,如抱怨现在班集体、不积极参加班集体活动、师生关系紧张,等等。

三、班集体生活适应心理辅导策略[①]

《纲要(2012年修订)》指出:"小学低年级主要包括:帮助学生认识班级、学校、日常学习生活环境和基本规则,帮助学生适应新环境、新集体和新的学习生活,树立纪律意识、时间意识和规则意识。""小学中年级帮助学生树立集体意识,善于与同学、老师交往,培养自主参与各种活动的能力,以及开朗、合群、自立的健康人格。"班集体生活心理辅导,就是要让班集体真正成为学生生活、学习、个性成长的精神家园。

1. 班集体目标辅导

班主任依据学校培养目标的要求,结合本班集体成员思想、学习、生活实际,制订出本班的努力目标。班集体目标对班集体建设和成员的发展具有导向作用和激励作用。当然,班集体目标建设应根据学校培养目标精神,结合本班情况提出具有本班特点的远期、中期、近期的目标。班集体目标的制定和实现是全体成员共同参与的过程,这也是全体成员教育与自我教育的过程。

2. 班集体组织辅导

不少中小学实行班委轮换制,对培养学生关心班集体、热心为集体服务和锻炼实际能力有很大好处。在班主任的指导下,实行班委岗位轮换制度,让每一个学生参加到班集体管理中来,培养学生的责任感,鼓励学生发扬主人翁意识。

3. 班集体活动辅导

集体的形成、发展,集体成员个体素质的养成,必须通过教育活动。班集体辅导的目的就是为学生的发展服务。班集体应成为学生发展的舞台,应成为让每个成员主动地、积极地、创造性地展示自己才能的舞台。

4. 班集体文化辅导

班集体文化既应体现学校文化精神,又具有自身的班集体特点。各班集体根据本班实际,为自己的班集体、中队或团支部命名,布置班集体环境,制定体现班级文化精神的班标、班规、班训等。这不仅能反映各班成员共同的愿望和追求,还能体现学校文化共有的心理意识、价值观念。

5. 班集体制度辅导

班集体制度文化规定了班集体全体成员共同认可并自觉遵循的行为准则。

---

① 班华. 高中班主任[M]. 南京:南京师范大学出版社,2007:121-123.

班集体规章制度在规划、决策过程中应让学生民主参与,通过引导学生制定班规,使学生的意志与愿望通过合理渠道得到满足。由于学生有为自己的目标负责的倾向,因此它容易使学生对自己的行为产生自我约束。

班集体心理辅导策略是多种多样的,只要遵循学生身心发展规律并在实践中探索积累,就能够建设成适合每个学生个性发展的班集体,使班集体成为学生个性健康、快乐成长的精神家园。

第二节 休闲生活心理辅导

生活辅导主要是通过休闲辅导和消费辅导等来培养中小学生健康的生活情趣、乐观的生活态度和良好的生活习惯。这对于青少年学生将来获得幸福而充实的生活具有潜在的影响,同时对他们发展个性、增强才干、提高学习效率也具有积极的迁移作用。生活辅导不仅是学校辅导的一部分,也是现代学校教育的一项主要内容。

一、休闲生活的概述

休闲是指个人在完成工作、学习和生活自我服务后,剩余的时间内能自由进行的活动。休闲的目的在于自我教化,追求人生崇高的境界。过去不少人认为,只有工作与学习是有价值的,而休闲是闲荡、荒废时间。随着社会发展已经逐渐由传统的勤劳型文化转向休闲型文化,休闲不再是无所事事的休息。做家务、上市场购物、去医院看病等活动,可以称为"维生活动",不属于休闲生活。休闲是无条件的、自由的娱乐,如为欢乐而演奏乐器,为健身而骑自行车兜风、爬山、旅游、打保龄球,等等。休闲也不应涉及金钱报酬,只是单纯为了娱乐、健身、养心。因此,专业运动员从事的体育活动、专业演员从事的艺术活动均不在休闲之列。

(一)休闲生活的心理功能

1. 拓展生活,丰富认识

青少年学生所接触的人和事,相对比较固定。休闲活动可使青少年与一些平时学习无关的人、事、物、环境发生接触,可以扩展他们的生活知识和经验,增长见识,丰富生活的底蕴。

2. 满足个人需要,发展个性

由于种种主客观原因,学生学习并不完全符合自己的兴趣,也不能完全按照自己的意愿行事,也不能充分表现一个人的能力和才华。休闲活动能增添一些需要满足的机会,能提高青少年的自尊感和自信心。

3. 促进身心健康发展

青少年在休闲活动中可以发展自己的才能,弥补平时的角色挫折,也能使压抑沉闷、愤恨不满的情绪甚至破坏性的冲动力量以艺术化和升华的方式表达出来,还可以防止可能产生的偏激心理和行为。①

(二) 休闲生活的心理辅导目标

将休闲辅导纳入中小学教育体系由来已久。早在1918年,美国"全国教育协会中等教育改造委员会"在《中学教育的基本原理》中就确定了休闲辅导作为学校教育的目标之一,它是"闲暇时间的善用,教育应使个人从其闲暇生活中获得身心休息和愉悦,并充实其精神生活,发展其人格"。可见,休闲辅导的最终目标是与学校教育目标一致的。

休闲辅导不能仅仅理解为是一种娱乐活动,其目标是:① 理解休闲生活:帮助学生确立正确的休闲观念和态度,获得必备的休闲知识和技能。② 享受休闲生活:帮助学生学会选择、安排有益的休闲活动方式,从而使自己获得充实而丰富的休闲生活,放松身心,健康发展。③ 创造休闲生活:帮助学生根据个人的兴趣、爱好,从现实的条件出发,选择适合自己的休闲内容和方式,更好地发展自己的才能与个性。

二、青少年休闲生活的问题及成因

目前,青少年的休闲活动往往是校内多、校外少,功利型活动多、公益型活动少,被动参与型活动多、主动参与型活动少。这种有限的平台和形式无法有效开发青少年学生潜能,不利于青少年学生休闲生活质量的提高。

(一) 存在的问题

双休日的实现使学生的休闲时间也随之增加。若不注意引导,就会使一部分学生懒懒散散,虚度时光。学生休闲生活中归纳起来主要存在以下问题:

(1) 休闲意识淡薄。目前在我国由于缺乏相应的休闲教育,很多学生不知道什么是休闲,更不懂得如何合理地安排自己的休闲时间。

(2) 休闲态度被动。所谓的被动休闲主要是体现在两个方面:一是休闲方式主要集中于卧床休息和上网等被动方式的选择上;另一个方面主要体现在休闲仍旧是以自我的独立活动为中心,而与社会和群体交往的休闲活动偏少。

(3) 休闲方式单调。学生休闲主要集中于卧床休息、上网、阅读、闲谈等方

---

① 吴增强.现代学校心理辅导[M].上海:上海科学技术文献出版社,2011:136.

式,还停留在"消磨时间、摆脱单调"的初等、低级阶段,而参加群体活动和实践活动等则相对缺乏。

(4) 休闲习惯缺乏。在校期间,学生更多关注的是学习生活,这就造成大部分学生没有养成休闲的习惯。

(二) 原因分析

导致休闲生活中存在这些问题的具体原因如下:

1. 学生自身原因

学生身心尚未真正成熟,面对着就业、学习、人际交往等各方面压力,心理极易失衡,易受暗示,这就造成他们的休闲生活往往是盲目的、从众的。此外,很多学生忙于书本知识学习,没有时间去发展自己的兴趣、爱好。因此,他们一旦休闲时间较多,顿时茫然失措,不知道该做些什么。

2. 学校休闲教育缺失

我国教育目前仍是以知识学习为主,缺少休闲价值观和休闲方式的教育,没有普及休闲教育。部分学校开展校园文化建设的初衷也不是为了完善校园休闲文化,而是旨在"填补"学生的休闲时间,防止学生"无事生非"。这种工具性的价值取向,不利于学生休闲能力的培养。

3. 社会环境影响

当前,我国经济得到了飞快的发展,但同时不良的社会风气也随之扩大、蔓延。物质的丰富,商品经济的发展,使得"拜金主义""享乐主义"等腐朽的思想在一定范围内蔓延开来。一些学生开始追求享乐、寻求精神刺激、摆阔气、讲排场、鼓吹金钱万能。这些不良的社会现象对于成长中的学生形成正确的休闲态度起着消极的干扰作用。

三、休闲生活心理辅导的策略

(一) 树立正确的休闲观念

休闲技能是学生开展休闲活动的基础,而科学的休闲意识能够帮助学生判断与选择正确的休闲方式。因此,休闲教育除了要传授休闲技能,更要注意引导学生树立科学的休闲观。我们既反对将休闲视为贪图享乐,又要反对过度休闲和低层次、低趣味消磨时间的休闲,同时还要注意在休闲过程中引导学生加强自身的休闲道德,即在休闲时间应该遵循各种行为准则和道德规范。休闲活动的选择和开展都必须符合学生的身份,将社会服务纳入休闲的内容中去,将提升自我与服务他人结合起来,拓展休闲的内涵。

(二) 学习适当的休闲技能

学校培养的是有责任、有追求、有智慧的社会公民,应该以科学的、实事求是的态度对待学生休闲,将学生休闲生活与学习生活结合起来,树立科学的育人观念;开设学生休闲课程,增加校园文化建设的投入,为学生提供丰富、良好的休闲设施;深入了解学生真实的生活状态,开展各种活动,以培养学生的休闲能力,训练学生的休闲技能,使其参与活动,亲身体验到休闲的乐趣和感受到生活的美好。这当中涵盖各类志愿者活动、体育活动、兴趣活动、文化艺术活动、社会实践、社交活动,等等。

(三)引领健康的休闲方式

美国社会学家埃廷顿将大众休闲活动类型分为社会活动型、体育运动型、文化活动型、户外活动型、旅游观光型和大众媒介型等六类。结合学生休闲活动的实际,可以发现学生休闲活动以个体打发时间、休息放松的体育运动型休闲和大众媒介型休闲为主,比较渴望旅游观光型休闲,而社会活动型休闲和文化活动型休闲在学生休闲生活中比较欠缺。结合学生的心理和生理特征,学校应引领丰富学生休闲生活,为不同兴趣爱好、性别、年龄等的青少年群体提供休闲活动的场地、资金支持和政策支持,开展各种符合青少年特点的体育运动活动、文化活动和艺术活动,拓展青少年休闲的文化内涵。方式多样化可使学生"活"起来,在一种宽松、和谐、愉快的氛围中,在体验积极休闲乐趣的同时掌握各种休闲技能。

(四)开拓广阔的休闲空间

学校应加大投入,大力发展休闲活动的各种组织,为青少年的休闲活动提供良好的物质条件;要引导青少年将休闲活动与社会活动紧密结合起来,将休闲的空间拓展到社区和社会的大平台,建立家庭、学校、社会三位一体的休闲网络,让学生的休闲活动摆脱功利目的,走出学校,走向社会,在提升自我、服务社会、惠及他人的过程中,不断拓展青少年休闲生活的空间。

第三节 网络生活心理辅导

青少年正生活在信息化、网络化时代。互联网以前所未有的传播速度、扩散空间、交互方式和丰富内涵,对青少年的生活产生了重大影响,为青少年开创了一种全新的网络生活方式。

一、网络生活的现状及特征

(一) 网络生活现状

1. 日常生活中的网络

当今社会进入网络社会,计算机网络渗透到人们生活的方方面面,影响到人们的日常生活,改变着人们的生活节奏和生活方式。网络购物、网络旅游、网络游戏、网络通讯等已成为青少年生活中不可缺少的一部分。21世纪的生活世界是网络的世界。

2. 学习中的网络

网络为青少年的学习和生活带来了极大的便利。网络学校、网络电视、电子书……帮助青少年随时随地学习,第一时间获知各种各样的消息;各种搜索引擎、微博、微信、电子邮箱……可以帮助青少年获得、交流、发布各种信息资料等,可以说网络开拓了一个全世界信息共享的平台,它大大丰富了青少年的知识,提高了学习效率。

3. 交流中的网络

网络还是娱乐交友的重要途径。青少年学生可以在各种网络平台进行网络交友、网络对话、网络游戏,表达自己的意见和情绪,网络成为青少年交友、释放情绪的重要场所。

可以说网络正改变着青少年的生活,并且对学习、工作、生活和心理健康发挥着越来越重要的影响。

(二) 网络生活特征

网络在改变青少年生活的同时,呈现出双重性、矛盾性的特征:

1. 自由与规范冲突

互联网自由、开放、虚拟的环境,便于青少年在网上发表评论,针砭时弊,表达诉求,迎合了学生的精神追求,也使得自由、平等的价值观能淋漓尽致的展现。但是由于网络的匿名性以及自身道德约束能力的不足,青少年的网络言行容易出现对社会规范和准则的失守,出现双重道德人格。

2. 时尚与粗俗混杂

崇尚个性、追求时尚是当代青少年的鲜明特征。如对于"网络语言",在青少年看来简洁明了、内涵丰富、诙谐幽默、极具创意,受到青少年的热烈追捧。网络语言让青少年体验到了另外一种生活方式和另一个自我,虽不乏标新和创意,但也存在矫情和粗俗。

3. 学习与娱乐失调

网络已成为学生获取信息、学习知识的重要平台。与此同时,网上娱乐已成为学生的一种主要休闲方式。然而,网络也是一把"双刃剑"。丰富而快捷的网络资源虽然开启了学生学习新知的大门,但也使得一些学生巧走捷径,不再刻苦钻研而是热衷于弄虚作假,甚至把大量的时间和精力荒废在网络娱乐上,网上学习和娱乐有点失调。

4. 真情与冷漠相伴

网络的开放性和匿名性,既能拉近人与人之间的距离,扩大交往的范围,又能保护个人隐私,让校园学子真正敞开心扉,畅所欲言,大胆表达自己内心的真实想法,展现真实的自我。但是,部分青少年将与网友聊天作为逃避现实和降减压力的避风港,进而造成他们在实际生活中人际情感淡漠,消极看待现实社会,性格更加孤僻。

(三)网络生活心理辅导目标

网络作为一把双刃剑,穿透青少年生活,而学校心理工作者可以通过网络心理辅导帮助和指导学生的网络生活,实现以下辅导目标:

(1)了解网络生活,有序使用网络。通过传授网络生活知识,了解网络生活规则,做到井然有序、有条不紊、扬长避短、为我所用。

(2)控制网络生活,有节使用网络。网络没有红绿灯,但也不是条条大路通罗马。当代青少年要用自己的理性和灵性,驾驭网络心理世界的航船。通过心理辅导,帮助青少年学生学会控制自己的情绪,有度使用网络。

(3)鉴别网络生活,有益使用网络。因势利导,循循善诱,使"网络新生代"学会扬长避短,发挥优势,在网络中阳光自我,健康成长。

二、网络生活心理问题及成因

(一)网络生活心理问题

网络生活给青少年带来诸多便利的同时,也对他们的心理形成了一定的冲击。网络所引发的心理问题也越来越受关注,概括起来主要包括以下一些方面。

1. 一般心理问题

① 认知障碍。在网上,青少年不再需要主动概括、积极反思,形象思维能力发达而抽象逻辑思维能力缺乏,看待事物肤浅化、感性化,思考问题平面化、单向度。网络正削弱着青少年学生的思考力。② 情感淡漠。人机互动的网络交往让原本情绪表达强烈的青少年陷入情感迷失状态,逐渐变成冷漠的机器,阻断了其社会情感交流的渠道,趋向更为孤立、冷漠和向非社会化方向发展。③ 去抑制化。网络言行的自由、匿名、低责任激发了青少年的猎奇、挑战心理,致使其自我监控失效,自我中心膨胀,自我言行去抑制化。网络言行的自由化造成青少年

自我约束力下降,问题行为与日俱增。

2. 网络心理问题

① 新型社交障碍症。美国学者诺曼尼认为,人们花在网上的时间和他们维持现实人际关系所用的时间成反比,花在网上的时间越多,与家人、朋友的沟通就越少。② 网络孤独症。网络孤独是由于沉溺网络虚拟交往而导致的实际人际关系疏远,进而产生情感孤独、冷漠的孤僻症状。③ 网络强迫症。患有网络强迫症的学生对网络的迷恋是一种精神依赖的表现,如同吸食鸦片一样,对网络有一种强烈的渴求,上网时精神亢奋,离开网络就会出现无聊、心慌、烦躁、失落等负面情绪。④ 畸形网恋心理。虽然并非所有网恋都有问题,但确有一些网恋主体存在心理和行为上的异常,借网恋之名行恐怖、欺诈、色情之实。

3. 网络人格障碍

网络人格障碍是以人格结构失衡为特征的网络心理问题。在人机的交流中,一些青少年学生在被网络谎言欺骗的同时,也成为网络谣言、谎言的制造者,长期沉浸在谎言和欺骗中,会导致人格异化。另外,网上过度的兴奋、紧张和疲劳还会造成学生对现实生活的反应异常,如孤僻、冷漠、紧张、暴力、缺乏责任感等,进而导致机械化人格障碍。[1]

(二) 网络生活心理问题的成因

1. 强烈的失落感

一些学生在激烈的学习竞争中,由于学习成绩不如意,在家里和学校都得不到肯定,使他们在学生群体中自尊心无法得到满足。这些学生在心理上表现为强烈的失落感和挫折感,在思想上表现为对社会环境以及校园生活中的诸多不满,在行为上则总想找机会来表现自己,以证实自己的才华和能力。因此,在现实的学习生活中相对缺乏竞争力的学生往往会选择网络来满足自我表现的需求。

2. 强烈的好奇心

青少年有着天然的、自发的探索外部世界的心理倾向,由于网络信息混杂,在强烈的好奇心的驱使下,有的学生虽然明知不对,但对一些不健康的网站和游戏常常抱着看一看、试一试的心理,结果沉溺其中。

3. 强烈的交往需求

学生的思想比较活跃,渴望友谊和人与人之间的相互理解和支持。随着年龄的增长,生活空间的扩展,社会阅历的不断增加,学生的交往需求也越来越强烈。在网络交流中学生可以避开现实生活中面对面的压力,畅所欲言。双向的、多向交流的网络传媒让学生可以与天南地北的人交谈,在一定程度上满足了他

---

[1] 程燕,余林.网络引发的青少年心理问题及问题行为论析[J].教育探索,2007,(12):126-128.

们对人际交往的强烈需求。

4. **性心理不成熟**

青少年学生性生理的发育日趋成熟,但由于传统文化的影响和性教育的不足,许多学生的性心理发展相对滞后。由于对两性的本质内涵、社会功能和义务没有正确的认识,在缺少必要的疏导和帮助的情况下,他们会对自己性态度、性行为感到困惑和焦虑。面对自己的性好奇和性冲动,他们往往不能选择正确的渠道来满足,而是通过访问色情网站来满足自己的好奇心和性需求。

三、网络生活心理辅导策略

网络心理障碍者由于在上网时体验到满足感,容易沉迷于网络而危害身心健康。学校心理辅导工作者应了解网络的运作方式及其独特吸引力,重视网络心理辅导。

(一) 增强网络抵御能力

作为学校心理辅导教师,要明白网络在寻找信息、跟踪最新新闻和快速高效地与人交流方面具有许多优点,但另一方面也的确存在引发心理问题的可能性。因此,学校要让学生明白过多上网和沉溺虚拟时空的有害影响。学校心理辅导除了通过团体咨询,还可利用网络快捷、行动便利、资源开放等优越条件,对个别学生的心理问题进行及时的引导;同时,对所有学生加强心理健康教育,让他们了解网络心理障碍的有关知识,提高他们的心理健康素质,确保青少年学生有一个清晰的视野,并严守安全界线。

(二) 学会网络校园社交

研究表明:在生活中失败的青少年受网络和游戏的消极影响较大,更容易沉溺于虚拟时空。学校心理辅导教师要让他们多在现实中体验成功,让他们学会管理时间的技巧,把时间和精力主要集中到学习上去,引导他们认识独特的校园环境可以提供许多比网络社交更有益的机会,鼓励他们找一个与他们在网上所沉溺的某个领域相符的社团和组织加入。对于那些喜欢在电脑空间创作的网络使用者,辅导教师可以让他们为校报撰写一个专栏或者组建一个写作班或文学社;鼓励青少年学生去上所有该上的课,参与学校事务,并在课后与同学交谈以替代网友之间的联系。心理辅导教师要培养学生广泛的兴趣,引导学生学会正确交往。

(三) 完善网络人格

学校心理辅导教师要与青少年交流网上的活动,询问他们的上网习惯,鼓励他们理性反思自己的行为,正确认识网络和网上信息,客观理性地评价自己,矫正不良人格,加深对网上网下人际交往的认识,纠正网络人际关系认知的偏差,掌握人际交往的技巧和自我改善的方法。辅导教师应尽一切努力发掘他们的潜

能,充分发挥其主动性和内在潜力,着力克服其消极性、惰性,并将知行结合起来,提供一套激励和帮助来访者投入行动的有效方法,传授他们运用时间安排的技巧,培养替代活动,找到健康积极的办法来获得网络所提供的东西。

(四)健康网络信息内容

网络的日常管理要加强信息的检查与监控,使信息交流健康有序;安装电子邮件过滤系统,堵截反动信息的侵蚀;设立防火墙,对网上信息进行检查,防止病毒的侵袭,为校园网营造良好的氛围。学校对学生免费或者价位低廉的、毫无限制的网络使用权和上网时间进行限制,让学生能正确的使用网络;创建良好的校园文化,开展健康积极的校园科技文化活动;改善学生人格品质中的薄弱环节,为学生的健康成长营造良好的氛围。网络心理障碍的咨询干预能减少网络对个体心理的负面影响,使网络真正成为提高个体活动效率、丰富个体精神生活的有益媒介。

本章小结

生活心理辅导是学校心理辅导面临的新课题。本章阐释了青少年在班集体生活、休闲生活以及网络生活中的心理特点,分析了青少年在这些生活中暴露出的问题,提出要帮助青少年在班集体中学会合作,学会适应周围环境;在休闲生活中学会选择,学会创新;在网络生活中学会合理利用,从而建立理性的生活规范,养成良好的生活习惯,适应生活和社会的各种变化,做到健康生活、文明生活和快乐生活,养成健全的人格和优秀的个性品质。

关键词:班集体;休闲辅导;网络辅导;学会适应

第十二章 学会发展——职业心理辅导

学习目标

1. 了解职业认知、职业兴趣、职业综合实践辅导和生涯规划等基本概念。
2. 了解职业兴趣的基本价值,了解职业综合实践辅导的内容;理解职业认知、职业综合实践辅导和生涯规划的目标。
3. 掌握青少年职业心理辅导的操作策略。

人的发展既是社会提出的要求,也是人自身完善的需要。发展是一种伴随生命的连续过程,学生的发展不是自发形成的,而是在外在因素的影响下实现的一种同化或顺应的学习过程。教育部颁发的《纲要(2012年修订)》指出,在职业发展教育方面,就是帮助学生"培养职业规划意识,树立早期职业发展目标","在充分了解自己的兴趣、能力、性格、特长和社会需要的基础上,确立自己的职业志向,培养职业道德意识,进行升学、择业和就业的选择和准备",对青少年开展职业心理辅导主要包括:唤醒他们的职业生涯意识,激励他们进行职业探索和自我探索,树立职业理想,培养职业兴趣,学会初步的职业生涯规划,从而为未来的职业发展做好积极主动的准备。

第一节 职业认知辅导

职业是人们在社会生活中所从事的以获得物质报酬作为自己主要生活来源并能满足自己精神需求的、在社会分工中具有专门技能的工作。就个人而言,职业活动几乎贯穿人的一生,从早期的职业准备到退休后的职业回报,都依赖于人的职业活动。同时,职业也是社会与个人、组织与个体的结合点,通过这个结合

点的动态相关,形成了人类社会共同生活的基本结构。1999年5月《中华人民共和国职业分类大典》正式颁布,将职业分为4个层次,包括8个大类、66个中类、413个小类、1838个细类,全面、系统地反映了我国现阶段的职业分类情况。澄清职业认知是青少年学生职业生涯成长的首要条件,也是青少年学生树立职业志向、形成正确的职业观和价值观的必要条件。

一、青少年职业认知辅导概述

职业认知辅导,主要是通过理论与实践相结合的形式,增进学生对职业内涵、特征和分类等的认识,矫正错误的职业认知,树立正确的职业观的教育。在职业认知辅导中,辅导教师要帮助学生辩证理解职业的经济特征、社会特征和技术特征,澄清生活中片面的感性认识,矫正因生活中不良影响和不当归因导致的错误的职业认知和判断,树立正确的职业观。

(一)青少年职业认知的特征与意义

青少年不良的职业认知主要表现为:表面认识多于内涵认识,他们最初获得的职业概念主要来源于身边人物或影视媒体宣传的职业形象,更多关注其光鲜的外表、显赫的社会地位和可观的经济回报,认知主观成分较多。在认知的初期,青少年凭借较少的信息,就表现出接受或拒绝某一职业的态度:崇尚个性多于社会价值;注重职业的报酬而忽略职业的付出及其对个人素质的要求;被动的认识多于主动的探索等。错误的职业认知,往往是青少年职业成长困扰的根源,甚至是健康人格形成的障碍因素。

正确的职业认知对青少年身心健康发展、职业潜能开发和职业基本素质培养都有积极的意义。当青少年清晰地认识了职业的基本内涵、职业对个人的素质要求以及职业对个人和社会的价值所在,从而在平时的学习和生活中,以职业发展为导向,有意识、有目标地开展学习与实践,日积月累,其相应的职业潜能就能得以开发,基本的职业素质和职业价值观也将逐渐形成,为未来的职业发展奠定基础。

(二)青少年职业认知辅导目标

从青少年时期开始,学生就可以接受全面的职业认知辅导。但由于这一阶段学生年龄跨度大,心理发展较快,因此开展职业认知辅导应考虑学生的发展差异,设计有针对性的辅导目标。

1. 小学高年级学生职业认知辅导目标

萨帕将个人生涯发展的最早阶段称为幻想阶段,大约是4~11岁。这个时候的学生对未来职业的幻想主要是源自他们对父母亲职业的认识。之后,他们心目中所认同的偶像逐渐产生较大的影响力,会期望自己与认同的偶像一样,如影视明星、教师、医生和明星球员等。这一阶段,学生的职业认知辅导目标主要包括以下几点。

(1) 增加生活经验,增进个人对职业世界的认识。从学生平常所接触的职业开始做探索,这些职业可以与学生的饮食起居和所接触的最亲近的人相联系,引导学生对职业做最初步的认识,激发他们探究的好奇心。

(2) 体会工作的重要意义。能将目前学习的知识、科目与未来的工作做初步的联系。

(3) 培养正确的工作态度和劳动习惯。利用适当的机会,让学生了解职业的权利及其应负的责任。

(4) 培养对各行各业劳动者的尊重与热爱,懂得平凡劳动的社会价值。开展情境化的、较具体的教育,让学生理解职业的社会价值,并学会感恩和尊重身边的从业人员。

(5) 学习初步的分析与决定。决策能力是重要的职业能力之一。应该培养学生从身边的事出发,学习初步的分析与决断,体验尝试作决定的自信和胜任感。

2. 初中生职业认知辅导目标

根据萨帕的生涯发展理论,中学阶段学生主要处于兴趣阶段和能力初级阶段。随着他们认知的发展和经验的增加,初中生有能力将幻想的事物落实到实际生活中来,而且在追寻自我的过程中,会尝试去发现自己的兴趣,并拟订计划达到目标。因此,初中生职业认知辅导的重点是职业探索及计划。对于初三学生,则要学会正确认识升学与择业。辅导目标主要表现如下。

(1) 指导学生了解不同职业的本质及其对社会的贡献和重要性,了解不同职业对从业者知识和能力等方面的要求。

(2) 树立正确的职业观。树立"劳动神圣""职业无贵贱"和"行行出状元"等观念,纠正对职业的错误认识。

(3) 学会从不同途径收集职业信息。要学会广泛收集信息,包括专门的书籍、出版物、网络资源、职业辅导机构提供的职业资料分析,以及职业人物访谈资料等。

(4) 学会探究不同职业的工作情况、工作流程、产品及其要求掌握的特殊技能。学会从身边熟悉人物的职业开始,逐渐深入职业世界开展调查和访谈,了解职业基本信息。

(5) 学习科学认识第一次分流。对初中生来说,初中毕业面临着人生中第一次大的分流,他们中有部分学生直接就业,大多数学生面临高一级学校和专业的选择。应指导他们在广泛了解学校、专业的基础上,兼听老师和家长的意见,

做出适合自己的明智选择。

3. 高中生职业认知辅导目标

高中阶段是要做许多决定的阶段,如文理分科的决定、升学和就业的决定等。青少年准备就业,就将面临行业、职位的抉择;而准备升学,就会面临填报志愿、选择专业的问题。因此有人称高中为"现实阶段"或"抉择阶段"。在这一阶段职业认知辅导的重点如下:

(1) 认识职业世界。对职业的发展前景、就业与职业训练资源以及工作机会都能有深刻的认识或体会。

(2) 评估环境因素。即对现阶段政治、经济、劳动条件、社会与文化因素都能有较深入的了解。

(3) 确认自我的职业价值观。能认识职业对个人发展的重要性,并且了解自我的价值体系,在专业人员的辅导下,形成较正确的、符合社会主流价值体系的价值观念。

(4) 收集有关学校和专业信息,掌握填报志愿的策略和技巧。指导学生通过多种途径,如阅读专业介绍资料,参观学校,专家、校友讲座或访谈等广泛收集学校和专业信息。在此基础上,介绍相关决策技巧,指导学生做出科学、合理的抉择。

(5) 提升就业决策能力。在指导学生广泛收集职业信息和全面了解自己的基础上,开展决策技能培训、面试技巧培训等。

(三) 职业认知辅导的基本内容与形式

在这里,职业认知辅导主要从学生探索、实践的角度出发,阐述基本内容与形式。

1. 职业认知辅导的基本内容

在了解职业内涵和分类的基础上,教师应指导学生对具体的职业做实际的探索和剖析,以期加深对职业的感性认识。

职位是职业的具体落脚点。求职时考虑的是职业,寻找的是职位。同一个职业,即使在同一单位,由于其所承担的工作职责和任务的差异,职位也就不同。对职业职位的探索,可以从以下三方面着手。

(1) 探索入职要求。包括从业者自身的基本素质条件,教育程度要求,技能资格要求,从业者的性格、能力等心理素质的要求等。

(2) 探索工作实况。即在某个职业职位中要求做什么、怎么做、怎么评估等,包括对工作内容、工作强度、工作环境和工作控制等的探索。其中工作内容探索包括对工作对象、任务、责任及过程的了解,是职位探索的关键。

(3) 探索工作回报。即通过工作可以获得的报酬及相应的心理感受。工作给人带来的不完全是物质收入,还有很多心理感受与情感体验,具体包括薪酬福利、个人发展、社会资源和工作满意感等。

职位探索可以帮助学生多角度、多方面地分析职业,而且可以教给学生一种分析方法。这在以后的职业选择中也非常实用。

2. 职业认知辅导的基本形式

（1）课程教学

一般而言,职业心理辅导课程有三类:一是由专职教师组织的专门活动课程;二是由任课教师组织的学科渗透课程;三是由班主任组织的班级活动。三类课程都要突出活动和实践的特色,以增进学生的体验和感悟,促进他们心灵的成长。主要的课程教学方法有:一是讲授法。通过教师的讲解,传授有关职业的内涵、分类和要求等基础知识,可以借助职业名人故事给学生树立学习的榜样,也可以借助影视作品、艺术作品等增加学生的感性认识,陶冶情操。二是主题讨论法。教师针对学生所关心的、感到困惑的或者错误的认识主题,精心设计课堂活动,在学生积极讨论,甚至辩论中,引导学生深入思考,帮助学生转变非理性的观念,澄清认识。三是角色扮演法。职业心理辅导中角色扮演主要是模拟某些职业形象,以其职业角色进行工作场景模拟,人际交往模拟或者是生活闲暇模拟等。通过角色扮演,能增加对某一职业的理解,体验职业的成就感,培养职业兴趣。

（2）咨询与辅导

个别辅导主要是针对有特殊需要的个体进行心理咨询或教育。团体辅导则是在团体领导者的带领下,团体成员围绕某一共同关心的问题,通过一定的团体活动与人际互动,相互启迪,相互分享,进而形成新的观念、态度或行为。职业认知心理的团体辅导活动主要有绘制生命线、职业辨析、职业畅想、价值拍卖、人才招聘和职业明星分析会等。

（3）实践探索活动

此类活动主要包括:一是参观访问。目的在于使学生有机会去看、听、嗅、触他们将来可能从事的职业与工作环境。要注意事先安排参观访问的程序,详拟访问提纲,规定学生参观访问时的注意事项。二是讲座或座谈。可以邀请校外人士来校与学生座谈交流,回答学生所提出的问题。座谈或讲座的优点是能直接与最新最原始的资料接触,使学生了解某些职业的情况、要求和条件、职业的意义与价值和就业的心理准备等。邀请的校外人士可以是厂商代表、人才招聘部门或专门的职业辅导机构工作人员、专家学者、毕业校友、青年创业的成功者等。三是人物访谈。为了获取职场信息,通过与自己感兴趣职业的从业者会谈,了解相关职业、职位的实际工作情况。生涯人物访谈,对于学生而言,可以更多

地了解到职场人士对职业的内心感受,更真实地了解到职业对从业者的素质要求并接受鼓励。

开展一次成功的生涯人物访谈辅导,须做好以下工作:指导学生遴选偏好职业,确认合适的访谈对象,指导学生礼貌约定访谈对象,和学生一起制订访谈提纲,做好访谈交流与总结工作。

二、职业认知辅导策略

策略是目标的具体化,也是实践的准绳。在职业认知辅导中,要综合考虑目标的分解、内容的选择、过程的调控和辅导力量的整合。

(一)注重辅导目标的系统性

1. 考虑学生的心理发展特点

由于辅导对象年龄跨距较大,心理发展水平差异也较大,因此在辅导目标上要兼顾学生的心理差异,区分不同阶段学生的职业辅导目标。对处于职业认知幻想阶段的小学生,辅导应侧重于职业感性认识,对处于职业兴趣阶段和能力初级阶段的初中学生,辅导应侧重于通过活动和实践增加对职业的较深层次的认识,而对于心理和生理都较成熟且处于要面临许多抉择的高中学生而言,辅导应侧重于通过实践和理性学习,增强其对职业较深层次的理解,树立正确的职业观。

2. 注重内容的体系化

贯穿整个中小学阶段的职业认知内容应该是一个循序渐进的整体,而不应该人为割裂或者无意义重复。因此,在职业辅导上,中小学教育应该通力合作,共同研究,制定不同学段、不同年级的职业辅导内容。

3. 兼顾学生认知、情意和操作的全面发展

随着学生的不断成长,其心理的发展也是全面进行的,因此职业认知辅导也应涵盖学生的认知、情意和操作等方面。通过辅导,学生对职业不仅有全面而深刻的认识,还会进行职业探索实践,在活动与认知过程中,提升职业观和价值观,培养职业情感。

4. 注意随着年级的升高,目标逐渐深化

目标逐渐深化,主要表现为职业认知由具体向抽象发展,认知逐渐由知识向观念转变;职业情感由外在形象美的体验向道德感发展,最终能体验到任何职业所包含的职业精髓,即职业价值、职业精神和职业道德;职业探索活动也是逐渐由简单向复杂发展,探索范围逐渐扩大,探索内容逐渐深化。

(二)注重辅导内容的趣味性

辅导主题、辅导所借助的材料要符合辅导目标的要求和学生的心理特点。

因此，辅导教师在选择材料时，要注意材料的经典性、新颖性和冲突性。

1. **材料的经典性**

经典的材料一般具有较强的教育价值，在编写辅导内容时要首先予以考虑。但由于经典材料普及性较好，也许是学生耳熟能详的人物形象或事件，因此辅导教师要善于用新的视角或方式来展现，使学生产生耳目一新的感觉。

2. **材料的新颖性**

辅导教师要做个有心人，平时注意收集相关媒体报道的新闻时事，从职业明星到渎职、失职人员，从职业事实的陈述、信息的统计到专家评论等都是较佳的辅导材料。这些材料既能满足学生的好奇心，又能引导学生从正确的视角看社会，用积极的观点评论事件。

3. **材料的冲突性**

材料的冲突性更能鉴定学生的认知水平和观念状态。在辅导内容的选择上，要注意收集相互间矛盾的材料，或者与学生已有的认知、社会舆论倾向相悖的材料等，在对矛盾材料辨析、冲突问题解决的过程中，加速学生对职业的认知发展。

（三）注重辅导形式的生动性

虽然职业认知的辅导形式各有差别，但要使辅导取得成效，必须强调学生的主体性、活动的情境性和触发性。

1. **强调学生的主体性**

学生是活动的教育对象，更是活动主体。无论是穿越时空的角色扮演，还是真实职业中的人物访谈，都需要全身心的投入，充分发挥他们的聪明才智和丰富的想象，以期出色完成任务。

2. **辅导的情境性**

辅导活动的情境包括模拟情境和真实的职业情境。模拟情境主要通过视听材料、服装道具和设备等创设；而真实情境则是各种职业的真实工作环境，学生可以有组织地进行参观、访谈或是实习。辅导情境的创设，可以增强学生活动的真实感，激励活动的兴趣。

3. **辅导的触发性**

任何活动只有触发到学生内心的真情实感，才算是有效的活动。因此，在设计活动时，场面的热烈程度和学生的兴奋程度不是辅导的最终目标，而真正衡量活动成功程度的是能在多大程度上启发学生有所感悟，有所触动。

（四）注重辅导者的合作性

学校的每一位教师都是职业认知的辅导者。学校教师从三个层面上进行分工合作：决策层面上，主要负责宏观管理，做好顶层设计；管理层面上，主要负责

活动的规划,做好各部门的统筹;操作层面上,主要负责活动的实施和全程管理。

在各个层面上,教师们要做到互相沟通,共同决策。如职业辅导专职教师、其他学科任课教师,以及班主任、后勤服务人员,都要将职业辅导与自己的工作任务密切联系,共同建构职业认知辅导网络,发挥潜移默化的影响作用。

学校要充分发挥校外专家和学生家长的作用,可以聘请各行业知名人士,包括劳动模范、优秀校友或学生家长作为职业辅导顾问,定期给学生开展职业认知辅导活动,与学校教育相辅相成、相得益彰。

第二节 职业兴趣心理辅导

中小学阶段是一个人的兴趣从幻想走向真实,从有趣、乐趣走向志趣的关键时期。激发和培养职业兴趣,是引导和促进学生发展的最佳切入点之一。

一、职业兴趣概述

兴趣是最好的老师。当个人对某事物有兴趣时,会对它产生特别的注意力,对该事物感知敏锐、记忆牢固、思维活跃、情感浓厚、意志坚强。兴趣是人们活动的重要动力之一,是活动成功的重要条件。职业兴趣是指人们对某种职业活动具有的比较稳定而持久的心理倾向。它是一个人探究某种职业或从事某种职业活动所表现出来的特殊个性倾向,它使个人对某种职业给予优先的注意,并具有向往的情感。由于兴趣爱好不同,人的职业兴趣也有很大的差异。职业兴趣对职业选择和职业发展都有一定的影响。

(一)职业兴趣的理论模型

兴趣的发展一般经历有趣、乐趣和志趣三阶段。对于职业活动,往往从有趣的选择,逐渐产生工作乐趣,进而与奋斗目标和工作志向相结合,发展成为志趣,表现出方向性和意志性的特点,使人坚定地追求某种职业,并为之尽心尽力。

美国心理学家、职业指导专家霍兰德(Holland)提出了广为人知的职业兴趣六边形模型。其职业理论的核心假设是人可以分为六大类,即现实型、研究型、艺术型、社会型、企业型和传统型。职业也可以分成相应的同样名称的六大类,兴趣与职业的匹配是形成职业满意度、成就感的基础。霍兰德职业兴趣测量表由两个部分组成:评价手册和职业分类表。其基本思想是先测定学生的兴趣特性,然后对照职业分类表,查找出相对应的职业。

当前,青少年学生有着丰富而广泛的兴趣,但对职业的关注不够,且对自我职业兴趣的判断主观性比较突出。青少年有着广泛的兴趣爱好,主要包括运动类、艺术类、益智类和网络信息技术类等,这些兴趣有可能会发展成为职业兴趣。但其最主要的出发点还是益智健身、陶冶情操、掌握基本的信息技术等。而对于职业兴趣的辅导,应强调以职业为导向,在增进职业认知、开展职业探究的同时,培养并发展职业兴趣、开发职业潜能等。

(二) 职业兴趣对个人发展的价值

职业兴趣对青少年的学习、生活乃至今后的人生都有着积极的引导意义,具体表现如下:

1. 引领发展方向

学生通过职业兴趣的探索,了解职业对人格类型的诉求,从而在向目标职业群靠近的同时,能相应地塑造自己的人格类型,以符合自己理想职业的要求。因此,职业兴趣清晰明了,能引领学生的发展方向,缩短探索进程。

2. 增强发展动力

兴趣是一种具有浓厚情感的活动,它可以使人集中精力去获得知识,并创造性地完成当前的活动。著名学者丁肇中教授曾深有感触地说:"任何科学研究,最重要的是要看对自己所从事的工作有没有兴趣……比如搞物理实验,因为我有兴趣,我可以两天两夜、甚至三天三夜在实验室里,守在仪器旁,我急切地希望发现我所要探索的东西。"正是兴趣和事业心推动了他所从事的科研工作,并获得巨大的成功。

3. 拓展兴趣范围

通过职业兴趣的测量和辅导,学生不仅可以证实已有的兴趣,还会发现新的潜能,从而进行相应的信息收集和职业探索、培养新的职业兴趣、拓展兴趣的范围、促进职业兴趣的发展。

4. 提升活动效率

兴趣会促使人深入钻研、创造性地工作和学习。就青少年来说,对一门课程感兴趣,会促使他刻苦钻研,并且进行创造性的思考,从而大大改善学习方法,提高学习效率和成绩。

二、职业兴趣辅导策略

职业兴趣辅导的目的主要是帮助学生理解职业兴趣的内涵、分类及其对个人生涯发展的重要意义和价值,理解职业兴趣与职业、专业和学科的关系;会科学测量、分析自己的职业兴趣,能通过职业探索,培养职业兴趣;会科学制订职业兴趣发展计划。

（一）职业兴趣测量

霍兰德理论及其测评提供了理解和识别兴趣的一个非常好的视角，让青少年能从自身出发，同时也与环境联系起来考虑自己的职业发展。但辅导教师在对待测评结果的解释上，一定要专业，以免产生误解。

1. 指导学生正确认识兴趣与职业的关系

很少有人兴趣仅限于某一类型，大多是六种类型的综合；任何活动或职业也很少属于单一类型的，不同类型的人干同一工作能形成不同特色。因此，兴趣与职业类型的结合，只是一种偏好或倾向，而非一种限制或标签。如现实型的人只是从事现实型的工作会更顺畅，但并不表示他只能从事现实型工作，也不能排斥工作中与他人交往与合作。只是与他人交往相比，他更喜欢和机器物件打交道而已。

2. 多种途径综合评估职业兴趣

测评学生职业兴趣的途径和方法除问卷测试外，还可以通过活动观察、他人评价、活动结果考量和自我评价等方法综合评估。因此，对于测试结果要联系实际反复思考，尤其是当测试结果与实际感觉不符时，一定要通盘考虑，做出合理解释，不可盲信测试。

3. 测评的目标是促进学生职业兴趣的发展

测评可以验证、挖掘学生的职业兴趣，拓展兴趣范围，而不是贴标签、下定论限制学生的发展。

（二）职业兴趣培养与发展

中小学阶段是学生的职业兴趣由幻想走向真实，并且由兴趣向能力发展的关键时期。因此，职业心理辅导应该注重培养学生的职业兴趣，并且促使其在实践中培养相关能力。

1. 在活动中激发学生的好奇心、好胜心

任何兴趣都离不开好奇心和好胜心的推动，因此满足学生对事物的好奇和好胜的心理需求就成了打开学生兴趣大门的钥匙，职业兴趣也不例外。辅导者在组织活动时，要刻意设计活动的相应环节，或者布置有挑战性、探究性的任务。

2. 设计系列活动，为学生搭建实践的舞台

只有通过职业实践，才能对职业产生深刻的认识和了解，才能激发青少年的职业兴趣。职业实践活动内容十分丰富，在学校与社会的合作下，在教师的精心组织和安排下，学生通过见习、社会调查、参观访问以及组织兴趣小组等形式去了解职业。尤其寒暑假，是学生深入了解职业、培养职业兴趣的最佳时机。

3. 注意培养学生与职业兴趣相应的能力

职业兴趣一般会随着学生投入的程度而发展。教师应该为学生设计系统而

全面的激励职业兴趣的活动,辅导学生规划对感兴趣职业的探索进程,同时,还应科学分析与职业兴趣对应的能力类型,以促使学生由有趣向乐趣进而向志趣发展。

4. 为学生提供展示的平台

定期展示学生职业兴趣探索的成果,客观评价,并给予表扬和奖励。在展示和反馈中,让学生相互交流学习,相互激励,从而在职业兴趣道路上继续探索、实践。

青少年职业兴趣的培养,不仅可以培养学生对某一职业的兴趣,而且强调在职业探索和职业体验的过程中,锻炼学生获取信息的能力,分析问题、解决问题的能力,与人沟通的能力,积极的态度和主动的精神。这些综合素质的培养,将为学生未来的职业发展奠定良好的基础。

第三节 职业综合实践辅导

在新的基础教育课程体系中,作为一种实践课程,综合实践活动以活动为主要形式,强调学生亲身经历,在实践中解决问题,体验和感受生活,发展实践能力和创新能力。而以职业为主题的综合实践活动,则是放眼于学生未来发展,立足于潜能挖掘的独特选择。

一、职业综合实践概述

综合实践活动是《九年制义务教育课程计划(试验稿)》所规定的必修课程,自3年级开始设置。综合实践活动既满足了学生个性发展的需要,又适应了社会发展的需求。

(一) 综合实践活动概述

1. 综合实践活动的性质

综合实践活动是基于学生的直接经验,密切联系学生自身生活和社会生活,体现对知识的综合运用的实践性课程。在新的基础教育课程体系中,综合实践活动具有自己独特的功能和价值。与其他学科课程相比,综合实践活动具有如下特性:其活动过程更具有实践性、开放性,学生更具有自主性,结果更强调建构性和生成性。

因此,在综合实践活动中,教师是活动的辅导者,引领学生自主探究并有效

组织活动。学生是活动的主体,他们自主选择、主动参与感兴趣的领域进行探索,并亲身体验、积极实践,发展自己的创新精神和实践能力,实现思维模式、价值观和个性的积极发展。

2. 综合实践活动的内容范围

《基础教育课程改革纲要》规定:从小学至高中设置综合实践活动并作为必修课程,其内容主要包括信息技术教育、研究性学习、社区服务与社会实践,劳动与技术教育。强调学生通过实践,增强探究和创新意识,学习科学研究的方法,发展综合运用知识的能力;增进学校与社会的密切联系,培养学生的社会责任感;在课程的实施过程中,加强信息技术教育,培养学生利用信息技术的意识和能力;了解必要的通用技术和职业分工,形成初步技术能力。

"研究性学习"、"社区服务与社会实践"、"信息技术教育"和"劳动与技术教育"是国家为了帮助学校更好地落实综合实践活动而特别指定的几个领域,而非综合实践活动内容的全部。四大指定领域在逻辑上不是并列的关系,更不是相互割裂的关系。"研究性学习"作为综合实践活动的基础,倡导探究的学习方式,这一方式渗透于综合、实践活动的全部内容之中。另一方面,"社区服务与社会实践"、"信息技术教育"、"劳动与技术教育"则是"研究性学习"探究的重要内容。因此,在实践过程中,四大指定领域是以融合的形态呈现的。

除上述指定领域以外,综合实践活动还包括大量非指定领域,如班团队活动、学校传统活动、学生同伴间的交往活动、学生个人或群体的心理健康活动等等。这些活动在开展过程中可与综合实践活动的指定领域相结合,也可以单独开设,但课程目标的指向是一致的。总之,指定领域与非指定领域互为补充,共同构成内容丰富、形式多样的综合实践活动。

(二) 综合实践活动与职业心理辅导的结合

综合实践活动与职业心理辅导在培养目标、活动内容、活动领域和过程组织上都有相通和融合之处。

1. 培养目标一致

综合实践活动的总目标是密切学生与生活的联系,推进学生对自然、社会和自我之内在联系的整体认识与体验,发展学生的创新能力、实践能力以及良好的个性品质,主要涉及个人与自我、他人和环境等三个领域,涵盖了学生创新能力、实践能力以及良好的个性品质等素质的养成。这与职业心理辅导目标一致,后者是前者在职业主题上的具体体现。

2. 内容范围一致

综合实践活动课程的信息技术教育、社会实践与社区服务以及劳动技术教育都是很好的职业教育主题和形式。例如,在信息技术教育中,可以专门开设有关职业生涯规划教育的内容,对学生提出利用互联网进行职业世界探索的要求。学生利用网络可以进行以下职业探索:借助职业介绍类网站了解不同行业、未来职场走向以及职业准备;根据网页,引导学生了解某行业内的具体工作,包括工作条件、工作前景和进入这一行业的知识与能力要求;可以了解大学专业,包括对该专业毕业生可能从事职业的具体描述,以及技能的要求;还可以通过网络测量个人的兴趣和能力倾向等;有的网站还会提供关于简历制作、面试、找工作和个人独立生活的指导。同时,社会实践和社区服务,劳动与技术教育更是职业心理辅导的有效抓手和活动舞台。此外,综合实践活动与职业心理辅导在综合管理、组织实施和结果评价上都有很多相同之处。因此,将两者有机结合、创设职业主题的综合实践活动是必然的,也是可为的。

二、典型的职业综合实践活动

在新课程改革背景下,各地区各学校都结合自身特色与地区资源,尝试开展有特色的综合实践活动。体现职业特色的活动主要有两类,归纳为"请进来"和"走出去"。"请进来"的人物主要有社会知名人士、大学教授、企业精英和劳模等;"走出去"的领域主要有政府机关、高等学校、企业单位、科研机构、博物馆、工厂和农村等。这里主要介绍一些典型活动。

1. 职业日

就是在选定的"职业日"那天,校方请各行各业的相关人士到学校来给学生介绍各自的工作,走进校园的有律师、医生、营销员、警察、运动员和作家等,他们将亲自示范平时所做的工作,讲授如何培养职业兴趣,并介绍当下的学校与未来职业结合的经验和方法,与青少年分享工作的心得体会。这种面对面的交流,最能启发学生思考,激发他们职业探索的热情,并解决他们对职业的困惑与迷茫,拓宽视野。

2. 带孩子上班日

"带孩子上班日"是带领孩子探索真实的职业世界。这一天,家长可以带领孩子去上班,让孩子了解父母的职业,体验任何一个岗位都是社会必需的,都是值得尊重的。这是一个亲子沟通日,企业的员工关爱日,但更是职业体验日,可以引导孩子自主地去认识父母工作的环境、工作内容与流程,开展职业启蒙与职业规划教育。

3. 职业体验

职业体验就是为青少年提供高仿真设施、道具和模拟场地,在专业老师的指导下,能够在不同职业体验主题中扮演各行业成人职业角色,在玩乐中培养职业理想,规划自己的未来。青少年职业体验馆在中国开业至今,已经被越来越多的

消费者、教育专家所认可。而职业体验馆也不再是单纯的仅供体验的娱乐场所，而是被赋予了越来越多的素质成长教育的重任，寄寓着政府、学校和家长的更多厚望。

4. 职业文化节

校园文化主要是通过开展丰富多彩的校园文化活动，发挥校园文化的育人功能，创造有利于学生健康成长的校园氛围，促进学生全面发展。目前校园文化节中，科技节、体育节和艺术节已经非常普遍，而以职业为主题的文化节还在探索实践中，主要有以下几种：

（1）专题讲座。主要是通过"讲师"适当的讲解，向学生传授有关职业生涯的知识，以增进职业认知，了解有关职业生涯的必备知识和技能。"讲师"的人选涵盖了学校辅导人员、校友、社会知名人士、大学教授、企业精英等。专题讲座的内容有高考志愿填报方法、志愿专业前景分析、大学生活展望、社会职业种类、求职与面试技巧、职业与人生等。专题讲座主要是增进学生的职业认知，拓展视野，并答疑解惑。

（2）表现类活动。此类活动主要是通过视觉艺术作品创作，参与性的戏剧表演等喜闻乐见的形式，刺激视听，增加学生的职业情感体验。此类活动形式主要有拍摄DV、制作flash、动漫、摄影绘画、职业形象设计和职业情境模拟等。

（3）宣传类活动。此类活动主要是展示职业探索成果，分享职业认知与体验，如职业特征介绍，职业人物介绍等。

（4）竞赛类活动。主要通过演讲比赛、辩论赛、歌咏比赛和征文比赛等形式，满足学生好胜心理，激励学生的成就感、自豪感。

三、开展职业综合实践活动辅导策略

职业综合实践活动是一项系统工程，要充分整合校内外资源，通力合作，营造良好的实践环境。

（一）充分整合社会资源，调动社会各界的广泛支持

政府在提供政策、法律保障和财力支持的同时，还要做好社会资源的统筹与整合。由政府出面，把能作为综合实践活动的社会资源进行整合，开辟博物馆、工厂和农村等场所作为学校的实践基地，供所有学校参观和实践。

学校要密切加强与企事业单位的合作。这样不仅可以为学生提供开展考察与实践的机会和场所，而且能请职业人士到学校进行辅导。

学校还要争取周边社区的支持配合。社区能为学生提供锻炼的舞台，学习的榜样和宣传的窗口。当然，家庭也是学校综合实践活动的有力支撑。

（二）学校内部通力合作

学校各层面要分工合作，决策层面要总揽全局，做好顶层设计；管理层面要做好部门分工和活动总体规划；操作层面要保证活动的高效开展。教学部门和管理服务部门要密切配合，专业教师和其他课程教师间也要互相沟通、互相支持。

（三）设计富有吸引力的特色活动

综合实践活动课的活动内容完全开放，考核方式比较宽松，这就给活动组织带来困难。因此，增加课程的吸引力就成了活动开展的重中之重。教师在活动主题的设计上要紧扣学生的心理需求，关注他们的兴趣点、疑惑点，采用新颖、独特的方式开展活动。

第四节 职业生涯规划辅导

对于青少年而言，职业生涯规划辅导主要是帮助他们树立规划意识，确立理想的职业目标，掌握具体的决策和规划方法。

一、职业生涯规划概述

职业生涯规划，是指个人依据职业生涯发展的主客观条件及制约因素，对已经确认的职业起点，结合职业生涯发展的阶段，提出相应的职业生涯发展目标，拟订实现目标的工作、教育、培训计划和行动方案，并赋予确定的时间期限，采取必要的行动实现职业生涯目标的过程。对于青少年而言，职业生涯规划主要是指以职业为导向，重在生涯的觉醒、职业兴趣和相应能力的培养，是广泛意义上的职业生涯规划，是一种预备教育和初步的演练。

（一）青少年生涯规划阶段与问题

美国职业指导专家金斯伯格（Ginzberg，1951）对青少年职业选择的过程与问题作了深入的研究，他认为职业在个人生活中是一个连续的、长期的发展过程，并把它分成三个阶段，即幻想阶段、尝试阶段和现实阶段。11岁以前是幻想阶段，处于该阶段的儿童希望快点长大，憧憬引人注目、令人激动的理想化职业。这种职业幻想情感色彩很浓，带有很大的冲动性和盲目性，十分不稳定。11～17岁属于尝试阶段，此时起，随着心理和生理的快速成长和变化，个体开始思考今后的职业和自己所面临的任务，并确立奋斗目标。这个阶段又包括兴趣、能力、

价值观起主导作用的三个时期。17岁以后属于现实阶段,如果说上一阶段还是主观因素占主导地位,那么这一阶段则更注重现实,力求主观因素与客观因素协调统一。金斯伯格的职业发展论,事实上是前期职业生涯发展的不同阶段,也就是说,是初就业前人们职业意识或职业追求的变化发展过程。

青少年职业生涯规划的主要问题表现如下:

1. 规划意识不清晰,主观能动性不强

当问及有些青少年对职业生涯规划的理解时,许多学生都说听说过,但却没有认真考虑过。要不认为为时尚早,或者认为这些问题不用自己考虑,父母会一手操办。对于毕业后去向问题,很少考虑个人兴趣,而完全由学业水平决定。

2. 职业价值取向单一

由于对职业世界的探讨不足,许多学生在对职业的价值评价时,对职业的物质回报期望较大,对职业成功的标准比较单一,他们比较重视经济回报、社会地位和工作轻松程度。

3. 缺乏系统的职业生涯教育

学生主要是通过零星的家庭教育和媒体的宣传报道学习职业生涯规划。学校缺少系统的职业生涯规划教育,培养目标中缺乏相关要求,教育内容中没有系统的体系,在实践活动中也缺少明显的生涯特色。

(二)青少年职业生涯规划辅导目标

职业生涯规划辅导是辅导人员有计划地提供各种有助于增进学生整体生涯发展的教育活动,协助学生自我探索、职业探索、初步决策、拟定生涯目标和路线,以促进学生生涯意识的觉醒和潜能开发。

青少年职业生涯规划辅导目标主要有:指导学生理解生涯、职业生涯和职业生涯规划的基本内涵;了解自己的职业兴趣、职业能力、职业价值和人格特质等;能全面了解职业信息、认知职业世界,了解学校的其他课程培养目标与职业素质要求之间的关系;指导学生有兴趣开展自我探索、生涯探索;积极、科学面对每一次的分流与路线选择;指导学生掌握基础的自我探索、生涯探索和生涯决策的基本技术;能将生涯规划的过程类化应用于学习和生活中的其他事件。

二、职业生涯规划辅导策略

对青少年开展职业生涯规划辅导,主要侧重两个方面,即生涯目标辅导和分流辅导。

(一)生涯目标辅导策略

在职业生涯目标辅导时,要将社会需要和个人特点有机结合,既要考虑国家和社会的需求,也要考虑个人的特点和优势,要选择与自身长处相符或相近的目标。同时，在辅导中还要注意将近期目标和长远目标有机结合，职业目标要高远但不能好高骛远，目标幅度不宜过宽，以便产生聚焦的作用。

（二）分流辅导策略

中学六年，学生面临两次大的分流，分别在初中毕业和高中毕业时段。帮助学生合理分流，是学生在职业决策时要面临的重要抉择。在辅导中要注意以下方面：

第一，以对职业、专业的了解为基础。无论是升学还是就业，都要建立在充分了解职业或专业基本信息的基础之上，才能做出合适的选择。

第二，以对自己的了解为依据。通过多种途径全方位了解自己，准确把握自己的兴趣和潜能所在，从而做出"择己所爱"与"择己所长"的合理选择。

第三，以学生为主体。父母和老师的建议只是参考，目的是启发学生多角度考虑问题，从而自主自觉，做出理智的选择。

本章小结

人的发展既是社会提出的要求，也是人自身完善的需要。对青少年开展职业心理辅导，应唤醒他们的职业生涯意识，激励他们进行职业探索和自我探索，树立职业理想，培养职业兴趣，学会初步的职业生涯规划，从而为未来的发展做积极主动的准备。本章主要探讨青少年职业认知辅导、职业兴趣辅导、职业综合实践活动和职业生涯规划辅导。其中，职业认知辅导和职业兴趣辅导是基础，职业综合实践活动和职业生涯规划是关键，职业综合实践活动强调过程的体验和感悟，职业生涯规划辅导重在整体的设计与过程的把控。四个方面相辅相成，促进学生学会自主全面和谐发展。

关键词：学会发展；职业认知辅导；职业兴趣辅导；职业实践活动；职业生涯规划

第十三章 学会实践——技能心理辅导

学习目标

1. 了解青少年操作技能形成的心理过程与特征;
2. 理解青少年操作技能练习及错误操作技能矫正的心理技术;
3. 掌握青少年技能竞赛心理辅导的基本策略。

青少年学生实践能力的培养,不仅是学校教育教学改革的核心内容,同时也是心理健康教育的主要任务,体现在《纲要(2012年修订)》中,就是要培养"身心健康,具有社会责任感、创新精神和实践能力的德智体美全面发展的社会主义建设者和接班人"。尽管实践活动的形式历经变革[1],实践能力的含义也已超越了一般动手能力、操作能力的范畴[2],但是毫无疑问,动手能力、操作能力作为"专项实践能力"[3]的一种,是青少年的重要素质。积极引导青少年参加技能竞赛是充分展示其实践能力的重要途径与形式。以青少年技能竞赛为切入点,拓展心理辅导的实施途径,促进青少年实践能力和创新能力的全面提升,是学校心理辅导的重要任务。

第一节 技能形成的心理特征

操作技能作为青少年实践能力的重要组成部分,其形成遵循特有的规律。把握操作技能本身的性质、特点及其形成的心理过程,是做好技能心理辅导的

---

[1] 李宏欣.对新时期我国培养中小学生实践能力问题的回顾[J].教育科学,2005,21(2):6-7.
[2] 吴志华.中小学学生实践能力培养:存在的问题及解决策略[J].教育科学,2006,22(5):32-35.
[3] 刘磊,傅维利.实践能力:含义、结构及培养对策[J].教育科学,2005,21(2):1-5.

前提。

一、操作技能概述

操作技能也称为运动技能或动作技能,是指由一系列外部动作以合理、完善的方式组成的操作活动,主要借助于骨骼肌的运动和与之相应的神经系统部分的活动而实现的对器械的操作或外显的肌肉反应。作为实践能力的一种,操作技能有其自身的特点。

(一)操作技能的特点

操作技能不同于人的先天的本能反射活动,是通过后天有意识、有目的的练习而形成的,是一种习得的能力。操作技能主要具有以下特点[1]:一是客观性,操作技能的实施对象总是物质性的客体或是肌肉,而非内隐的观念;二是精确性,即操作技能在动作的速度、力量、结构等方面具有相应的规范标准,而非动作的任意为之;三是协调性,一系列的动作成分构成了某一具体的操作技能,这些动作成分彼此之间互不干扰,运行时遵循一定的方式和顺序;四是适应性,即能够应对各种变化的条件,表现出稳定性与灵活性的有效结合。

(二)操作技能的类型

操作技能的类型有多种,按照不同的分类标准主要包括以下几种:

1. 精细操作技能与粗放操作技能

按照技能操作时参与的肌肉类型的不同,操作技能可分为精细操作技能与粗放操作技能。精细操作技能是指以小肌肉群的活动为主的技能,通过手、眼、脚等的协调配合,在比较狭窄的空间领域来完成操作活动,具有细微、精巧等特点,例如织毛衣、打字等。粗放操作技能主要依靠大肌肉群的活动来完成,需要动员整个身体协调运动,例如游泳、踢球等。

2. 连续性操作技能与非连续性操作技能

根据操作技能是否具有连贯性,可将操作技能分为连续性操作技能与非连续性操作技能。连续性操作技能由一系列连贯的、不间断的动作序列组成,动作之间没有明显的开端和重点,且一般持续时间较长,若无人为打断可一直持续下去,例如唱歌、跑步等。非连续性操作技能一般由突然爆发的动作组成,具有明显的开端和结尾,且时间较为短暂,精确程度较高,例如倒水、举重等。

3. 开放式操作技能与封闭式操作技能

根据动作执行的环境条件和执行者之间的相互关系,操作技能可分为开放式操作技能与封闭式操作技能。开放式操作技能的执行主要依赖于外界环境的

---

[1] 冯忠良等.教育心理学[M].北京:人民教育出版社,2010:420-421.

变化,执行者能否正确感知环境信息的变化并做出适当的反应动作是技能能否顺利完成的关键。该技能强调的是执行者动作反应的灵活性,如足球、排球等球类运动中涉及的大部分技能都属于开放式操作技能。封闭式操作技能对外界环境的反馈信息依赖程度较低,主要根据机体自身的内部反馈信息,特别是肌肉的反馈进行活动,如跳水、舞蹈等活动中所涉及的大部分技能都属于封闭式操作技能。

4. 器械型操作技能和徒手型操作技能

按照操作对象的不同,操作技能可分为器械型操作技能和徒手型操作技能。器械型操作技能就是指借助一定的器械来完成的操作技能,如打针、焊接等。而徒手型操作技能则与此相反,不需要凭借工具,操作的对象主要是机体自身,即通过身体的协调运动来完成,如舞蹈、说话等。

二、熟练操作技能的心理特征

熟练操作技能具有一些典型的特征,从学习者的心理层面来看主要表现在以下几个方面:

1. 有意控制的减弱

操作技能形成的初期,内部言语发挥了重要的调节作用,技能的各种操作都受到意识水平的影响,一旦意识稍有减弱就可能出现操作错误或是停顿。随着技能的熟练化,操作从有意识向无意识转化,意识的控制程度减弱,而操作的自动化增强。

2. 利用线索的减少

在技能形成的初期,学生只能知觉那些明显的线索,不能觉察自己操作的全部情况,难以发现操作中的错误。随着技能的熟练,操作中所需的线索也越来越少,只需少量的关键线索就可使操作顺利进行。

3. 动觉控制的增强

技能形成初期,学生主要靠视觉和听觉这样的外部反馈来判断、调节自己的操作;技能达到熟练以后,外部感觉系统的反馈逐渐让位于内部动觉的反馈,动觉控制的作用不断增强。

4. 运动图式的形成

运动图式是经过长期的练习而形成的有组织的、系统的程序性知识。随着练习的深入,操作技能的程序与人的神经系统建立了某种密切的联系,即便在没有知觉系统监控的情况下,这类程序仍能自动运行,实现了操作技能的自动化。

5. 预见和应变能力的增强

在连续的操作技能中,学生可以利用丰富的操作经验、运动图式以及外部环境的信息,对下一步的操作进行充分预测,将错误排除在发生之前,表现出明显的预见和应变能力。这样即使在不利条件下,学生也可将操作顺利进行下去。

第二节 技能练习的心理技术

操作技能有其独特的心理属性,其形成是一个较为复杂的心理过程。开展技能心理辅导,要加深对技能本身以及技能形成的心理阶段的理解,只有这样,才能确保技能心理辅导工作的针对性和有效性。

一、操作技能形成的四个阶段

操作技能的学习既是一个身体运动的过程,也是一个心理加工的过程。根据这一过程中心理活动的变化,可将操作技能的形成分为以下四个阶段:

1. 认知阶段

要习得一种操作技能,首先需要掌握与该技能相关的知识,包括陈述性知识和程序性知识,即"做什么"和"怎么做"的知识。"做什么"就是理解关于该技能的基本动作要求和标准,主要通过头脑中语词的编码来实现;而"怎么做"就是在头脑中形成关于该技能动作活动的最基本的过程,主要通过动作表象的编码来完成,包括动作的结构、各动作之间的关系、动作的顺序以及动作的力度、速度、方向、频率等要素。该阶段是技能初学者掌握某一操作技能的重要环节,这两方面知识掌握的情况如何,将对技能的学习产生重要影响。对动作要领的错误理解或是对动作程序的把握不当,会导致操作活动效率低下、错误百出,难以形成合乎要求的操作技能。教师应通过细致的讲解,确保学生对技能的性质、要点和注意事项等与技能形成有关的动作机制达到充分理解,为学生操作技能的学习打下坚实的基础。另外要重视示范的作用,相关研究表明[1]:练习之前让学生充分地观察示范对练习成绩的提高具有较好的作用。

2. 模仿阶段

模仿是学生以外显的实际行动重现头脑中动作表象的过程,稳固清晰的动作表象是模仿的基础。模仿在操作技能形成的过程中具有重要作用:一是有利

---

[1] 皮连生.教育心理学[M].上海:上海教育出版社,2011:186,194-195.

于学生检验已形成的动作表象,使之更为完善、巩固和充实;二是可以加强个体的动觉感受,通过动觉的反馈更好地对动作进行调节和控制。在该阶段,学生缺乏充分的动觉经验,主要靠视觉进行动作控制,需要不断地对自己的动作进行调整,类似于尝试—错误的过程;动作的准确性、稳定性以及灵活性较差,动作的品质较低;各动作成分之间不够协调,容易互相干扰,经常出现顾此失彼的现象,并且有多余动作产生,动作的结构尚未达到完善的地步;完成某一操作的效能较低,耗时费力,学生常感到疲劳和紧张。教师应密切关注该阶段学生易发生的动作错误,及时给予指导和纠正,帮助学生进行动觉体验,鼓励学生大胆尝试。

3. 整合阶段

整合就是在反复练习的基础上,将已掌握的个别的、局部的动作联系起来,形成比较连贯的动作整体。该阶段的主要任务是在之前掌握的单个的动作之间建立动态的联系,使各动作成分之间变得较为协调,初步形成某一操作技能。在该阶段,动作的控制由视觉控制逐步让位于动觉控制,动力定型开始形成,注意的范围逐步扩大,学生主动发现错误的能力增强;动作的稳定性、精确性以及灵活性较上一阶段要高;动作的结构趋于完整,多余动作以及动作之间的相互干扰开始减少;动作的效能有所提高,疲劳和紧张情绪得到一定程度的缓解。但学生也容易在动作的衔接方面出现问题,在由一个动作向另一个动作转化的过程中常会出现短暂停顿的现象。教师应关注学生动作衔接、转化中易出现的不熟练、不灵活的问题,一方面进行技术层面的指导,另一方面降低心理层面的波动。

4. 自动化阶段

自动化是指动作已在大脑中建立起较为稳固的动力定型,各动作联合成为一个完整的自动化的操作系统。这里的自动化并非无意识,而是操作活动中对动作本身的有意识控制减弱,可同时将注意分配于其他活动。在该阶段,视觉的控制降到最低,学生能准确地觉察到外界环境的变化并主动调整动作方式;动作的品质上升到一个新的高度,动作的灵活性、稳定性和准确性较高;动作的结构完善,各动作之间的干扰以及多余动作消失,动作之间高度协调;动作的效能明显提高,心理消耗和体力消耗降至最低,紧张感、疲劳感减少,动作完成较为轻松。

二、技能练习的心理技术

"专项实践能力因素的形成,是一个练习至熟练的过程。"[1]操作技能的练习,是通过青少年反复操作的学习活动来实现的,是一个有计划、有组织的学习

---

[1] 刘磊,傅维利. 实践能力:含义、结构及培养对策[J]. 教育科学,2005,21(2):1-5.

过程,不是单纯的机械重复,不能盲目进行。运用技能练习的心理技术,就是要求充分、合理地利用心理学的相关理论和技术,结合某一操作技能的性质以及学生的身心特点,增强练习的科学性,快速、有效地提高学生的操作技能水平。

(一)正确把握技能练习的规律

把握技能练习的规律,就是要做到既在整体上把握技能形成的一般规律,又关注每个阶段的不同特点,做到"点""面"有机结合。

首先,一般情况下,任何一种技能从开始练习到熟练运用都有一个具体的过程,从一个阶段到下一个阶段具有明确的先后顺序,学生只有掌握了上一个阶段的学习任务,才能更好地进行下一个阶段的练习,因此技能的练习没有捷径可走,不可操之过急,更不能拔苗助长地进行跨阶段练习。

其次,技能形成的各个阶段的任务性质是不一样的,开始阶段侧重认知上的理解,之后侧重实际操作的效果,这就要求练习的重点以及方法要有较强的针对性,如认知阶段可采用言语指导和操作示范,整合和自动化阶段要注重监控和反馈。

第三,后两个阶段是技能形成的关键阶段,决定了学生最终的技能水平,因此在制订练习计划时,要根据特定技能的特点,重点研究这两个阶段技能形成的心理规律,强化这两个阶段的练习。

第四,技能练习的开始阶段,由于任务本身比较简单或是学生先前具有相关的经验,练习的效应一般表现为先快后慢,但是也要特别注意例外情况。如在某些技能的形成过程中,基本技能难度较大,需要进行大量的练习才能掌握,而一旦掌握了基本技能,则随后的练习速度会明显加快。这就要求教师在指导过程中,要根据技能的不同特点灵活应对,善于变通。

第五,练习的各个阶段任务难度不一样,学生的心理状态也不一样。教师要紧紧抓住开始阶段青少年的新鲜感和好奇心等,培养学生的学习兴趣,并随着学习的进行,密切关注成绩波动给学生带来的心理困扰,通过练习方式的调整、练习时间的调整、心理干预等方法,避免学生疲劳或厌倦等消极情绪的出现,确保练习时的良好状态。另外,还可以根据学生的知识背景,将练习中的"高原现象""起伏现象""极限现象"等对学生作一定程度的解释,让学生对自己在技能练习中出现的问题有更加理性的认识,增加学生的控制感,培养技能练习的自觉性和主动性,努力进取。

(二)合理安排技能练习的形式

练习的形式对练习的效果有重要影响。教师应根据不同的操作技能的性质,科学安排练习的形式。练习的形式主要包括以下几种:

1. 集中练习和分散练习

按时间分配方式的不同,可将练习分为集中练习和分散练习。集中练习是指在一段时间内很少有间歇地反复练习,而分散练习是指在练习时段插入明显的休息时段。集中练习与分散练习本身并无孰优孰劣之分,采取何种练习形式主要取决于技能本身的性质。如有的学者认为,在练习的开始阶段进行集中练习,接着改用分布练习,可以取得较好的练习效果。[①] 也有学者认为,连贯的动作技能分散练习比集中练习的效果好,而对于不连贯的动作技能而言,则集中练习优于分散练习。[②]

2. 身体练习和心理练习

按练习性质的不同,练习又可分为身体练习和心理练习。身体练习指利用身体的活动进行练习,心理练习指在头脑中对操作程序进行反复思考,实际上是一种表象训练。身体练习是基础,技能的形成不能脱离身体练习,只有在一定身体练习的基础上才能进行心理练习,凭空想象进行心理练习容易产生错误;而心理练习则有助于操作技能的改进,有利于操作程序在头脑中的巩固。值得注意的是,心理练习的时间不宜过长,否则易产生厌倦情绪。实际练习中,应以身体练习为主,适当辅以心理练习,有助于学生技能的形成。

3. 部分练习与整体练习

按练习内容的不同,练习可分为部分练习与整体练习。当操作任务不太复杂且各动作成分的内在组织性较强时,使用整体练习可以产生较好的学习效果,将整体的动作分解进行练习反而影响技能的形成;而当操作技能比较复杂,且组成技能的各动作内在组织性较弱时,先采用部分练习,而后再进行整体练习容易产生较好的学习效果。

(三) 科学控制技能练习的程度

为了确保学生技能水平的稳定性和流畅性,一般在学生已经掌握相关技能的基础上会进行过度练习,即为达到某一操作标准而进行的一定练习量以外的附加练习或过度学习。显然,一定程度的过度练习是必要的,有助于强化大脑相关神经的暂时联系,巩固技能程序在头脑中的存储。但心理学的研究又表明,针对某一特定的技能"可能存在一个最佳的过度练习量,超过这一最佳练习量的过度练习,对技能的学习可能就没有多大促进作用了"[③]。这就启示教师要了解达到某一操作水平时所需的基本练习次数,在此基础上确立过度学习的次数,避免

---

① 黄希庭. 心理学导论[M]. 北京:人民教育出版社,1991:610.
② 皮连生. 教育心理学[M]. 上海:上海教育出版社,2011:187-188.
③ 皮连生. 教育心理学[M]. 上海:上海教育出版社,2011:198.

白白损耗时间和精力做无用功;同时结合学生的身体、心理状况,警惕过度练习时学生可能出现的如心理饱和、心理倦怠等心理问题,确保学生在练习中保持积极的心理状态。另外值得注意的是,对于那些只能在一个特定的时期进行练习,而此后又不马上操作的一些技能来讲,过度学习更为有效。这对于技能练习具有现实的指导意义。

（四）妥善设置技能练习的情境

一般认为,竞争或合作的情境会对个体的活动产生重要影响。而社会心理学的研究表明,他人仅仅作为一个被动的观众或共事者存在,既无竞争也无合作,同样会影响到个体的活动效率。这种影响既有积极的也有消极的:当他人的在场促进了个体活动的完成,提高了活动效率时,社会心理学称之为社会助长或社会促进;而当他人在场干扰了活动的完成、抑制了活动效率时,则被称之为社会抑制或社会干扰。

社会心理学家扎伊翁茨（Robert Zajonc）认为,之所以同样的他人在场却导致个体两种截然不同的反应,是因为个体的优势反应不同。他人在场能引发个体的唤起状态进而促进个体的优势反应,"会提高简单任务的作业成绩（其优势反应是正确的）,但会降低复杂困难任务（其优势反应是错误的）的作业成绩"[1]。

在技能练习时,如果技能难度较低,此时优势反应是正确的,应该安排竞争的环境以提高学生的操作水平;反之,则应安排单独的练习,避免他人干扰,这样才能有利于学生技能的掌握。当然,为了提高学生技能表现的稳定性,需要设置干扰情境进行抗干扰训练,但这样的训练应该安排在学生技能水平达到自动化以后,而不是在学生尚处于复杂技能形成的过程中。

第三节　矫正错误技能的心理技术

在技能练习的过程中,错误往往不可避免。错误操作技能会影响青少年技能学习过程中心理状态的稳定性,进而影响操作技能习得的速度和效果。因此,开展技能心理辅导工作,有必要分析造成错误操作技能的原因,并为错误操作技能的消除提供心理对策。

---

[1] ［美］戴维·迈尔斯.社会心理学[M].侯玉波,乐国安,张志波,等译.北京:人民邮电出版社,2006:213.

一、错误操作技能形成的原因

造成操作技能错误的原因有多种,如与学生自身有关的身体素质、学习态度、学习方法等,也有教师指导时缺乏针对性、方式方法不恰当等。综合分析,主要有以下几方面。

1. 练习态度不够端正

有些学生在技能学习的过程中,学习态度不够端正,怕苦畏难、不求甚解,对技能练习前的理论讲解不注意听讲,没有领会动作的要领,对教师的示范不注意观察,以此造成技能练习时错误百出。

2. 练习方法不够恰当

教师在指导学生技能练习的过程中,有时会忽略技能本身的性质以及学生的生理、心理特点,没有处理好集中练习和分散练习、身体练习和心理练习、部分练习和整体练习的关系,造成学生练习时过度疲劳、效率低下,影响了学生技能的掌握。

3. 效果反馈不够及时

在技能练习的过程中,教师往往要指导多名学生练习,很难及时发现并告知每一位学生练习过程中的错误,往往是在练习结束后的总结时对学生中出现的典型错误进行统一讲解。这一方面会造成反馈缺乏个别针对性,对部分学生出现的特殊错误缺乏必要的纠正;另一方面会导致反馈的滞后,使学生的错误操作在练习中被自我强化,影响正确技能的形成。

4. 技能之间相互干扰

已经形成的操作技能会对新的操作技能的练习产生干扰作用,阻碍新操作技能的学习,尤其是当两种技能在动作结构、动作成分等方面具有较高的相似性,而新的技能却要求相反的操作时,特别容易对新技能的形成产生负面作用。

二、矫正错误技能的心理技术

错误操作技能的外在表现就是动作行为方式的错误,因此,从行为主义心理学的基本原理出发,探寻矫正错误技能的心理技术,不失为一种有效的解决策略。

1. 消退抑制技术

消退抑制是斯金纳提出的操作性条件作用理论中的一个重要概念。斯金纳认为,学习实质上是一种反应概率的变化,而强化是增加反应概率的手段。如果一个操作行为出现后呈现一个强化刺激,则该行为发生的概率就会增加;如果被强化而形成的操作行为出现后不再有强化刺激的尾随,则该行为发生的概率就会减少。消退抑制技术就是后一种原理的运用,也即通过强化物的撤销来降低某种行为在将来发生的概率,最终达到消除这一行为的目的。在技能练习的过程中,某些错误技能的形成正是由于在练习的过程中得到了不当的强化,而教师的任务就是要能敏锐地发现错误技能形成的强化物并将其撤销。

这里需要强调的是,消退抑制技术的使用效果与已建立的条件反射的质量,也即错误技能与强化物之间联系的紧密程度有着密切的关系。如果这种联系非常牢固,则消退抑制技术所能起到的作用就较有限,需要考虑其他矫正技术。

2. 分化抑制技术

所谓的分化抑制,是基于巴甫洛夫的经典条件作用学说而提出的一种行为塑造技术,指通过选择性强化和消退,使个体学会对条件刺激和与条件刺激相似的刺激做出不同反应的一种条件作用过程。在实际教学中,可能由于教师在强化学生正确操作行为的同时,无意间也强化了错误的操作行为,使得错误的操作行为被保留下来。这就启发教师,要想消除这些错误的操作行为保留正确的操作行为,应该在技能教学过程中加强对正确操作行为的强化,而对错误的行为不予理会,从而使得正确的操作行为由于强化而得以维持,错误的操作行为因分化抑制而逐渐消失。

3. 对抗性条件作用技术

简单地说,就是用一种良好行为代替不良行为的技术。对抗性条件作用技术实际上是"交互抑制"原理的运用,所谓的交互抑制是指"如果一组肌肉受到刺激,则其对抗性的肌肉就会受到抑制,反之亦然"[①]。这里以军训中训练"齐步走"为例。齐步走时,总有人错误地先迈右脚。运用对抗性条件作用技术,可让学生不去考虑先迈哪只脚,而是先伸右手。为了保持动作的协调,伸出右手必定先迈左脚,这样经过反复练习,就能将先迈右脚的错误行为得以矫正,而正确的行为得以建立。

4. 过矫正技术

该技术实际上是一种对错误技能的"矫枉过正"技术。具体的做法就是当学生在做出错误操作时,要求其立刻恢复正确操作,并进行过度练习,从而消除错误技能形成正确技能。通过过矫正的练习,既要使学生认识到错误操作造成的不良后果,同时经过反复的练习使学生正确的操作得以巩固。在使用该技术时,教师一方面要给学生提供正确的操作示范,另一方面要把控好过度练习的程度,避免学生出现"超限抑制"。

对错误技能的矫正是技能心理辅导的一个重要环节,直接影响学生最终的

———————————
① 郑日昌,江光荣,伍新春.当代心理咨询与治疗体系[M].北京:高等教育出版社,2006:193.

技能水平。上述造成错误技能的原因以及相应的矫正方法针对的是学生技能形成中共性的问题,运用到学生个体时仍需具体问题具体分析,以提高辅导的针对性,唯有如此才能确保这项工作的成效。

第四节 技能竞赛的心理辅导

技能竞赛作为一种特殊的实践活动,不仅是操作能力本身的展示,同时也是心理素质的较量。要取得理想的竞赛成绩,离不开积极有效的心理辅导。深入了解青少年学生在技能竞赛训练和比赛中的心理状态,开展针对性的心理辅导应对可能出现的心理问题,进而通过心理素质的提升来提高技能竞赛的成绩,提升实践活动的质量,成为学校心理辅导必须深入研究的重要课题。

一、青少年技能竞赛的心理问题与成因

从技能竞赛的时间周期来看,技能竞赛的全过程可以分为训练和比赛两个部分。技能训练的过程实质上就是学生掌握并熟练运用某一技能的过程,而比赛过程则是技能展示的过程,且可进一步细分为临赛前、比赛中以及比赛后三个阶段。

(一) 青少年技能竞赛的主要心理问题

对青少年技能竞赛给予心理支持,首先应从心理学的视角关注训练和比赛过程中易出现的各种心理问题。

1. 技能训练中的心理问题

技能训练的目标不仅要使学生的技能达到较高的水平,同时还应在较高的水平上保持相对的稳定性,这不仅涉及技能训练的方式方法,同时也与训练过程中的心理状态有着密切的关系。在技能训练的过程中,要关注学生可能出现的以下现象:

(1) 过度起伏现象

在技能训练中,起伏现象是指练习效应曲线呈波动形式,表现为成绩上升、下降、停顿的交替出现。总的来说,如果练习效应曲线总体呈上升趋势,且波动范围较小,则属正常现象;如果训练成绩长期起伏不定,且波动范围超过可以接受的限度,表现异常,则需要教师仔细分析原因,探寻应对策略。一般认为,训练成绩的过度起伏反映的是技能水平的稳定性问题,这种看法显然趋于表面化了。

在技能训练的过程中,有些学生会因为一时的进步而欣喜若狂,自信心膨胀;也会因为一时的受挫而急躁紧张,自我贬低。这种心理活动的大起大落,表现在训练成绩上就是练习效应的过度起伏。因此,训练成绩的过度起伏反映的不仅是技术水平问题,同时也可能是一种心理问题,需要在训练过程中密切关注。

(2) 虚假高原现象

练习效应中的高原现象是指技能练习达到一定水平后,练习成绩出现暂时停顿的现象,主要表现为练习效应曲线在某个阶段保持一定的水平而不上升,甚至有些下降,出现了练习过程中所谓的"瓶颈期"。然而,高原现象并非技能水平真正的极限,而是一种"黎明前的黑暗"——更高水平的成绩往往都是在突破高原现象以后取得的。但在实际训练过程中,学生常常会对这种练习效应上的高原现象产生误读,以为自己的技能水平已达到极限而再无上升空间,以致自我怀疑,自我评价降低,练习动机下降,放弃努力行为,出现了心理意义上的所谓"虚假高原现象"。

(3) 过早极限现象

心理极限指学生在训练的过程中,由于长期处于应激状态,心理的耐受力和忍受力达到极限,从而出现心理衰竭或心理饱和的现象。一旦出现心理极限,学生容易产生厌倦、紧张、疲劳以及烦躁等消极情绪,贬低训练的作用或意义,降低训练和参赛的动机,出现对训练的抵触、回避行为,这一切都会对训练产生不良影响。心理极限在技能练习中并不少见,特别是当练习的持续周期较长,而技能的进步又比较缓慢时就更容易发生。但如果过早地出现心理极限,则属于技能练习过程中的非正常现象,需要指导教师及时介入给学生提供相应的心理支持。

2. 技能竞赛前的心理问题

临近比赛前,学生往往会出现两种极端的心理反应,表现为赛前冷漠现象或是退缩现象。

(1) 赛前冷漠现象

一般而言,随着比赛时间的临近,学生逐渐变得既紧张又兴奋,但部分学生出现相反的情绪状态,表现出一副无所谓的样子,丧失比赛的热情,不关心比赛的可能结果,这就是赛前冷漠现象。赛前冷漠往往会导致学生进入赛场后要么迟迟无法进入比赛状态,要么突然的、持续的、难以缓解的情绪高度紧张,影响学生正常水平的发挥。

(2) 退缩现象

退缩现象指学生对即将到来的比赛感到害怕甚至恐惧,常带有明显的躯体化表征,表现为焦躁不安、尿意频繁、面红出汗等,言谈中涉及"不想比赛了"等回避想法,极端者甚至以各种理由突然提出放弃比赛,临阵脱逃。

3. 技能竞赛中的心理问题

比赛中,学生能否根据赛场的变化自主地调节心理状态往往会对比赛的结果产生重要的影响,而不良的心态通常会导致"克拉克"现象、"choking"现象以及舌尖现象的出现。

(1) "克拉克"现象

在运动心理学中,人们将实力很强并有望夺冠的优秀运动员在关键比赛中由于心理因素的影响未能发挥出正常水平称为"克拉克"现象。青少年技能竞赛中的克拉克现象并不鲜见。有些学生在市级和省级的比赛中成绩突出,甚至超过了往年国家级大赛的最好成绩,但当所有人都对其寄予厚望,以为其志在必得时,他们却可能在国家级大赛中表现一般甚至发挥失常。这类学生往往是参赛学校取得好成绩的关键选手,有效预防这一现象显得尤为重要。

(2) "choking"现象

"choking"现象是指在竞技体育比赛时,运动员在占据优势处于领先的情况下,由于心理压力过大导致技术动作变形,从而"反胜为败"输掉比赛的现象。在青少年技能竞赛中,"反胜为败"不仅影响最后的比赛成绩,同时对学生心理的负面影响尤为突出,短期内容易引起较大的情绪波动,长远来看,处理不当甚至会转化为学生成长过程中的"负性生活事件",影响其今后的心理发展,需要教师高度关注。

(3) 舌尖现象

由于技能竞赛通常会涉及一定比例的理论测试,关注该现象具有重要的现实意义。所谓舌尖现象是一种"几乎就有了"的感受,意思是答案就在嘴边,人们往往能够清晰地感觉到,却没有办法把它说出口或加以具体描述。舌尖现象是因为大脑对记忆内容的暂时抑制所造成的,通常换个环境或转移注意力后,答案在不经意间又会自动出现在头脑里,而此时学生往往又会懊恼不已。因此,克服舌尖现象不仅有助于学生在比赛中顺利作答,避免无谓失分,同时有助于学生在技能比赛中维持稳定的心理状态,减少心理波动。

4. 技能竞赛后的心理问题

技能竞赛中对学生的心理干预多是为了取得优异的比赛成绩,因而相对重视训练和赛前、赛中的心理辅导,往往容易忽视赛后学生的心理问题。而从学生心理发展的角度来看,赛后对比赛失利学生的心理辅导恰恰是技能竞赛心理干预过程中不可忽略的重要组成部分,需要引起学校的高度重视。一般来说,参赛的学生都是各自学校的佼佼者,赛后失利容易产生较大的心理落差,出现心理无助现象。心理无助是社会孤立感的一种,常常伴有失望、沮丧、痛苦等情绪体验,如果不能得到外界及时有效的支持、谅解、关怀和鼓励,则容易产生绝望感,严重者会演变成为一种心理危机。

（二）青少年技能竞赛心理问题的成因分析

影响技能竞赛心理的因素涉及面广，贯穿于训练和比赛的全过程，但概括起来无外乎外部的客观因素以及学生个体内在的主观因素两个方面。

1. 导致技能竞赛心理问题的客观因素

影响青少年技能竞赛心理状态的外部因素有多种，主要包括外界的高期许、名利的"诱惑"、艰苦的训练过程以及赛前准备不充分四个方面。

（1）外界的高期许

技能竞赛越来越为社会所重视，包括学校、培训教师、学生家长等，都对参赛学生寄予了很高的期望。学校为做好技能竞赛的训练比赛工作，投入了大量的人力、物力、财力，通过引进新设备、外聘指导教师、优化后勤保障等措施，力争为技能大赛取得好成绩创造条件。参与技能训练的教师放弃了大量的休息时间，一心扑在学生的技能训练上，为学生取得好成绩可谓是动足了脑筋，耗尽了精力。而家长则免不了对自己的孩子千叮咛万嘱咐，希望他们能尽全力备战技能竞赛，取得好成绩以提高将来就业的竞争力。外界的高期许如果处理得当，会成为学生努力的动力；反之，则会成为影响学生训练和比赛的压力。

（2）名利的"诱惑"

对青少年个人来说，一次技能竞赛特别是国家级的大赛，不仅是一次展示技能赢得名次的好机会，同时也是在相关政策的支持鼓励下"获取物质奖励""高考加分"[①]的绝佳机会。在这样的诱惑下，青少年学生容易心态失衡，过多地考虑成败得失，无形中给自己设置了巨大的压力，进而影响训练和比赛的效果。

（3）艰苦的训练过程

从技能形成的规律来看，许多技能本身也许带有趣味性，但是学习并熟练掌握一种技能的过程，由于伴随着数十次乃至上百次的重复练习，往往是枯燥乏味的，如果不注意调节，容易引起学生的心理波动。从技能训练的周期来看，部分学校利用寒暑假的时间，采用半封闭式的集训，高标准、严要求、周期长，如不注意科学安排训练、休息时间，则容易使学生烦躁焦虑，对训练产生不良影响。

（4）赛前准备不充分

为了让学生更好地适应比赛的气氛，一般会在赛前安排模拟比赛。有的学校对这一环节的工作不够重视，没有设置这部分的训练，或在开展这部分的训练时缺乏真实性和预见性，使学生到了正式比赛时难以适应比赛的氛围，或不能应对突然发生的赛场变化，造成过度紧张，发挥不佳。另外，有的学校不注重临赛

---

① 史文生.职业教育技能竞赛研究[M].郑州:河南大学出版社,2010:41-49.

前学生心理状态的科学调整,要么还在进行高强度的技能训练,要么让学生彻底放松,使得学生应对比赛的心理准备不足,导致比赛失利。

2. 导致技能竞赛心理问题的主观因素

导致技能竞赛心理问题的主观因素,主要有四个方面:自信心不足、自控力欠缺、参赛动机不当以及自主调节的意识和能力不够。

(1) 自信心不足

自信是一种成功的信念,是成功的基石。技能竞赛的赛场竞争激烈、高手如云,没有必胜的信念,不仅很难获得理想的比赛成绩,极端者甚至还会出现上文所述的"退缩现象",未战先败。而不够自信的学生,容易贬低自己高看对手,"我能行吗""我恐怕比不过他""我怎么可能拿第一"等都是不自信的学生经常挂在嘴边的话。

(2) 自控力欠缺

自控力是个体监督和调节自己行为的能力,包括自立、自主、自制、自强、自律等。良好的自控力是意志的体现。一个具有良好自控力的人,会明确自己的目标,根据目标调整自己的行动,克服各种困难从而实现目标。技能竞赛的训练较为单调、枯燥,且周期长、难题多,需要放弃大量的休息和娱乐时间,有些学生缺乏自控力,自然训练的效果无法得到保证。而比赛时赛场瞬息万变,裁判、记者、对手、气候、场地等各种因素的干扰,再加上荣誉、名利的诱惑,没有自控力就无法将注意力集中于操作技能的展示。

(3) 参赛动机不当

动机是激发和维持个体进行活动,并使该活动朝向一定目标的心理动力。青少年学生参加技能竞赛时的不当动机主要表现在两个方面:

① 外部动机占主导地位。外部动机是指由外部诱因所引发的动机,如为了获得奖金、就业机会、满足教师和父母的要求等而参加技能竞赛。与此相区别的是内部动机,是指由个体的需要所引发的动机,如因为兴趣、提升自己的能力等而参加技能竞赛。外部动机与内部动机在学生参加技能训练和比赛的过程中都具有重要的作用,但是"外部学习动机的效果和持续时间不如内部学习动机"[①]。这就很好地解释了为什么有些学生在训练的过程中出现无法始终如一地坚持训练、情绪容易波动以及退赛等现象,很大程度上因为外部动机占据了主导地位而缺乏必要的内部动机。

② 参赛动机过强。动机的强度与学习效果之间的关系比较复杂,两者并非直线关系,而是呈倒U型曲线的关系。心理学研究表明:对于中等强度的学习

---

① 崔景贵.职业教育心理学导论[M].北京:科学出版社,2008:125.

任务,中等强度的动机有利于任务的完成;对于完成较为容易的任务,较强的学习动机完成的效果较好;而面对较难的学习任务,应该避免较高的动机水平,以防完成时遇阻造成过度紧张。相当一部分学生之所以在竞赛中出现"克拉克"现象、"choking"现象,很大程度上就是因为想赢怕输的求胜动机、自我证明自我表现的动机过于强烈,进而分散了对技能操作本身的注意力,影响了技能水平的正常发挥。

(4) 自主调节的意识和能力不够

青少年在技能训练和比赛的过程中,需要根据外界环境以及自身情况的变化主动调整自己的心理与行为,以适应训练和比赛的要求。但是,由于青少年正处在心理发展的转折期,人格、思维等尚未定型,再加上技能竞赛的经验较为缺乏,自主调节的意识不足;另外,现行的技能竞赛心理辅导,一般以教师运用心理策略进行外部干预为主,对学生自主调节的意识以及能力的培养不够,在一定程度上制约了其在技能训练和比赛的过程中心理的自我调节。

二、青少年技能竞赛的心理辅导策略

对技能竞赛开展心理辅导,一方面要通过教师主动的心理干预,帮助学生解决在技能训练和比赛过程中出现的各种心理问题;另一方面则要进行系统的心理技能训练,培养学生自主调节的意识,教会学生主动调节的技能,使他们学会心理自助。因此,对青少年开展技能竞赛的心理辅导,要将他助与自助相结合,系统地开展这项工作,唯有如此,才能对青少年参加技能竞赛这一实践活动产生实质性的帮助。

(一) 进行积极主动的心理干预

教师的主动心理干预主要针对学生在训练和比赛过程中暴露出来的心理问题进行有针对性的辅导,是一种以解决问题为中心的辅导策略。积极主动的心理干预包括个别心理咨询和团体心理辅导两种形式。一般来讲,个别心理咨询针对学生的个体心理问题,团体心理辅导针对学生共性的心理问题。

(二) 开展系统的心理技能训练

青少年在技能学习和比赛中把最高的技能水平稳定地表现出来的过程中,需要具有动员、调整和控制自己的心理过程及心理状态的技术,这些心理调节技术通过练习熟练掌握并能够有效地运用,就形成了心理技能。心理技能需要经过专门的、系统的训练才能够有效地为青少年学生所用。

1. 心理技能训练的一般概述

心理技能训练是有目的、有计划地对青少年学生的心理过程和个性心理施加影响的过程,也是采用特殊手段使青少年学生学会调节和控制自己的心理状

态并调节和控制自己行为的过程。心理技能训练的目的是要实现学生对心理技能运用的自主化和自动化,有效地应对自身心理的变化,形成一种条件反射,进而养成一种习惯,使心理技能成为其心理品质的一部分。这就需要教师加强对学生心理技能的练习,并帮助学生在运用中加以提高。

通过心理技能训练,短期来看,可以不断完善学生的心理过程,既形成专项实践能力所需的良好个性心理特征,同时获得高水平的心理能量储备,使学生的心理状态适合技能竞赛训练和比赛的要求,为达到最佳的比赛状态、创造优异的成绩奠定良好的心理基础。长远来看,掌握良好的心理技能,不仅有助于学生在专项实践能力的竞赛中赢得比赛,同时对于学生的心理成长、人生发展也大有裨益,使学生能够更加勇敢从容、理智巧妙地面对生活中的困难。

心理技能训练在竞技体育中的研究和运用已相对成熟,且取得了不错的成效,但结合技能竞赛进行心理技能训练还是一个新鲜事物,需要学校心理辅导教师不断探索。这就要求教师要充分利用现有的资源,加强训练的针对性,从训练时间、训练内容、训练方式等方面全面提升训练的系统性,从而提高心理技能训练的实效。

针对技能竞赛的心理技能训练可将长期心理技能训练和短期心理技能训练结合起来。长期的心理技能训练应贯穿于技能训练的全过程,内容应包括一般心理技能训练和专项心理技能训练。短期的心理技能训练应专门针对比赛期间的心理调整,包括赛前、赛中以及赛后三个阶段。

2. 心理技能训练的主要内容

心理技能的训练内容有很多,除了放松训练、意志力训练、信心训练等,主要还有以下几种:

(1) 目标设置训练

明确的目标是人们行为的强大动力。正确、有效的目标可以集中人的能量,激发、引导和组织人的活动,是行为的重要推动和指导力量。由于技能训练与比赛的环境、对学生的要求以及每个学生的心理状态存在着较大差异,训练中的目标设置和比赛中的目标设置应区别对待。具体来说,训练中的目标设置应以结果为导向,而比赛中的目标设置应以技术为导向。这里需要强调的是,不管设置怎样的目标,最后都需要靠学生的努力去实现,得不到学生认可的目标是无用的目标。因此,教师应与学生一起,共同制订相应的心理目标。

以结果为导向的目标注重的是技能所能达到的水平,应尽可能用硬性的、可量化的、具体的指标来衡量,如时间、分数、名次等。越是明确细致的目标,越有利于在训练中引导学生努力拼搏。指导学生进行此类目标设置时应注意:① 目标的层次性或阶段性。可以按照技能形成的不同阶段对技能水平的不同要求,由低到高、由易到难分层设置。② 最高目标可以在一定程度上高出学生一般应该达到的水平。古语有云:"取其上者得其中,取其中者得其下。"训练中较高的最终目标有助于学生不断努力,将自己的潜能挖掘出来,这样即使在比赛中没有发挥自己的绝对水平,但相对水平仍比对手要高。③ 目标公开化。公开的目标有利于学生付出加倍努力,既是对自我的约束,也是自主的激励,实际上是一种特殊的"心理契约"。

比赛过程中,学生需要考虑的不再是比赛的结果,而是如何将平时训练中的水平全面、充分地表现出来,此时学生需要关注的是技术的流畅性、精确性、规范性,而与此无关的荣誉、成败等因素应全部忽略。技术导向的目标一般很难量化,主要通过心理体验来衡量和反馈。当技术发挥到最为理想的状态时,学生应该能体会到一种"流畅经验",达到一种忘我状态:"挑战与技巧间的平衡、动作与知觉的融合、清晰的目标、明确的反馈、毫不费力的专注、随心所欲的控制、丧失自我的意识、时间感的改变与自成性的经验。"[1]如果学生本身具备较高的技能水平,在比赛中只关注技术的发挥达到忘我的流畅境地,则获得理想的比赛成绩就是自然而然的事了。

(2) 表象训练

表象训练是学生在教师的言语指导下,在头脑中反复想象某种操作动作或比赛情境,从而提高操作技能和情绪调控能力的方法。心理学研究认为,在动作技能训练的过程中,表象训练可以在头脑中建立或巩固动作图式,经过多次练习,可消退无用的图式,发展最佳图式,从而使操作技能得以提高。而在比赛前,当头脑中产生一种动作表象时,可将生理唤醒调节到适宜的水平,并将注意指向与操作活动有关的事物上,排除可能的干扰因素。因此,赛前成功动作的表象将起到动员的作用,使学生较快地进入最佳的比赛状态。

要提高学生的表象能力,首先要让学生多观看别人的实际操作或是录像,以便建立对技能操作的感觉;其次,要鼓励学生养成自主表象练习的习惯。如在平时训练后,立即在头脑里重复一遍完成得最好的动作表象和身体感觉,以巩固和发展新学习的技能;而赛前则在头脑里过一遍"电影",想象比赛中的环境、自己的动作、表情等,有助于比赛时的水平发挥。

(3) 情绪调节训练

情绪波动是技能大赛中学生最为常见的心理现象,也是对训练和比赛影响较大的一个因素。情绪的变化较为迅速,具有爆发性的特点,教师应教会学生一

---

[1] 丁雪琴等.中国体操队、举重队备战、参赛北京奥运会的心理训练[J].天津体育学院学报,2009,24(1):10-13.

些自主调节的方法,保持情绪的相对稳定。以下几种情绪调节方法较为简单实用,学校教师可在情绪调节训练中指导学生加以运用:① 日记法。养成写日记的习惯,遇到困难、挫折和失败时,将自己对这些境遇的真实想法详细写下来,有助于清理思绪,面对现实,平静心情,重新开始。② 剧烈运动法。遇到训练中烦恼、焦虑的事情时,进行相对剧烈的运动,如打球、短跑、游泳等,可即刻缓解烦恼和焦虑的情绪。③ 音乐调节法。在视听设备中存储一些学生自己喜欢的音乐,包括节奏缓慢、轻松悠扬的,用来缓解紧张;节奏快旋律强的,用来振奋自己精神。④ 表情调节法。教会学生在感到紧张、焦虑时,有意识地放松面部肌肉,不要咬牙,不要用手搓面部,使面部肌肉有一种放松感;或是拿个小镜子照自己,观察自己的表情,并放松面部,试着微笑,以此有效地缓解自己的情绪。

技能心理辅导为学校心理辅导与青少年实践活动的结合提供了可资借鉴的方法与策略。在青少年实践活动中渗透学校心理辅导,不失为学校心理辅导的一种新路径;通过学校心理辅导来提升青少年的实践能力,是学校心理辅导必须承担的重要使命。应该说,这两项工作的结合,对青少年身心的发展具有较好的促进作用,值得在实践中进一步探索和研究。

本章小结

操作技能是青少年实践能力的重要组成部分,对青少年开展技能心理辅导,是学校心理辅导与学生实践能力培养相结合的一种新方式。操作技能也称为运动技能或动作技能,其形成包括认知、模仿、整合以及自动化四个阶段,是按照一定的原则反复练习的过程。在技能练习的过程中错误不可避免,可以通过消退抑制、分化抑制、对抗性条件作用及过矫正等心理技术进行纠正。技能竞赛对青少年来说是一种特殊的实践活动,是检验实践能力的重要平台。在技能训练和比赛的过程中,青少年由于自身的原因以及外界的影响,容易出现各种心理问题,需要进行系统的心理辅导与干预。技能竞赛心理辅导有助于提升学生心理素质、增强实践能力,对学校心理辅导工作提出了全新的要求。

关键词:学会实践;操作技能;心理技术;技能竞赛;心理辅导

第十四章 学校心理辅导的课程建设

学习目标

1. 了解学校心理辅导课程教材的编写策略；
2. 理解学校心理辅导课程的教学设计策略；
3. 掌握学校心理辅导课程教学的基本原则；
4. 应用相关理论对学校心理辅导课程教学进行评价。

随着学校心理健康教育的深入开展，心理辅导课程越来越受到人们的重视。《纲要(2012年修订)》明确提出，"要普及、巩固和深化中小学心理健康教育，加快制度建设、课程建设、心理辅导室建设和师资队伍建设，开展心理健康专题教育，利用地方课程或学校课程开设心理健康教育课，注重引导学生心理、人格积极健康发展，最大程度地预防学生发展过程中可能出现的心理行为问题。"已有研究表明，开设心理健康教育课是当前学校心理健康教育的最有效方式之一。[①] 本章重点探讨学校心理辅导课程的教材编写、教学设计、教学过程以及教学评价等四方面。

第一节 学校心理辅导课程的教材编写

学校心理辅导课程是教师根据学生身心发展的规律及其特点，运用心理学、教育学的有关原理，有目的、有计划、有组织地通过以学生为主体的活动项目和

---

① 顾明远.重视中小学生的心理健康教育[J].基础教育参考,2008,(8):1.

活动方式,提高学生心理素质、增进心理健康、开发心理潜能的一种课程形式。[1]从课程论意义上来说,课程是一个集合体,教材是其中的一个子集,载负着课程的主要内容,是师生共同交流、对话、操作、体验的媒介,是课程运作的关键。鉴于此,教材编写便成为学校心理辅导课程建设的首要任务。

一、学校心理辅导课程教材编写的现状分析

近年来,我国学校心理辅导的教材建设和研究比较活跃,出版了一系列各具特色的教材,较具影响力的有:① 教育部组织编写,人民教育出版社出版的初中《思想品德》;② 班华主编,河海大学出版社出版的《心理——道德教育读本》;③ 丛立新主编,京华出版社出版的《现代少年》;④ 班华主编,南京师范大学出版社出版的《心理辅导》;⑤ 上海市教委组织编写,上海教育出版社出版的《心理健康自助手册》;⑥ 江苏丹阳师范附小编写,校内使用的《小学生情感智能培养课本》;⑦ 江苏海门东洲中学编写,河海大学出版社出版的《心理健康辅导》;⑧ 吴增强主编,上海科技教育出版社出版的《学校心理辅导活动指南》,等等。其中,教育部组织编写的初中《思想品德》使用范围最广。

(一) 编写取向分析

无论是自发的实践探索还是自觉的理论研究都有其特定的价值取向,学校心理辅导教材的编写取向主要有以下四种。[2]

1. 心理化取向

心理化取向已成为当今时代心理辅导教材建设的共同趋势。该取向主张强化教材编写的心理学基础,使心理辅导教材适应学生的心理结构与心理需求,以增进学习者的心理发展。

2. 教育化取向

教育化取向主张按照学生心理发展的一般规律,通过设计灵活多样、富有启发性的教育活动,促进学生心理素质的不断提升,强调教材内容的系统协同性,倡导心理教育要求与各育尤其是道德教育的有机结合。

3. 生活化取向

"回归生活世界"是现代教育的走向。生活化取向主张从学生的心理实际出发,在生活世界中选择适合学生心理特点的典型材料,在具有生活化的活动情境中通过学生自主的认知、体验、反省与思考增进心理素质发展。

---

[1] 叶一舵. 现代学校心理健康教育研究[M]. 北京:开明出版社,2003:146
[2] 崔景贵. 关于我国中小学心理教育课程教材建设的思考[J]. 课程·教材·教法,2002,(1):55-58.

4. 问题化取向

问题化取向要求教材编写者在充分考虑不同年龄阶段学生心理特征的基础上,从特定年龄阶段学生所面临的主要心理问题和人生发展课题着手,选择典型情境、事件、活动与问题作为心理辅导教材的基本内容。

(二) 编写视角分析

由于教材编写者个人学术视野和实践经验等方面的差异,学校心理辅导课程教材编写的视角也有明显不同,主要有以下几种:

1. 思想政治教育视角

人教版的初中《思想品德》教材,其心理辅导内容的组织与编排就体现了思想政治教育的特色,在思想政治课教学中纳入心理辅导内容是我国中小学思想政治教育改革的一项尝试。

2. 情感教育视角

情感教育一直是我国教育领域深受关注的主题,该视角的教材从基本的情感入手激发学生直观的情绪、情感体验,由直观体验切入理性思考,在理性思考的基础上进行情感性人格的塑造和提升。

3. 青春期教育视角

青春期是人生发展的剧变期,从青春期教育视角探索心理辅导的路径也就成为心理辅导工作者研究的目标之一。该视角的教材编制以活动为主线,以青少年身心的变化为依据,帮助学生了解青春期的各种变化,为满足他们青春期所产生的各种心理需要提供机会与指导。

4. 道德品质教育视角

把心理辅导与道德教育相结合是编制心理辅导教材的又一视角。该视角教材反映了心理辅导与道德教育之间无法割舍的关系,在增进人的人格发展层面,心理辅导与道德教育是共通的。

(三) 呈现形态分析

从现行教材的呈现形态来看,学校心理辅导教材的编写主要有教程改进式、情境自助式、自主阅读式、故事拓展式、问题导引式等。

1. 教程改进式

长期的学科教学使得许多教师习惯于教程式教材。教程改进式教材有明显的学科课程的痕迹,既体现了心理辅导的要求,又有利于与传统的教程式文本衔接,从而便于教师的操作,在广大教师心理辅导专业素养普遍不高的情况下作为一种过渡是可行的。

2. 情境自助式

心理辅导活动离不开特定的情境。情境自助式教材主要是由一系列的情境

性问题所组成,关注学生的自助行为。每一个情境性问题不仅能起到引发学习者思考与体验的目的,有些问题还要学生通过亲自去做、亲手去写、亲口去说、亲耳去听,情境在自然状态下起到了"导引"的作用。

3. 自主阅读式

心理辅导十分注重人的自主性培养。自主阅读式教材以第一人称"我"的方式展开,给学生以亲切感,提供了许多体验与反思的空间。但这种呈现形态的教材对于年幼的学生,在语言的理解、意义的建构、学习时间的自由支配等方面可能引起困难。

4. 故事拓展式

通过精心挑选的、切合学生心理需求的故事来激起学生深层的思考,是故事拓展式教材的特色。但故事较为适合年幼的学生,对中学生而言则具有一定的局限性;故事的选材非常讲究,选材不当会直接影响活动效果;对故事背后意义的拓展至关重要,这是一些教师所不能胜任的。

5. 问题导引式

通过问题导引出心理辅导的策略,使所有面对同样问题的学生都能得到启发。问题导引式教材的优势在于教师能够抓住共性的问题,有的放矢地开展指导工作,比较适合心理辅导团体活动。但对问题的筛选是一项难度很大的工作,如果问题缺乏典型性,则无法达成辅导的目标。

综观我国学校心理辅导课程教材建设的现状,每种编写取向、编写视角和呈现形态都有一定的不足与局限性,在学校心理辅导课程教材编写中需要加以注意。

二、学校心理辅导课程的教材编写策略

学校心理辅导教材是学校实施心理健康教育的基本依据,教材建设是学校心理健康教育乃至整个心理健康教育事业带有全局性、根本性的问题,是实现心理健康教育目标的主要形式和途径,在很大程度上决定着学校心理健康教育的质量、水平和效果,影响到中小学生的整体素质和全面发展。那么,学校心理辅导课程的教材编写应当朝什么方向努力呢?

(一)指导思想上要"以人为本"

所谓"以人为本",就是从积极的人性观出发,把人视为自身心理发展与建设的主人,把人的主体性发展作为"目的"而不是手段,一切从人的心理需求出发,一切为了人的心理健全发展,一切服务于人的心理潜能开发,一切着眼于人的全

面发展,重视人的生命和生活,关怀人的价值和使命,关照人的精神和信仰。①开展学校心理辅导,要以学生发展为根本。学校心理辅导教材编写只有定位在"人本心育"和"全人心育"的基本点上,才能更好地促进青少年学生的健康成长和素质的全面提升。

(二) 编写取向上要优化整合

学校心理辅导的四种编写取向虽然各有侧重,也没有根本对立,但为了避免不同取向各自显而易见的不足和局限性,从科学意义上讲,我国学校心理辅导的教材建设应以心理化取向为基础,以教育化取向为主干,以生活化、问题化取向为依托,建构整合化、网络式的心理教育教材编写取向,达成教材编写取向上的优化整合。

(三) 内容结构上要全面均衡

《纲要(2012年修订)》明确指出,中小学心理健康教育的内容重点包括认识自我、学会学习、人际交往、情绪调适、升学择业以及生活和社会适应等方面的内容,并对中小学各学段心理健康的教育内容进行了全面调整,重新安排和设置了更科学、更规范、更具针对性的分阶段教育内容;对小学低段、中段、高段和初中、高中阶段分别提出了不同的教育内容标准和具体规定。因此,在学校心理辅导教材的内容结构确定上,要根据不同年龄阶段学生心理发展的特征和心理教育的阶段目标来确定适当的教材内容,全面均衡,注重学段衔接,形成有针对性的系统化的内容体系。

(四) 编写队伍上要多元优化

教材建设既要总结多年来我国中小学实施心理教育的成功经验,又要进行理论和实践探索研究,使教材建设逐步走上与新时期我国学校心理辅导探索实践同步发展、相互促进的轨道。因此,在编写人员的组成上,既要有中小学第一线从事心理教育实践工作的教师,也要有一部分擅长学校心理辅导理论研究的多学科专家学者、高校教师参加。只有依靠优化组合的集体智慧和力量,才能完成心理教育教材建设的艰巨任务。

---

① 崔景贵.关于我国中小学心理教育课程教材建设的思考[J].课程·教材·教法,2002,(1):55-58.

第二节 学校心理辅导课程的教学设计

教学设计是学校心理辅导课程落实的重要环节。目前学校心理辅导课程还没有配套教材,而学生的心理世界又是千变万化的,因此学校需要因人、因地、因时设计心理辅导活动。

一、学校心理辅导课程的教学设计原则

学校心理辅导课程的教学设计,应遵循以下基本要求。

1. 综合性原则

在学校心理辅导课程教学目标的设计上,应注重学生心理素质的提高、潜能的开发和心理健康的维护,从而促进人的整体素质的综合发展,为人的全面发展服务;学校心理辅导课程所要解决的学生心理问题往往是综合性的,在内容上也要体现综合性的特点,它不单是以某一学科知识为中心,而是要在活动中综合运用跨学科的知识来实现心理辅导课程特定的教学目标和教学任务;教学方法的设计选择上要有综合性,学校心理辅导课程常常综合运用多种方法、技术来完成某一个辅导主题。

2. 活动性原则

学校心理辅导课程的实施要以学生的活动为主要形式,将心理健康教育的各项内容有机地渗透在各项生动有趣、符合学生发展需要和接受水平的活动中,使学生在活动中体验、感悟和成长;教师要引导学生创造性地设计和组织一系列丰富多彩的活动,积极主动地参与活动的全过程,在活动中进行心理的自我组织,从而获得全面而健康的发展。

3. 情境性原则

人的心理活动或心理问题都是在特定的社会环境中发生的。学校心理辅导课要从情境体验开始,引发学生的情感共鸣。活动设计要尽可能生动有趣,使学生专注、投入。学校心理辅导课把来自社会环境、学校环境和家庭环境中的各种具体问题放置到类似的环境中去再认识、再辨析,将有助于学生澄清问题的实质,体验当事人的情感,进而发现解决问题的策略与方法。

4. 主体性原则

学生是一切教学活动的出发点和归宿。从活动内容的设计到活动形式的选

择都应根据学生的实际需要和年龄心理特征,使学生在积极的活动中获得发展。学生是活动的主人,主体性活动贯穿活动过程的始终。学生可在教师的指导下,进行独立的自我设计、自我组织和自我评价。全体学生是活动全过程的设计者、组织者和参与者。

5. 针对性原则

学校心理辅导课程设计中主题的选择要因人制宜,不同年龄阶段的学生具有不同的心理特征。即使是同一阶段学生的发展水平也存在差异,学生在成长过程中遇到的心理困惑和产生的心理问题也有所不同,实际需要也不同;要因地制宜,各校所处的地域不同,各地的经济、社会、人文、地理和自然条件都存在着明显的差异;还要因时制宜,要符合社会发展的需要和时代的要求。

6. 开放性原则

学校心理辅导课程的时间安排灵活,同一主题可分一次或数次完成。课程可采用选修和必修、限定与自愿相结合的原则,以便学生能在自由选择参加的基础上安排好学习时间。学校心理辅导课程的空间不受课堂、教室的限制,可扩展到课外、校外、室外,延伸到大自然、家庭、社区和网络空间中。教室里的座位在空间排列上可采用"扇面形""圆弧形"等多种方式。

二、学校心理辅导课程的教学设计策略

教学设计是为教学活动设计制订蓝图的过程,它规定了教学的方向和大致进程,是师生教学活动的依据。一般来说,一节学校心理辅导课,其设计可以从教学主题、教学目标、教学方法以及教学程序四个方面着手。

(一) 教学主题的设计策略

主题是学校心理辅导课的灵魂,学校心理辅导课的价值及其深刻性主要就是体现在辅导主题上。要确立好辅导主题,必须做到以下几点:

1. 关注学生成长中共同的发展问题

学生在成长发展的过程中,每一阶段都有相应的要解决的发展任务,这些都是确立心理辅导课主题的客观依据。如小学低年级主要是入学适应,小学中年级主要是学业发展,而小学高年级则是以良好个性培养为核心。

2. 了解学生心理发展的年龄特征

心理发展的年龄特征指的是青少年心理发展的连续过程中与一定阶段的年龄相对应的相对稳定的一般的、典型的心理特征。学校心理辅导教师在设计辅导主题前,应对自己所任教班级学生心理的年龄特征有全面的把握。

3. 对教学主题进行理论辨析

教学主题往往会涉及一些概念性的问题,如"我的理想"与"我的未来"、"好

感"与"喜欢"、"鼓励"与"赞扬"等。如果教师自己对教学主题的核心概念理解充分,那么在面对学生讨论中的各种看法时,就会把握积极引导的方向,在辅导现场回应学生时也能恰到好处。

4. 教学主题的表述方式要有新意

新异刺激容易引起学生的注意,激发学生的学习兴趣。教师在教学主题的表述上,也应有新意,如"E网情深"、"心无旁骛"、"做情绪的主人"等。

(二)教学目标的设计策略

学校心理辅导课要真正成为一种以学生成长需要为中心的有效服务,就必须突出其发展性、预防性的功能,而要使学校心理辅导课的这些功能真正体现就必须有明确的目标指向。

1. 教学目标必须有层次

受布卢姆教育目标分类学的启示,同时结合学校心理辅导课程的特点,教学目标应该在认知、情感、行为三大层面内建构,在不同类型的心理辅导课中,三个层面的目标指向应有侧重,它们相对独立,又和谐一致。

2. 教学目标必须集中

由于课时的限制,一节心理辅导课要达成的教学目标不可能太多,更不可能面面俱到,因此,必须集中有限的辅导资源,重点突破必须达成的某一两个辅导目标。

3. 教学目标必须可行

教学目标的设计要考虑到实现的各种可能性,要考虑制约教学目标实现的各种条件,这样才能保证教学目标的顺利实现。因此,教学目标的设计要适当,必须符合学生的现有发展水平,考虑到学生之间的个体差异。

4. 教学目标必须可操作

教学目标在陈述上不宜用含糊不清、晦涩难懂的语言,必须用可观察和测量的行为动词来描述学生所要形成的具体行为,要符合学生的认知水平,陈述要具体、细腻,这样才能保证活动目标具有一定的可操作性,从而发挥教学目标的指导功能。

(三)教学方法的设计策略

教学方法是教师和学生为了完成教学任务所采用的工作方式和手段。《纲要(2012年修订)》指出:"心理健康教育课应以活动为主,可以采取多种形式,包括团体辅导、心理训练、问题辨析、情境设计、角色扮演、游戏辅导、心理情景剧、专题讲座等。心理健康教育要防止学科化的倾向,避免将其作为心理学知识的普及和心理学理论的教育。"要有效地完成教学任务,心理辅导课程必须正确选择和运用教学方法。

一般来说,教学方法的选择主要依据有:① 教学目的和任务;② 教学过程规律和教学原则;③ 本门学科的具体内容及其教学法特点;④ 学生的可接受水平,包括生理、心理、认知等;⑤ 教师本身的条件,包括业务水平、实际经验、个性特点等;⑥ 学校与地方可能提供的条件,包括社会条件、自然环境、物质设备等;⑦ 教学的时限,包括规定的课时与可利用的时间;⑧ 预计可能取得的真实效果等。[1]

常言道:"教学有法,但无定法,贵在得法。"选择教学方法要根据各方面的实际情况统一考虑。万能的方法是没有的,如果只依赖一两种方法进行教学无疑是不足的。根据学生的不同年龄特征和认知特点,小学可以以游戏和活动为主,初中可以以活动和体验为主,高中可以体验和调适兼顾,但要始终贯穿一条活动和体验主线,突出活动性和实效性。心理训练、问题辨析、角色扮演、游戏辅导是适用于群体心理健康教育的常用方法[2],学校心理辅导课可以合理选用。

概括起来说,学校心理辅导课程教学方法的设计应该注意:讲求实效,不搞形式;从学生实际出发,以学生的现有水平为基础;面向全体学生,注意学生的个体差异;尽可能发挥多媒体的辅助作用,但不能喧宾夺主。

(四)教学程序的设计策略

教学程序是为了完成一定的教学目标,在时间和空间上对各种因素的"排列"和"组合"。一个好的学校心理辅导教学程序设计,往往可以激活整个课堂,使学生中各种潜在的成长困惑得以显现,各种解决问题的方案、策略就会应运而生。教学程序的设计要做好如下工作:

1. 认真理清教学思路

教学思路是对学校心理辅导课总体实施过程的理性思考,也就是把握教学活动应该遵循的线索。教师在设计活动课时,应把主要精力放在理清教学思路上。只有在对教学主题及教学目标深刻理解和反复斟酌的基础上,才可能有清晰的教学思路。

2. 精心设计教学活动

有了明晰的教学思路,教师就要围绕教学主题,在教学目标的指引下,从班级学生的实际生活中去选择典型的案例,并设计好案例呈现的方式,保证活动内容的适切性,再按照暖身、呈现问题、讨论分析、分享总结的学校心理辅导课堂教学环节,精心设计好教学活动内容。

---

[1] 丁锦宏.教育学基础[M].北京:高等教育出版社,2009:268.
[2] 何元庆,姚本先,冯娟.论学校心理健康教育的方法——《中小学心理健康教育指导纲要》方法解读[J].基础教育参考,2013,(07):18-21.

3. 科学规划教学时间

一节学校心理辅导课一般只有短短 45 分钟的时间,要在有限的时间内达成预期的教学目标,就得科学规划好每个教学环节的教学时间。一般来说,暖身分组 5~10 分钟,呈现问题 10 分钟,讨论分析是一堂课的重点部分,时间可以考虑在 20 分钟左右,最后的分享总结 5 分钟。

4. 适当进行教学预设

学校心理辅导课程与其他学科课程相比较,一个最大的不同就是课堂的现场生成性。可以说,每节心理辅导课都会有不同程度的现场生成,这对心理辅导教师来说是很大的挑战。对于课堂中临时生成的内容,心理辅导教师该如何驾驭呢?一方面可以靠经验,另一方面就要靠设计时的教学预设了。学校心理辅导课要求心理辅导教师在课前充分了解班级学生的基础上,多考虑一些课堂突发状况,并设计好应对方案,以防不备所需。

例如,《穿越情感的风暴》的教学思路:男女同学有好感是正常的,但好感如果不加控制,任其发展,异性之间关系就可能会升级,导致交往过密。交往过密的表现是什么?交往过密的后果是什么?如何预防交往过密?

活动流程:独角戏:"抽屉里的约会信"(异性之间产生好感是正常的);小品表演:"打电话"(好感未加控制,异性同学关系升级);脑力激荡:"异性交往过密的表现";游戏:"扑克牌故事接龙"(异性交往过密的后果);班级论坛:"你说我说"(如何预防异性交往过密);小结。[①]

第三节 学校心理辅导课程的教学过程

教学过程是教学活动的展开形式,是由教师和学生为实现教学目标共同进行的动态活动过程。学校心理辅导课的教学过程以平等尊重关系为前提,以讨论沟通为基本手段,通过师生、生生互动,促进学生自我反省、自我完善。

一、学校心理辅导课程的常用教学模式

教学模式是指在一定教学思想或教学理论指导下建立起来的较为稳定的教学活动结构框架和活动程序。教学模式既是教学理论的具体化,又是教学经验

---

① 钟志农. 心理辅导活动课操作实务[M]. 宁波:宁波出版社,2007:115.

的一种系统概括。当代国外有代表性的教学模式有程序教学模式、发现教学模式、掌握学习教学模式、暗示教学模式、范例教学模式、非指导性教学模式,国内则有自学指导式、目标导控式、问题探究式、情知互促式等。

学校心理辅导课程自20世纪90年代初开设至今,其常用教学模式有以下四种:[1]

(一)讲授式教学模式

在学校心理辅导课程开设的初期,为了将心理健康教育知识作普及宣传,让更多的学生和教师获得相关的知识和理念,知识讲授式的教学模式比较流行。教师通过课堂教学,主要以讲授的方式向学生传授心理学的知识和理论。其实施流程为:问题导入—知识讲授—实际应用。

这种模式是在传统的课堂教学模式的基础上逐渐演变而来的,对于从事学校心理辅导的教师来说比较容易掌握和把握,只需像学科教学那样给学生介绍相关的心理学知识即可,对于学生来说也可以拓宽对心理学知识的了解。

讲授式教学模式的弊端也比较明显,如无法激起学生学习的兴趣,无形中增加了学生的学习负担,最重要的是彻底违背了学校心理健康教育的精神,未能在提高学生心理素质、增进心理健康、开发心理潜能方面发挥学校心理辅导课程的作用。

(二)活动式教学模式

当讲授式教学模式受到质疑时,很多学校心理辅导教师看到了活动给课堂教学带来的勃勃生机,活动式教学模式便应运而生。教师根据学生的生理、心理特点精心设计活动,学生通过参与丰富多彩的活动获得充分的心理体验,从而提高社会适应能力和心理健康水平。其实施流程为:设计活动—参与活动—体验感受。

活动式教学模式可以充分调动学生的积极性和主动性,形成活跃的课堂氛围,可以给学生情感上带来充分的心理体验,也符合学校心理辅导课程以活动为重的基本特征。但该模式更强调学生在活动中的自主感悟,而缺少了心理辅导教师的指导。学生在"热闹"之后没体验出什么,大多还比较茫然,年幼的孩子更是如此,因此活动的预期效果很难保证。

(三)对话式教学模式

随着学校心理辅导课堂教学改革的深入,受个别心理辅导"价值中立"原则的影响,平等对话师生关系的建立成了时代的宠儿。教师根据教学要求或学生实际情况选定某一讨论主题,并将学生分组,每个小组内成员均可充分发表自己

---

[1] 王海英,成伟.中小学心理健康教育课堂教学模式探析[J].当代教育科学,2010,(20):56-58.

的看法,畅所欲言,形成小组意见,然后小组与小组讨论,最后由教师做总结。在教学过程中,教师只是一个组织者,对话时是完全与学生平等的关系。当然教师在这期间也要参与到每个组的讨论活动当中,朋友式的与学生"对话"。其实施流程为:确定主题—分组对话—解决问题。

对话式教学模式给学生和教师营造了一个平等和谐、畅所欲言的课堂氛围。在这个氛围中,教师对于学生提出的任何观点与方法,无论正确与否,无论健康与否都不简单地批评和指正,而是通过小组的讨论和辩论,利用学生理性的思维来检查自己的行为模式,从而解决价值冲突。但该模式仅仅依赖形式单一的分组讨论,受学生年龄和生活经验的制约,实施效果难免会受影响。

(四)诱导式教学模式

活动是实现主体发展的必由之路,而活动又离不开具体情境的创设。诱导式教学模式正是一种注重活动情境创设和教师引导的教学模式。教师创设具体情境,以引起学生的情绪体验或行为反应,在学生积极参与和教师根据心理学原理有目的的诱导下,学生自觉进行自我教育、发展心理品质、开发心理潜能。其实施流程为:创设情境—感知体验—辨析引导—交流感悟。

诱导式教学模式适当借鉴了团体心理辅导的一些理念和做法,一方面它通过团体互动来促进学生的心理发展,另一方面它侧重的是引导、启发而不是说教和指导。在引导式教学模式中,教师本着激励、启发和引导的原则,尊重每个人的个性,鼓励个人发表意见,重视班级内的交流与学生反应,成为目前学校心理辅导教学实践中最常见的一种教学模式。

二、学校心理辅导课程教学的基本原则

教学原则是指教师在教学工作中必须遵循的基本要求。在学校心理辅导课程的教学中,应遵循以下原则:

1. *活动性原则*

学校心理辅导课程不以传授系统的知识为主,而以学生获得体验感悟为主,这就决定了学校心理辅导课程的性质是活动课程,学生的活动就成为教学的基本环节。通过活动,可以有效地调动学生的主体参与性,改善他们的自我意识和情绪状态。在学校心理辅导课程的教学中,教师切忌以"讲"代"动"。讲座或大量纸笔练习虽对学生的心理成长也具有深刻的意义,但活动更有利于学生体验角色情感,也有利于学生选择行为模仿标准,因此在课堂教学的每一个环节上要真正让学生动起来。学生在心理健康教育课中可以采用的活动形式是多种多样的:角色扮演、道德两难推理练习、价值澄清、行为训练游戏、竞赛等,多样的活动形式有利于学生获得多样的人生经验。

2. 互动性原则

互动是个体形成良好个性的基本途径。只有使学生在情感交流和思维碰撞中产生深刻情绪、情感体验的心理辅导课，才能真正促进学生心理品质和心理能力的发展，才是有价值的课程。这一切都与学校心理辅导课堂情境中的互动密切相关。师生互动、生生互动甚至气氛与学生的互动，是有效心理健康教育的开始。学生就是在个体与环境互动→体验→个体与自身的互动的流程中生成与建构，最终达到顺应，获得心灵的成长与发展。因此，心理辅导教师应凭借真诚的态度、温和的课堂语言、灵活的课堂调度，促成良好的师生互动和生生互动。舒展的课堂带给学生的必然是润物细无声的美好与愉悦。

3. 启发性原则

常言道："问则疑，疑则思。"一石激起千层浪，只要提问切中要害、发人深省，学生的思维就会活跃起来。在学校心理辅导课的教学中，教师要针对学生的体验，通过一系列的问题引导学生积极思考，鼓励学生辨认自己的价值观念以及这些价值观念与其他价值观念的关系，揭示并解决自己的价值冲突，进而形成合理的观念，通过相互的体会和感受的交流，在自我教育中不断内化，加强自律能力，训练和强化健康的行为方式。同时，发扬教学民主是实施启发教学的必要条件，教师应为建立民主、平等的师生关系和生生关系而努力，创造民主、和谐的教学氛围，鼓励学生发表不同见解，无条件积极关注和接纳学生。

4. 主体性原则

心理健康教育课程的活动性质决定了学生是活动的主体，教师只是辅导者，其作用主要是引导、催化、建议。因为心理健康教育的最终目标是培养学生心理自助的能力，这种能力只有在学生活动和亲身实践中才能发展起来。学校心理辅导课要引导学生自我重新评估与内省，改变认知模式和行为方式，不要由教师代替学生做出决定，助人的目的是为了让学生自助。人本主义心理学家罗杰斯认为，每个人都有一种内在的成长需求和动机，而且每个人都有一种解决自身问题的潜能，即使是心理适应不良的人也同样如此。教师必须关注每一个学生，有责任确保每个学生说的话不被自己所打断和误解。教师不要讲得太多，要充分尊重学生的主体抉择，以免喧宾夺主。

第四节 学校心理辅导课程的教学评价

教学是一种有目的、有组织、有计划的实践活动,它要求对教学实际情况及其变化进行评价,以验证教学目标的达成程度。现代教学论认为,没有评价就没有教学的改进与发展。教学评价在学校心理辅导课程教学实践和研究中具有非常重要的意义。

一、心理辅导课程的教学评价概述

教学评价是指以教学目标为依据,制定科学的评价标准,运用科学、有效的技术与手段,对教学过程及结果进行测量、分析,并给予价值判断的过程。

教学评价具有诊断、激励、调节等作用。现代教学评价应遵循客观性、全面性、指导性、科学性和发展性的原则。

根据评价在教学活动中发挥作用的不同,可把教学评价分为诊断性评价、形成性评价和总结性评价三种类型。

1. 诊断性评价

诊断性评价是指在教学活动开始前,教师为了全面了解学生的学习准备状态所进行的评价。教师可以根据评价结果,确定教学起点,安排教学计划。

2. 形成性评价

形成性评价也称为过程性评价,是为了改进教师的教和学生的学,在教学过程中所实施的评价。形成性评价的主要目的是改进、完善教学过程。

3. 总结性评价

总结性评价是指教师在教学结束时,以预先设定的教学目标为基准,对教学效果所做出的评价。

二、学校心理辅导课程的教学评价策略

学校心理辅导课的教学过程是学生的知、情、意、行在其中的表现、锻炼、变化和发展的过程,是学生某些心理素质获得提升的过程。由于学生的禀赋和发展起点不同,对于同一活动的反应和态度不同,内心产生的体验和感受不同,每一个学生的发展变化也是不同的,因此评价应关注活动过程对学生发展的影响,关注学生在活动过程中的态度和表现。

同时,学校还应对教学活动进行评价,关注教师的教学指导思想、教学目标的达成、教学内容的适切、教学方法的多样、教学组织的合理以及教师的课堂教学素养等方面。对于学校心理辅导课来说,要以形成性评价为主,评价可从以下几方面实施:[①]

1. 教学目标的达成

教学目标的达成情况是评价一节学校心理辅导课的核心,在评价教学目标时,应以"目的确切、符合实际、立意具体、贯穿全程"为标准。一节成功的学校心理辅导课必须有明确、清晰的目标,而且目标要适应时代需求,符合学生的特点和实际需要,目标要具体有层次,贯穿整节课的全过程。

2. 教学内容的适切

教学内容是为实现教学目标服务的,评价教学内容的适切与否,应以"选材适宜、紧扣主题、贴近生活、亲近学生"为标准,具体主要看:① 有没有紧扣主题,能不能反映时代特点,顺应时代发展的要求;② 是否适合学生的年龄、心理特点,能否为学生理解和把握;③ 是否关注了学生成长和发展过程中的需求和现象,选择的是不是学生迫切需要了解的内容和解决的问题;④ 内容有没有真正贴近学生生活,与学生的生活实际密切相关。

3. 教学方法的实效

学校心理辅导课的教学方法要"生动活泼、形式多样、富有情趣、节奏适度"。方法要服从教学内容的实际需要,符合学生的年龄特征,吻合学生的需求和喜好,能充分调动学生参与课堂的热情和积极性,让学生在轻松愉快的情境中,获得深刻的体验与感悟。教学的方法和形式要有一定的变化,注意动静相宜,要根据主题的需要,把握好节奏的变化;多媒体手段的运用要恰当,能为教学内容服务。

4. 教学效果的显现

学校心理辅导课的效果如何,关键要看学生在教学活动过程中的态度和表现,因此"全员参与、真情表露、坦率交流、共同分享"是重要的评价标准。具体可以考察:① 学生对本课讨论话题的关注程度和责任感;② 学生是否全员参与活动;③ 学生在活动中参与的热情、思维的活跃、兴趣的浓厚、气氛的融洽、真情的袒露、交流的坦诚等;④ 学生在活动中表现出来的人际交往能力、语言与沟通能力、合作能力、自主能力与创新能力等。当然,良好课堂氛围的营造、民主平等关系的建立以及广泛生生、师生互动的形成,也是教学效果显现的重要内容。

---

① 吴增强,蒋薇美.心理健康教育课程设计[M].北京:中国轻工业出版社,2007:119.

5. 教学能力的体现

教师的能力与素养也是左右学校心理辅导课质量的重要因素。上好心理辅导课对教师的要求也是多方面的，评价时可以关注：① 教师的备课和教学材料的准备是否充分，是否了解学生；② 教师的教态、仪表是否自然；③ 语言运用是否贴切，能否取得学生的喜欢和信任；④ 教学技巧的运用是否科学合理，是否达到预期效果；⑤ 教师的思路是否清晰，条理是否清楚，教学环节衔接是否自然、流畅；⑥ 教学组织是否有序、灵活，教师是否具有相当的教学机智，是否有较强的驾驭课堂的能力等。

本章小结

随着学校心理健康教育的深入开展，心理辅导课程越来越受到重视。本章重点探讨学校心理辅导课程的教材编写、教学设计、教学过程以及教学评价等内容。当前学校心理辅导课程教材编制的取向、视角以及呈现形态多种多样，质量参差不齐。教材编写在指导思想上要"以人为本"，在编写取向上要优化整合，在内容结构上要全面均衡，在编写队伍上要多元优化。学校心理辅导课程的设计可以从教学主题、教学目标、教学方法以及教学程序四个方面着手，可采用讲授式、活动式、对话式和诱导式等教学模式。学校心理辅导课程的教学应遵循活动性、互动性、启发性和主体性的教学原则。学校心理辅导课程的教学评价主要是形成性评价，评价可以从教学目标的达成、教学内容的适切、教学方法的实效、教学效果的显现以及教师教学能力的体现等五个方面进行。

关键词：学校心理辅导课程建设；教材编写；教学设计；教学过程；教学评价

第十五章　学校心理辅导的机构建设

学习目标

1. 了解学校心理辅导机构的功能定位和条件保障,掌握学校心理辅导室的设计方法;

2. 理解学校心理辅导转介的重要意义,掌握转介的一般流程和操作方法;

3. 理解学校心理辅导档案的含义、内容和管理制度,掌握建立心理辅导档案的方法和标准。

《纲要(2012年修订)》指出:"心理辅导室是心理健康教育教师开展个别辅导和团体辅导,指导帮助学生解决在学习、生活和成长中出现的问题,排解心理困扰的专门场所,是学校开展心理健康教育的重要阵地。""要加强心理辅导室建设,切实发挥心理辅导室在预防和解决学生心理行为问题中的重要作用"。因此,学校心理辅导必须有一个标准、专业的组织机构以及规范的工作场所与设施,并建立有序的心理辅导转介制度和科学的心理档案制度。

第一节　学校心理辅导机构的专业设置

学校心理辅导的机构建设直接关系到学校心理健康教育工作的科学性、规范性和有效性。加强心理辅导机构建设,必须科学定位其功能,按照专业标准进行规划与设计。

一、学校心理辅导室的功能定位

学校应结合实际,明确心理辅导机构的功能定位及机构设置,保证学校心理

健康教育工作的顺利开展。

（一）学校心理辅导室是学生生活指导设计的企划室

心理辅导室需备有各种有关学生心理问题及指导方案的资料，成为学生生活指导的中心。心理辅导教师应该是青少年心理问题的专家，对学生现阶段的心理动向掌握得比较准确，能利用心理辅导室现有的资料，设计学生指导方案。

（二）学校心理辅导室是对学生个体进行指导的咨询室

心理辅导室不仅要解除学生烦恼，还应进行各种测试，帮助学生了解自己的能力、兴趣、个性特长等，通过对个体的指导，使学生认识到心理辅导室是有效指导个体的咨询室。

（三）学校心理辅导室是提供及保管档案的资料室

心理辅导室应该及时大量地收集有关学生心理档案资料，以及对学生心理发展和适应社会有用的学习资料，适当分类保管。心理档案资料供心理辅导专业人员规范化使用。学习资料可以随时提供给每一名学生进行参考，并通过各种媒体广泛利用。

（四）学校心理辅导室是教师继续教育的基地

为了提高教师理解学生、指导学生的能力，学校应充分有效利用心理辅导室。心理辅导教师可以接受专业的督导，提供典型事例，与教师共同探讨指导方案，研究咨询技术及指导艺术。全体教师也应积极参与各种调查，收集资料，提供现场研究资料。

（五）学校心理辅导室是学校与家庭沟通的桥梁

为了有效地指导学生，心理辅导室还应成为连接学校与家庭的桥梁，帮助家长树立正确的教育观念，了解和掌握孩子成长的特点、规律以及心理健康教育的方法，加强亲子沟通，注重自身良好心理素质的养成，以积极、健康、和谐的家庭环境影响孩子，同时，为家长提供促进孩子发展的指导意见，协助他们共同解决孩子在发展过程中的心理行为问题。

二、学校心理辅导室的专业设置

学校心理辅导室是为学生提供各种心理服务的校内工作机构。有条件的学校可以建立比较完备、功能齐全的心理辅导活动室，以促进心理辅导有效地开展。

（一）学校心理辅导室的规划

1. 地址选择

在中小学心理辅导室地址选择的问题上，应从任务的特殊性和青少年身心发展特征出发，体现人性化设计和人文关怀。具体而言，辅导室不可与行政部门设置在一起,以免被误认为行政单位之一;要富于生机,有助于促进师生关系融洽;环境要温馨、安静,注意隐秘性,安静的环境有利于学生会谈咨询,易于集中思考,学生不致受到外来的干扰而分心。因此,辅导室尽量不要靠近运动场、走廊、通道附近等嘈杂的地方。但也要注意,隐秘性并非将咨询室迁设于不为他人察觉的地方,以免造成过度的神秘感。

2. 名称界定

关于心理辅导室的名称界定,大致可归为两类:一类是专业色彩浓厚的称谓,如"心理辅导中心""心理指导中心""心理辅导室";另一类是专业色彩淡化的称谓,如"阳光心理室""青春心理屋""知心朋友屋"等。中小学心理辅导室应选择亲切、生动、贴近学生心理、易于接受的名称,如恳谈室、心语屋、谈心室、童心室、馨心小屋等名称更契合青少年的心理感受,容易引起学生的共鸣。

3. 空间设计

辅导室的空间设计,应斟酌实际的空间及预期的辅导功能,妥善进行规划。

辅导空间的规划,至少须能容纳一间办公室及一间接待室。若空间够大,则可另设办公室、测验室、会议室及档案室。各类空间的大小,则视其所有空间与需要而定,避免过分狭窄。室内布置及设备的安排,应力求舒适自然,以消除学生的紧张并增强其安全感。辅导室光线要充足。阳光不足、阴暗之处,令人产生压迫感,也会妨碍心理辅导工作进行。

辅导功能的空间规划中,接待室的设计应考虑不同辅导功能的协调,并注意使学生、家长及社区人士在等候时能够感觉到舒适与自在;咨询室的面积不要太大,否则会给人以空旷不安全感,但也不能太小,否则易产生压迫感,使人感到拘束;应设置测验室,以供个别及小团体测验之用;档案室及储藏室应有充足的空间,以节省辅导人员取用资料或其他设备的时间;空间有限时,某些房间可以具备两种以上的用途。

4. 内部设计

(1) 心理咨询室。咨询室要干净、整洁,空气流通,温度适宜,保密效果要好,保证不被其他人打扰,门窗可以关闭。心理咨询室内部设施可以简单,但布置要让学生感受到和谐、亲切、平静、安全和放松。咨询室的色调应以中性或偏暖的色调为主,避免强烈刺激的色彩,如大红、深蓝、黑、灰色等;窗帘等饰物可选用浅蓝色、淡绿色等色调,可以起到镇静情绪、缓解压力的作用。装饰画要表现自然、清新、积极向上的主题,还可以花草来调节气氛。茶几或桌上可放有插花(或鲜花)、茶杯、抽取式的面纸等物品。配置可以用双人沙发和两人的单人沙发,一个茶几或一张小桌子和两把椅子。座位软硬、高矮适宜,成90度摆放,中间可用小茶几隔开,把靠门的座位留给来访者,减少压抑感。

心理咨询室可以和接待室连结在一起,接待室主要用于接待来访的学生,预约辅导的时间。

(2) 心理测验室。要备有各种常规的心理测验量表或量表软件,配置电脑和打印机,便于心理测验和测验结果的统计处理。心理测量室不一定和咨询室放在一起,房间的面积不一定要大,但要有一个独立的、安静的房间,以保证心理测验不受影响。

(3) 心理档案室。心理档案室需要足够的空间放置档案柜和电脑。档案室主要是用来记录和保存心理辅导系统资料,如学生的心理健康教育档案和心理分析数据、图表、测试卷、个案资料等,从而为心理辅导教师提供记录和整理当事人心理个案的工作条件和具有说服力的科学依据。

(4) 心理阅览室。心理资料阅览及播放室主要用于存放各种有关心理健康教育方面的书籍、报刊、录像资料供学生、教师使用。该室需备有各种有关心理健康教育的资料及书架、阅览桌椅、录像机、电视机等。心理阅览室可以让学生在任何时候选择自己所需要的资料,以得到帮助和启示。

(5) 心理放松室。心理放松室是心理辅导教师应用各种心理松弛的方法指导学生进行放松的专门场所。心理放松室可以让学生自己放松,可以利用放松按摩设备、听各类音乐放松自己,可以在心理辅导教师的指导下配合指导语进行放松,也可以按录音配指导语进行放松。心理放松室通过肌肉放松、呼吸放松、想象放松、暗示放松、音乐放松、运动放松等放松疗法让学生得到放松。

(6) 团体心理辅导室。团体心理辅导是比较有效且成本比较低的一种辅导模式,团体辅导侧重解决部分学生共同成长的需求。团体辅导室一般配备最简单的设备,需要活动的桌子和椅子,室内配有多媒体音响设备,还可以在地上铺设地板、地毯或者布置抱枕。

(二) 心理辅导室工作常用设备

1. 一般性设备

主要包括:① 电脑:实施心理测评,网上查询资料,处理及保管档案资料,管理心理健康网站;② 办公桌椅:供辅导教师工作办公之用;③ 书柜和报刊柜:放置心理辅导书籍、杂志及有关测验资料;④ 档案柜:放置心理测试档案及咨询记录档案;⑤ 资料袋:放置学生资料。

2. 专业性设备及耗材

主要包括:① 辅导信箱:供学生与辅导师不便于面对面的晤谈,而以书面沟通或解决其他问题之用,信箱应设于辅导室门前或学校走廊通道处;② 视听器材类:如录音机、照相机、录像机等;③ 软件类:心理测评及心理档案管理软件;④ 测验材料类:智力测验、性向测验、成就测验、人格测验等;⑤ 参考书籍类:有关心理辅导及心理学、儿童发展与辅导及辅导工作的参考书籍与刊物等;⑥其他专业用具:在小学使用如儿童玩具、积木、黏土、沙盘、蜡笔、水彩、图画纸及故事书等。

第二节 学校心理辅导机构的条件保障

学校心理辅导机构的运作需要一定的条件保障支持。学校心理辅导组织机构的完善、稳定的专业教师队伍都是学校心理辅导机构正常运作的先决条件。

一、学校心理辅导工作的组织机构

(一) 成立学校心理健康教育指导委员会

学校应成立由主管校长负责的心理健康教育指导委员会(小组),逐步形成以专(兼)职心理辅导教师为骨干,班主任、团队干部为主体,全体教师参与的心理健康教育工作团队。

(二) 建立学生心理健康三级网络体系

为了保证落实心理健康教育的理念和目标,学校心理辅导工作必须要有一定的组织机构,并实施网络化管理,确保心理辅导工作的科学性、规范性、有效性。学校要建立学校、年级、班级三级心理健康教育工作网络,明确职责分工和协调机制。

一级网络为学校专门的学生心理健康教育和辅导机构,具体组织协调开展全校学生心理健康教育工作。校级心理辅导室负责本校学生心理健康状况的维护与监控,建立与管理学生心理成长档案,协助学校开展心理健康教育的有关活动;对轻度心理障碍或适应不良的学生进行个别或团体心理辅导,调节学生情绪,缓解学生的压力。对于中、重度心理障碍的学生应及时转介到高一级心理咨询机构。

二级网络由心理健康教育工作小组领导下的分管教导主任、各年级的年级组长、班主任和教师组成。他们承担的是学校心理辅导的基础工作。学校心理健康教育应逐步进入班级工作之中,班主任老师要学会用心理辅导的方法与学生沟通交流;利用团体心理辅导的方法开展班级辅导活动;能够及时发现有心理困惑和心理障碍的学生,转介到学校心理咨询机构。

三级网络由学生心理辅导服务员组成。这是学校心理辅导工作的辅助队

伍,他们是心理辅导工作的志愿者,主要承担四方面的任务:

(1) 在班级同学中广泛宣传与普及心理健康知识,可以亲身的体验、积极健康的心理品质帮助有心理困惑的同学;

(2) 积极配合心理辅导活动课程教学,在辅导课程活动中起骨干作用,通过他们来带动、影响其他学生;

(3) 能帮助其他同学疏导心理问题,及时向班主任或心理辅导老师反映同学中的心理问题,及时反馈同学的心理辅导需求;

(4) 协助心理辅导部门做好一些力所能及的学生心理工作,如辅助心理辅导老师做危机预警工作、学生心理普查和问卷调查工作等。

二、学校心理辅导师资队伍的建设

心理健康教育是一项专业性、科学性、应用性很强的工作,不仅需要一支具有较高专业水平的专(兼)职教师队伍,也需要学校德育干部、团队干部、班主任,乃至全体老师的积极参与。通过多种形式,建设一支以专职教师为骨干,专兼结合、专业互补、相对稳定的学校心理辅导工作队伍。

1. 专职心理辅导师资队伍建设

专职教师要根据适量、精干的原则进行配备。专职教师原则上须具备心理学或相关专业本科学历。每所学校至少配备 1 名专职或兼职心理健康教育教师,并逐步增大专职人员配比,其编制从学校总编制中统筹解决。

健全中小学心理健康教育教师职务(职称)评聘办法,制定相应的专业技术职务(职称)评价标准,落实心理健康教育教师职务(职称)评聘工作。专职心理健康教育教师主要负责学校心理健康教育课,进行个别辅导与团体辅导,开展心理健康教育的其他各项活动及科研等工作。

2. 兼职心理辅导师资队伍建设

学校兼职心理健康教育教师应从有教育工作经验,有较强工作能力,接受过心理健康教育专门培训的教师中选拔。兼职心理健康教育教师主要负责协助专职教师开展相关工作。学校应保持兼职教师队伍相对稳定,制定相关政策,相应减轻兼职教师的其他教育教学工作,计算工作量或给予报酬。专职教师应享受班主任同等待遇。专、兼职心理健康教育教师必须热爱心理健康教育工作,具有良好的思想素质,应积极参加专业培训与教研活动,主动开展学校心理健康教育工作。

学校要将心理辅导教师纳入教师培训计划,分期分批对心理辅导教师进行轮训,切实提高专、兼职心理辅导教师的基本理论、专业知识和操作技能水平。学校要建立心理辅导督导制度,对心理辅导人员的业务督导是心理辅导专业化的一项重要工作。督导已成为心理咨询必不可少的一个环节。学校专职心理辅导人员应定期进行专业的案例督导及个人体验,提高业务水平,避免辅导教师心理资源枯竭。

学校应结合教师的继续教育,对班主任及全体教师开展不同层次心理健康教育培训;定期组织心理健康教育专题讲座。学校应选派具有一定基础、热爱这项工作,有较高素质的教师持续参加培训学习,并保证其工作的稳定性。学校应有计划地组织心理健康教育讲座或专题研讨活动,提高广大教师对心理健康教育工作重要性的认识及其他们自身的心理健康水平。

第三节 学校心理辅导转介的组织实施

转介是心理辅导及危机干预中的重要环节。《纲要(2012年修订)》指出:"在心理辅导过程中,教师要树立危机干预意识,对个别有严重心理疾病的学生,能够及时识别并转介到相关心理诊治部门。"目前,随着转介技术在学校心理辅导中的应用日益增多,构建保密、及时、快捷、有效的心理辅导转介机制将有利于提高中小学生心理辅导效果,有效减少心理问题甚至心理危机事件的发生。

一、学校心理辅导转介的概述

所谓转介,是指在征得学生当事人同意的情况下,将当事人从当前心理辅导教师或心理咨询师转给另一个适合其问题处理的心理咨询师或治疗师或精神科医生接受进一步的咨询、诊断和治疗,协助当事人赢得最佳咨询和治疗时间的一种有效心理辅导及危机干预的处理办法。转介在中小学生心理咨询和危机干预中具有重要的现实意义。

首先,转介是心理辅导教师的专业道德要求。林孟平指出,转介是教师和心理咨询师忠于工作和负责任的表现[1]。心理辅导教师一旦遇到较为棘手的问题或超出了专业能力时,一定要运用转介的方式将当事人转到适合其问题得到解决或治疗的心理咨询师或心理治疗师、精神科医生那里,这是教师最起码的职业道德和责任意识。

其次,转介是提高心理辅导效果、解决学生心理危机的重要策略。在心理辅

---

[1] 林孟平. 辅导与心理治疗[M]. 香港:商务印书馆(香港)有限公司,1988.

导过程中,如果心理教师发现,来访者的心理问题是自己不适宜接待的个案,向来访者婉转地讲解清意图后,转介给其他更适宜和胜任接待本个案的同行或专业水平更高的专家是对来访者负责、保证心理辅导质量、提高心理辅导效果的有效措施。

再次,转介是充分利用校内外专业资源的最佳手段之一。转介可以利用校内外相关的资源,充分发挥各单位的社会功能和专业优势,在最短时间内取得最优化的教育、咨询和治疗效果。

二、学校心理辅导转介的一般流程

(一) 确定转介对象

从实际工作经验看,一旦发现学生属于下列情况,心理辅导教师应及时将学生进行转介。

1. 学习与生活层面

① 成绩大幅滑落甚至出现多门课程不及格现象,却找不出原因;② 经常旷课或在课堂上常睡觉,不愿接受别人帮助;③ 对自己要求甚高,但挫折承受力低,过分看重分数;④ 沉迷网络难以自控,对其他生活都失去了兴趣;⑤ 生活忽然变得散漫、没有规律,说不出理由;⑥ 家中最近发生重大变故,精神变得恍惚,不愿与人交谈。

2. 心理与身体层面

① 心理上无缘无故地感到惊慌、恐惧与焦虑;② 对自己失去信心,否定自己,常与别人说到死亡之类的事;③ 常常感觉不舒服,医学检查却一切正常。

3. 行为与情绪情感层面

① 个人坐立不安、注意力不集中、缺少安全感,却说不出所以然来;② 似有妄想、幻听、自言自语,畏惧与社会接触;③ 生性孤僻、独来独往,落落寡欢,拒绝班主任与同学的关心;④ 经过多次思想工作,口头上同意改进,但行动上没有任何进展;⑤ 长期咨询并超过八次以上,但心理教师感觉进展不大;⑥ 恋爱最近出现重大波折,难以走出失恋的阴影,痛不欲生;⑦ 严重抑郁或具有非常明显的自杀倾向。

(二) 转介的操作流程

在中小学生心理危机干预工作中,学校相关部门和人员应根据心理危机个案的类型与级别,按照事先编制的转介操作流程及时予以合理转介,采取有针对性的干预措施,确保心理危机干预的科学有效。

1. 基层向心理辅导中心的转介

教师或学生发现有心理危机的学生后,应及时上报年级负责人,然后由年级负责人向学校心理辅导中心上报并征得学生同意的情况下，由学校心理辅导中心通过初步评估，再决定是否转给校内心理咨询师或校外精神专科医生。如果情况特别紧急，需要向学校心理危机领导小组及时上报，保证危机干预工作的科学有序。

2. 心理咨询师之间的转介

心理咨询师在咨询过程中，若遇有较为严重心理危机或精神疾病的学生，必须及时向心理辅导中心负责人汇报，与中心负责人讨论危机学生的状况，然后安排其他咨询师接案或向校外转介。为了保证转介的准确性，需要心理教师提供书面材料，描述当事人的详细情况，以作为转介后其他咨询师了解和熟悉学生问题的重要内容。

3. 心理辅导中心与校医院之间的相互转介

学校心理辅导中心对咨询中发现的有严重心理危机的学生，应按照转介原则和程序及时转到校医院，由医生进行相关检查。校医院医生在日常接诊中发现有心理问题的学生，也应及时与学校心理辅导中心取得联系，转介到心理辅导中心接受心理辅导。

4. 心理辅导中心与精神专科医院的转介

从心理辅导中心向精神专科医院转介，可分为两种情况：一是对危机学生当事人的心理状况把握不准时，可由辅导教师陪学生先行到精神专科医院接受进一步的诊断；二是对呈现严重心理危机或精神疾病的学生，一般由家长陪同学生到精神专科医院进行诊断。

(三) 转介记录

除了有伤害自身或攻击他人的可能性存在，所有的转介工作都应在保密的前提下进行。转介前后，心理辅导教师应提供当事人的谈话辅导或咨询记录，开具转介通知单，做好转介工作的相关记录，以利转介的后续咨询辅导和治疗工作。

(四) 转介后的适度追踪辅导

转介成功后，学校心理辅导教师应根据转介后的具体情况，适度进行定期或不定期的追踪，了解当事人转介后的有关情况。

三、学校心理辅导转介的操作要求

(一) 增强转介意识

将超出个人专业能力的当事人转介给适合其问题得到解决或治疗的心理咨询师或心理治疗师、精神科医生，这是心理辅导教师最起码的职业道德和责任意识。转介既不是教育或咨询的失败，也不是心理辅导教师推卸责任，而是为了使

当事人得到更好的帮助,是心理辅导教师忠于工作和负责任的表现。因此,要普及心理健康教育与咨询知识,增强全员参与意识,对相关人员进行系统的心理咨询理论与技术、案例研讨等专业培训,提高专业工作水平,增强职业敏感度,合理运用转介技术。

(二)把握转介时机,注意转介方式

在对学生心理危机进行干预转介时,必须要当事人知情,基于当事人的自愿,同意心理辅导教师的建议而接受转介。

1. 当事人自愿转介

若当事人主动提出转介要求,心理辅导教师应及时根据当事人的具体情况,可直接转介。

2. 鼓励当事人同意接受转介

心理辅导教师面对严重心理危机的学生,需与当事人进行沟通,向当事人说明转介理由,即使当事人只有几分的转介意愿,也应鼓励当事人,及时表扬当事人会善用资源帮助自己成长,使当事人有充分的心理准备,获得其同意后,及时办理转介手续。

3. 主动进行转介

当心理辅导教师发现原有工作模式难以取得效果,或当事人感觉教育与咨询效果不佳,或当事人遇到的问题明显超出心理辅导教师的专业训练与能力范围时,应与当事人公开说明并商量转介事宜。本着为当事人负责的态度,将其转介给另一位适合的心理辅导教师或校外专业心理治疗师、精神科医生。

4. 当事人不愿意转介,要慎重处理

如当事人不愿接受转介,除了学生出现紧急状况如有伤害自身或他人的严重危险之外,不得强制学生接受咨询或治疗。但必须告知校心理咨询中心有关当事人的姓名和情况,由心理咨询中心在适当时机和学生接触。实施学生心理危机转介的各相关单位,必须对转介学生的身份和有关数据信息等进行保密。

(三)充分利用校内外专业资源

充分利用校内资源,学院、校心理咨询中心、校医院、保卫部门等各单位彼此之间应通力合作,建立从学生骨干、班主任到年级、学校的校内心理危机干预快速反应机制,建立中小学生心理危机事件会商及转介制度,理顺转介渠道。

充分利用校外资源,和精神卫生医院建立定点联系,建立从校心理咨询中心到校外精神专科医院的快速转介通道,或者主动聘请精神专科医院的医生到学校心理咨询中心值班,既可以打消学生的疑虑,也可以使医生对危机学生进行快速评估诊断,提高工作的时效和诊治时间。

充分利用家长资源,建立良好的转介关系,力争有效转介。在转介过程中,

让家长明白,转介是学校对学生负责的表现,早期的治疗可以稳定病情,防止恶化。向家长介绍转介成功的案例,使家长打消疑虑,树立信心,主动配合学校的转介工作。

针对一些心理危机个案,需建立中小学生心理危机事件案例会商制度,充分发挥各单位的管理功能和专业优势,不断提高应对危机事件的科学化水平,共同做好中小学生的心理危机预防与干预工作。

(四)建立良好的转介关系,力争有效转介

卡普兰指出,咨询者和需求当事人必须维持良好的关系才能使当事人获得受益。因此,心理辅导教师或心理咨询师必须与当事人或学生家长建立良好的互信关系。

1. 接受当事人对转介的感受

转介中,应了解当事人对转介的感受,消除当事人在情绪方面对转介的阻抗。如果强行转介当事人,而没有澄清和接受当事人的感受,并帮助他们对自己需要别人帮助的处境有更现实的和更清楚的了解,往往会造成转介失败。

2. 与当事人家长保持有效沟通

在转介过程中,既需要做当事人的工作,也需要做当事人家长的工作。首先,充分理解和接纳当事人家长的担忧。心理辅导教师在与当事人家长交流沟通的过程中,一定要认真倾听,充分理解当事人家长的担忧,然后释疑其困惑。让家长明白,心理问题或心理障碍具有时代性,是许多人都可能会遇到的,并不是因为学生个人的道德品质问题,它只是一种心理问题,需要获得更为有效的帮助。转介是学校对学生负责的表现,绝对不是学校为了扔掉包袱或推卸责任。其次,转介是解决学生心理危机的重要举措之一。通过有效沟通,让当事人家长认识到,早期的预防和治疗可以稳定病情,防止精神疾病的恶化。再次,介绍转介成功案例,树立转介的信心使当事人家长打消疑虑,主动配合学校的转介工作,形成学校与家庭合作的良好局面。

总之,正确运用中小学生心理危机预防与干预中的转介策略,对心理辅导教师而言,既是一种责任,又是一种艺术,更是一种能力,是解决中小学生心理危机问题的重要举措和有效办法。

第四节 学校心理辅导档案的规范管理

对学生进行心理评估是学校心理辅导工作的重要前提和基础,而建立学生心理档案是对学生心理进行评估的重要形式。学校心理辅导档案的建立是一项具有很强的科学性、专业性和技术性的工作。心理辅导教师只有在了解学校心理辅导档案的含义、意义、方法、标准和管理制度等的基础上,才能建立起科学、经济实用的学校心理辅导档案,才能正确使用与管理好学校心理辅导档案。

一、学校心理辅导档案概述

学校心理辅导档案有广义和狭义之分。狭义的学校心理辅导档案是指个体心理发展变化的特点、心理测验结果、心理咨询与辅导记录等材料的集中保存。这些资料按照一定的程序排列,组成一个有内在联系的体系,如实地反映中小学生的心理面貌。而广义的学校心理辅导档案还包括中小学生心理健康教育活动的有关资料,如中小学心理健康教育的计划、课程开设、活动安排、教研活动、研究课题及成果、效果评估及管理工作等的记录。这里讨论的主要是狭义的学校心理辅导档案。

(一)学校心理辅导档案的主要内容

1. 个人背景信息

个人信息主要在预约中收集,主要包括姓名、性别、年龄、年级、班级、对咨询师的偏好、问题类型、是否转介而来等。初次打交道时,来访者的有些信息(如姓名、班级)不便于收集,可视对方的意愿和情形而定,以后有条件时逐渐补充。正式咨询时,来访者因不断熟悉和信任咨询师而逐渐透露自己的民族、爱好、身体健康等信息,也应收集到背景信息中。可见,背景信息的收集是一个不断完善的过程。这些信息对于理解来访者的问题具有参考价值。

2. 心理咨询师的会谈记录,包含训练活动

心理咨询师的记录资料是心理辅导档案的主体,一般是会谈结束之后以回忆的方式完成。每次咨询活动的记录分为两个部分:第一部分是客观记录,主要记载咨询的导入、讨论的主要问题和结束时对下次咨询的安排。记载的信息既有双方语言交谈的内容,也有来访者服饰、体态等非语言信息。第二部分为咨询师的反省,分析心理辅导中取得的进步和存在的不足以及今后咨询的计划。有

条件者甚至可以收集图片或声像资料,前提是尊重来访者的意愿。咨询师需要做一些解释工作,按来访者的意见将资料标明为不同的保密等级:仅供同事配合工作参考、供同行研究或供教学使用等。即使在咨询关系结束后,咨询机构的工作人员原则上也要信守承诺,不得随意外传相关资料。

3. 心理测验资料

心理咨询师通过心理测验增加对来访者的了解,应向来访者进行解释,征得来访者同意后对其实施心理测验。心理测验如果是以纸笔形式进行,可将原始测试资料装入档案;心理测验如果是操作性的活动,心理测验员或咨询师需要记下选用的测验工具、来访者操作的过程及结果,同时附上对来访者测验结果的分析和评价。

4. 咨询的回访及效果追踪

成功的心理咨询应该是结束咨询关系后,来访者能独立面对和处理自己生活、学习、工作中的问题。定期的回访和追踪在评估心理辅导效果中很有必要。回访和追踪情况,无论是纸笔记录还是声像资料,均应归入来访者的心理辅导档案。

(二)建立心理辅导档案的意义

心理辅导档案主要是学校心理辅导工作中的相关记录,它的重要性体现在以下两个方面:

1. 为学生心理健康发展服务

建立中小学生心理档案,从总体上看,能及时准确地掌握和了解全校学生的心理发展规律、特点及现状,从而为学校的科学管理提供心理学依据。例如可以从中寻找出导致某一部分学生发生心理障碍的原因,并从宏观上寻找教育、预防和干预的方法;可以为学校的分班教学、个别化教学提供参考件;心理辅导档案所反映出的中小学生兴趣爱好的信息,可以为丰富课外活动、满足中小学生的正当心理需求提供决策依据。

建立心理辅导档案,从个体角度,也为学生个人心理健康发展提供了十分重要的条件。它是每一个中小学生心理成长的轨迹,帮助中小学生了解自己的心理状况,对学生的心理自主发展、心理潜能开发提供帮助。

2. 为心理辅导教学和科研服务

心理档案中隐去来访者姓名等隐私信息的案例是教学和培训中的真实素材,对培养新手分析问题的能力很有帮助。对于常见的一些咨询问题,如学生的学习、考试焦虑、早恋等主题,通过典型案例的研习,新手教师知道如何设立咨询目标、制订咨询策略,以后碰到类似咨询案例就能心中有数,从容应对。咨询中一些比较棘手的疑难案例、罕见案例、误诊案例,都是同行学习和研究的宝贵资

料。这些富有挑战性的案例提供了同行学习和交流的机会,对于促进咨询师的成长、提高同行的专业技能很有帮助。总之,咨询档案中的案例为咨询行业提供了教学和研究的宝贵素材,对理解咨询理论、提高操作技能大有裨益。

二、建立学校心理辅导档案的方法和标准

(一)学校心理档案资料搜集的方法

1. 观察法

观察法是有目的、有计划、有系统地获取处于自然条件下学生资料的方法。进行观察记录的方法有轶事记录法、评定量表法、情景抽样法及时间抽样法等。对于观察的结果,可以用下列三种方式做记录:

(1)评定法。心理辅导教师对所观察的特质或行为评定等级,一般等级划分类型可以是三点、五点。

(2)记录出现频率法。心理辅导教师将规定好要观察的学生的项目预先打印在纸上,凡出现了预观察的项目,就在该项目上做好记号。

(3)轶事记录。轶事记录是指教师把观察到的学生情况,以叙述性文字的形式简明地记录下来的文档,包含学生的姓名、性别、年级、观察时间、观察事实及其发生情境的描述、教师的解释与建议等。

2. 访谈法

访谈法是指心理辅导教师与学生或其较亲近的人通过直接谈话的方式来了解和研究学生心理的一种方法。在建立学校心理健康教育档案中运用访谈法,首先要编制访谈计划,设计访谈问题;其次,要了解访谈对象,掌握访谈技巧。访谈者应努力掌握访谈过程的主动权,积极影响被访者,尽可能让他们按照预定的计划回答问题。通过访谈,可以了解学生真实的心理背景、过去的心灵创伤等。

3. 问卷法

问卷法是心理辅导教师运用统一设计好的问卷向学生了解情况和征询意见的一种方法。在建立学校心理健康教育档案过程中运用问卷法,关键是要设计好问卷。问卷一般包括题目、前言和指导语、问题、选择答案和结束语等部分。问卷设计应遵循目的性、全面性、计划性等原则。采用自编的问卷调查,如用书面问题、表格让学生回答、填写,可了解学生的一些基本情况及其心理活动。

4. 作品分析法

作品分析法是借助学校的各种评定和记录以及学生的作品来获取信息的一种方法。如通过对学生的各种作业、试卷、模型和其他创作作品以及学生的日记、周记、信件、作文、自传等的分析,了解学生的心理活动。在对学生自传进行分析和解释时,要考虑到学生在自传中反映了怎样的情绪基调,有无透露重大的

事件和背景资料、有无轻生的意念和行为等。

5. 心理测验法

心理测验法是建立学校心理健康教育档案中最主要和最为常用的方法,其关键是选择合适的测验量表。选择测评工具时,要选择标准化的测验工具,明确测验的目的、功用及适用范围。心理测验按照施测人数可以分为个别与团体两种。在个别施测时,辅导教师可以仔细观察来访者的行为反应,以避免有错或误解题意,但是比较占用时间与人力,并可能引起来访者的不安。团体方式施测,时间、人力等都较经济,但是控制行为反应不如个体施测。

(二) 结果解释和建立标准化档案

在搜集好学生资料后,要对每一种资料,尤其是心理测验的结果进行解释,并结合学生基本情况提出教育培养上的建议,然后再建立心理健康教育档案。

1. 统计及结果解释

心理健康教育工作者要把通过观察法、访谈法、问卷法和作品分析法等方法搜集的资料及时整理,对于心理测验问卷,要按照每一测验所提供的计分标准进行统计,并要将原始分转换成标准分。在计分统计过程中,一定要实事求是、客观公正。在对当事人或其他人报告时,一般只需告诉测验结果的解释,并注意以下几个问题:① 使用当事人所能理解的语言;② 保证当事人知道测查或预测的目的;③ 提出科学的、有针对性的建议。

2. 提出教育对策与建议

建立学校心理辅导档案,是为了在发展学生能力、培养创造力、优化人格、促进心理健康、提高学习成绩以及指导升学或就业等方面,提出教育对策与建议。因此,要根据结果解释,并结合学生各方面的情况,分析其心理问题的形成原因,有针对性地提出教育培养建议或辅导策略。建议应切实可行,提建议时要考虑到学生现有的时间、所学课程以及学生的兴趣、爱好及家长的要求等,提建议时应规定具体的目标和实施的方法,包括何时、何地、在何种环境下实施建议。建议应针对不同的方面,有给家长的建议,也有给教师的,还有给学生及同学的,必要时还可包括给学生周围有影响人物的建议。

3. 撰写测评报告

搜集的资料最终都要体现在测评报告中,测评报告是心理测评的最终结果,其中所做的综合性判断和诊断结论对于今后的教育和干预具有决定性影响。一个有效的测评报告应具备有针对性、描述行为、描述个体的独特性等特征。报告的撰写应清楚、准确、直接,报告中应提供清楚、适宜和可实现的建议等。

4. 建立学校心理健康教育档案

心理健康教育档案的形式主要有文本式和计算机软件式。文本式又有专项

卡片和档案袋两种方式。专项卡片可包括学生综合资料表和各种心理测评资料表;学生心理健康教育档案多采用档案袋来保管,每个学生应建立一个档案袋,其格式应依据需要和资料内容设计,档案袋的封面通常应包括姓名、性别、班级、袋内基本资料名称及顺序、保密等级等。计算机软件形式可以减少差错,防止资料丢失,保证资料管理的准确规范、安全可靠,进而提高工作效率。

三、学校心理辅导档案的管理制度

学校心理辅导档案管理除了一般的防潮、防蛀等要求外,更有专业上特殊的考虑。

(一) 多角度的分类

心理辅导档案必须从多角度分类,以方便查找和分析。首先,可对心理辅导的主题即内容进行分类,如学习成绩、人际关系、自我意识、情感等。其次,按来访者的年龄阶段进行分类,如童年期(小学生)与青少年期(中学生)的表现形式与咨询方法肯定是不一样的。但这些分类不必过于细致,以实用为目的。档案封面上除了分类信息外,还必须有摆放位置的编号以便查找、放置。可见,档案管理人员既要有一般的档案管理常识,也要有心理学的基础知识。

(二) 对资料的处理方式

1. 统计处理方式

这是一种对所获资料采用统计方法进行客观处理的方式,可以对资料进行描述性处理,建立直方图、发展曲线等;也可以进行统计检验,如差别显著性检验,求相关、回归方程,甚至进行多元分析等。此种方式有利于从总体上把握某个班级、某类人、某个学校、某种教育方案与学生心理健康之间的关系,为学校或心理辅导人员从整体上把握心理健康教育指明一个大的方向,有利于做出方向性决策。此类工作可由熟悉统计的计算机专业人员进行,也可以借助统计软件包进行统计处理。

2. 非统计处理方式

这是一种依据经验对所获得的资料进行主观判断的处理方式。进行此类处理,一般无固定公式可以套用,需凭有关人员的专业知识、技能和丰富的实践经验,敏感地从个别差异中发现问题。此类工作一般由心理辅导教师或班主任老师进行。

(三) 对心理档案资料的解释

对学生心理档案资料的解释,以所需解答的问题为出发点,依其方向和着重点不同,可分为四个层面:① 描述的——描述某个学生心理发展及特点的现状;② 溯因的——追溯现状的成因及演变之过程;③ 预测的——预测或推估未来可能的发展;④ 评鉴的——根据既定标准,对学生表现作出判断,并就其出路的抉择提供评鉴性建议。

(四) 心理档案使用制度

心理辅导档案室对于如何使用档案要有一套严格的制度,以保障来访者的利益。首先要坚持保密原则。心理辅导档案涉及来访者的大量隐私信息,心理辅导机构要信守承诺,不得向无关的工作人员透露来访者的资料,更不能向外界泄露。只有一种情况例外,公安机关因为侦破案件的确需要了解情况时,档案管理人员和心理教师有义务配合。心理教师查阅档案时,也以为来访者工作、服务为目的。在是否可供教学、培训之用时,应严格遵从当初与来访者的约定。心理辅导档案的建立和规范管理是心理辅导机构的一项重要工作。学校心理辅导机构应参照一般的档案管理办法,再结合心理辅导工作的特殊性,制定一套健全的心理辅导档案管理制度。

本章小结

学校心理辅导的机构建设直接关系到学校心理健康教育工作的科学性、规范性和有效性。本章介绍了学校心理辅导机构的功能、设置、条件保障、心理辅导的转介以及学校心理辅导档案的管理。学校心理辅导室担负着学生生活指导设计的企划室、对学生个体进行指导的咨询室、提供及保管档案的资料室、教师继续教育的基地及学校与家庭沟通的桥梁等功能。在设置学校心理辅导室时,既要加强辅导室的科学规划和设备支持,同时也要完善相应的组织机构、建设专业的师资队伍以及提供必要的经费保障。做好心理辅导的转介工作以及学生心理辅导档案的管理,也是学校心理辅导机构建设的重要任务和内容。

关键词:心理辅导机构;转介制度;心理辅导档案

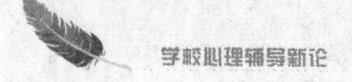

第十六章 学校心理辅导的应用策略

学习目标

1. 了解学科教学、班主任工作、校园文化建设、家校教育合作等概念的内涵；

2. 理解学科教学、班主任工作、校园文化建设、家校教育合作与学校心理辅导的关系；

3. 掌握在学科教学、班主任工作、校园文化建设、家校教育合作中开展心理辅导的策略。

《纲要（2012年修订）》指出："积极拓展心理健康教育渠道，建立学校、家庭和社区心理健康教育网络和协作机制，全面推进中小学心理健康教育科学发展，在学校普遍建立起规范的心理健康教育服务体系，全面提高全体学生的心理素质。"学校心理辅导是促进青少年学生心理健康发展，帮助其解决心理困扰和发展性心理问题的有效途径。随着我国学校心理健康教育的深入发展，心理辅导的目标正向"提高心理素质、培养心理品质、开发心理潜能，促进身心和谐、可持续发展"转换。为了有效达成上述目标，必须建立、完善心理辅导工作机制和服务体系。将学校心理辅导渗透于学科教学之中、与班主任工作相结合、融入校园文化建设以及运用到家校教育合作之中，是科学的、有效的学校心理辅导应用策略。

第一节 学校心理辅导与学科教学

《纲要（2012年修订）》明确指出："全体教师都应自觉地在各学科教学中遵循心理健康教育的规律，将适合学生特点的心理健康教育内容有机渗透到日常教育教学活动中。"苏联教育家赞科夫认为,教学与发展的核心思想是"以最好的教学效果来达到学生最理想的发展水平"。赞科夫所说的发展是指各种心理因素的发展,他把教学与心理发展看成相辅相成的两个方面。有效的学科教学可以使青少年学生获得积极的情感、态度和价值观,因此学科教学活动应成为学校心理辅导的重要载体。在学科教学中渗透心理健康教育,是教育适应现代社会发展的需要,是青少年学生健康成长的必然趋势。

一、学科教学与心理辅导概述

学科教学渗透心理辅导是指教师在课堂教学过程中自觉地、有意识地运用心理学理论和技术,启发学生的学习兴趣,帮助学生提高课堂学习活动中的认知、情感和行为技能,促进学生生动、活泼、主动地学习和发展。[1]

心理辅导渗透到学科教学中,一方面可以促进学生心理品质的发展;另一方面,从教学实施的角度来看,既是对学科课程本身的积极建构,又是学科教学实施策略的一种改进和提升,两者相互促进、相互补充,是不可分割的整体。

在学科教学中渗透心理辅导主要包括三方面内容:一是充分利用教材资源渗透心理辅导。教师要充分挖掘教材里蕴含的心理学资源,结合青少年学生的实际情况和学科内容特点,进行自然而贴切的积极渗透,不为渗透而生搬硬套。二是在教学设计上渗透心理辅导。教师要把学科教学目标、任务与心理辅导目标、内容结合在一起,选择有利于心理辅导渗透的教学方式、方法,在教学结构的设计、教学手段的运用上都要注意有机渗透。三是在教学过程中渗透心理辅导。教师要选择恰当的教学组织模式,建立民主、平等、有序的教学秩序,树立正确的学生观和评价观,让不同类型的学生共同健康成长。

学科教学渗透是一种"濡染性"的教育方式,有利于全员参与、全面开展心理辅导理念的实现。任何一门学科的教学活动都是教师向学生传授知识、培养能力和道德品质、促进其人格发展的过程。这当中必然会涉及参与者双方认知、情感、意志等心理活动的互动,师生双方的心理因素都显著地影响着教学活动的过程及效果。教学过程不仅是师生双方认知的一种双向交流过程,也是教师与学生作为完整、独立的个体而进行的情感、意志、个性的交流和碰撞过程。

学科教材蕴含着丰富的心理辅导资源。新课程改革后,教材内容的选择、编排和组织都蕴含了丰富的心理辅导资源,只要加以挖掘和利用,就可以起到心理辅导的作用,促进全体学生的心理成长。例如:语文教学可以开发、训练学生的

---

[1] 伍新春.中学生心理辅导[M].北京:高等教育出版社,2010:201.

再造想象和创造想象的能力,培养学生良好的情感、意志和个性品质;数学教学可以发展学生逻辑思维,培养学生严谨的学习态度,锻炼克服困难的意志;物理、化学等自然科学可以培养学生创造思维和科学精神、科学态度;社会科学则可以培养学生对他人、对集体、对民族、对社会、对人类的责任意识和美好情感等。

二、在学科教学中渗透心理辅导的策略

在学科教学中,渗透心理辅导是一项复杂的教育活动,应明确基本要求、注意事项,并掌握相应的方法。

(一) 学科教学中渗透心理辅导的基本要求

心理辅导渗透于学科教学,必须把握几方面的要求:一是要树立现代教学思想。心理辅导把学生看作具有成长潜能的生命体,其内部蕴藏着主动发展的心理机制,因此必须改变"以知识传授为核心、以教书为首位"的传统教学思想,树立"促进学生全面成长、以育人为根本"的现代教学理念。二是建立新型的师生关系。师生关系是学校环境中最普通、最基本的人际关系,它对学生各方面的适应与成长发挥着重要作用,积极的师生关系可以满足学生的情感要求,激发学习热情,形成良好的心态。三是掌握一定的心理辅导技术。教师不仅需要主动挖掘教材本身的心理辅导内容,从课堂实际出发,营造愉悦的课堂教学心理环境,还要学习和掌握一些学校心理辅导的基本技能,诸如建立辅导关系的技术、心理咨询的会谈技术、心理活动的组织技术、心理暗示的训练技术等。

在学科教学中渗透心理辅导,要注意两个方面:一是目标的设定。教师在教学目标的设定上,要分清主次,不能本末倒置。心理辅导渗透于学科教学的前提,是必须保证正常学科教学目标的有序实施与有效完成,不能为了渗透心理辅导而破坏正常的学科教学。二是要讲究有机渗透。教师要根据学科教学的具体内容及其所蕴含的可利用的资源,寻找心理辅导的合理渗透点,进行自然而贴切的渗透,渗透要适度,方法也要灵活多样。

(二) 学科教学中渗透心理辅导的方法

1. 教学主体的示范渗透

教师是教学活动的组织者和实施者,将心理辅导渗透于学科教学中,教师完全可以通过自身的示范作用对学生产生积极的心理影响。一是利用教师的人格特征、心理品质对学生的心理进行潜移默化的影响。教师健康的心理和健全的人格有利于培养学生健康的心理素质,如教师的自信、宽容友善、乐观幽默、勇于创新、敢于挑战都可以成为学生的榜样。二是利用师生关系对学生心理发展产生影响。教师对学生的态度、情感及领导风格决定了师生关系的类型,学生正是

在与教师的交往中,观察、模仿教师的待人接物,学会处理人际关系。教师还应该积极为建立平等和谐的师生关系做出表率。

2. 教学过程的环节渗透

将心理辅导渗透于学科教学,应将立足点放在教学过程的各个环节中,包括教学目标、内容、方法手段和评价。一是教学目标上渗透。传统的教学目标只注重对学科知识的记忆、理解和掌握,而不关注学生在教学活动中的情绪、情感体验,忽视学生的心理需要和人格发展;而心理辅导背景下的教学目标设计,不仅需要注重认知目标,还应考虑情感目标和行为目标,达成知识、情感、行为目标的有机统一,以促进学生心理素质的全面发展和健全人格的形成。二是教学内容上渗透。无论是社会科学类课程、自然科学类课程还是体育艺术类课程,虽然具有不同的认知内容,但都蕴含着丰富的心理辅导资源。教师在教学中应挖掘隐藏在教材中可利用的心理辅导资源,顺其自然地加以有机渗透。三是教学方法和教学手段上渗透。教师应建构充满生命力的课堂,善于运用激励、暗示、强化等心理学原理和技术,通过设置问题情景,激发学生的学习动机,并进行学习心理辅导,帮助学生掌握学习方法和策略,让学生愿学、乐学、会学、善学,以培养学生积极向上的心理状态。四是教学评价上渗透。新课程强调,评价不仅要关注学生的学业成绩,而且要关注学生的情感、意志及多方面潜能,帮助学生认识自我,建立自信。因此,实现评价的多元化是教师的明智选择,它对于学生心理健康发展起着不可低估的作用。

3. 教学环境的氛围渗透

创设身心愉快的教学环境,能够使学生在轻松和谐的课堂环境中有足够的安全感,促使学生勇敢地面对各种困难,从而促进学生的身心健康。教学环境是教学活动必不可少的外部条件,营造有利于学生身心健康的课堂教学环境是学科教师的重要职责。课堂教学环境一般来说包括两个方面:一个是课堂物质环境,即教室空间,要为学生创造宽松、舒适的教室空间。另一个是课堂心理环境,主要是指课堂教学中形成的社会心理气氛。置身于生动活泼的课堂教学氛围中,学生身心舒展,情绪稳定,学习积极性高;反之,学生则更多地表现出退缩或攻击性行为,因此要为学生营造积极健康、生机勃勃的课堂教学氛围。

第二节 学校心理辅导与班主任工作

英国哲学家罗素(Bertrand Russell,1872—1970)曾说过:"凡是教师缺乏爱的地方,无论品格还是智慧都不能充分地或自由地发展。"[①]在学生的成长过程中,教师对学生的影响是长期的、潜移默化的,有时甚至是直接的和决定性的。在教师队伍中,班主任作为一个班级的领导者、组织者和管理者,与学生接触时间最长、频率最高,也最了解学生,对学生心理健康所产生的影响也最大。因此,加强班主任工作中的心理辅导,是学校教育管理工作的紧迫任务。

一、学校心理辅导与班主任工作概述

《纲要(2012年修订)》明确提出,"要将心理健康教育与班主任工作、班团队活动、校园文体活动、社会实践活动等有机结合,充分利用网络等现代信息技术手段,多种途径开展心理健康教育。"可以说,班主任参与心理辅导工作,是将心理辅导引向深入的一条重要途径。

(一)班主任在学校心理辅导中的地位和作用

班主任是班集体的组织者、教育者和指导者,是学校领导者实施教育、教学工作计划的得力助手,是学校和学生之间的桥梁。在开展学生心理辅导工作中,班主任地位特殊,能够发挥重要作用。一是班主任与各方配合、联系紧密,有学生及家长信任的天然优势,这就使得班主任不仅能及时了解本班学生的状况,而且能及时地针对本班学生实际,用合适的方法进行有效的心理辅导。二是学校心理辅导教师与学生接触时间、接触量存在局限,而这种局限可以通过班主任对学生进行辅导来弥补。因此,结合班主任工作开展学校心理辅导,会使学校心理辅导工作更全面、更广泛、更深入人心,是学校心理教师工作的延伸和补充。

虽然班主任工作与学校心理辅导之间存在很多交叉、重叠之处,但两者有着本质的区别。① 工作目的不同。学校心理辅导的目的是维护学生的心理健康,预防心理障碍与疾病,充分发挥学生个人的潜能,其重点在帮助;而班主任工作的目的是按照社会道德的要求规范学生的思想和行为、维持正常的秩序等,其重点在管理。② 工作关系不同。学校心理辅导人员把学生视为有着自身发展需

---

① [英]伯特兰·罗素著,杨汉麟译.教育与美好生活[M].石家庄:河北人民出版社,1999.

要的"当事人",把自己看作从旁提供帮助的服务者、协助者;班主任工作则把学生看作塑造对象,把自己看作塑造者。③ 工作原则不同。学校心理辅导人员引导学生改进认知方式,形成正向的情绪体验,让学生自己作出行为选择,所遵循的是非强制性的和民主平等的原则;班主任对学生要有明确的价值标准,学生做什么、不做什么,什么是对的、什么是错的,带有很强的权威性和强制性。④ 方法不同。学校心理辅导的方法主要有谈话、心理测量、角色扮演、行为矫正等,强调让学生在活动中自己学会应对;班主任工作的主要方法是宣布纪律和要求、说理、批评和表扬、提供榜样等。

　　班主任工作不能代替专业的学校心理辅导。学生心理发展中的问题是复杂的、多层次、多来源的,不是班主任工作都能解决的,有时还必须依赖专业的心理辅导。首先,学生心理发展过程中的许多问题如强迫症、抑郁症、厌食症等,班主任往往无能为力,而只有专业心理辅导人员才有可能解决这些心理问题。其次,班主任主要解决班级层面、群体层面的问题,如营造良好的班级气氛、正面引导和鼓励学生形成和谐的人际关系等,即在总体上为学生心理的健康成长提供一个良好的环境,而学生个体深层次的心理问题只能由专业辅导人员来解决。再次,班主任作为管理者和社会道德规范的代言人,需要对学生进行评价,只要有评价,就有可能给学生带来压力,因此,对那些涉及社会评价的问题,学生一般不愿意向班主任寻求帮助。

　　学校的一切教育和教学工作都要在班级中进行,班主任是班集体的核心,是青少年学生成长的领路人,班主任开展心理辅导工作具有天然优势。一是学生对班主任往往会无条件地有一种依赖感和信任感,使得班主任在班级心理辅导中具有天然的权威性和深厚的影响力。二是班主任对学生开展心理辅导有更多的灵活性、多样性和针对性。班主任针对学生和班级出现的心理问题,可以结合各种活动对学生进行班级团体辅导,在课堂教学中通过训练、辅导、暗示、感染等方式提高学生的心理素质,解决学生的心理问题,促进学生的心理健康发展。三是班主任在任课教师与学生之间起着沟通、调解的作用,班主任可以和任课教师合作对学生由于偏科造成的心理问题进行辅导。四是班主任可以与家长沟通,家校联手共同做好学生的心理辅导工作。班主任通过各种途径向家长传授与现代教育相适应的家教方法,使家长能以平等、民主的态度对孩子进行正确的家庭教育,从而创设一个良好的家庭心理环境,并且对有心理问题的学生及时进行家访,不定期与学生家长联系交流,形成学校教育和家庭教育的合力。

二、班主任开展学校心理辅导的策略

(一) 班主任开展学校心理辅导的途径

在班主任工作中开展学校心理辅导,可以分为专业途径和非专业途径。专业途径有系统、全面、深入等特点,但需要班主任掌握大量的心理学、教育学专业知识,并具有一定的实际工作经验,还要占用专门的时间来进行。最典型的专业途径是开设学校心理辅导课程和开展个别或团体心理咨询。前者通过系统地讲解,使学生了解心理健康知识、掌握一般的心理自助技能,从而提高心理健康水平和自我保健意识,主要形式为讲解式活动;后者针对确定的主题解决现有的问题或预防可能出现的问题,主要形式为一对一的个体咨询或主题式团体咨询,通过团体动力来影响个人成长。通过非专业途径开展心理辅导,不需要占用专门的时间,对班主任专业上的要求也没那么高,而且形式灵活多样、贴近生活。因此,非专业途径是目前开展心理辅导,特别是班主任开展心理辅导的主要途径。具体包括:结合班、团队活动和校内外各项活动开展心理辅导,通过广播、宣传栏、心理咨询信箱等媒体介绍心理健康知识,营造良好的心理氛围等,其主要形式为活动式和环境感染式。

(二) 班主任开展学校心理辅导的方法

从具体的方法上来说,班主任可以结合班、团队活动和校内外的各项活动,组织以学习、情绪情感和社会交往为主题的各项活动,让学生通过体验和调整,达到"做中学"、"学中做"的目的,这是班主任进行心理辅导的主要方法。可以采用班级讨论和小组讨论的形式,对一些学生共同感兴趣的心理问题进行研讨,让学生查阅和整理有关资料,准备发言提纲,接着论证或辩论,最后由教师或学生代表总结发言。班主任还可以运用口头语言向学生系统传授心理知识,可以采用专题报告的形式开展心理辅导。

班主任可以利用班会渗透心理辅导。将心理活动与班会课结合,是班主任开展心理辅导的有效办法。班主任可以结合班级、学生实际情况选择合适的主题,根据主题选择适当的心理活动、心理调查、活动资料等,让学生在活动中自己领悟要传达的道理,活动过后,班主任对学生进行有意识的引导。人的心理有共性的一面,但更多的则表现出个性化的一面,班主任除了进行集体教育外,还应适当进行个别辅导,并且以自身良好的心理素质来影响学生。

(三) 班主任工作中常见的心理效应应用

1. 角色效应对学生的塑造作用

现实生活中,人们以不同的社会角色参加活动,这种因角色不同而引起的心理或行为变化被称为角色效应。一般来说,人总是会做出符合自身角色的行为,例如担任班干部会增强学生的班级责任感,学生会以班干部的角色要求来规范自己的行为,培养许多积极的心理品质。在实践中,班主任可以采取班干部轮换制度,让尽可能多的学生担任班干部,班干部的轮换时间不能太短,要让学生能熟悉班干部的角色,形成比较规范的行为习惯。

2. 期望效应对学生的激励作用

期望效应是指教师对学生的期望通过情绪、语言和行为在无意识中传递给学生,会对学生产生极大的激励作用,促使学生朝着教师所期望的目标发展。班主任的期望能给予学生更多的心理支援,满足其渴望教师关注和赏识的心理需要。在运用期望效应的时候,班主任要注意几个问题:首先,期望要合理,只有合理的期望,才能转化为学生的心理需要,从而推动其行为的发生;其次,期望目标要适度,教师的期望应以学生已有的发展水平为基础,适当高于现有发展水平,过高的期望只能给学生带来压力和失败后的挫败感;最后,教师的期望还应不断调整,对学生设置期望目标时应根据学生的潜在水平和现有水平不断变化,促使学生持续不断地发展进步。另外,教师的期望要内隐、持久,注意不要把期望变成学生的负担。

班主任在学校心理辅导工作中具有重要作用,在实际操作中,班主任要把握好班主任角色与心理辅导员角色的尺度,辨别学生问题的性质、严重程度,从而找到相应的解决方法。当学生出现问题后,班主任需识别问题的性质,若是心理问题,要采用心理辅导的方法对其进行帮助。

第三节 学校心理辅导与校园文化建设

校园文化是在教育活动中产生、形成和发展的一种特定的文化形态,贴近学生生活,易于被学生接纳。校园文化活动对学生能够起到暗示的作用,使学生受到潜移默化的影响。校园文化渗透是学校全方位开展学校心理辅导的重要环节,学校应充分发挥校园文化的心理辅导功能。

一、学校心理辅导与校园文化的关系

校园文化分为狭义校园文化和广义校园文化。狭义校园文化主要是指以学生的思想观念、价值取向、思维方式等为核心,以具有校园特色的人际关系、生活方式、行为方式为基准,由学生参与创办的各种文化活动和各类文化实施为表征

的精神环境、文化氛围；而广义的校园文化则是以师生价值观为核心及承载这些价值观的活动形式、物质形态和物质情境，即物质文化和非物质文化的总和。[①]校园文化由物质文化、精神文化和组织制度文化三部分组成。在校园文化中，物质文化是基础、是载体，制度文化是保障，精神文化是核心，它们由表及里、由浅入深、相互影响、相互制约、相互促进、并行发展，共同构成校园文化的完整体系。

作为校园文化中的主体，学生的心理健康品质是校园文化形成的基础因素，而校园文化对学生身心健康发展起着重要作用，校园文化与学生心理健康相互影响，学校要善于发掘校园文化中蕴含的心理辅导资源和功能。

1. 校园文化有利于普及心理健康知识

心理健康知识的普及是心理辅导的基础性工作。校园文化具有内容广泛、形式多样、参与自由、潜移默化等特点，非常适合学生的心理需求，也为宣传心理健康知识提供了平台。近年来，一些学校在建设校园文化的过程中增加了人际交往、恋爱观、择业心理等方面的内容，使学生们提高了对心理健康重要性的认识。还有一些学校开展了许多心理辅导的活动，如主题团体心理辅导、心理辅导游戏、角色扮演等，帮助学生提高对心理健康的感性认识，加深对心理知识的理性理解，引导学生以乐观向上、平和积极的心态面对学习和生活。实践证明，这些活动观众多，参与度高，对学校心理辅导起到了良好的宣传作用。

2. 校园文化有利于调适学生心理

调适学生心理是心理辅导工作的一项重要职能。学习压力大、人际交往受挫、家庭经济贫困等因素都会导致一些学生出现或轻或重的心理问题，校园文化对学生心理的调适具有辅助作用。从心理学角度来说，良好的文化给人以心理上的抚慰，起到保持人心理相对和谐的功效。校园文化中附着的各种信息会使学生产生投射、从众、暗示、模仿等心理反应，不仅满足了学生求知的需要，而且满足了他们交往、审美、归属、成就的需要以及自我发展、自我完善、自我实现的需要，从而使某些心理问题得到及时调解，并使不良情绪得到及时缓解。已有研究表明，音乐、体育、舞蹈、绘画等文体活动有助于人们摆脱压抑、悲观等消极情绪，抑制或消除焦虑、忧郁等心理疾患的发生。

3. 校园文化促进学生健全人格的发展

人格是个体在活动中所呈现出的比较稳定的、具有倾向性的心理特征，是一个人的内在品质和外在行为的总和。培养健全的人格不仅是学生自身发展的内在要求，也是学校教育的任务和使命。学生的人格受内外因素共同作用形成，校园文化是学生不可或缺的生活环境，在学生人格发展中具有重要地位。校园文

---

① 叶一舵.心理健康教育[M].福州:福建教育出版社,2007:127.

化常常潜移默化地在思想观念、价值取向、心理素质、行为模式等方面对学生产生影响。一般来说,对于人格的培养,校园文化能帮助学生树立积极乐观的人生态度,确立正确的自我意识,提高情绪控制能力、人际关系处理能力和社会适应能力。

4. 校园文化利于完成学生角色社会化

社会化是个体在与社会的互动中,自觉或不自觉地接受社会规范、道德、价值观念并以它们指导行动的过程。个体在社会化的过程中逐渐形成自己的个性特点,不断学习和内化社会赋予的角色,从而慢慢适应社会生活。求学阶段是个体社会化的重要阶段,帮助学生完成角色社会化是学校人才培养的一项重要任务,也是心理辅导工作的重要延伸。校园文化通过渗透、内化的途径,把客观的校园文化成果潜移默化为学生的内在心理,使学生的行为逐渐符合社会存在与发展的要求。校园文化不仅可以促进学生明确学习的方向,还可以促进学生对社会角色形成自己的理解以及对社会的体验。

二、校园文化建设中渗透心理辅导的策略

校园文化中渗透心理辅导具有情境性、暗示性、愉悦性及持久性等优势,也是一项全方位的系统工程。

(一) 更新校园文化建设理念

发挥校园文化环境的心理辅导功能,就必须意识先行。在校园文化建设的目标、实施、评估等各个环节都必须渗透心理辅导的目标和内容,形成二者有机结合、相互促进的理念,校园文化建设过程同时也包含心理辅导的过程,将心理素质的提升这一目标纳入育人的总目标,达到双赢的效果。在校园文化建设中,校园环境的绿化、布局以及校园活动的组织、设计等要心理化,从学生心理健康的立场出发,最终让学生在文化环境这一载体中实现心理健康发展。

(二) 优化校园文化环境

要保证学生具有良好的心理状态,就必须提供让学生感到心理安全和心理自由的空间和氛围,具体就是在校园文化环境即物质、制度、活动和精神文化环境中渗透心理辅导。

1. 在物质文化中渗透

物质文化包括学校的环境美化、建筑设施、仪器设备的设置等。物质文化对形成健康向上的氛围,宽松、理解的环境,帮助学生深化自我认识,充分发展个性,改善适应能力起着决定性的作用。校园物质文化的心理辅导功能都是以暗示的方式对学生心理施加潜移默化的影响。学校的物质空间既是教书育人的场所,也潜藏着一定的价值、观念、美感等,对学生的心理品质会产生潜在的影响,

是塑造和强化心理和行为的重要力量。学校需要为学生的心理成长创设适宜的"生态化"环境,物质文化建设要抓好综合治理和校园环境建设,促进全面育人。学校环境应以崭新面貌出现,尽可能地体现"整洁、明亮、美丽"的风貌。

2. 在制度文化中渗透

制度文化指学校的各种规章制度、公约守则等既具有一定强制性与约束力又具有某种习惯化性质的组织式约定。学校应通过制度文化的建设来规范学生的行为来形成良好的校园文化风貌。在制定学校制度时,要将学生的心理健康考虑进去,既有学生心理辅导内容,又有学生心理辅导有力措施,将学校制度对学生的外在的要求与学生自我心理需求有机结合起来,逐渐内化为学生的自觉行为。从心理辅导入手,将一些禁止性的要求尽可能转化为学生的自我要求,引导、示范、约束并重,激发学生自尊、自强、自觉、自信、自立、自爱的意识,发展个性、提高心理品质、健全人格,使其心理在优良的校园文化环境中和谐发展。

3. 在活动文化中渗透

活动文化则是指在教学活动、科研活动、管理活动、服务活动、社会实践活动和课外活动中形成的各种有特色的、丰富多彩的活动形式。活动文化有助于培养学生乐观向上的生活态度和健康愉悦的情绪特征。在活动文化中渗透心理辅导,要在活动目标上加入心理辅导相关的认知、情绪情感、意志、个性等内容,在活动内容上充分挖掘活动中蕴含的心理辅导资源,在活动方法和手段上促进学生合作、自主探究,在活动评价上应多些宽容、少点责备、多些激励、少点批评。学校应经常组织开展丰富多彩、健康有益的文化活动,以便学生交流思想感情,协调人际关系,娱乐身心,陶冶情操,培养能力,促使学生在自由自在的状态下趋向崇高和完善。学校对校园文化活动应当多一些引导、少一些随意,多一些严谨、少一些盲目,充分体现学生自理、自主和自律,以及与教师指导和辅导的有机结合。学校还可以根据学生心理问题的类型和成因有针对性地创设活动情境,组织开展心理健康咨询、心理科普宣传等形式的校园文化活动。这样能普遍提高学生对心理健康的认识,掌握一些自我心理保健的方法与技术,引发学生的心理自助行为,引导他们自觉地摆脱心理困扰,克服自身存在的心理缺陷,提高心理素质。

4. 在精神文化中渗透

精神文化则是指沉淀于师生员工思想深层次的体现学校特色的,用以维系学校优良校风、学风和人才培养的思维方式、价值观念、道德观念等的总和。精神文化中渗透心理辅导,一是要从学生发展的角度出发,灵活运用心理辅导的知识、技巧,以符合学生心理发展规律的方式呈现给学生;二是应抓住时代特征和学生接受社会、家庭影响所形成的独特的亚文化特质,在丰富多彩、积极向上的学术、科技、体育、艺术和娱乐活动中,把心育与德育、智育、体育、美育等有机结合起来,通过积极引导形成的优良校风、教风和学风,进而提高学校园文化对学生的合成影响力。

在校园文化建设中渗透心理辅导,能够营造一种积极向上、健康和谐的心理氛围,促使学生在温暖、安全的环境中调节和放松身心,能够自由地思索并表达,并在深厚的文化底蕴中深受熏陶,得到感情的升华和心灵的净化,从而发展健全的人格。

第四节 学校心理辅导与家校教育合作

苏联教育家苏霍姆林斯基(B·A·Cyxomjnhcknn,1918—1970)认为:"只有学校教育,而无家庭教育,或只有家庭教育,而无学校教育,都不能完成培养人这一极其细微、复杂的任务。"[1]家庭是学生成长的重要场所,学生的心理健康和人格的形成及发展都离不开家庭教育。《纲要(2012年修订)》中指出:"学校要帮助家长树立正确的教育观念,了解和掌握孩子成长的特点、规律以及心理健康教育的方法,加强亲子沟通,注重自身良好心理素质的养成,以积极健康和谐的家庭环境影响孩子。同时,学校要为家长提供促进孩子发展的指导意见,协助他们共同解决孩子在发展过程中的心理行为问题。"家校合作开展青少年心理辅导,不仅是必要的,也是可行的。

一、家校教育合作心理辅导概述

家校合作即围绕学生健康成长这一目标,以学校为主体,家庭和学校共同努力,协调好系统之间、各要素之间以及系统与环境之间的关系,形成一种协调、同步、互补的关系,实现教育效果的最优化。家庭对学生心理健康影响重大,家庭结构、家庭成员之间的关系、家庭氛围以及父母的教养方式等无不对学生的成长与发展起着重要的影响作用。家长是否有效地配合学校对子女进行教育,直接决定着学校教育的效果。开展家校教育合作,其目的是为了更好地发挥家庭和学校的优势,用家庭教育的优势来弥补学校教育的不足,让学校教育指导家庭教育,最终使家庭教育再来支持和强化学校教育,即双方优势的相互利用和相互

---

[1] 苏霍姆林斯基.家长教育学[M].杜志英,等译.北京:中国妇女出版社,1982:261.

补正。

促进学生的健康成长是家校合作开展心理辅导的根本目标。学校要对家长进行心理辅导:一是帮助家长强化家庭心理辅导的责任意识,让每一名家长把关心孩子的心理健康视为自己义不容辞的责任;同时认清,家庭有协助学校进行心理辅导的义务,也负有营造并改善社会教育小气候的责任。二是引导家长了解儿童心理发展的一般规律,使家长认识到每一个儿童都有其个体差异,应尊重孩子。三是帮家长掌握家庭心理辅导的要求和实施方法,通过合作开展各种心理辅导活动。四是帮助家长不断提升自己的心理健康水平。五是对问题家庭进行辅导,运用科学的方法来帮助其改善并优化家庭教育氛围,以提高家庭教育质量,为孩子的成长创造一个良好的环境。家庭心理辅导的任务一般包括两个方面:一是要创造条件使孩子得到充分的发展;二是要及时发现孩子的心理问题并有效地进行辅导,或者向学校专业心理辅导人员求助。

学校心理辅导与家庭教育是学生健康成长的两个相互依赖、相互影响的不可或缺的因素。家庭教育需要学校指导,学校心理辅导需要家庭的配合与支持。

1. 心理辅导与家庭教育之间存在同一性。学校与家庭有着共同的责任和目标。学校同家庭共同承担着教育和引导学生正确处理成长过程中遇到的各种困难和问题,保证学生心理健康发展的责任;学校与家庭的共同期望是学生能够健康发展,做一个顺应社会发展和时代潮流的"正常人",即能够形成健康的心理,拥有健全的人格。学校在开展心理辅导工作时只有和学生家庭教育联合起来,共同关注学生在学习、生活和实践中的思想倾向和行为选择,形成教育的"合力",有针对性地对学生进行心理健康教育和引导,才能及时、有效地帮助学生正确认识自我,积极面对生活。

2. 心理辅导与家庭教育之间存在差异性。一是对学生进行心理辅导的意识方面存在差异。随着社会发展的需要,面对日益凸显的心理健康问题,学校已经意识到开展心理辅导的紧迫性,并将之纳入学校教育的内容体系。而家庭在对学生进行教育的过程中,更多的是侧重对孩子身体健康、学习成绩的关注,只要不"惹是生非",成绩越好就越是好孩子,并没有意识到孩子的心理健康才是最关键的。二是教育内容和教育方法方面的差异。学校心理辅导已经逐渐形成科学的、比较完整的理论体系和教育方法,通过各种活动对学生进行心理健康的教育和引导。而学生家长在发现孩子存在心理健康问题时,大部分不知所措,将希望完全寄托给学校或"走一步算一步",以求得"一时"安稳,没有科学的方法。

二、家校教育合作开展心理辅导的策略

（一）强化合作观念是前提

大量心理学研究表明，家庭教育对孩子的心理健康具有重要影响作用，然而，在我国目前的心理健康教育体系中，一些家长对学校教育缺少支持和配合，还存在依赖和应付心理，家校教育合作观念亟待加强。首先，要培训教师，让所有教师明确合作的意义及目的，并掌握合作开展心理辅导的基本要领。学校要消除一切不利于家校合作的内部障碍，营造良好的合作氛围。其次，要抓住合作开展心理辅导时家长方面存在的问题，划分类型，有针对性地组织各种活动，引导家长重新审视自己的教育观念，更主动地与学校合作。

（二）建立工作机制是保障

把心理辅导的家校教育合作纳入制度化、规范化的发展轨道，是提升合作教育质量的重要措施和保障。首先，应将家校合作明确列入学校心理辅导工作计划中去，并在人力、物力方面提供相应的制度性支持措施，建立配套的工作制度（如远程家访工作制度、家校合作值班制度等）；其次，应成立专门的协调机构，做到各方协调一致，合作得到指导与管理、扶持与检查、反馈与评价；最后，应把家校合作纳入学校心理辅导工作评估体系，作为评价学校心理辅导工作成效的一项重要指标，并制定详细的合乎实际的评价细则，以评价促进合作。

（三）形成灵活化的合作模式

家校教育合作开展心理辅导从不同层面划分有多种模式。

从学校与家长在心理辅导合作过程中的主动性来看，有三种模式：一是单向工作模式，主要是学校心理辅导力量通过各种联系与传播方式向家长进行学生心理辅导有关知识的宣传，通报学生在校学习、生活、心理状况；二是双向工作模式，主要是学校心理教师通过各种联系与交流方式及时接受家长的有关咨询、与家长共同探讨针对学生的心理辅导内容和方法，帮助家长解决自身的心理困扰等；三是多向工作模式，主要是心理辅导的各有关主体，包括学校心理教师、家长、学生以及其他社会心理辅导力量，共同做好学生的心理辅导工作。

从心理辅导家校合作的内容与层次来看，主要分为联系模式和实施模式两种。[1] 其中，联系模式包括基于学校常规活动的联系模式（包括通过家访、家长来访、家长会等形式全面了解学生在校表现，掌握学生心理问题根源）、基于心理辅导专题研究的联系模式（即教师就心理辅导实践中的某一热点或有针对性地

---

[1] 参见 叶一舵.家校协同开展心理健康教育的若干模式[J].教学与管理,2002,(28):37-39.

选择专题,进而探索学生良好心理素质形成和发展规律)、基于学生个性发展的联系模式(学校帮助家长在了解学生共性问题的基础上,结合自己子女的个性问题,具体考虑心理辅导的对策措施和教育方法)。实施模式包括以校为本的实施模式(以学校为基地,着眼于学生的在校表现,沟通家庭,对学生进行多方面协同辅导的模式)、以家为本的实施模式(以家庭为中心,由家庭教育人员根据每个家庭的差异,通过各种形式的指导,改善家庭心理环境,提高家庭教育质量)、以生为本的实施模式(根据每一个学生不同的个性心理特征和具体情况,帮助家长在了解自己子女独特性的基础上,采取有效的措施进行教育,以达到理想的教育效果)。

(四)采用多样化的合作方式

一是对家长进行心理培训。可以采用发放家教指导手册、组织各种亲子活动、时常和家长进行电话交流、定期开展家教讲座等方式,也可以利用新生入学或寒暑假的时机,对家长进行有针对性的短期心理健康教育知识培训。二是加强家校联系。通过加强家校互访、座谈、交流,建立家长开放日制度,定期向家长汇报学校、学生心理情况(如发放材料、通电话、通信、设立网络论坛等)。三是聘请家长辅导员。可以聘请一部分家长作为学生的心理辅导员,负责组织学生在社区的心理活动,参与学生心理咨询工作。四是开办家长学校。利用节假日组织家长访校,看望学生并进行心理辅导交流,使家长学校的心理辅导活动常态化。五是成立家长委员会。家长委员会是家校合作的最高组织形式,家长委员会对学校心理素质教育实施监督,并经常性地提出建议,督促学校提高管理能力、开展丰富的教育活动,并参与学校心理辅导方面的重要决策等。六是借助心理辅导社会力量。要能够充分开展好学校心理辅导家校合作工作,单纯靠学校自身的力量是不够的,还需要借助一些政府部门、社会教育机构、家长教育组织、志愿者等社会教育力量,如利用网络建立"学生家长圈"、招募学生心理辅导志愿者等,这些力量可以有效地补充学校心育力量的不足,推进家校教育合作的开展。

本章小结

实现学校心理辅导的目标,必须借助特定的教育途径和载体。本章主要介绍在学科教学、班主任工作、校园文化建设、家校教育合作等各种日常的教育教学活动中融入心理辅导内容的基本策略。学科教学渗透是学校心理辅导实施的重要载体,关键是要利用好教学主体的示范作用、教学过程的环节渗透以及教学环境的氛围优化;班主任在学校心理辅导中要转变教育观念,通过多种途径和方

法对学生进行心理辅导;校园文化建设是学校心理辅导的重要环节,要从物质、精神、制度、文化层面进行系统建设;家庭教育是学校心理辅导的基础和补充,要发挥家庭在青少年心理辅导中的优势,家校有效合作,形成家校教育合力推动青少年的心理和谐发展。

关键词:心理辅导应用;学科教学;班主任工作;校园文化建设;家校教育合作

第十七章 学校心理教师的专业成长

学习目标

1. 了解学校心理教师工作中常见的专业障碍；
2. 理解学校心理教师"助人自助"的专业实践理念；
3. 掌握学校心理教师专业发展的基本策略。

近年来,伴随着学校心理辅导事业的蓬勃发展,"有效的咨询者"和"心理教师专业化发展"已经成为我国学校心理辅导研究的重要课题。[①]《纲要(2012年修订)》指出,"加强心理健康教育师资队伍建设,建立一支科学化、专业化的稳定的中小学心理健康教育教师队伍";"心理健康教育是一项专业性很强的工作,必须大力加强专业教师队伍建设";"地方教育行政部门要健全中小学心理健康教育教师职务(职称)评聘办法,制订相应的专业技术职务(职称)评价标准,落实好心理健康教育教师职务(职称)评聘工作"。学校心理教师的专业成长是值得关注、需要深入探讨的问题。

第一节 学校心理教师的专业心理障碍

所谓专业心理障碍,是指心理教师在学校心理辅导过程中,忽视或违背学校心理辅导规律,没有坚持心理辅导基本原则,不恰当地强调或突出了个人主观意

[①] 2002年教育部颁发的《中小学心理健康教育指导纲要》中建议统一使用"心理健康教育教师",国内学术界的称谓不一,如心理教育教师、心理辅导教师、心理咨询教师、心理卫生教师、心理专业工作者等。简便起见,本章统称心理教师。

志,因"不解""曲解"或"误解"心理辅导而产生的种种消极心理现象。当然,这里所讲的专业心理障碍,并不是医学或病态学意义上所指的心理障碍。

专业心理障碍是一种极为普遍的不良心理表现,每一位学校心理教师在工作中都有出现专业心理障碍的可能。一些学校心理教师,虽然在心理辅导实践中积累了不少工作经验,但由于有时不能很好地把握自己的心理状态,本来可以做好的心理辅导工作,却产生了偏差和错误,心理障碍自觉不自觉地影响、阻碍着专业工作的顺利进行。有关调查研究表明,专业心理障碍已经成为我国学校心理教师工作中大量存在的问题,只是类型各异、表现形式或程度不同而已。学校心理教师工作中的专业心理障碍主要有认知障碍、情感障碍、行为障碍和角色障碍。

一、学校心理教师的专业认知障碍

专业认知障碍主要是指学校心理教师在认知系统方面存在的不利于专业工作开展的心理因素,包括对自己的专业工作认识不全面、不深刻、不充分或者不科学。专业认知障碍往往使学校心理教师在工作过程中产生认知心理问题,做出不适应、不理智甚至错误的行为反应和策略。主要表现在以下四方面:

(一) 价值认知偏差

价值认知偏差即通常所说的专业思想问题或意识障碍,这是学校心理教师最为常见的心理障碍。众所周知,学校开展心理辅导工作,对贯彻教育方针、实现教育目的、实施全面发展教育、推进素质教育、提高教育教学质量具有极其重要的意义。在对待心理辅导在学校工作中的地位和作用问题上,部分心理教师好走极端,缺少客观公正的一贯认识,要么把心理辅导捧到天上,认为"重要得不能再重要",主张"心育第一、心理辅导至高无上";要么把心理辅导"贬"到地上,认为心理辅导无足轻重或可有可无,在学校中是最被人轻视、最没有地位的工作,这也是不少心理教师对待心理辅导缺乏恒心、毅力和坚持性的主要原由。

(二) 认知方式狭隘

有些心理教师常囿于狭隘的知识经验圈子,不能全面地观察、分析问题,缺乏对工作对象尤其是青少年的正确认识,在思考问题时常为表面现象所迷惑,不能透过现象抓住事物的本质,把心理活动课当作心理学基础知识课,把学生的心理问题当作思想品德问题或把思想品德问题当作心理问题,把心理辅导与思想教育简单割裂开来或者对立起来,或者把心理问题与心理障碍、心理疾病等同起来,随意给学生贴"心理标签"、下心理诊断结论。比如,一些新生入校,由于校园环境和学习方式的变化,加上生活习惯和独生子女角色的影响,容易产生心理不适应和矛盾冲突,有些心理教师便认为现在青少年学生的心理素质状况严重下

滑,心理障碍或疾病的发生率很高。

(三)"问题主义"倾向

一些心理教师认知态度消极,习惯于从青少年存在的心理问题出发,围绕问题开展教育工作,工作目标定位于青少年学生心理问题的解决,满足于难以调教的"问题学生"不再出现问题、制造麻烦。一些心理教师缺乏科学、理智、全面的问题观,常常是"睁一只眼闭一只眼",看到的是青少年学生存在的各种心理问题,只关注青少年的心理缺陷、短处和不足,甚至有意无意把学生发展成长过程中的心理问题夸大,而根本无视或忽视青少年学生心理发展的长处、潜能和优势。

(四)专业思维定势

专业思维定势主要表现为工作中的线性思维和一元思维。一些心理教师以为心理辅导只要付出就肯定会有回报;一些则习惯于从心理学或者教育学的单一学科视野去把握和认识心理辅导,习惯于采用某一种心理辅导、心理咨询的方法与技术。一些心理教师对学校心理辅导存在着简单化的思维与做法,对心理辅导固有的复杂性和艰巨性认识不足,不善于运用复杂性思维去把握心理辅导的复杂性,没有能够让复杂的心理辅导真正回归到复杂。

二、学校心理教师的专业情感障碍

学校心理辅导工作的效果往往取决于心理教师的专业情感态度。学校心理教师应当具有优良的情感品质,应以积极、和谐的情绪情感投入到工作中去,确实激发起对求询者或来访者的关心之情、体贴之感、同情之心和对心理辅导事业的献身之志。实际工作中,学校心理教师的专业情感障碍也是比较常见的。

(一)专业情感偏差

有关研究表明,当求询者觉得心理教师态度热情、明事理、负责任、全力以赴、能理解自己的心情时,就会对咨询结果充满信心;如果求询者认为心理教师漫不经心、冷漠回避、疏远或不耐烦时,他们就会认为咨询的效果很糟,没有用处。通常学校心理教师在工作中表现出的不良情感主要包括:急于帮助来访者,求成心切,希望自己的工作能够像打针吃药一般立竿见影,缺乏耐心和细心;以专家和权威甚至"救世主"自居,不尊重信任来访者,不能平等待人,表现得高高在上、居高临下,采取"命令主义"的方式等。心理教师抱着这样的态度开展心理辅导工作,肯定不会收到好的效果。

(二)情感关系庸俗

心理教师应与求询者保持适当的人际距离,不能对求询者表现出过分的热情,而应热情中带有庄重,亲近中含有分寸和控制。有的心理教师却利用工作关系与求询者或来访者建立超越专业伦理规范的非工作关系,如"干亲"关系、结拜关系等;也有个别心理教师利用各种不同背景的学生和家长,以工作之便牟取私利,甚至主动向对方暗示要求得到物质上的回报,或者提出与心理辅导本身没有关系而与个人利益有关的问题。这些都是学校心理辅导活动中的"腐败"现象,是有效开展学校心理辅导的极大障碍。

(三)专业情感闭锁

由于学校心理教师人数偏少,必要的教研活动难以进行,加上其他学科的一些教师对心理辅导不怎么理解或者抱有偏见,不少心理教师在学校中基本上是孤军奋战,独来独往,专业孤独感特别强烈,甚至成了离群索居的"孤家寡人"。一些其他学科的教师总觉得心理教师"自视清高"或"目中无人",一些心理教师尽管对专业工作有着强烈的事业心和责任感,但不能够主动走出学科专业的"羁绊",与其他学科教师的开放互动交流不足,难以有效开展教育教学合作,因而专业辐射力和影响力不大。

(四)盲目迷信权威

有的学校心理教师缺乏正确运用权威影响的能力,盲目迷信专业权威,滥用学科权威思想,其理论研究成果不是来自与客观实际和自己的亲身实践体验,而是来自所谓权威的报刊、杂志或者国外心理学专家与权威的只言片语。比如,有的心理教师把心理学界某些学派、专家与学者的观点、意见奉为绝对真理,偏爱引经据典,开口某某心理学家说,闭口某某心理学流派云,机械搬用国外心理辅导与治疗的一些做法,丝毫不考虑根据学校实际和青少年发展的实际需要去改进自己的工作方式与方法。

三、学校心理教师的专业行为障碍

学校心理辅导是一门科学。科学就要遵循规律,否定或者违背这个规律,心理教师的心态必然失衡,工作必然被动出错。学校心理辅导教师的专业行为障碍主要表现在以下几方面:

(一)信奉"经验主义"

有的心理教师凭已有的工作经验处理了学生中的一些问题,便认为凭自己丰富的专业经验可以解决所有心理问题,习惯于把过去成功的经验摆在面前作为标准,去构想、设计解决新问题的工作方案。比如,有些学生心理上对市场经济带来的社会变化不适应,学校心理教师理应对学生做些恰当的心理疏导,而有些心理教师却随意夸大这种不适应现象,将青少年学生这种对市场经济发展的正常反应夸大为学生心理发展的严重缺陷,甚至认为学生患有严重的心理疾病。

（二）坚持"教条主义"

有的心理教师在心理辅导工作过程中没有能够处理好程序性与灵活性、国际化与本土化的关系，照搬照抄国外学校心理服务的理论与技术，机械套用或固守学校心理辅导活动的程序，总希望在书本上找到实际问题的现成"答案"，却不能根据学校发展实际和每一次心理辅导活动的具体特点有所变通和创新实践。事实上，学校心理辅导不仅是一项工作技术，也是一种科学艺术，其生命力正在于实际应用中心理教师的不断探索与创新发展。

（三）推行"升学主义"

在"升学指挥棒"的惯性作用下，一些心理教师也违心地或者心甘情愿地为学校推行"升学主义"或应试教育服务。一些心理教师觉得社会和学校大气候本来就是如此，一切为了学生的学习成绩和提高升学率服务，为学校推行应试教育"铺路架桥"或者"保驾护航"。心理辅导服务不能不为学生的学习提供积极、有效的科学指导，但决不能够唯升学和应试是从。尽管这样的做法显得有些无可奈何，甚至颇有市场，能够得到学校领导和一些家长的认可肯定，却完全偏离了学校心理辅导的发展轨道和应然的价值追求。

（四）热衷"形式主义"

有的心理教师缺乏踏实的专业工作态度，常常是"闻风而动"或者"声东击西"，毫无自己的工作特色和专业风格，表面化、形式化的心理辅导文章却越做越精彩；其工作实践往往避实就虚，不愿意面对丰富多彩的学校教育现实，缺乏针对性和实效性，没有能够抓住求询者或者来访者心理问题的根本，或者知道了根本也佯装不知，唯心地回避或打"外围战"，对于学生关心的实际问题不能做出实质性的、令人信服的解释和指导。

（五）惯于作假保证

有的心理教师是从其他学科教师身份转变过来的，专业素养缺乏，心理辅导技术欠缺，经常向求询者作假保证，如"你要相信这一切都会过去，一切都会好起来的"，"你没有病，一切很正常"，"这不是什么大问题，你根本不用担心"。即使是出于善意好心想安慰帮助求询者，这样做也是不明智、不科学的。因为学校心理辅导或咨询不是仅靠心理教师良好的愿望、热情和一般生活常识来安慰、劝说那些处于困境的求询者。廉价的心理安慰有时反而引起青少年学生的不解、困惑、反感和更多的心理阻抗。

四、学校心理教师的专业角色障碍

社会心理学认为，角色一经产生，其行为模式就有明确而相对固定的内涵和外延。学校心理教师在心理辅导中要充当的专业角色是多方面的。他们既要承担所有教师共同的一般角色,又要扮演区别于其他学校教师的特殊的个性角色。学校心理教师常见的专业角色障碍主要表现为以下几种:

(一) 专业角色模糊

有的学校心理教师对自己在学校教育活动中的地位与作用、素质与形象和工作职责理解把握不够,缺乏明确的专业角色意识和强烈的角色荣誉感,不能正确认识和理智对待角色期待、评价中的各种不良现象,不清楚自己应该扮演什么样的专业角色,应该履行哪些专业角色规范和义务。有的学校心理教师把自己定位于"心理学教师",把自己混同于一般的学校管理者,或者等同于德育教师、普通学科教师。这实质上都是心理教师的角色定位不合理,或者说根本上就是心理教师的角色空位。

(二) 专业角色错位

角色错位是指实际角色表现和客观要求的、主观应体现的角色身份不一致的错位,即角色名不符实,或者张冠李戴,或者足不适履。有一些心理教师急于成名,以心理辅导或心理咨询专家自居,一心只想着干大事、立伟业,不愿意做小事,只想着和名家大师联系"攀高枝",不愿意与身边的同行交流研讨;也有一些心理教师以一般人所看到的角色为掩护,实际承担与心理辅导工作者或心理教师这一角色根本对立或毫不相关的角色义务。比如,学校心理教师应承担"心理困惑疏导者"、"心理保健辅导者"、"心理品质引导者"、"心理活动指导者"、"心理发展促进者"和"心理潜能开发者"等角色,但有的心理教师却舍本逐末承担"生理医生"、"思想品德评判员"、"道德教育工作者"、"教育警察"、"刑事侦探"和"人民调解员"等角色。

(三) 专业角色越位

最典型的表现是包办代替和混淆身份。助人自助是心理辅导的核心要义所在,也是学校心理教师的工作旨趣。合格称职的心理教师必须掌握一个基本原则:"我是助人自助者,而不是替他抉择。"也有一些心理教师没有信守专业伦理规范,自以为自己很有爱心,工作积极主动、认真努力,一切是在为学生考虑着想,常常越俎代庖,代求助者或来访者做出抉择决定,或者以为自己能够"包治百病",从事自己力所不能及的专业心理治疗,结果却事倍功半、南辕北辙。

(四) 专业角色负差

有的学校心理教师没有理解和掌握心理教师的专业角色技能,不善于协调学校专业角色、家庭生活角色与社会规范角色等多重角色间的心理矛盾冲突,不懂得如何缩短和弥补实际角色、主观角色同期待角色间的差距,没有能够成为合格的实际专业角色,尚未真正走向心理教师的角色成熟。一些心理教师缺乏健全的自我意识,自认为没有能够在专业成长发展过程中实现自己的人生价值和

理想目标,缺乏专业自豪感和成就感,也因此产生严重的心态失衡和职业倦怠感。

在实际工作中,学校心理教师的专业心理障碍比较多,以上只是常见的几种。这些专业心理问题的存在也说明我国学校心理教师的专业化发展程度还不够高,专业水准有待进一步提升。学校心理辅导要科学而积极地推进,真正取得实效,心理教师应当自觉认识、克服和矫正工作过程中的专业心理障碍,这是一项特别重要而又十分艰难的紧迫任务。作为从事心理服务的专业人员,学校心理教师已经具备基本的专业素质,应从多方面着手努力矫正专业心理障碍:一要充分了解自身专业心理障碍的内容和表现,自主增强自我反思和反省意识,加强与专家、同行的学习交流;二要树立先进的心理辅导理念,以科学的心理辅导哲学观念指导自己的专业工作,自觉学习和掌握辩证唯物主义的基本观点和思维方式;三要学习、了解专业伦理规范和法律规定,使得专业发展行进在道德和法制轨道上;四要加强自身心理修养和专业实践,在实践中持之以恒地努力,不断完善自己的专业素质和心理素养,为我国学校心理辅导事业的健康发展做出创造性的贡献。

第二节 学校心理教师的专业实践理念

"有效的助人者"已经成为学校心理教师专业化发展的必然追求。学校心理教师专业化发展追求的不仅仅是心理辅导的方法与技术,更应注重心理辅导思想、理念、智慧与艺术。助人自助是现代学校心理辅导的重要理念。关于助人自助的辩证观,是学校心理教师树立科学的学生观和心理辅导教学观的哲学前提。

一、助人自助的心理辅导意蕴

心理辅导是教育者和受教育者共同积极活动的复杂过程。在心理辅导过程中,学生应当是健康心理状态、美好心理世界、理想心理生活的主动建构者,而不是被动的信息吸收者;学生应当成为自己心理世界的"主人"和心理发展的"引领者",而不是心理世界的"奴仆"和心理发展的"受动者"。

从根本上讲,心理辅导就是主体发展性的自我心理辅导。著名教育家苏霍姆林斯基认为，"促进自我教育的教育才是真正的教育。"①他还指出，"只有学生把教育看作自己的需要而乐于接受时，才能取得最佳的教育效果。"②自我教育是青少年增进心理健康，提高心理素质最根本的途径。只有自身的积极参与和不断努力，只有学会了自我心理修养的科学方法与技术，青少年才能实现心理素质的积极完善、和谐发展和持续提高。

概括地说，心理辅导是一个心理他助—心理互助—心理自助的过程。在学校心理辅导中，心理教师的他助是手段，学生相互之间的心理互助是中介，学生有效的心理自助才是真正的目的所在。用杜威的话说，就是"教师是引导者，他掌着舵，学生用力把船划向前方。"③必须明确，学校心理教师不是直接帮助青少年解决现实问题，而是引导、启发和帮助青少年自己面对问题，自主解决问题，实现心理发展目标。由此，可以得出这样的结论，学校心理教师不是灌输、教训或呵斥，而是热情关心、帮助与开导学生；不应简单包办代替，而是引导青少年自主科学选择与决策。可以说，心理辅导就是引导青少年实现心理自助、培养青少年心理自助意识与能力的过程。

学校心理辅导要求助人自助，其核心目标就是助人自助。一般认为，助人自助主要有两层含义：其一是帮助别人学会自我帮助，其二是在帮助别人的同时也帮助自己。一方面，学校心理教师要引导青少年学生学会心理自助，不断发现和解决自身存在的问题，促进自身的心理健康水平和素质的不断提高；另一方面，学校心理教师要指导学生学会帮助别人，在心理互助和助人的过程中实现心理的自主成长与发展。

从促进教育对象心理发展讲，心理辅导的过程就是心理助人的过程，就是培养青少年自助意识与能力的过程。当代青少年心理自助的主题是致力于引导青少年培养积极的心态、健康的行为习惯、自主自立的责任感和健全的自我意识，引导青少年建构人生发展的四大"支柱"，真正做到"学会学习，学会做事，学会共同生活与学会生存"(即四个"学会")④，引导青少年在心理受助中维护健康，在心理自助中积极成长，在心理助人中体验快乐，在心理互助中和谐发展。

从实现教育者自身发展来看，心理辅导的过程也是心理教师自我帮助与完

---

① [苏]苏霍姆林斯基. 给教师的100条建议[M]. 杜殿坤,译. 天津：天津人民出版社,1985.7.
② 黄正平. 小学养成教育[M]. 南京：南京师范大学出版社,1999:21—22.
③ 黄正平. 小学养成教育[M]. 南京：南京师范大学出版社,1999:21—22.
④ 也有翻译成学会认知(Learning to know)、学会做事(Learning to do)、学会共同生活(Learning to Live together)、学会生存或学会做人(Learning to be)。被誉为是当代教育的四大"支柱"。读者可参阅联合国教科文组织国际21世纪教育委员会. 教育——财富蕴藏其中[M]. 联合国教科文组织总部中文科译. 北京：教育科学出版社,1996.76.

善以及实现心理自助的过程。实施心理辅导的过程就是实现心理自助的过程,要在心理上引导、帮助和服务青少年,心理教师就首先要实现心理人格与能力上的充分自助,具备优良的心理素养和人格特征。学校心理教师在心理上帮助与服务青少年的过程其实就是发展自我、提升自我与完善自我的心理辅导过程,就是心理教师不断改进专业化发展方向和提升专业化水平的实践探索过程。

学校心理辅导的助人自助,本质上是对人的主体价值给予充分尊重的教育观,体现了现代教育的价值追求、基本精神和发展方向。可以把这种以人本主义、建构主义和积极心理学思想为理论基础的心理辅导称之为自主建构式心理辅导或者助人自助式心理辅导,这也许同样意味着心理辅导范式的"一场革命"。

二、助人自助式学校心理辅导的理论基础

(一)人本主义心理学的启示

人本主义心理学家提出了"以当事人为中心、助人自助"的心理辅导策略。[①]人本主义心理咨询和治疗既反对自然主义的生物医学模式,又反对机械决定论的行为主义医学观点。其基本假设是:只要给当事人提供适当的心理环境和气氛,他们就能产生自我理解,改变对自己和他人的看法,产生自我导向的行为,并最终达到心理健康的水平。罗杰斯认为,这种"当事人中心"咨询与治疗策略"不是一种单纯的方法,而是一种观点、一种哲学、一种生活途径、一种存在方式,它适用于任何以促进个人、促进群体成长为其目的的场合"。[②]

(二)建构主义心理学的启示

在建构主义的意义世界里,心理辅导过程就是学生自觉自主实现心理发展与建构的过程。与其他心理辅导相比,建构主义的心理辅导范式更加强调探究心理发展问题,着眼于解决人的心理成长和心理生活中的实际问题,而不仅仅是了解心理问题的答案。让学生在对话、交流和理解中自由成长,让学生在实践、活动和体验中自主发展,让学生在自助、他助和互助中自立进步,心理教师应当更多地给予学生真诚的理解与信任、倾听与交流、鼓励与引导、支持和帮助,应当更多地给予学生无条件的积极关注。这是建构主义心理辅导的目标所在和实质性内涵。[③]

---

① 也译为当事人中心疗法或非指导性疗法,这是由罗杰斯在 20 世纪 40 年代首创的一种心理咨询与治疗方法,1951 年出版的《以患者为中心的咨询疗法》系统阐述了这一心理咨询与治疗的理论与技术。

② 曾琦琪.罗杰斯的人本主义教育思想探索[J].四川师范大学学报(社会科学版).2003,(1):43-48.

③ 崔景贵.解读心理教育:多学科的视野[M].北京:高等教育出版社.2004.256-269.

（三）积极心理学的启示

积极心理学主张研究人类的积极品质，关注人类的生存与发展，并以全新革命的理念、开放互动的姿态和科学的研究策略，诠释与实践着心理辅导范式，引领着当代心理辅导的发展方向。"心理辅导就是对学生进行健康的积极向上的性格、气质、兴趣和能力的教育，培养他们具有适应环境、承受挫折、自我调控的心理素质。"[1]积极心理学注重引导人认清自己的潜力与特长，确立有价值的生活目标，自觉承担生活责任，发展建设性人际关系，发挥主体性、创造性，过积极而富有效率的生活。

助人自助是学校心理教师共同而自觉的目标追求。助人自助是学校心理教师实践活动的基本原则和专业化发展的核心旨趣。可以说，学校心理教师的基本职责和主要功能就在于"助人自助"。助人自助的能力和水平体现了或代表着学校心理教师专业化发展的程度。

三、助人自助：学校心理教师专业化的实践策略

"助人者善，自助者明。"助人自助是学校心理教师工作专业化的前提。学校心理教师惟有积极心理自助，才能有效开展心理助人。

（一）遵循助人自助的心理辅导原则

心理辅导是一项专业性比较强、性质特殊的教育工作，在专业角色、素质和能力上对心理教师有着特殊的要求。心理辅导必须遵循一定的原则，才能维护形象、巩固声誉、保证质量和取得实效，并最大限度地保护来访者的合法心理权益。在专业实践中，学校心理教师要无条件为来访者保密（前提是无攻击他人和自杀倾向），对来访者的心理隐私与权益负责，对来访者的行为方式不作道德评判，不代替来访者作决定，表露出"坦诚（真实、和谐）、尊重、积极的无条件关注、共情（深入理解）"的专业情怀与风貌。这就需要学校心理教师不断完善心理品质，塑造自身的现代化人格，培养健康和谐的个性特征。

（二）扮演助人自助的多重专业角色

学校心理教师在工作中要用自己的热情、爱心、真诚和人格书写助人自助的心理辅导文章，做青少年学生发展的帮助者、引导者、促进者和支持者。心理教师应该做有思想的"教育家"而不是"教书匠"，做能创新的"研究者"而不是"传道者"，做专家型的"导师"而不是"工程师"，做务实的"多面手"而不是"单面人"。成为既能够进行心理知识理论教学又能够组织开展心理活动，既有教师资格证书又有心理咨询师资格证书的"双师型"教师，是学校心理教师专业化发展一种

---

[1] 詹万生.中小学德育课程改革与创新[J].教育研究.2003,(1):48-52.

比较理智的选择。① 在实践中,学校心理教师要自觉防止专业角色的空位和错位。② 学校心理教师是普通教师,但又明显不同于一般学科的教师。学校心理教师既不是普通的心理学教师,不是一般的心理咨询师,也不是真正的心理医生,当然更不是德育教师。学校心理教师不能以心理学专家与权威自居,而要善于做学生心灵的"阳光使者",成为学生心理发展的"重要他人"、"个性模特儿"、"人格引领者"和"精神关怀者"。

(三) 构建助人自助的心理辅导模式

助人自助是学校心理辅导的核心价值和终极追求,传统的心理辅导教学观念与方式必须变革。心理辅导的课堂教学再也不是过去那种"我说你听"、"我讲你通"的教学格式,再也不应是机械刻板的机器化、程式化教学,再也不能成为心理教师的"一言堂"、"独角戏"。心理教师要建立民主平等、尊重宽容的积极型师生关系,需要更多的自主互动、合作教学和交互式教学,需要建立诸如心理家庭、心理互助组之类的"学习者共同体"(community of learners),需要让学生自编自演的心理小品、校园心理剧进入课堂、进入校园生活,需要创设生动形象、融洽和谐、潜移默化的心理辅导情境和氛围,引导学生在具体的生活与教育情境中学习实践,倡导学生在问题解决过程中学会成长成才。在心理辅导实践中,学校心理教师要创新探索,积极实施互助式的心理导生("小先生")和朋辈心理辅导制度。

(四) 把握助人自助的心理辅导艺术

心理辅导是一门科学,也是一门哲学;是一门技术,也是一门艺术。首先,心理助人是复杂的"根雕"艺术,而不是"木雕"的简单操作技术。既然心理辅导是一种极其复杂的教育系统,那么学校心理教师就应当放弃"种瓜得瓜、种豆得豆"式的直线式、简单化思维,让心理辅导真正回归复杂。其次,心理助人是一门心灵关爱的艺术,是心理教师全面展示和给予青少年教育关爱和精神关怀的艺术。没有基于教育原则的爱就没有真正的心理辅导。再次,心理助人是师生间心灵理解和沟通的艺术。心理教师要走进青少年的心理世界,与"心灵"对话,用"心"引导,以心"换"心,以心"唤"心,以心"焕"心,让青少年的心灵充满和煦而温暖的阳光。③ 探索并实践心理辅导人性化的艺术,锤炼高超的心理辅导教学管理艺术,这是学校心理教师追求专业化发展智慧的永恒课题。

---

① 关于"双师型"教师的基本内涵,是指具备"双职称"、"双素质"、"双能力"、"双资格"或者"双证书",人们的认识和解释还不一致。

② 崔景贵.学校心理教师工作中的专业心理障碍[J].中小学心理健康教育.2006,(11):4-7.

③ 崔景贵.心理教育范式论纲[M].北京:社会科学文献出版社,2006.348.

学校心理辅导是一项以人为本、助人自助、育人至上的崇高事业。学校心理教师要树立助人自助的专业发展信念,坚持"发展为本、教育为纲、预防为主、治疗为辅"的工作方针,通过专业理论学习、反思专业实践和开展心理辅导科研等途径来实现自身的积极发展,努力成为创新型、智慧型、专业化、专家型心理教师。

第三节 学校心理教师的专业发展策略

积极心理学是致力于研究人的发展潜能和美好品质的一门学科。积极心理学倡导心理学研究的积极取向,研究人类积极的心理品质,关注人类的健康、幸福与发展,试图以全新的理念、开放的姿态诠释与实践心理学。积极心理学时代的到来,不仅是心理学领域的一场"范式"的革命,也是心理辅导发展进程中一个里程碑。积极心理学思潮的涌现,对于学校心理教师的专业化发展同样具有非常重要的理论价值和实践意义。

一、学校心理教师自我反思的专业视角

积极心理学认为,心理学不仅仅是关于疾病或健康的科学,也是关于人的幸福、发展、快乐、满意的科学。积极心理学的研究领域包括三个方面:一是主观层次的积极体验的研究,包括幸福感和满足、希望和乐观主义、快乐和充盈,重点是对人的主观幸福感的研究,强调人要满意地对待过去、幸福地感受现在和乐观地面对未来;二是个人层次的积极特质的研究,包括爱的能力、工作的能力、勇气、人际交往技巧、审美能力、毅力、宽容、创造性、洞察力、才能与智慧等;三是群体层次的积极组织系统的研究,致力于研究建立积极的社会、家庭和学校系统,以培养公民美德,使公民具有责任感、正义感、利他主义、礼貌和职业道德。

积极心理学把研究重点放在人自身的积极因素方面,主张心理学要以人固有的、实际的、潜在的具有建设性的力量、美德和善端为出发点,提倡用一种积极的心态来对人的许多心理现象(包括心理问题)做出新的解读,从而激发人自身的积极力量和内在的优秀品质,帮助普通人或具有一定天赋的人最大限度地挖掘自身潜力,获得快乐幸福的高质量生活。

积极是积极心理学的核心价值观,积极心理学的核心思想对心理辅导带来的影响主要有以下几点:

1. 主张积极的人性观

积极心理学研究人的优点和价值,关注正常人的心理机能,重视人性中积极的方面,使心理科学更加科学地理解人性,并实施更有效、更积极的心理干预,以促进个人、家庭与社会的良性和谐发展。积极的现代人性观是心理辅导走向人性化的思想前提,提升与完善人性是现代心理辅导的出发点和归宿。①

2. 关注积极的心理品质

积极心理学的目标就是改变过去心理学狭窄的关注点,不仅关注帮助人们应对当前遇到的生命中最糟糕的事情,而且帮助他们建立积极的心理品质。心理辅导具有开发潜能、培养智慧、启迪心灵、陶冶人性、塑造人格的功能,通过心理辅导促进人的心理社会化和心理品质发展、完善。发现和张扬优良心理品质——学校心理辅导要努力迈进"扶正祛邪"、"标本兼治"的新时代。

3. 实现积极的发展目标

积极心理学研究人的光明面、优点与价值,强调心理学不仅要帮助那些处于某种"逆境"条件下的人们知道如何求得生存并得到良好的发展,更要帮助那些处于正常环境条件下的普通人学会怎样建立起有尊严、有意义的社会生活和个人生活。从积极的角度来看,心理辅导的核心旨趣是促进每个学生最大程度地发展自己。正如美国著名心理学家马斯洛所指出:"辅导的最终目的是在协助个体发展成为一个健康、成熟而能够自我实现的人。"②

4. 采取积极的心理辅导策略

积极心理学认为每个人都蕴藏着积极力量与潜能,提倡对心理问题进行积极的解释,而心理问题的出现为人类提供了一个展现自己优秀品质和潜在能力的机会,从心理问题本身能够获得积极的体验和感悟。也就是说,心理辅导不仅要诊治问题,更要培养和完善青少年的积极心理品质,引导青少年增强自立自强、自尊自信和自主自助意识,学会自我调适,看到生命的阳光、生活的希望和美好的未来。

积极心理学展示了一种创新的理念,将心理学研究的重心放在人的积极品质和挖掘人的潜力上,无疑是心理学理论发展上的一项重要突破和一次重要变革,势必会对心理辅导产生积极的影响,即促进和引导学校心理辅导从消极转向积极方面。因为20世纪心理学的发展基本上是消极取向,一直高度关注如何帮助人们从障碍和疾病中康复,而忽视了如何促进个人和社会获得最好的发展。

---

① 崔景贵. 现代人性观与心理教育人性化[J]. 教育研究. 2004,(7):43-48.
② 任俊,叶浩生. 积极:当代心理学研究的价值核心[J]. 陕西师范大学学报(哲学社会科学版). 2004,(4):106-111.

问题式或诊治式心理辅导就是消解心理问题,而没有心理问题并不等于心理健康。更为糟糕的是,问题式或诊治式心理辅导暴露的基本都是人性、人生和社会的消极因素,这种消极因素渲染和传播的都是消极的心理体验和悲观的心理结局。

正是由于受到消极心理学这一思想根深蒂固的影响,当前不少学校实施的是消极价值取向的心理辅导,心理教师把工作的重点放在少数学生心理问题的咨询和治疗上,使学校心理辅导的路越走越窄,大多数学生心理发展的合理需求得不到满足,心理健康水平无法得到提高。许多心理教师煞费苦心、用尽全力地试图扮演"心理医生"、"精神病大夫"、"人民调解员"和"校园教育警察"的角色形象,建立医生-患者式或诊断治疗式的师生关系,在学校从事救火或灭火式的"心理消防"任务。许多心理教师从事着心理矫正治疗工作,感到精疲力竭、不堪重负,"希望帮助别人却无法有效解救自己",发出了"敢问发展之路在何方"的感叹,职业倦怠现象屡见不鲜。积极心理学的思想精髓对于学校心理教师成长无疑是"柳暗花明",可以帮助学校心理教师全面审视和反省当下的心理辅导实践之路,探寻自身专业化发展的行动策略。

二、学校心理教师专业化发展之路

对于学校心理教师专业化发展而言,积极心理学思潮不仅提供了理性反思自我的科学视角,更提供了难得的成长机遇和实践路径。

(一) 选择和建构积极取向的心理辅导范式

借鉴积极心理学思想,努力构建振奋精神、积极向上、释放潜能、充满活力、洋溢幸福的价值取向,以及与之配套的心理辅导内容与范式。这就是现代心理学提倡的积极型心理辅导。积极型心理辅导是一种致力于培养人的优秀品质和美好心灵、促进心理积极和谐发展与心理潜能充分开发的心理辅导。[1] 积极型心理辅导针对以往的心理健康教育重心放在诊断和解除痛苦上,侧重于问题学生和学生的严重问题,治标不治本等一系列问题,提出对人性要坚持积极的评价取向,加强学生自身的积极因素和潜能的开发,以学生固有的、实际的、潜在的和具有建设性的力量、美德和善端为出发点,用积极的心态和视角来对心理现象(包括心理问题)进行解读,诠释和解决当前青少年的心理危机、矛盾、冲突和困惑,从而激发青少年自身内在的积极品质,让个体学会创造幸福,分享快乐,使自身潜能得到最大限度发挥,保持生命最佳状态,提高心理免疫力和抵抗力,完善心理素养。概括地说,学校心理教师选择积极型心理辅导,就是要能够从积极的

---

[1] 崔景贵. 积极型心理教育的信念、目标与建构[J]. 当代教育论坛. 2006,(7):3-5.

专业视角,以积极的价值取向,用积极的内容和方式塑造青少年洋溢着积极精神、充满乐观希望的人格特征和散发着春天般活力的健康心灵。

(二) 树立积极的人性观、健康观与发展观

借鉴积极心理学思想,学校心理教师要更加注重研究人性中的积极方面,研究人的优点与价值,采取更加科学的方法来研究挖掘人的潜力与创造力,激发人的活力,帮助人们树立自信心,坚定生活信念,促进人们寻求和掌握获得美好幸福生活的方法与途径。而心理健康的本质含义是保持积极发展的心理状态和人生态度。一个身心健康的人,应该能适应紧张,承受压力和挫折,积极安排自己的各种活动,通过自我调节,使自己的心理、精神和情感融为一体,使人生更丰富多彩,更充满生机和富有文明意义。越来越多的心理教师已经开始认识到,没有疾病只是健康的最低要求,健康的目标应该是追求人生更加积极的境界、更高层次的适应和更为充分的发展。心理辅导是心灵对心灵的理解与沟通、耕耘与创造。心理辅导的技巧和艺术就在于:学校心理教师要善于在每一个学生面前,甚至是最平庸的、在智力发展上最感困惑的学生面前,都向他打开他的精神发展的领域,使他能在这个领域里达到一个高处和高度,显示自己的潜能,宣告大写的"我"的存在,从人的自尊感的源泉中吸取力量,感到自己并不低人一等,而是一个身心和谐、情感丰富、精神健康和人格健全的现代人。

(三) 培养积极的认知方式和乐观心态

借鉴积极心理学思想,学校心理教师要用积极的眼光看待学生的心理问题,用积极的认知方式来对心理问题作出适当的解释并从中获得积极意义。对问题的积极解释,是学校心理教师助人自助和心理辅导成功的开始。心理教师应自觉改变偏向问题的价值取向,把自己的工作重心放在培养人固有的积极潜力上,通过培养或扩大人固有的积极力量而使人真正成为一个健康并生活幸福的人。同时,学校心理教师要积极改变自己能够改变的,接受自己所不能改变的。而自主改变对专业化发展进程中问题的消极看法,往往有助于找到解决问题的有效办法。因为在无法按照自身意愿来建造的世界,如果一味地想要使其成为自己想要的那样,那是无法获得满意、快乐和幸福感的,更是无法开心生活和积极成长的。或许变不了的是传统教育惯性与社会生活环境,可以改变的是自我意识和心理状态。学校心理教师拥有积极乐观的阳光心态,就有了快乐幸福的心理生活、专业境界和教育人生。

(四) 形成积极的教育风格和人格魅力

借鉴积极心理学思想,心理辅导是人与人之间的一种交往,是一颗心与另一颗心的交流,一种思想与另一种思想的碰撞,一种经验与另一种经验的相遇,一种人格与另一种人格的浸染。心理辅导是"知心"和"贴心"的教育,更需要学校

心理教师学会做有"心"人,用"心"去做,而不只是简单地用力、用劲和用时间。与其他教育相比较,心理辅导的特殊性不言而喻,学校心理教师应当形成自己特有的、个性化的教育教学风格。著名教育学家卡耐基说过:"发现你自己。记住,地球上没有和你一样的人……。在这个世界上,你是一种独特的存在。你只能以自己的方式歌唱,你只能以自己的方式绘画。你是你的经验、你的环境、你的遗传所造就的你,不论好坏与否,你只能耕耘自己的小园地;不论好坏与否,你只能在生命的乐章中奏出自己的音符。"泰勒·本-沙哈尔(TalBen-Shahar)博士是哈佛大学积极心理学的讲授者,他教授的积极心理学在哈佛课程中"受欢迎率"排名第一名,被誉为哈佛"最受欢迎的人生导师"。他的专业教学信念就是心理学教育应当积极引领学生触摸幸福。一个合格称职的学校心理教师,应当拥有健全的、乐观的人生观,心理相对健康,乐于助人与爱的能力,民主的人际关系,能够真诚地关心当事人。专业化的学校心理教师不仅是有知识、有学问的现代人,而且是有道德、有理想、有专业追求的社会人;不仅是高智能、高品位、高素质的人,而且是终身学习、不断自我更新的现代"心理人"。正如卡瓦纳(Cavanagh,1982)所说:一个好的心理咨询师应当是个人品质、学术知识和助人技巧的结合体。

(五)扮演积极的心理辅导者专业角色

积极心理学关注的主题是积极体验、希望与乐观、情绪智力、天赋潜能、创造力与智慧;个人积极特质与动机的来源;塑造积极自我,增强社会适应力;在友谊、婚姻、家庭的生命周期过程中建立积极的社会关系;如何瞄准成长机遇,进行积极改变。今天,积极心理学专业工作者的任务不再仅是矫治心理缺陷、治病救人,他们还扮演着一项极为重要的角色并承担新的使命,那就是如何促进个人与社会的发展,帮助人们走向幸福。借鉴积极心理学思想,学校心理教师应努力挖掘每个人身上积极的个人特质,为了每个学生的终身幸福而教育,对于热爱教育的学校心理教师来说,心理辅导不是自我牺牲,而是生活享受;不是机械重复,而是激情创造;不是维持生计的手段,而是快乐生活和幸福教育本身。学校心理教师的专业化发展是"心理教师即精神关怀者"、"心理教师即人格引领者"、"心理教师即研究者"的同义语。学校心理教师要努力成为青少年成长的"重要他人",成为"双证型"(教师资格证和心理专业工作资格证)"双能型"(课堂教学和咨询辅导)和复合型心理教师,成为研究型、学者型和专家型心理教师。

(六)建立积极和谐的新型师生关系

积极心理学认为人人都是教育者,人人都是自我心理的调适者,人人都有积极的心理潜能,都有自我向上的成长能力。借鉴积极心理学思想,需要重新认识心理辅导工作中的师生关系:心理教师不仅是心理辅导工作的主体,可以积极地

影响学生,同时也是心理辅导的客体,受学生积极心理品质的影响;学生不再仅仅是心理辅导工作的客体,被动地受教师的影响,同时也是主体,可以通过挖掘自身的潜能,培养优秀的、积极的品质对教师加以影响。与此同时,对心理教师和每个学生个体而言,他们都既是有潜能的主体,又是待开发与认识的客体。因此,积极心理学改善了心理辅导的主客体关系,充分调动了教师与学生的主观性与积极性,促进了二者的健康发展、相得益彰,在师生共同的生活世界中教学相长:学生在心理教师的和谐发展中快乐成长,心理教师在学生的健康成长中实现专业化发展。在心理辅导中,学校心理教师和学生一样都是成长的、发展的个体,不再是教育与被教育、管理与被管理的关系,心理教师应以平等的首席、积极的态度看待发展中的学生,重视学生自我成长的经验、积极的思维和情感,培养学生的积极心态,多使用愉悦的、积极的词汇,如尊重、分享、快乐、体验、感受等,鼓励学生充分发展潜能,从而建立尊师爱生、民主平等、和谐融洽的新型师生关系。

(七)把握积极实践的专业化发展路径

心理教师不仅是一种职业,更是一种专业,具有像医生、律师一样的不可替代性。作为一种"专业化"的职业,与其他职业不同的是,绝不能仅仅是谋生的手段,更应当促进生命价值和人生幸福的积极自主实现。换句话说,心理教师专业化发展的过程应当是心理教师全面认识自我价值、积极实现自我价值和不断超越自我价值的过程。心理教师专业化发展的首要条件是对心理辅导、学校、学生、专业资格标准乃至自身的存在与发展的深入理解与积极悦纳。学校心理教师专业化发展的重点不在于学习专业知识技能,而在于提高专业能力和专业品质,具备专业资格和专业精神,掌握专业艺术和专业智慧。心理教师专业化发展的主要途径是对心理辅导教学进行持续不断的实验实践、行动研究和批判性反思。积极寻求自身专业化发展,学校心理教师要热爱心理辅导事业,在积极的职业欣赏中不断充实自己;坚持教与学和谐相长,在师生积极交往中不断发展自己;反思教育教学实践,在积极总结经验中不断提升自己;追踪现代心理学与教育学理论,在积极理性的科学认识中不断丰富自己;积极投身心理辅导教学的校本研究,在把握规律中不断端正自己;尊重同业同行同仁,在积极学习借鉴他人中不断完善自己。

本章小结

心理教师专业化发展是我国学校心理辅导研究的重要课题。本章探讨了学校心理教师在实际工作中存在的认知障碍、情感障碍、行为障碍和角色障碍等专业心理障碍，我国学校心理教师专业化发展之路漫长曲折而充满希望。"有效的助人者"成为学校心理教师专业化发展的必然追求，助人自助是学校心理教师专业化发展与工作的前提。学校心理教师要树立助人自助的专业信念，遵循助人自助的心理辅导原则，扮演助人自助的多重专业角色，掌握助人自助的心理辅导艺术，构建助人自助的心理辅导模式。积极心理学为学校心理教师专业化发展提供了科学视角，学校心理教师要选择和建构积极取向的心理辅导范式，树立积极的人性观、健康观与发展观，培养积极的认知方式和乐观心态，形成积极的教育风格和人格魅力，扮演积极的心理辅导者专业角色，建立积极和谐的新型师生关系，把握积极实践的专业化发展路径。

关键词：学校心理教师；助人自助；专业角色；专业成长

附 录

中小学心理健康教育指导纲要
（2012年修订）

教基一〔2012〕15号

中小学心理健康教育，是提高中小学生心理素质、促进其身心健康和谐发展的教育，是进一步加强和改进中小学德育工作、全面推进素质教育的重要组成部分。中小学生正处在身心发展的重要时期，随着生理、心理的发育和发展、社会阅历的扩展及思维方式的变化，特别是面对社会竞争的压力，他们在学习、生活、自我意识、情绪调适、人际交往和升学就业等方面，会遇到各种各样的心理困扰或问题。因此，在中小学开展心理健康教育，是学生身心健康成长的需要，是全面推进素质教育的必然要求。为深入贯彻党的十八大精神，落实《中共中央国务院关于进一步加强和改进未成年人思想道德建设的若干意见》和《国家中长期教育改革和发展规划纲要（2010—2020年）》要求，进一步科学地指导和规范中小学心理健康教育工作，在认真总结近些年来全国各地心理健康教育工作经验的基础上，制定本纲要。

一、心理健康教育的指导思想和基本原则

1. 开展中小学心理健康教育工作，必须高举中国特色社会主义伟大旗帜，以邓小平理论、"三个代表"重要思想和科学发展观为指导，学习践行社会主义核心价值体系，贯彻党的教育方针，坚持立德树人、育人为本，注重学生心理和谐健康，加强人文关怀和心理疏导，根据中小学生生理、心理发展特点和规律，把握不同年龄阶段学生的心理发展任务，运用心理健康教育的知识理论和方法技能，培养中小学生良好的心理素质，促进其身心全面和谐发展。

2. 开展中小学心理健康教育，要以学生发展为根本，遵循学生身心发展规

律，必须坚持以下基本原则：——坚持科学性与实效性相结合。要根据学生身心发展的规律和特点及心理健康教育的规律，科学开展心理健康教育，注重心理健康教育的实践性与实效性，切实提高学生心理素质和心理健康水平。——坚持发展、预防和危机干预相结合。要立足教育和发展，培养学生积极心理品质，挖掘他们的心理潜能，注重预防和解决发展过程中的心理行为问题，在应急和突发事件中及时进行危机干预。——坚持面向全体学生和关注个别差异相结合。全体教师都要树立心理健康教育意识，尊重学生，平等对待学生，注重教育方式方法，关注个别差异，根据不同学生的特点和需要开展心理健康教育和辅导。——坚持教师的主导性与学生的主体性相结合。要在教师的教育指导下，充分发挥和调动学生的主体性，引导学生积极主动关注自身心理健康，培养学生自主自助维护自身心理健康的意识和能力。

二、心理健康教育的目标与任务

3. 心理健康教育的总目标是：提高全体学生的心理素质，培养他们积极乐观、健康向上的心理品质，充分开发他们的心理潜能，促进学生身心和谐可持续发展，为他们健康成长和幸福生活奠定基础。

心理健康教育的具体目标是：使学生学会学习和生活，正确认识自我，提高自主自助和自我教育能力，增强调控情绪、承受挫折、适应环境的能力，培养学生健全的人格和良好的个性心理品质；对有心理困扰或心理问题的学生，进行科学有效的心理辅导，及时给予必要的危机干预，提高其心理健康水平。

4. 心理健康教育的主要任务是：全面推进素质教育，增强学校德育工作的针对性、实效性和吸引力，开发学生的心理潜能，提高学生的心理健康水平，促进学生形成健康的心理素质，减少和避免各种不利因素对学生心理健康的影响，培养身心健康、具有社会责任感、创新精神和实践能力的德智体美全面发展的社会主义建设者和接班人。

按照"全面推进、突出重点、分类指导、协调发展"的工作方针，不同地区应根据本地实际情况，积极做好心理健康教育工作。

全面推进。要普及、巩固和深化中小学心理健康教育，加快制度建设、课程建设、心理辅导室建设和师资队伍建设，积极拓展心理健康教育渠道，建立学校、家庭和社区心理健康教育网络和协作机制，全面推进中小学心理健康教育科学发展，在学校普遍建立起规范的心理健康教育服务体系，全面提高全体学生的心理素质。

突出重点。地方教育行政部门和学校要利用地方课程或学校课程科学系统地开展心理健康教育；要加强心理辅导室建设，切实发挥心理辅导室在预防和解决学生心理行为问题中的重要作用;加强心理健康教育师资队伍建设,建立一支科学化、专业化的稳定的中小学心理健康教育教师队伍。

分类指导。大中城市和经济发达地区,要在普遍开展心理健康教育工作的基础上,继续推进和深化心理健康教育工作,努力提高质量和成效,率先建立成熟的心理健康教育服务体系;其他地区,要尽快完善心理健康教育工作机制,建立心理健康教育辅导室和稳定的心理健康专业教师队伍,普遍开展心理健康教育工作。

协调发展。坚持公共教育资源和优质教育资源向农村、中西部地区倾斜,逐步缩小东西部、城乡和区域之间中小学心理健康教育的发展差距,以中西部地区和农村地区发展为重点,推动中小学心理健康教育全面、协调发展。按照"城乡结合,以城带乡"的原则,加强城乡中小学心理健康教育的交流与合作,实现心理健康教育全覆盖和城乡均衡化发展。同时,着力提高中小学心理健康教育质量和成效,促进学生的心理素质和德智体美全面协调发展。

三、心理健康教育的主要内容

5. 心理健康教育的主要内容包括:普及心理健康知识,树立心理健康意识,了解心理调节方法,认识心理异常现象,掌握心理保健常识和技能。其重点是认识自我、学会学习、人际交往、情绪调适、升学择业以及生活和社会适应等方面的内容。

6. 心理健康教育应从不同地区的实际和不同年龄阶段学生的身心发展特点出发,做到循序渐进,设置分阶段的具体教育内容。

小学低年级主要包括:帮助学生认识班级、学校、日常学习生活环境和基本规则;初步感受学习知识的乐趣,重点是学习习惯的培养与训练;培养学生礼貌友好的交往品质,乐于与老师、同学交往,在谦让、友善的交往中感受友情;使学生有安全感和归属感,初步学会自我控制;帮助学生适应新环境、新集体和新的学习生活,树立纪律意识、时间意识和规则意识。

小学中年级主要包括:帮助学生了解自我,认识自我;初步培养学生的学习能力,激发学习兴趣和探究精神,树立自信,乐于学习;树立集体意识,善于与同学、老师交往,培养自主参与各种活动的能力,以及开朗、合群、自立的健康人格;引导学生在学习生活中感受解决困难的快乐,学会体验情绪并表达自己的情绪;帮助学生建立正确的角色意识,培养学生对不同社会角色的适应;增强时间管理意识,帮助学生正确处理学习与兴趣、娱乐之间的矛盾。

小学高年级主要包括:帮助学生正确认识自己的优缺点和兴趣爱好,在各种活动中悦纳自己;着力培养学生的学习兴趣和学习能力,端正学习动机,调整学

习心态，正确对待成绩，体验学习成功的乐趣；开展初步的青春期教育，引导学生进行恰当的异性交往，建立和维持良好的异性同伴关系，扩大人际交往的范围；帮助学生克服学习困难，正确面对厌学等负面情绪，学会恰当地、正确地体验情绪和表达情绪；积极促进学生的亲社会行为，逐步认识自己与社会、国家和世界的关系；培养学生分析问题和解决问题的能力，为初中阶段学习生活做好准备。

初中年级主要包括：帮助学生加强自我认识，客观地评价自己，认识青春期的生理特征和心理特征；适应中学阶段的学习环境和学习要求，培养正确的学习观念，发展学习能力，改善学习方法，提高学习效率；积极与老师及父母进行沟通，把握与异性交往的尺度，建立良好的人际关系；鼓励学生进行积极的情绪体验与表达，并对自己的情绪进行有效管理，正确处理厌学心理，抑制冲动行为；把握升学选择的方向，培养职业规划意识，树立早期职业发展目标；逐步适应生活和社会的各种变化，着重培养应对失败和挫折的能力。

高中年级主要包括：帮助学生确立正确的自我意识，树立人生理想和信念，形成正确的世界观、人生观和价值观；培养创新精神和创新能力，掌握学习策略，开发学习潜能，提高学习效率，积极应对考试压力，克服考试焦虑；正确认识自己的人际关系状况，培养人际沟通能力，促进人际间的积极情感反应和体验，正确对待和异性同伴的交往，知道友谊和爱情的界限；帮助学生进一步提高承受失败和应对挫折的能力，形成良好的意志品质；在充分了解自己的兴趣、能力、性格、特长和社会需要的基础上，确立自己的职业志向，培养职业道德意识，进行升学就业的选择和准备，培养担当意识和社会责任感。

四、心理健康教育的途径和方法

7. 学校应将心理健康教育始终贯穿于教育教学全过程。全体教师都应自觉地在各学科教学中遵循心理健康教育的规律，将适合学生特点的心理健康教育内容有机渗透到日常教育教学活动中。要注重发挥教师人格魅力和为人师表的作用，建立起民主、平等、相互尊重的师生关系。要将心理健康教育与班主任工作、班团队活动、校园文体活动、社会实践活动等有机结合，充分利用网络等现代信息技术手段，多种途径开展心理健康教育。

8. 开展心理健康专题教育。专题教育可利用地方课程或学校课程开设心理健康教育课。心理健康教育课应以活动为主，可以采取多种形式，包括团体辅导、心理训练、问题辨析、情境设计、角色扮演、游戏辅导、心理情景剧、专题讲座等。心理健康教育要防止学科化的倾向，避免将其作为心理学知识的普及和心理学理论的教育，要注重引导学生心理、人格积极健康发展，最大程度地预防学生发展过程中可能出现的心理行为问题。

9. 建立心理辅导室。心理辅导室是心理健康教育教师开展个别辅导和团体辅导,指导帮助学生解决在学习、生活和成长中出现的问题,排解心理困扰的专门场所,是学校开展心理健康教育的重要阵地。在心理辅导过程中,教师要树立危机干预意识,对个别有严重心理疾病的学生,能够及时识别并转介到相关心理诊治部门。教育部将对心理辅导室建设的基本标准和规范做出统一规定。

心理辅导是一项科学性、专业性很强的工作,心理健康教育教师应遵循心理发展和教育规律,向学生提供发展性心理辅导和帮助。开展心理辅导必须遵守职业伦理规范,在学生知情自愿的基础上进行,严格遵循保密原则,保护学生隐私,谨慎使用心理测试量表或其他测试手段,不能强迫学生接受心理测试,禁止使用可能损害学生心理健康的仪器,要防止心理健康教育医学化的倾向。

10. 密切联系家长共同实施心理健康教育。学校要帮助家长树立正确的教育观念,了解和掌握孩子成长的特点、规律以及心理健康教育的方法,加强亲子沟通,注重自身良好心理素质的养成,以积极健康和谐的家庭环境影响孩子。同时,学校要为家长提供促进孩子发展的指导意见,协助他们共同解决孩子在发展过程中的心理行为问题。

11. 充分利用校外教育资源开展心理健康教育。学校要加强与基层群众性自治组织、企事业单位、社会团体、公共文化机构、街道社区以及青少年校外活动场所等的联系和合作,组织开展各种有益于中小学生身心健康的文体娱乐活动和心理素质拓展活动,拓宽心理健康教育的途径。

五、心理健康教育的组织实施

12. 加强对中小学心理健康教育工作的领导和管理。各级教育行政部门要切实加强对心理健康教育工作的领导,制定规章制度,明确责任部门和负责人,支持和指导中小学开展心理健康教育工作。各地和学校要通过多种途径和方式,结合教育教学实际,保证心理健康教育时间,课时可在地方课程或学校课程中安排。各级教育行政部门要将心理健康教育工作列入年度工作计划,纳入学校督导评估指标体系之中,教育督导部门应定期开展心理健康教育专项督导检查。教育部将适时开展中小学心理健康教育示范校创建活动。

13. 加强心理健康教育教师队伍建设。心理健康教育是一项专业性很强的工作,必须大力加强专业教师队伍建设。各地各校要制订规划,逐步配齐心理健康教育专职教师,专职教师原则上须具备心理学或相关专业本科学历。每所学校至少配备一名专职或兼职心理健康教育教师,并逐步增大专职人员配比,其编制从学校总编制中统筹解决。地方教育行政部门要健全中小学心理健康教育教师职务(职称)评聘办法,制订相应的专业技术职务(职称)评价标准,落实好心理

健康教育教师职务(职称)评聘工作。心理健康教育教师享受班主任同等待遇。

  14. 大力开展心理健康教育教师培训。教育部将组织专家制订教师培训课程标准，分期分批对中小学心理健康教育教研员和骨干教师进行国家级培训。各省级教育行政部门要将心理健康教育教师培训纳入教师培训计划，分期分批对区域内心理健康教育教师进行轮训，切实提高专、兼职心理健康教育教师的基本理论、专业知识和操作技能水平。要在中小学校长、班主任和其他学科教师等各类培训中增加心理健康教育的培训内容，建立分层分类的培训体系。

  15. 要重视教师的心理健康教育工作。各级教育行政部门和学校要关心教师的工作、学习和生活，从实际出发，采取切实可行的措施，减轻教师的精神紧张和心理压力。要把教师心理健康教育作为教师教育和教师专业发展的重要方面，为教师学习心理健康教育知识提供必要的条件，使他们学会心理调适，增强应对能力，有效地提高其心理健康水平和开展心理健康教育的能力。

  16. 加强心理健康教育材料的管理。各种有关心理健康教育的教育材料的编写、审查和选用要根据本指导纲要的统一要求进行。自2013年春季开学起，凡进入中小学的心理健康教育材料必须经省级以上教育行政部门组织专家审定后方可使用。

  17. 加强心理健康教育的科学研究。各级教育行政部门要加强指导，增加经费投入，将心理健康教育纳入教育科学研究规划，积极组织相关课题申报和优秀成果评选。要积极引导高等学校、科研机构的研究人员开展相关研究，为心理健康教育实践提供理论基础和科学依据。要建立中小学心理健康教育教研制度，各级教研机构应配备心理健康教育教研员。要坚持理论与实践相结合，组织专家学者、教研人员、一线教师和学校管理人员结合实际情况积极开展心理健康教育教学研究，在实践中丰富完善心理健康教育理论，不断提高心理健康教育科学化水平。

主要参考文献

[1] 班华.心育论[M].合肥:安徽教育出版社,1994.
[2] 班华,郭亨杰,陈家麟.中小学心理教育丛书[M].南京:南京师范大学出版社,2002.
[3] 陈家麟.学校心理教育[M].北京:教育科学出版社,1995.
[4] 陈家麟.学校心理健康教育——原理与操作[M].北京:教育科学出版社,2002.
[5] 崔景贵.解读心理教育:多学科的视野[M].北京:高等教育出版社,广州:中山大学出版社,2004.
[6] 崔景贵.心理教育范式论纲[M].北京:社会科学文献出版社,2007.
[7] 崔景贵.心理教育(职业学校)[M].南京:南京师范大学出版社,2002.
[8] 崔景贵.职业教育心理学导论[M].北京:科学出版社,2008.
[9] 郑和钧.学校心育系统协同构建的理论与实践[M].长沙:湖南师范大学出版社,2000.
[10] 姚本先,方双虎.学校心理健康教育导论[M].合肥:中国科技大学出版社,上海:东方出版中心,2002.
[11] 肖汉仕.学校心理教育研究[M].北京:科学出版社,2000.
[12] 申荷永,高岚.心理教育[M].广州:暨南大学出版社,1995.
[13] 沈贵鹏.心理教育课程论[M].徐州:中国矿业大学出版社,2001.
[14] 沈贵鹏.心理教育活动论[M].北京:高等教育出版社,广州:中山大学出版社,2005.
[15] 朱敬先.健康心理学·心理卫生[M].北京:教育科学出版社,2002.
[16] 刘翔平.学校心理学——学生心理教育评估与干预[M].北京:世界图书出版公司,1996.
[17] 刘华山.学校心理辅导[M].合肥:安徽人民出版社,1998.
[18] 莫雷.中小学心理教育基本原理[M].广州:暨南大学出版社,1997.

[19] 石国兴.中小学生心理教育[M].石家庄:河北教育出版社,2001.
[20] 吴增强.学校心理辅导通论[M].上海:上海科技教育出版社,2004.
[21] 吴增强,蒋薇美.心理健康教育课程设计[M].北京:中国轻工业出版社,2007.
[22] 吴增强.班集体心理辅导[M].上海:上海教育出版社,2006.
[23] 吴增强.现代学校心理辅导[M].上海:上海科学技术文献出版社,2011.
[24] 徐光兴.学校心理学——心理辅导与咨询[M].上海:华东师范大学出版社,2000.
[25] 伍新春.中学生心理辅导[M].北京:高等教育出版社,2010.
[26] 林孟平.辅导与心理治疗[M].上海:上海教育出版社,2005.
[27] 樊富珉.团体心理咨询[M].北京:高等教育出版社,2005.
[28] 樊富珉,费俊峰.青年心理健康十五讲[M].北京:北京大学出版社,2006.
[29] 陶勑恒.小学生心理辅导[M].北京:高等教育出版社,2009.
[30] 郑雪.人格心理学[M].广州:暨南大学出版社,2007.
[31] 郑日昌,陈永胜.学校心理咨询[M].北京:人民教育出版社,2010.
[32] 叶浩生.心理学史[M].上海:华东师范大学出版社,2009.
[33] 莫雷.青少年心理健康教育[M].上海:华东师范大学出版社,2003.
[34] 冯忠良.教育心理学[M].北京:人民教育出版社,2010.
[35] 皮连生.教育心理学[M].上海:上海教育出版社,2011.
[36] 黄希庭.心理学导论[M].北京:人民教育出版社,1991.
[37] (美)戴维·迈尔斯.社会心理学[M].侯玉波,乐国安,张志波,等译.北京:人民邮电出版社,2006.
[38] 郑日昌,江光荣,伍新春.当代心理咨询与治疗体系[M].北京:高等教育出版社,2006.
[39] 史文生.职业教育技能竞赛研究[M].郑州:河南大学出版社,2010.
[40] 马启伟,张力为.体育运动心理学[M].杭州:浙江教育出版社,1998.
[41] 王振宏.青少年心理发展与教育[M].西安:陕西师范大学出版社,2012.
[42] 桑标.儿童发展心理学[M].北京:高等教育出版社,2009.
[43] 安秋玲.青少年同伴群体交往与自我同一性发展研究[M].上海:华东师范大学出版社,2007.
[44] 金盛华.社会心理学[M].北京:高等教育出版社,2005.
[45] 刘学兰.中学生心理健康教育[M].广州:暨南大学出版社,2012.
[46] 刘华山.学校心理辅导[M].合肥:安徽人民出版社,2006.
[47] 聂衍刚.学校心理辅导[M].广州:广东高等教育出版社,2012.

[48] [美]David R. Shaffer.发展心理学——儿童与青少年(第六版)[M].邹泓,等译.北京:中国轻工业出版社,2005.

[49] 司继伟.青少年心理学[M].北京:中国轻工业出版社,2010.

[50] 时蓉华.教育社会心理学[M].北京:世界图书出版公司,1993.

[51] 沃建中,马建红,刘军.走向心理健康:发展篇[M].北京:华文出版社,2002.

[52] 姚本先.学校心理健康教育新论[M].北京:高等教育出版社,2010.

[53] 张玲.当代学校心理健康指导[M].北京:教育科学出版社,2010.

[54] 刘维良.学校心理健康教育实施与管理[M].重庆:重庆大学出版社,2006.

[55] 杨敏毅.中学生心理辅导实用技巧与案例[M].上海:上海社会科学院出版社,2005.

[56] 杨佐廷.中小学生危机预防与干预——实用心理辅导丛书[M].上海:上海教育出版社,2006.

[57] 林秉贤,张克荣.青春期心理[M].石家庄:河北人民出版社,1984.

[58] 林崇德.发展心理学[M].北京:人民教育出版社,1995.

[59] 卢家楣,贺雯.青少年心理与辅导[M].上海:上海教育出版社,1999.

[60] 钟志农.心理辅导活动课操作实务[M].宁波:宁波出版社,2007.

[61] 刘晓明,张明.心理咨询的理论与技术[M].长春:东北师范大学出版社,2002.

[62] 叶一舵.心理健康教育[M].福州:福建教育出版社,2007.

[63] 顾雪英.职业生涯规划[M].北京:高等教育出版社,2011.

[64] 沈之菲.生涯心理辅导[M].上海:上海教育出版社,2000.

[65] 张再生.职业生涯规划[M].天津:天津大学出版社,2007.

[66] 郑晓边.学校心理辅导实务[M].北京:人民卫生出版社,2011.

[67] 颜农秋.朋辈心理辅导理论与技巧[M].广州:中山大学出版社,2007.

[68] 张福金.心理学应用技术[M].合肥:合肥工业大学出版社,2011.

[69] 谢培松,秦平.学生心理辅导[M].北京:人民教育出版社,2007.

[70] [英]Campbell Purton 著.聚焦取向的心理治疗[M].罗希,译.北京:中国轻工业出版社,2010.

[71] 郭念锋.国家职业资格培训教程心理咨询师(二级)[M].北京:民族出版社,2005.